石川義之 著

社会学とその周辺

パーソンズ
理論から
児童虐待まで

大学教育出版

まえがき

　1960年代、日本社会が高度成長への鳴動のさなかにある時、日本の学界では、共同体の崩壊、ビューロクラシーを組織原理とする巨大組織の発達、マス・コミュニケーションの普及などの社会現象を背景に、人間社会の「流転の相＝流行の相」に焦点を当てた「大衆社会論」がもてはやされた反面、こうした流転の相の深奥に息づく社会的生命の「基本的永遠性の相＝不易の相」に焦点を当てたタルコット・パーソンズの構造-機能主義社会学が台頭した。
　このパーソンズの社会学も、60年代末から70年代にかけて、エスタブリッシュメント（既成権力体制）への世界的規模での異議申し立て運動が跋扈・流行する中で、社会学のエスタブリッシュメントとして批判の矢面に立たされることになる。そして、これを契機に、社会学の理論学派は、紛争理論、社会的交換理論、象徴的相互作用主義、エスノメソドロジー、現象学的社会学等々、四分五裂の状態に陥っていく。パーソンズ社会学が、社会的生命の不易の相へ基本的関心を堅持しつづけたことにより、「社会変動＝流転の相を解明できない」パーソンズ社会学というイメージ（あるいは誤解）が横行闊歩するようになったことが、パーソンズ批判を蔟生させる根因であった。
　流行＝流転の相にウエイトを置く現代社会論の分野では、その後の、過疎・過密化、情報化、少子高齢化、グローバライゼーション、ポスト近代化などの潮流の中で、一世を風靡した大衆社会論も、管理社会論、情報社会論、知識社会論、脱工業社会論、晩期資本主義社会論等々へと席を譲っていった。
　一方、80年代末から90年代にかけて、日本社会において自分意識や人権感覚が緩慢ながら高揚する中で、社会学の外側の分野で、特に、心理・医学・福祉などの実務・専門家の間で、従来、構造的弱者の立場に放置されてきた子どもや女性に焦点づけられた新しい社会問題への取り組みが胎動してくる。児童虐待、性的虐待、セクシュアル・ハラスメント、ドメスティック・バイオレンス、ストーカー、性的被害、体罰等々の問題がそれである。しかし、これらの問題への取り組みは、実務・専門家による実践的取り組みが先行したので、科

学的な実態解明や理論化（＝これらの現象の奥底に潜む不易の相の把握）は手つかずの状態で残されている。社会学の領域では、90年代末になって、若手研究者を中心に、ようやくこうした問題への本格的アプローチが開始されたにすぎない。

松尾芭蕉は、天地万物の不易（＝万世に変わらざるもの、つまり物の本意・本情）と流行（＝天地万物の変化）に対応して、詩的生命における不易・流行を説いたとされる。不易とは、詩的生命の基本的永遠性を有する体で、流行とは、詩における流転の相で、時代と共に変わる新風の体であるという。「蕉門に千歳不易の句、一時流行の句と云有り。是を二つに分けて教へ給へる、其元は一つ也。不易を知らざれば基たちがたく、流行を知らざれば風新たならず。不易は古によろしく、後に叶う句成故、千歳不易といふ。流行は一時一時の変にして、昨日の風今日宜しからず、今日の風明日に用ひがたき故、一時流行とはいふ。」（去来『去来抄』）「芭蕉は常に俳諧に新を求めてやまなかった。そのためには流行（変化するもの）に敏でなければならなかった。しかし物の本意を失えば、風雅の誠を損ずることになるだろう。」（中山孝雄『芭蕉―旅の詩人―』）「俳諧は新意を専らとすといへども、物の本情（本意）を違ふべからず。」（『去来抄』）「不易の理を失はずして、流行の変にわたる。」（北枝『山中問答』）そして、芭蕉は、「常に新風を求めて変化流行するところから永遠性を持つものが生まれる。つまり、新しみを求めて変化を重ねていく『流行』性こそ『不易』の本質である」という趣旨のことを説いたと言われる。結局、不易＝万世に変わらざるものを把握するためにこそ流行に敏なることの不可欠性が主張されたのであろう。

かつてドイツの社会学者カール・マンハイムは、トレルチについて語る中で、「もっとも直接的な時代の課題のうちに、永遠なものを把握する」（徳永恂訳『歴史主義』）ことが、社会学者の役割であることを示唆した。時代も社会も文脈も異なるが、芭蕉が、彼の俳諧論の中で重視したことも、結局のところ、同じ「永遠なものの把握」であったであろう。

パーソンズの構造－機能主義社会学は、直に基本的永遠性の相を追求することによって「永遠なもの＝不易」に迫ろうとし、大衆社会論は当時の「流行＝流転の相」を追うことによってやはり「永遠なもの＝不易」に肉薄しようとし

た。その営為が「永遠なものを把握」しえているならば、社会学の「流行」によって、パーソンズ社会学や大衆社会論が廃れ、社会学史の中に閉じ込められていようが、それらは依然として人間社会の本質解明に欠かせないものである。

　そんな思いを込めて、本書に、パーソンズ研究や大衆社会論研究などの論考を収録した。児童虐待・体罰や性的虐待・インセスト（近親姦）や性的被害などに関する「もっとも直接的な時代の課題」を論じている論考が「永遠なもの＝不易を把握」しえているかどうかは、読者諸氏の判断と時代の審判を待つ他はないであろう。

　2002年1月12日

石川　義之

社会学とその周辺
―パーソンズ理論から児童虐待まで―

目　次

まえがき i

第1部　行為と社会体系

第1章　社会的行為と社会関係 2
1　行為の構造　*2*
2　社会的行為　*8*
3　社会関係　*13*

第2章　社会学のインプット−アウトプット理論 17
Ⅰ　インプット−アウトプット理論の諸相　*17*
Ⅱ　集団過程におけるインプット−アウトプットの理論　*18*
Ⅲ　集団間（下位体系間）におけるインプット−アウトプットの理論　*24*

第2部　タルコット・パーソンズの理論

第3章　パーソンズにおける社会構造と社会成層の理論 34
Ⅰ　パーソンズの社会構造論　*34*
Ⅱ　パーソンズの社会成層論—評価的側面—　*37*
Ⅲ　社会構造と社会成層　*42*

第4章　パーソンズ理論による集団類型論へのアプローチ 46

第5章　パーソンズの位相運動論　—再検討— 54
1　基礎的考察　*55*
2　相互体用カテゴリーの関連づけ　*64*
3　位相運動の規範的統制　*70*
4　インプットとアウトプットの理論　*72*
5　逸脱と社会統制のメカニズム　*80*
6　役割構造の分化　*87*
7　コメント　*90*

第3部　古代社会と現代社会

第6章　大衆社会における「原子化」のいみ 106
1　大衆社会のイメージと「原子化」の3つのいみ　*106*
2　「原子化」のいみの3つの立場の代表論者とその付帯状況　*109*
3　個人的孤立化説に対する賛否と大衆社会の克服　*112*

第7章　古代エジプトの兄弟－姉妹婚と父－娘婚
　　　　　　　　―ラッセル・ミドルトンの所論に基づいて― ················· *119*
　　Ⅰ　問題提起　*119*
　　Ⅱ　古代エジプトの時代区分　*120*
　　Ⅲ　ファラオ時代　*120*
　　Ⅳ　プトレマイオス朝時代　*122*
　　Ⅴ　ローマ時代　*123*
　　Ⅵ　古代エジプトにおける兄弟－姉妹婚の原因　*127*
　　Ⅶ　結　論　*131*

第4部　女性と性的被害

第8章　女性が受けた性的被害　―大学生・専門学校生調査に表れた実態― ········ *138*
　　Ⅰ　はじめに　*138*
　　Ⅱ　調査実施の概要　*139*
　　Ⅲ　単純集計およびクロス集計結果と考察　*139*
　　Ⅳ　むすび　*148*

第9章　性的被害の実像　―被害内容に関する経験的一般化― ····················· *150*
　　Ⅰ　はじめに　*150*
　　Ⅱ　調査結果の概要　*153*
　　Ⅲ　性的被害の内容に関する経験的一般化　*156*
　　Ⅳ　むすび　―被害者たちの叫び―　*171*

第10章　性的被害およびその影響の実際　―大阪コミュニティ調査の統計分析― ······ *185*
　　1　調査実施と分析方法の概要　*185*
　　2　性的被害に遭った経験　*186*
　　3　回答者自身の現在の状態（＝心理的損傷状態）　*189*
　　4　最も不快だったり、最も傷ついたりした被害　*194*
　　5　過去および／または現在の感覚・状態・症状　*199*
　　6　回答者自身の生活経験・状態　*210*
　　7　むすび　*212*

第5部　インセストと性的虐待

第11章　親族による子どもへの性的虐待の本態と現状 ···························· *218*
　　1　1つの事例　*218*
　　2　インセスト的虐待の普及率　*219*
　　3　インセスト的虐待のトラウマ　*220*

　　　　4　父－娘インセスト　*221*
　　　　5　インセスト的虐待への対応　*223*

第12章　インセスト的虐待の実情 ·· *226*
　　　　1　アンケートに表れたインセスト的虐待の諸事例　*226*
　　　　2　インセスト的虐待の定義　*227*
　　　　3　インセスト的虐待の普及率　*228*
　　　　4　インセスト的虐待の影響　*229*
　　　　5　インセスト的虐待の要因・条件と対応　*232*

　　　　　　　　第6部　児童虐待と体罰

第13章　児童虐待の実態　―高校生調査から― ································ *238*
　　　　はじめに　*238*
　　　　1　調査実施の概要と調査対象者の諸属性　*240*
　　　　2　両親および両親以外の人との間の被虐待経験　*241*
　　　　3　最も傷つき、最もショックを受けた被虐待経験　*250*
　　　　4　考　察　*264*

第14章　「チャイルド・アビュースの実態」調査分析
　　　　　　―「原義」からのアプローチ― ····································· *274*
　　　　Ⅰ　はじめに　*274*
　　　　Ⅱ　調査結果の概要　*277*
　　　　Ⅲ　おわりに　*291*

第15章　親・教師による体罰の実態
　　　　　　―大学生・専門学校生等調査結果をめぐる考察― ·············· *298*
　　　序　*298*
　　　　0　親・教師による体罰の全体的普及率　*299*
　　　　1　親・教師による体罰についての考え方　*300*
　　　　2　体罰の被害経験　*304*
　　　　3　教師からの体罰の被害経験　*339*
　　　　4　親からの体罰の被害経験　*343*
　　　　5　性的仕置きの被害経験　*347*
　　　　6　回答者の目撃した他の生徒・自分のきょうだいへの体罰　*353*
　　　　7　体罰に関する自由意見　*358*

　あとがき ·· *362*

第1部

行為と社会体系

第1章 社会的行為と社会関係

1　行為の構造

1. 行動と行為

　行動（behavior）と行為（action）という2つの用語については、従来さまざまな取り扱いがなされている。両者をまったく同義に扱う立場もあれば、また行為というコトバを排してもっぱら行動というコトバに限定して用いようとする立場もある。行動を「一定のケースで観察可能な現象の全複合体」とし、行為を「観察可能な現象と、理論的に要請される中間変数および観察にかからない諸過程」を含むものとする使用法、つまり行為を行動を含む内包的に広い意味にとらえる用い方もある。しかし、今日の社会学ではむしろ、行動を生体の状態変化のすべてを指すものとし、行為をこのような行動の一部であると考えるのが普通である。

　たとえば M. ウェーバーは、行為とは「行為者または諸行為者がそれに主観的な意味を結びつける時、またはその限りでの人間の行動」であると定義している。そして、主観的に思念された意味とは結びついていない、単に反射的な行動は、行動ではあるが行為とは見なされない。それゆえ、まばたきやくしゃみなどといった行動は、行為以外の行動と見るべきで、目的に志向した意図的行動、目的に向かって動機づけられた行動のみが行為と呼ばれうるのである。このようにウェーバーにおいて行為は行動の一部としてとらえられているわけであるが、行為の理論の上でウェーバーを継承し発展させた T. パーソンズに

おいてもこのことは同様に認められる。

　パーソンズは、行為を「規範に従ってエネルギーを消費することによって、状況内の目的に到達するように方向づけられた」行動として定義づけ、その特徴を次の4つに求めている。

　第1に、目的・目標あるいは他の何らかの予期された事態の達成に向かっているということ。

　第2に、状況内において起こるということ。

　第3に、規範によって規制されているということ。

　第4に、エネルギーないし「動機づけ」の消費を含むということ。

　そこで一例として、「1人の男が魚を釣りにゆくために湖に向かって自動車を走らせている」という行為を想定するとすれば、その場合、①目標は魚釣りであり、②状況は道路・自動車・彼のいる場所であり、③湖に達するための自動車運転は知性の規範による規制を意味し、④ハンドルを握ったり、アクセルをふんだりすることはエネルギーないし「動機づけ」の消費を伴う。ともかくこのようにしてパーソンズにおいても、行為は、行動のうちで以上の4つの特徴をもったもの、つまり行動の一部と考えられているわけである。

　行動と行為とをこのように区分した場合、社会学的分析の中心となるのは、全体としての行動というよりはその一部としての行為、とりわけ「社会的」行為と呼ばれるものである。社会学の対象である社会や集団は、このような行為が行為者相互の関係をめぐって組織化されてできたものであり、この意味で行為なかんずく「社会的」行為は、社会学の対象の要素的単位をなすものである。行為以外の行動は、このような社会的行為となんらかの関連をもつ限りにおいてのみ社会学の問題領域に入ってくるにすぎない。

2. 行為者・状況

　以上の意味における行為を遂行するものは、いうまでもなく「行為者」である。この行為者はまず、個人としての行為者と集合体としての行為者とに区分することができる。行為者といえばただちに個人としての行為者を考えがちであるが、この個人行為者の2人以上の行為の相互作用によって成り立っているところの集合体もまた、それが協力一致した行為を生みだすものであるという

意味において、一個の「行為者」と見なすことができる。ただし、このように協力一致した行為（これが集合体の行為として考えられる）を生みだし、したがって行為者と見なされうるところの集合体なるものは、次の2つの条件を兼ね備えていなければならない。

　第1に集合体全体としての意思決定の過程が定式化されているということ、第2にこのような意思決定過程を通じて定められた目標を達成すべく、その集合体の諸手段が動員されうるということである。

　こうして集合体もまた行為者と見ることが可能であるわけだが、このような集合体としての行為者であれ、あるいは個人としての行為者であれ、行為者はさらに「主体」と「客体」とに区分することができる。当の行為者が、分析の視点からみて、中枢的位置を占めている場合は行為主体であり、この行為主体の志向の客体として周辺的位置を占めるにすぎない場合は社会的客体である。相互作用の状況においては、前者は「自我」、後者は「他者」と呼ばれる。

　ところで以上のような行為者による行為は、パーソンズがその特徴の1つとしてあげているごとく状況内において発生する。「状況」とは、当該行為者にとって何らかの意味をもつ外界の一部、つまりその行為者が志向し、そのなかで行為しているような、客体界の一部である。この状況は、社会的客体と非社会的客体に分けることができ、後者はさらに自然的客体と文化的客体とに区分される。

　①社会的客体とは、その反作用と態度が当の行為者にとって意味をもつような客体、つまり行為主体と相互行為を営むような客体である。これには他の行為者（個人・集合体）が属するけれど、行為主体が客体としての自己自身に志向する場合もこれに含まれる。この客体としての自己自身は、ミードによって、行為主体としての「I」に対するものとして、「Me」と呼ばれている。

　これに対して、②自然的客体や③文化的客体は、行為主体と相互行為を営まない。これらは、目標・手段・条件（K. デーヴィスによれば手段とは行為者によって統制されているものを指し、条件とは統制にかからないものを指す）・有意味な記号・（後者に限っては）規範的なルールとして意味をもつものである。文化的客体は、行為者のなかに内面化され、それの成分となることができるという点において自然的客体とは鋭く区分される。

3. 動機づけ

　人間の行為が生ずるのには、そのための原動力・エネルギーがなければならない。この原動力・エネルギーは、欲求（need）ないし動因（drive）と呼ばれる。この欲求（ないし動因）は、しばしば、生理的な条件によるものとしての一次的（基本的）欲求と、経験により獲得されるものとしての二次的（派生的）欲求とに分けられる。一次的欲求は、個体または種属の基本的生存に必要であるところの生得的な自然的欲求で、これには呼吸、苦痛の回避、飢えと渇き、排泄、休息、活動、性などの諸欲求が含められている。

　二次的欲求は、生後の社会生活をとおして後天的に習得（学習）されるところの社会的欲求で、これには、財産・地位・名誉・権力等に対する欲求、あるいは集団性の欲求、競争の欲求、自我優越の欲求などが数えられている。

　ただし、このように欲求を一次的と二次的とに分ける仕方は、あくまで便宜的なものにすぎない。実際の行為の推進力となる要求は、大部分、生得的要素と学習的要素とのからみあい、自然的欲求と社会的欲求との複雑な結びつきによって成り立っている。このような観点からW. I. トマスとF. ズナニエッキは、さまざまな欲求の統一された複合体を「願望」と名づけ、いわゆる「4つの願望」（four wishes）説を提唱した。この4つの願望とは、①安全を求める願望、②感情的反応を求める願望、③社会的認知を求める願望、④新しい経験を求める願望、のそれぞれを指す。

　また同じような観点からパーソンズは、要求性向（need-disposition）という語を設定し、それを、1つあるいは数個の生得的動因が一定の学習的要素を伴って統合され、その結果客体に向かう複雑な傾向が形成されたものである、と規定している。このようにして、行為の推進力となるものの大半は、生得的・学習的諸要素のからみあったものなのであり、生得的な欲求だけから行為が発動するようなケースは、あることはあるにせよきわめてまれな場合に限られる。このことは、生得的な要因のみによって人間の行為を説明しようとしたかつての本能論の立場が、いかに誤謬に満ちたものであるかを、明確に示すものであるといえよう。

　ところで、各々の個人としての行為者は、以上のような意味での諸欲求、諸願望、諸要求性向の体系をそれぞれにそなえているものである。そして、行為

者の行為が現実に発生するためには、この欲求（あるいは欲求性向）が状況内の特定の目標に向かって志向されていなければならない。このように特定の目標に向かって志向された欲求は、動機（motive）と呼ばれる。また、このような動機を確立することを動機づけという。動機づけの過程、つまり特定目標に志向した欲求としての動機を確立する過程には、複雑な諸側面が伴っている。

　この過程において行為者はまず、彼の諸欲求の体系との関連から諸客体を識別し、認識しなければならない。次に、この認識された客体に対して、それが彼のもつ欲求にとって充足的意味を有するか否かの点から情動（カセクシス）が注がれる。充足的意味をもつ場合、肯定的な情動が注がれ、彼の欲求はその客体に向かって志向することになる。

　しかし、まだこれで動機が確立したわけではない。ある特定の客体に志向した欲求と別の客体（あるいは同一客体の他の側面）に志向している彼の他の欲求とのかねあいを、彼の全体としての欲求体系の観点から行うことが必要である。なぜなら、ある欲求の充足が、それと両立しない彼自身の他の欲求の充足を阻止することになり、結果的に全体としての彼の欲求体系からみて損失とみられる場合があるからである。このようなかねあいをもへて、以上の特定客体（目標）に志向した欲求が選定された場合、その目標志向的な欲求は、動機として確立されたことになる。このようにして動機が確立したとき、はじめて行為が発動する。

　なお、以上の動機づけの過程にはいくつかの選択・確定の要素が存在している。たとえば、諸客体の認識においてはその認識的判断の妥当性を確定する問題があるし、また、客体へ情動を注ぐさいにはその適切性の確定が問題となる。さらには、どの欲求を充足させるかという選択の問題もある（上の認識・情動の確定もこの選択に機能するが）。このような例にみられるごとき選択や確定において、一定の規範・標準・選定の基準にすべてを委託し、これらにこの選択・確定をまかせる場合、これを価値志向（value orientation）という。

　確立した動機は、行為を通じての目標の達成によって充足され、潜在化する。このように潜在化した動機を、なんらかの刺激にもとづいて喚起するための持続的で一般的な態勢が、ふつう態度（attitude）と呼ばれているものに他ならないわけである。

4. 行為の方法

　ところで確立された動機は、当然のこととしてそれを充足するための行為の方法を必要とする。つまり、動機に含まれた目標を達成するための手段となるべき行為の様式がなければならない。動物の場合には、このような充足のための行為（行動）の方法は大部分、本能として先天的に与えられているけれども、これに対し人間の場合には、こうした先天的な行為の方法はほとんど与えられていない。しかしその代り、人間は、動物には不可能ないし困難であるところの「学習（learning）」の能力をもちあわせていて、それによってこの行為の方法・様式を後天的に習得する。このような人間における学習の能力の所有は、先天的行為能力の点における動物に対する人間の劣勢を補うばかりか、人間が動物を凌駕したはるかに高い次元にあることを示すものである。社会学では一般に、この学習の過程の主要なものとして、模倣・試行錯誤（trial and error）・知的判断の3つをあげる。

① 　模倣とは、他人の行動的表現を同一または類似の行動によって反復することをいう。学習過程に占める模倣の位置ははなはだ大であって、人間が自らの動機を充足すべく何らかの行為の方法をとらなければならない時、たいていまず彼は、同じ状況におかれた他人の行動を模倣しようとする。大部分の場合において、人間は、模倣の手本とすべき他人の行為をもつものである。

② 　何らかの理由で模倣が不可能であり、しかも次に述べるごとき知的判断によって行為の方法を考えだす余裕のない場合、人間は試行錯誤学習を行う。これは、動機を充足するためほとんど盲目的にさまざまな反応を試み、これらの反応のうち充足をもたらすことのできなかった不成功の反応は次第に排除され、充足をもたらすことのできた成功した反応をする傾向が強化されてゆくという学習過程を意味する。この場合、充足・不充足は他人の意図的な賞罰によるものでもよく、そのさいには、他人の罰による不充足をもたらした反応は弱められ、賞による充足をもたらした反応は強められる。試行錯誤学習は、今日の心理学で「道具的条件づけ」と呼ばれているものに相応する。

③ 　知的判断とは、人間の過去の経験と知識・洞察とをもって新しい行為の

方法・様式を考えだそうとするものである。これは時間的な余裕のある場合に限られ、おおむね模倣すべき手本としての行為様式をもたない状態で行われる。しかし、そうした手本が存在している時でも、新しく知的判断に基づいて行為することは可能である。知的判断は、新しい行為の方法・様式を開発することをとおして、人間歴史の前進のため大きな役割を果たしたと見ることができる。

ところで、以上のような学習によって獲得された行為の方法は、何度となく反復されるうちに漸次様式として固定し、習慣（habit）となる。しかるに、習慣の大部分は、その習慣を所有する個人が属している社会や集団に制度化されているところの規範（norm）や行為の標準と一致するものである。これは、習慣化されるべき学習された行為の方法・様式の大半が、この規範・標準によって規制され、それに一致しているという事実に由来している。

たとえば模倣は、（若干の例外を除き）規範に従った他者の行為様式の反復であるから、模倣をとおして学習された行為様式は必然的に規範と一致する。また試行錯誤では、規範にもとづいた他者の賞罰に従って学習がなされうるから、これによって獲得された行為様式もまた規範と一致しうる。ただ知的判断の場合は、新しい行為様式の開発であるので、必ずしも規範・標準に一致するものではない（むしろ新たな規範を発生させる基盤となることがある）。

こうして見ると、人間が動機を満たすために習得する行為の方法は、大部分、規範・標準によって規制され、それに一致しているわけである。かくして、規範・標準（あるいはそれを含む文化）は、現在の文脈では次の2つのレベルにおいて作用するものとみなすことができる。第1は、この行為の方法のレベルであり、そして第2は、先述した動機づけ過程における選択・確定のレベルである。

2　社会的行為

1. 社会的行為の概念

社会学の研究で重要な意味をもつのは、以上に述べた行為のうちでも、とりわけ「社会的」行為と呼ばれるものである。この社会的行為（social action）と

は、ウェーバーの定義に従えば、「行為者または諸行為者によって思念された意味にしたがって他人の行動に関係せしめられ、かつ、その経過においてこれに方向づけられている行為」のことをいう。つまり社会的行為とは、反作用を特徴とする社会的客体としての他人の行動に有意味的に方向づけられた（志向した）行為のことにほかならない。したがって反作用しない自然的客体にのみ志向した行為は、行為ではあっても社会的行為とはいえない。

また、2人の自転車乗りの衝突といった単なる自然現象的な接触も、有意味的な方向づけが欠如しているという意味で社会的行為ではない。同じく、雨が降りだして道路上の人々がいっせいに傘を拡げたといった例に示されるごとき多数人の類似行為も、それがただ雨に濡れまいとする共通の動機から出たもので、他人の行為への有意味的な方向づけを欠いており、社会的行為ということはできない。こうしてみると、社会的行為とは、行動の一部たる行為の、またその部分である（ただしそのほとんどの部分であるが）ということが分かるであろう。

2. 社会的行為の類型

社会的行為は、さまざまな観点からさまざまに類型化されうる。たとえばウェーバーは、（ウェーバー的意味での）動機の観点から次の4つの類型を設定する。

① 一定の目的を達成するために合理的に手段の考量をする目的合理的（zweckrational）行為（たとえば経済的行為）
② 行為の結果（コスト）を顧慮せずに特定行為のもつ絶対的価値への帰依からする価値合理的（wertrational）行為（たとえば芸術的行為）
③ 非合理的な感情は情緒に根ざした感情的（affektuell）行為（たとえば親子・異性間の行為）
④ 理由や根拠の自覚なく、ただ確立された概存の様式に従うだけの伝統的（traditional）行為（たとえば習慣化した日常的行為）

ウェーバーによれば以上の諸類型は、あくまで社会学的目的のためにつくられた概念的な純粋型であって、実際の社会的行為は、これら諸類型のいずれかに近似するか、あるいはそれらのいくつかを混えているものである。

社会的行為はまた、他の人たちとの関係の観点から次のように類型化することもできる。
① 2人またはそれ以上の人たちが、同一の目的を達するために、互いに助けあって仕事をする協力。これはさらに直接の協力と間接の協力とに分けられる。前者は、複数の人たちが、互いに顔をあわせ、おのおの他の協力者の仕事の分担を見ながらする協力をいい、後者は、協力者が互いに顔をあわせることなく、間接の交渉をもちながら、ひとつの仕事に分業的に行為する協力をいう。
② 2人以上の人が、互いに他の人よりも優位の位置につこうとつとめる競争。これもまた直接の競争と間接の競争とに分かたれる。前者は、2人以上の人たちが、個人的に、また集団対集団として、互いに顔をあわせ、一定の約束に従って、同じことについて優劣を争う場合の競争であり、後者は逆に、競争の相手と直接顔をあわせることなく優劣を争う場合の競争である。
③ 競争とちがって単に優劣を争うだけでなく、互いに相手を肉体的または精神的に傷つけ、あるいは倒すことによって、相手に対し優越の位置を占めようとする攻撃。これは積極的攻撃と消極的攻撃とに区分される。前者は、積極的に相手を傷つけ、または倒して勝ちを得ようとする攻撃であり、後者は、相手に協力しない拒否の態度として表れるものとしての攻撃である。
④ 人間関係の中に巻き込まれることを好まず、そこから肉体的に孤立し、あるいは心理的に逃避しようとする孤立と逃避。これは、人間関係から逃れようとする意味での他人への有意味的志向がある限りにおいて、社会的行為の一類型として分類される。

さらに、社会的行為は、社会や集団——それは2人以上の行為者の行為の相互作用から成り立っているのだが——が一定の環境で存続するために機能的に不可欠な条件、すなわち社会や集団の「機能的要件」への貢献の観点からも類型化することができる。パーソンズ=ベールズによれば、この集団（または社会）の機能的要件は、①環境への適応（A）、②集団目標の達成（G）、③集団の統合（I）、④制度化された価値体系の維持（L）、の4つである。そこでい

ま社会的行為は、①Aの機能的要件に貢献する道具的・技術的な手段行為（たとえば企業家の行為）、②Gの機能的要件に貢献する目標達成行為（たとえば政治家の行為）、③Iの機能的要件に貢献する統合的行為（たとえば法律家の行為）、④Lの機能的要件に貢献する表現的行為（たとえば教育者の行為）の4つの類型に分類される。

このほかにも社会的行為は、パレートの論理的・非論理的行為、デューイの感情的・知性的行為など、観点の設定の仕方いかんによって、さまざまに類型化することが可能であろう。

3. 相互作用過程

社会的行為は、前述したように反作用（反応）を特徴とする他人の行動に有意味的に志向した行為であるから、ほとんどの場合、この他人の反応を伴い、相互作用（interaction）過程へと入り込む。ただ、志向の対象となった他人が、その志向の主体たる自我の存在にまったく気がつかず、そのため主体の行為が他者の反応を触発することができなかったような場合には、社会的行為は相互作用過程へと発展しえない。またマス・コミュニケーションを通して知られた他人の行動へ志向している社会的行為なども、相互作用へと進展することはできない。しかし、こうした事例は比較的少数であって、大部分の社会的行為は相互作用に展開するものと見なしてよい。

さて、ここでいう相互作用とは、複数の行為者の間で、一方の社会的行為が他方の社会的行為を触発し、それぞれの社会的行為が互いに行為（action）―反応（reaction）として反応しあう時の、その対応諸過程の総体を意味する。この相互作用は、ある行為者の行為が同時に他の行為者への刺激であり、この行為者の反応がまたもとの行為者の刺激となるといったような相互的二途的な影響過程を示している。だから相互作用は複雑で、刺激でも反応でもあり、一方では刺激の意味、他方では反応の意味をもつといえる行為を含むことになる。

このような相互作用の分析は、ふつうAとBという2人の相互作用の場面、つまり「ダイアド」と呼ばれるものを単位として行われる。このダイアドのモデル化を基礎にしてこそはじめて、多数の行為者を含んだいっそう複雑な相互作用場面を分析することが可能になる。そこで次にこのダイアドについて相互

作用というものを考えてみよう。

　まずAが行為すると、それが刺激となってBが反応し、さらにこのBの反応が刺激となってそれにAが反応する。このような相互作用が繰り返されると、そこにAとBとの相互作用のパターン（interaction pattern）ができあがる。こうしてパターンができあがった場合、AもBもともに自分の行為に対する相手方の反応（行為）をあらかじめ予測ないし期待できるようになる。このパターンの成立は、A・Bそれぞれに期待すべき行為（反応）の型の確立を意味し、それへの同調いかんは相手の賞罰を招くようになるので、これは結局、行為の基準・規範の成立を指示するものだといえよう。基準・規範が相互作用過程を通じて各々の心の中に内面化されると、AとBとは相手方の行為を期待するのみならず、自分自身に対しても自己の行うべき行為を期待するようになる。以上のことは、多少の可変項を加えることによってダイアドを超えたより複雑な相互作用の場面にまで一般化しうるであろう。

4. 地位・役割

　上記のダイアドの説明では、AとBとの相当作用の繰り返しによってそのパターンが成立する経緯が述べられたが、ふつうの場合には、こうした相互作用のパターンはすでに存在しており、人々は、このような概存のパターンに従った相互作用の体系における一定の位置（position）に配分される。この配分は、その人の生得的な属性に基づいて行われることも、またその人のあげた業績に基づいて行われることもある。こうして配分された人々が相互作用体系で占める位置は、しばしばその人の「地位（status）」と呼ばれる。また、この地位を占めている人々に期待される行為の型は「役割（role）」と呼ばれている。さらにこの役割に対する期待そのものは、「役割期待（role-expectation）」という語によって示されている。

　ある地位についている人が現実に行った行為は、その人に期待されている行為の型＝役割を実現している場合とそうでない場合とがある、つまり役割期待に同調している場合とそうでない場合とがある。もし、役割を実現している、すなわち役割期待に同調しているのであるならば、その人は他の人々によって何らかの報酬（reward）を与えられるにちがいない。逆に役割を実現していな

い、すなわち役割期待に離反しているのであるならば、その人は他の人々によって何らかの処罰（punishment）を与えられるにちがいない。この報酬と処罰との両者をあわせて「裁定（sanction）」と呼んでいる。したがって裁定とは、当の行為者の行為を条件にした、他の行為者の当該行為者に対する反作用を意味している。裁定は、役割期待への同調に対しては報酬、離反に対しては処罰を与えるわけだから、当該行為者の役割期待への同調性を強めることに役立つであろう。この裁定は、相互作用の場面において相互の行為者によって行使され、お互いが相手に対してもつ役割期待へその相手を強く同調させようとするので、S. F. ネーデルのいう行為の相互操縦（mutual-steering）という事態が生ずるのである。

3 社会関係

1. 社会関係の概念

上述した相互作用との関連から社会関係（social relationship）という概念が出てくる。社会関係とは、人々の間である一定期間にわたり、一定の仕方で相互作用がいとなまれうる状態のことである。換言すれば社会関係とは、このように一定の仕方で相互作用がいとなまれうる可能性（確からしさ、chance）ないし用意を意味する。こうして社会関係が、相互作用がいとなまれうる状態として、また可能性ないし用意として解されるということは、とりもなおさず、それが相互作用過程そのもの、すなわち伝統的社会学でいう社会過程とは明確に区別されねばならないことを示唆する。つまり、社会関係が相互作用の可能性・用意を意味するものである限り、社会関係は、相互作用が停止している場合でもなおそれとして存続することができるわけである。

たとえば、夫婦関係・恋愛関係等にしても、これら関係の当事者が眠っており、したがって当事者間にまったく相互作用が行われていないとしても、関係自体は依然として持続していると見ることができる。ただし、高田保馬によればこの相互作用の可能性ないし用意としての社会関係は、こうした相互作用が実現している時点においてこそもっとも完全でかつ十分な姿になるものであるとされる。

なお、以上の意味での社会関係にほかならないものとしての可能性ないし用意は、必ずしもその当事者によって意識されている必要はない。たとえ意識の外にある（たとえば忘却）としても、ある何らかの時期に一定の仕方での相互作用を生み出しうる限り、この社会関係としての可能性ないし用意は存在し続けているのである。だから友情関係のごときは、十年逢わずまたその間数度しか想い出すことがないにせよなお消滅せず存続することができるわけである。

2．社会関係の類型

　以上のごとき社会関係は、従来多数の人によってさまざまな仕方で類型化されてきた。たとえば、ジンメル、ヴィーゼ、フィーアカントなどの形式社会学の人々、あるいはテンニース、ウェーバー、松本潤一郎等々、その試みを数えあげてゆけば際限がないであろう。なかでもテンニースの①共同社会関係（ゲマインシャフト）、②利益社会関係（ゲゼルシャフト）、ヴィーゼの①結合関係、②分離関係、③混合関係といった類型設定はとくに有名である。しかしここでは、以上の人々の類型設定をある意味では止揚したものとも見なされうる高田保馬のそれを基礎に、社会関係の類型化を行ってみることにしよう。

①　結合関係（相互肯定関係）。これは、可能性ないし用意より生ずる相互作用が、相互の依属感情すなわち相属感情を随伴しているような社会関係を意味する。この関係は、生ずべき相属感情を伴った相互作用がそれ自体のゆえに求められているか、あるいは他の目的や利益のための手段としてゆえに求められているかに従って、内的結合関係（愛着の結合）と外的結合関係（利益の結合）とに区分される。現実の社会集団は、さまざまな種類の社会関係の錯綜として成立しているのだが、この結合関係に重点をおいて集団をモデル化した場合、それを統合モデルという。

②　分離関係（相互否定関係）。これは、可能性ないし用意より生ずる相互作用が、「互いにしりぞけられてあることの感情」を随伴しているような社会関係を意味する。この関係は、生ずべきこのような感情を伴った相互作用がそれ自体のゆえに求められているか、あるいは他の目的や利益のための手段としてゆえに求められているかに従って、内的分離関係（反感の分離）と外的分離関係（衝突の分離）とに区分される。この分離関係に重

点をおいて集団をモデル化した場合、それは統合モデルに対して闘争モデルと呼ばれる。
③ 従属関係（上下関係）。これは、可能性ないし用意より生ずる相互作用において、一方の当事者（強者上位者）が相手を自己に従属させようとする行為を行い、他方の当事者（弱者下位者）が相手の下に立ちながらこれに従属しようとする行為を行う場合の社会関係を意味する。これも上記の2つの関係と同様、内的と外的とに区分される。内的従属関係とは、典型的には、生ずべき相互作用における、上位者が相手を従属させようとする行為また下位者が相手に従属しようとする行為が、それぞれ各々の当事者によってそれ自体のゆえに求められているような場合の関係である。他方外的従属関係とは、典型的には、上述の相手を従属させようとする行為あるいは従属しようとする行為が、それぞれ各当事者によって他の目的や利益の手段のために求められているような場合の関係である。

社会関係は、大体以上のごとく類型化されうるが、ただし現実の社会や集団は（上にもふれたように）、あくまでこれら諸類型のきわめて複雑なからみあいによって成り立つものである。だからたとえば、家族における人間関係を例にとるならば、そこには内的結合が支配的であるとしても、なおそれと結びついて分離や従属の諸関係が存在している事態をも認めることが可能なのである。

なお、社会関係の類型について言及するさい忘れてはならないのは、パーソンズが「パターン変数（pattern variables）」と呼ばれる5つの二分様式（感情性―感情的中立性、自己中心的志向―集合体中心的志向、普遍主義―個別主義、所属本位―業績本位、限定性―無限定性）を提起したことについてである。この5つの二分様式は、相互に組み合わされることによって、従来の分類ではけっしてなしえなかったほどの社会関係の緻密な類型化を可能にするからである。しかしこのパターン変数で分析しうるのは、社会関係の結合関係的側面にすぎず、分離や従属の側面が十分把捉されえないところにそれのもつ欠陥が認められると考えられている。

【参考文献】

高田保馬『社会関係の研究』岩波書店、1926年。
J. デュウィー、東宮隆訳『人間性と行為』春秋社、1951年。
福武直・日高六郎『社会学』光文社、1952年。
R. リントン、清水幾太郎・犬養康彦訳『文化人類学入門』創元社、1952年。
M. ウェーバー、阿閉吉男・内藤莞爾訳『社会学の基礎概念』角川書店、1953年。
T. M. ニューカム、森東吾・万成博訳『社会心理学』培風館、1956年。
G. リンゼイ編「基礎理論Ⅰ」(社会心理学講座　第1巻) みすず書房、1956年。
南博『体系社会心理学』光文社、1957年。
福武直・日高六郎・高橋徹編『個人と社会』(講座社会学　第1巻) 東大出版会、1958年。
T. パーソンズ、N. T. スメルサー、富永健一訳『経済と社会』Ⅰ・Ⅱ　岩波書店、1958年。
T. パーソンズ、E. A. シルズ、永井・作田・橋本訳『行為の総合理論をめざして』日本評論社、1960年。
日本社会学会編集委員会編『現代社会学入門』有斐閣、1962年。
広田君美『集団の心理学』誠信書房、1963年。

第 2 章
社会学のインプット−アウトプット理論

I インプット−アウトプット理論の諸相

　最近、科学のさまざまな領域でインプット (input)・アウトプット (output) という概念が頻繁に用いられるようになっている。そしてそのうちのいくつかの領域では、この概念をキー概念としてインプット−アウトプット理論とでも呼ばれうるものが形成されつつある。社会学においてもしかりであり、たとえばパーソンズ＝スメルサーの先駆的業績にも見られるように、社会学のインプット−アウトプット理論とでも呼ぶべきものが萌芽的に形成されつつある。本稿の意図するところは、このような現状をふまえながら、この萌芽的に形成されつつある社会学のインプット−アウトプット理論について、その方向づけとその実質的内容に関する序論的考察とを試みんとすることにある。

　ところで、科学のいくつかの領域でインプット−アウトプット理論とでも呼ばれうるものが形成されつつあるという場合、これはいかなる領域の理論を指しているか。まず第1にあげられるのが経済学におけるインプット−アウトプット理論である。これは、一名、産業連関論 (interindustry analysis) とも呼ばれ、アメリカの経済学者W. レオンティエフによって創始されたものである[1]が、その後ストン、ブラウン、ベート、バーチャラッチ等によって発展せしめられ、およそインプット−アウトプット理論としてはもっとも理論的に整備されかつ体系化された様相を示している。次に第2にあげられるのが情報科学におけるインプット−アウトプット理論である。電子計算機における入力と出力

の理論などがその格好の例となる[2]。さらに第3に経営学などのシステム分析におけるインプット-アウトプット理論があげられる[3]。そして第4が、本稿でとりあげる社会学のインプット-アウトプット理論である。

この社会学のインプット-アウトプット理論には、次の2つの領域が区分される。第1は、集団過程におけるインプット-アウトプットの理論である。第2は、集団間（下位体系間）におけるインプットとアウトプットの相互交換過程論としてのインプット-アウトプットの理論である。この区分は、伝統的社会学でいう集団過程論と集団間過程論との区分[4]にほぼ対応する。もちろんこのように区分したとしても、この2つの領域が、互いから分離したまったく別個の領域を形成するというわけではない。むしろ両者は、きわめて密接に接合しあっている。本稿では、この区分に基づき、最初に集団過程におけるインプット-アウトプットの理論について述べ、しかる後に集団間（下位体系間）におけるインプットとアウトプットの相互交換過程論としてのインプット-アウトプットの理論について論ずることにしよう。

II 集団過程におけるインプット-アウトプットの理論

1. 集団過程におけるインプット-アウトプットの概念

集団過程におけるインプットとアウトプットの概念はいかに定義されるか。集団過程を、さしあたりシステム論の立場から体系過程と呼びうるとしておこう。T. パーソンズは、この概念を次のように定義する。すなわちインプットとは、体系の外部や体系の先行状態から行為体系の位相過程のある一定のセクターに入ってくるところのものであり、それにおける変化は体系過程に影響を与える[5]。アウトプットとは、期間の終わりに観察できる体系ないしその状況つまり他の行為体系や非社会的客体の結果的状態における変化を意味し、体系過程の結果（consequences）とみなされうるところのものである[6]。かくして集団過程におけるインプット-アウトプットの観点は、体系過程を分析する独立した様式ではなくて、むしろ体系を外部の観察者の立場から観察し、サイクルの初めに入ってくるものと終わりに出てくるものとのあいだのバランスを査定しようとすることによって、そのサイクルの最初の状態と最後の状態とのあ

いだの相違を記述する様式なのである。したがって、ここでインプット–アウトプットとは、体系の位相サイクル内に生起するなにかではなく、過程の時間分節の初めと終わりとのあいだに生起するなにかを指しているわけである。つまり一定の時間セクターに含まれる、一方における費やされたものにおける「コスト」と他方における結果 (outcome) ないし産物とが問題の中心となっているといえる。

　しかるに、このインプットとアウトプットの概念にとっては均衡概念の意味が準拠のための基本線となっている。ということは次の命題に意味される。すなわち、均衡状態においては、全体としてのインプットとアウトプットとは時間をとおしてバランスされるのであり、1つのカテゴリーにおける変化は他のカテゴリーにおける「等価な」変化によって補償されるだろうということである。ただし、インプットとアウトプットが比較的恒常的に一定しているところでは、1つのカテゴリー（インプット）が変化した場合他のカテゴリー（アウトプット）における「等価な」変化によっては補償されえない。この命題は、資源 (resourse) が体系にもち込まれるか、あるいは撤退されるかするならば、結果として状況ないし体系の状態のいずれかまたは両方ともが変化するという、パーソンズの体系分析に当たって仮定した4つの原理の1つ、つまり加速度の原理から導き出されうるものである。しかも問題へのこのアプローチは、インプットが入ってき、それに応じたアウトプットが生み出されるというのだから、インプット保存の原理とでもいうべきものを示している。ここでは、エネルギーは一方過程において消費されるという行為の一方過程的性格のゆえに、エネルギー保守の原理は成り立たないけれども、それに応じてある種の結果を生ずるという意味においてエネルギー等価の原理が成り立っていると見るべきである[7]。

2. 集団過程におけるインプット–アウトプット理論の内容

　以上を一般的な考察として、次に、従来の理論を検討しつつ、この節の主題である集団過程におけるインプット–アウトプット理論の実質的内容に入りたいと思う。

　周知のごとく集団過程のインプットとアウトプットについての体系的な理論

分析は、C. I. バーナードをもって始めとすると見ることができる[8]。彼が集団過程のアウトプットとして示した、集団の目標達成度を指すものとしての有効性（effectiveness）・成員の満足度を指すものとしての効率（efficiency）の概念は今日ではあまりに有名である。このバーナードのアウトプットの観点は、後にホマンズ、レスリスバーガー、ドイチ（課題の機能、集団の機能）、カッテル（集団有効性のエネルギー、集団維持のエネルギー）、ケリー、チボー等々といった多数の人びとによって継承され、発展せしめられている。

しかし現在、当の問題についてのいっそう体系的かつ包括的な理論として注目されるのは、R. M. ストッグティルの議論である[9]。彼において集団とは、不安定均衡にあるインプット-アウトプット体系であると見なされ、この前提のもとに議論が展開される。彼にとってインプットとは、集団成員の成就（performance）・期待（expectation）・相互作用（interaction）である。これら3つは成員行動の側面である。成就と期待は個人行動の側面であり、相互作用は対人的行動の側面である。ここで相互作用とは、そこにおける各参加者の反作用が他の参加者によって始められた行為に対する反応であるような作用—反作用の継起である、と定義される。また成就とは、個人を集団成員として証明する、その個人によって示されたなんらかの行為である、と定義される。さらに期待とは、強化（reinforcement）にたいする構えと定義されるもので、それはここでは、動因、ありうべき結果のdesirability（望ましさ）の評価レベル、結果の評価されたprobability（ガイ然性）の機能として見なされている[10]。以上3つの変数は、単独の、ないしは相互作用における、個人の属性である。

ところでこれらの3つの変数は、結びつきあって、集団構造の発展と集団作用の開始・維持とを説明する。インプットの行動は、集団構造と作用に変形され、集団の業績（achievement）たる諸結果を生み出す。つまり、インプットの行動の効果は、（まず）集団構造と作用において示されるが、その最終効果は、集団構造と作用を通して媒介され、集団業績の形で示される。ストッグディルにおいてこの集団業績こそ、成員インプットから生じた集団アウトプットに他ならず、それは、集団の生産性・モラール・統合という3つの側面をもつものとされる。

この場合の集団生産性（group productivity）とは、集団作用によって造り出さ

れる期待価値（expectancy value）における変化の過程である、と定義される。また集団統合（group integration）とは、構造と作用が圧迫（stress）の下で維持されることができる程度である、と定義される。さらに集団モラール（group morale）とは、（集団）目標に向かう行為における抑圧（restraint）からの自由の程度である、と定義される[11]。ストッグディルにおけるこれらの集団業績は、集団成員のアウトプットの総和ではなく、集団そのもののアウトプット（集団アウトプット）を意味するものであり、この点バーナードの効率が成員の満足度をさすものであるのと著しい差異を示す。

　以上要するにストッグディルの理論体系は、成員インプットとして成員行動の3つの側面つまり成就・期待・相互作用をおき、集団アウトプットとして集団業績の3つの側面つまり生産性・モラール・統合をおく、そして両者を結ぶ媒介変数として、集団構造と作用の中核たるフォーマル構造と役割構造とをおく、という構成をとっているのである。そして、このようはストッグディルの定式化は、成就と相互作用をインプットと見、期待・役割構造・集団統合・モラールを媒介変数とし、生産性をアウトプットと考える従来よりの通念にたいして一種のアンチテーゼを提出するものだということができる。同時にこれは、成就をインプット、モラールを条件づけ変数、生産性をアウトプットとする見解、相互作用をインプット、凝集性を条件づけ変数、成就をアウトプットとする見解等々といったいくつかの異なった見方にたいしても挑戦するものであるといえよう。

　けれども一方、インプットやアウトプットについて、ストッグディルと同様ないし類似した見解をとる立場もかなりある。たとえばアウトプットに関しては、カーター、ヘンヒル、コーンズ、ボーガタ、コットレル、メイヤーなどが、ストッグディルと同じような立場をとっている[12]。ただし等しく生産性・モラール・統合ないし凝集性という概念を用いながらも、これらの人びとの間にはその内容において微妙な違いがあることが認識されなければならない[13]。またインプットについては、ストッグディルと立場を同じくするものとしてホマンズがあげられる。ストッグディルのインプットの3つの要素は、ホマンズの相互作用・活動・感情という3要素への考慮から導き出されたものにすぎないともいえる。なおストッグディル自身の指摘によるとパーソンズも、この3要素

に相応する行為・相互作用・感情という3つをその理論の基礎的要素のうちに含めているとされる。

ところで、上述したストッグディルの集団過程論とパラレルに、青井和夫は、次のごとき集団過程のインプット-アウトプット理論を構想している[14]。すなわち、インプットの成員の行動において相互作用・活動・心情をあげ、集団構造（集団過程）としてコミュニケーション構造・役割地位構造・感情構造を考える、そしてアウトプットである集団の業績として集団の統合・集団の生産性・集団のモラールを想定するのである。他方、集団過程のなかから集団分化が分泌されるとする。

しかるに、以上において述べた理論とはやや異なった理論構成の立場として注目されるのが吉田民人のそれである[15]。彼は、機能集団の構造とインプット-アウトプット過程（集団系の過程）を次のように理論化している。まず機能的要件としての集団インプット過程に共有目標の決定・成員要求の開発・成員結合の結成・共有価値の設定を含め、集団構造として目標構造・要求構造・結合構造・価値構造を掲げる。そして機能的要件としての集団アウトプット過程に共有目標の達成・成員要求の充足・成員結合の発動・共有価値の表現を含めるわけである。この場合の集団のインプット-アウトプット過程は、集団の再機能過程とも名づけられている[16]。

さて、以上みてきた諸論はいずれも、大まかに集団過程のインプットとアウトプットの問題への内容の観点からアプローチしたものであると総括することができるが、他方、この問題へのやや分析的ないしは形式の観点からのアプローチとして注視されうるのが、パーソンズの位相運動論におけるインプット-アウトプット理論である[17]。彼は、ここでこの問題を、①動機づけ的過程と②客体—体系過程、つまり①動機づけ的エネルギーのインプットとそのアウトプットである「産物」、②客体属性と客体関係のインプットとそれらのアウトプットである結果、という2つの基礎的カテゴリーの区分に基づいて分析する。まず①動機づけ的過程においては、インプットは、単位間に分配されたものとしての動機づけ的エネルギーのフローの量と率を指している。またこの場合のアウトプットは、満足（satisfaction）と充足（gratification）という2つのタイプに類別される。充足とは、動機づけ的エネルギーが消費されることによって得

られるものであり、満足とは、エネルギーを消費し成就を行ったときのその現実的結果が規範的期待と一致している場合に得られるところのものである。次に②客体―体系過程においては、インプットは、体系属性、状況属性、客体関係という3つのタイプに類別される。ここで体系属性のインプットとは、準拠としての体系の属性がインプットを構成する場合を意味し、体系能力とも呼ばれている。また状況属性のインプットとは、状況客体の属性が知覚と情報とをとおして入ってきてインプットを構成している場合を意味する。さらに(状況)客体関係のインプットとは、状況客体の道具的統制がインプットを構成している場合を意味する。次にアウトプットであるが、これは、完成（accomplishment）と達成（achievement）の2つのタイプに分けられる。完成とは、状況客体と準拠としての体系との属性の変化のことである。達成とは、状況客体に対する関係（道具的統制ないし所有）の変化のことである。以上のごとくしてパーソンズは、集団過程のインプット－アウトプットの問題にたいしきわめて分析的なアプローチを試みているわけである。

3. パーソンズのA・G・I・Lとの対応関係

ところで、この分析的なアプローチはともかくとして、大まかに内容の観点からのアプローチとして総括したものにおいては、アウトプットは、おおむねパーソンズのA・G・I・Lに対応する。たとえばバーナードの有効性と効率というアウトプットについては、前者はA・Gに対応し、後者はI・Lに対応する。またストッグディルの場合は、生産性のアウトプットはGに、統合のアウトプットはIに、モラールのアウトプットはLに、それぞれ対応する（したがってここではAに対応するアウトプットが欠落している）。吉田のアウトプットが彼の修正A・G・I・Lに対応することは言をまたない。そこで集団過程のアウトプットは、集団（体系）の適応ⓐ、集団（体系）の目標達成ⓖ、集団（体系）の統合ⓘ、集団（体系）のパターン維持と緊張の処理ⓛという4つにするのが妥当である。この場合、この4つのアウトプットは、パーソンズやスメルサーあるいはその他の人びとが境界相互交換過程の分析において設定したアウトプットを、それぞれの体系（集団）準拠における実例とするところのものである。たとえばⓐのアウトプットとは、パーソンズに従って、社会の第1

次下位体系の準拠においては、生産力、資本、パターンの内容、パターン同調性への動機づけなどを実例とする。ⓖのアウトプットとは、消費財およびサーヴィス、労働サーヴィス、条件付の緊急調整などを、同じ体系準拠における実例[18]とする。さらにスメルサーに従って、綿産業体系の下位体系の準拠においては、たとえばⓐのアウトプットは、介入権、流動資金の解除、威信、新しい技術などを実例とする[19]。その他の準拠においても、各アウトプットは、その他の人びとの諸論に従ってさまざまなものをその実例とするであろう。

以上のようにⓐⓖⓘⓛをもってアウトプットと解するとして、それでは他方、インプットの方はどのように解すべきであるか。インプットは、便宜的に次の2つに類別される。第1は、当該集団（下位体系）が属する社会体系内の他の集団（下位体系）からのインプットである。これは、この同一社会体系内の他の集団（下位体系）のアウトプットであるⓐⓖⓘⓛが当該集団（下位体系）へインプットして入ってくる場合のそのインプットを意味する。第2は、外部環境からのインプットである。この外部環境は次の6つに分類される。①他の社会体系。つまり当該集団（下位体系）の属する社会体系以外の社会体系。②文化体系。③パーソナリティ体系。④行動的有機体（behavioral organism）。⑤究極的実在（ultimate reality）。⑥物理的─有機的環境（physical-organic environment）[20]。この場合①②③④は、当の社会体系つまり当該集団（下位体系）の属する社会体系の行為内環境を形成する。また⑤⑥は、行為の環境であり、当の社会体系の行為外環境を形成する[21]。

Ⅲ 集団間（下位体系間）におけるインプット－アウトプットの理論

以上、集団過程におけるインプット－アウトプットの理論について述べてきたので、次に集団間（下位体系間）におけるインプットとアウトプットの相互交換過程論としてのインプット－アウトプットの論理を中心に考察を進めてゆくことにしよう。ここではシステム論の立場に立ち社会体系―下位体系―単位というレベルを考え、いままで述べてきた集団過程の準拠を下位体系の水準に置くことにする。そこで、下位体系過程がこれまで集団過程として言及したも

のに相当することになる。したがってこの下位体系過程は、当該社会体系の他の下位体系および外部環境からインプットを得、ⓐⓖⓘⓛのアウトプットを生ずるものと見なされる。このアウトプットのうち、一部は外部環境へ、他の部分は他の下位体系へ与えられるわけである。この場合、下位体系は他の下位体系からインプットを得、そのアウトプットの一部を他の下位体系へインプットとして与えるのだから、下位体系間においてインプット－アウトプットの相互交換の過程が認められる。またこのようなインプット－アウトプットの相互交換の過程は下位体系内の単位間においても認められるのであり、以上のようにインプットを入れアウトプットを生ずる下位体系過程とは、つまるところこの下位体系内の単位間におけるインプット－アウトプットの相互交換の過程に他ならない。

1. 社会体系過程と社会体系構造変動過程

　以上と関連して社会体系に関する動的過程（dynamic process）について考察しよう。この動的過程は、①社会体系過程（社会過程）と②社会変動過程（社会体系構造変動過程）とに区分される。

　①社会体系過程（社会過程）とは、ふつう社会的相互作用過程を指すが[22]、ここでは、下位体系間および下位体系内の単位間におけるインプット－アウトプットの相互交換の過程を意味する。この社会体系過程（社会過程）は次の2つのタイプに分類される。第1は、下位体系間および下位体系内の単位間におけるインプット－アウトプットのバランスした相互交換の過程であり、第2は、同じくインプット－アウトプットのインバランスな相互交換の過程である。前者は社会過程の均衡過程であり、後者は社会過程の不均衡過程である。均衡過程は、このインプット－アウトプットのバランスした相互交換を持続させる傾向が存在する場合、安定均衡過程と呼ばれ、インバランスな相互交換へ向かわせる傾向が存在する場合、不安定均衡過程と呼ばれる。不均衡過程は、インプット－アウトプットのバランスした相互交換を回復させる傾向が存在する場合、安定不均衡過程と呼ばれ、インバランスな相互交換を持続ないし進展させる傾向が存在する場合、不安定不均衡過程と呼ばれる[23]。構造が形成されているところでは、均衡過程は構造維持に作用し、不均衡過程は構造変動に作用する。

ではここで、社会体系構造（社会構造）とはどのように理解されるべきであるか。社会体系構造（社会構造）とは、下位体系間および下位体系内の単位間におけるインプット−アウトプットの相互交換のパターンである、と定義できる。この定義は、社会構造を社会的相互作用の安定せる体系[24]ないし安定した相互作用のパターン[25]であるとする定義に符号する。しかるに社会体系構造は、下位体系間におけるインプット−アウトプットの相互交換のパターンと下位体系内の単位間におけるインプット−アウトプットの相互交換のパターンという2つの次元（領域）に分けることが可能である。

ところで、パーソンズに従って下位体系がA・G・I・Lに対応する4つあるとすれば、社会（society）の下位体系間におけるインプット−アウトプットの相互交換のパターンは、次の6つの部分に区分することができる。つまり㋑資源動員体系のパターン（A−G間のパターン）、㋺労働消費市場体系のパターン（A−L間のパターン）、㋩政治的支持体系のパターン（G−I間のパターン）、㋥忠誠連帯委託体系のパターン（L−I間のパターン）、㋭配分標準体系のパターン（A−I間のパターン）、㋬合法化体系のパターン（G−L間のパターン）、である[26]。また、パーソンズ＝スメルサーのいう経済の制度的構造の一部たる外部市場構造（労働市場構造、消費財市場構造、資本財市場構造等を含む[27]）も、この社会の下位体系間におけるインプット−アウトプットの相互交換のパターンの部分をなし、上の㋑㋺㋭に相当する。

次に②社会体系構造変動過程（社会変動過程）とは、下位体系間および下位体系内の単位間におけるインプット−アウトプットの相互交換のパターンの解体・形成過程である、と定義されうる。この場合、パターンの解体過程は解体変動過程を意味し、パターンの形成過程は形成変動過程を意味する。しかるに、ここでは社会変動過程と社会体系構造変動過程とが等置されているが、このように社会変動を社会体系構造（社会構造）の変動と考える立場は、今日かなり広く受け入れられつつある立場である。たとえばB. バーバー[28]、パーソンズ[29]、スメルサー[30]、W.E. ムーア[31]、R.M. ウイリアムズ[32]、富永健一[33]等々はこの立場をとる。このような立場は、従来における構造論と変動論との分裂を止揚しうる。

社会体系構造変動過程は、上述のパターンの一部が解体し始めたときに開始

し、このパターンの全体が新たに形成されたときに完了する。新たに形成されたパターンにおけるインプット－アウトプットの相互交換が量的ならびに質的に高度化している場合、進歩（progress）といい、逆にそれが低下している場合退歩（decay）という[34]。これは、社会体系構造変動過程の2つの方向だと見るべきである。

2. 社会体系構造変動の源泉

　このような社会体系構造変動の源泉はどこに求められるか。この源泉には外生要因と内生要因との2つがある。外生要因は、当該社会体系におけるある下位体系への外部環境からのインプットの超過ないし欠如を意味し、内生要因は、ある下位体系内の単位間におけるインプット－アウトプットの相互交換のインバランスを意味する。この外生要因・内生要因は、その下位体系（過程）におけるアウトプットの超過ないし欠如を生み出す。外生要因の場合、外部環境からのインプットの超過ないし欠如により、それに応じてその下位体系におけるアウトプットの超過ないし欠如が生み出される。内生要因の場合、インプットはこれまでどおりであるにもかかわらず、内部の単位間におけるインプット－アウトプットの相互交換のインバランスの影響により[35]、その下位体系におけるアウトプットの超過ないし欠如が生み出される。なお、内生要因つまりその下位体系内の単位間におけるインプット－アウトプットの相互交換のインバランスは、ある単位への外部環境からのインプットの超過ないし欠如あるいはある単位内の要素間におけるインプット－アウトプットの相互交換のインバランスという要因によって引き起こされる。以上のようにしてその下位体系におけるアウトプットの超過ないし欠如が生み出される場合、相互交換においてこのアウトプット（の一定割合）をインプットとして入れる他の下位体系のインプットは超過ないし欠如し、その下位体系とこの他の下位体系とのあいだのインプット－アウトプットの相互交換はインバランスになる。しかもこの場合、そのインプットが超過ないし欠如したこの他の下位体系の内部の単位間におけるインプット－アウトプットの相互交換はインバランスとなる。この理由は次のとおりである。つまり、インプットとアウトプットが比較的恒常的に一定している下位体系においては、インプットが超過ないし欠如したとき、この比較的

恒常的に一定した従来のアウトプット（の大きさ）を保持しようとする力が働いて、この従来のアウトプットを保持すべくインプットの超過ないし欠如を補償する作用が生起する。この補償は、当の下位体系内におけるある単位のアウトプットから行われ、たとえばインプットの超過の場合はその超過した部分のこの単位のアウトプットへの付加、また欠如の場合はその欠如した部分のこの単位のアウトプットからの補充が行われる。このためこの単位のアウトプットの超過ないし欠如が生み出され、それが原因でこの下位体系内の単位間におけるインプット-アウトプットの相互交換のインバランスが生ずるわけである。なお上記の、従来のアウトプットを保持しようとする力が働くという仮説は、慣性の原理（principle of inertia[36]）の変種であると解することができる。

このようにして内生要因・外生要因によってある下位体系におけるアウトプットの超過ないし欠如が生じ、これをインプットとして入れる他の下位体系とのあいだにインプット-アウトプットの相互交換のインバランスが生起する。しかもこの他の下位体系内の単位間におけるインプット-アウトプットの相互交換がインバランスとなる。インバランスはこの他の下位体系どうしのあいだにも発生することとなり、（やがて）当該社会体系の下位体系間および下位体系内の単位間のインプット-アウトプットの相互交換のインバランスが普及するに至る。ここで既述したようにインプット-アウトプットの相互交換のインバランスな過程（不均衡過程）は、インプット-アウトプットの相互交換のパターン（構造）の解体に作用する。もちろん下位体系間における相互交換のインバランスな過程は、下位体系間における相互交換のパターンの解体に作用し、下位体系内の単位間における相互交換のインバランスな過程は、単位間における相互交換のパターンの解体に作用する。そして最初の部分のパターンが解体し始めたとき社会体系構造変動は開始する。外生要因・内生要因が社会体系構造変動の源泉となるのは、以上述べた経路を通してに他ならない。

インプット-アウトプットの相互交換がバランス化して比較的恒常的に持続すると新たに相互交換のパターンが形成される。当該社会体系の下位体系間および下位体系内の単位間におけるインプット-アウトプットの相互交換のパターンの全体が新たに形成されたときに社会体系構造変動過程は完了するわけである[37]。

【注】

1）W. Leontief, "Quantitative Input-Output Relations in the Ecouomic System of the United States," *Review of Economics and Statistics*, Vol.18, No.3, 1936. W.Leontief, *The Structure of American Economy, 1919-1939: An Empirical Application of Equilibrium Analysis*, 2nd ed. 1951。W.Leontief and Others, *Studies in the Structure of the American Economy: Theoretical and Empirical Explorations in Input-Output Analysis*, 1953.
2）H. Borko, ed., *Computer Applications in the Behavioral Science*, 1962.
3）S. L. Optner, *Systems analysis for Business management*, 1960.
4）たとえば、蔵内数太『社会学』（1962、212-219頁）を参照。
5）われわれがインプトという場合は、このうち主として当該体系の外部から入ってくるところのものを指す。ただしパーソンズのインプト–アウトプット理論（彼以外のその他のいくつかの理論も）は、この定義に基づいているから、後にパーソンズ理論の分析は、当然この定義を前提とすることになる。
6）T. Parsons, R. F. Bales and E. A. Shils, *Working Papers in the Theory of Action*, 1953, p.215.
7）*ibid.*, pp.215-217. なお当然のことながら、インプットが入ってき、それに対応するアウトプットが生み出されるまでにはタイム・ラグが認められる。T. パーソンズ、N. J. スメルサー『経済と社会』Ⅱ（富永健一訳）、1958、83頁。
8）C. I. バーナード『経営者の役割―その職能と組織―』（田杉競監訳)、1956。
9）R. M. Stogdill, *Individual Behavior and Group Achievement*, 1959.
10）*ibid.*, pp.17-119.
11）*ibid.*, pp.196-218.
12）L. F. Carter, "Evaluating the performance of individuals as members of small groups," *Personnel Psychol.*, vol.7, 1954, pp.477-484. J. K. Hemphill and A. E. Coons, "Development of the leader behavior description questionnaire," in R.M.Stogbill and A. E. Coons, *Leader behavior: its description and measurement*, 1957. E. F. Borgatta, L. S. Cottrell and H. J. Meyer, "On the dimensions of group behavior," *Sociometry*, vol.19, 1956, pp.223-240.
13）なお、アウトプットとしてこれら3つの変数をとりあげるとき、これら3変数間のバランシングの関係ということが問題になってくる。インプットがコンスタントに保たれている場合、集団の全体のアウトプットと全体のインプットとはほぼ1対1の関係をもち、集団業績のなにか1つの要素における増加は、ただある他の要素を犠牲にしてのみ成し遂げられるからである。この点についてストッグディルは次のような定式化を行っている。①生産性とモラールは正の相関をする（＋）。②モラールは統合と正ないし負いずれかにおいて相関しうる（＋、－）。③統合と生産性は負の相関をする（－）。④モラール・生産性・統合は、集団が目標遂行に向かって努力する場合、強く動機づけられているとき、あるいは動機づけが非常に低いとき、正に相関しうる（＋）。この生産性・モラール・統合（あるいは凝集性）の間の各々の関係については、多くのグループ・ダイナミスト、たとえばフェスティンガー一派、リピット、モース、ラ

イマー、カッツ、マッコビイ、シーショア、バーコヴィツ等々によってきわめて多彩な研究が行われているが、彼らのあいだになんら統一した見解は認められない。S. Schachter, N. Ellertson and Others, "An experimental study of cohesiveness and productivity," *Hum. Rel.*, vol.4, 1951. pp.229-238. R.Lippitt, "An experimental study of hte effect of democratic and authoritarian group atmosphere," *Univ. of Iowa Stud. Cild Welf.*, vol.16, 1940, pp.43-195. N. C. Morse and E. Reimer, "The experimental change of a maior organizational variable," *J.abn. soc. Psychol.*, vol.52, 1956, pp.120-129. D. Katz, N. Maccody and N. C. Morse, *Productivity, suppervision and moral in an office situation*, 1950. S. E. Seashore, *Group cohesiveness in the industrial work group*, 1954. L. Berkowitz, "Group standard, cohesiveness and productivity," *Hum. Rel.*, vol.7, 1954, pp.509-519.

14）青井和夫・綿貫譲治・大橋幸『集団・組織・リーダーシップ』（今日の社会心理学3）、1962、83-84頁。
15）吉田民人「機能集団の一般理論―その基本的骨子―」社会論集、第5・6・7号、1964、52-60頁。
16）以上に述べた集団過程のインプットとアウトプットについては青井和夫の体系的な分析がある。青井和夫・綿貫譲治・大橋幸『前掲書』。
17）T. Parsons, R. F. Bales and E. A. Shils, *op. cit.*, pp.217-221.
18）T. パーソンズ、N. J. スメルサー『前掲書』I（富永健一訳）、103頁。
19）N. J. Smelser, *Social Change in the Industrial Revolution*, 1959, p.46.
20）この外部環境の分類は、パーソンズの理論に基づいたものである。T. Parsons, *Societies: Evolutionary and Comparative Perspectives*, 1966, pp.28-29.
21）以上のようなインプットの大別はパーソンズにおいても見られる。T. Parsons, "Some Considerations on the Theory of Social Change," *Rural Sociology*, vol.26, No.3, 1961, p.222.
22）松本潤一郎『集団社会学原理』1937。
23）cf. 吉田民人「集団系のモデル構成」社会学評論、第54号、1963、59-60頁。
24）T. Parsons, *The Social System*, 1951, p.36.
25）たとえば W. E. Moore, *Order and Change*, 1967, p.3.
26）T. Parsons, "The Political Aspect of Social Structure and Process," in D. Easton, ed., *Varieties of Political Theory*, 1966, p.108.
27）T. パーソンズ、N. J. スメルサー『経済と社会』I・II（富永健一訳）、1958。
28）B. Barber, "Structural-Functional Analysis: Some Problems and Misunderstandings," *A. S. R.*, Vol.21., No.2, 1956, pp.129-135.
29）T. Parsons, *op. cit.*, 1951, p.480. T. Parsons, "Some Considerations on the Theory of Social Change," *Rural Sociology*, Vol.26, No.3, 1961, p.226.
30）N. J. Smelser, *Social Change in the Industrial Revolution*, 1959.
31）W. E. Moore, *op. cit.*, p.3. W. E. Moore, *Social Change*, 1963, p.16, p.25.
32）C. P. Loomis and Z. K. Loomis, *Modern Social Theories*, 1961, p.585.

33) 富永健一『社会変動の理論』1965、236頁。
34) cf. W. E. Moore, *op. cit.*, 1963, p.43.
35) 内生要因、つまりその下位体系内の単位間におけるインプット-アウトプットの相互交換のインバランスは、以下本文で述べられる理由によって単位のアウトプットが超過ないし欠如することによって惹起されたのであり、ここにおいては単位のアウトプットの超過ないし欠如という事態が存在している。そこで、この単位のアウトプットの超過ないし欠如を補償することによって、このインバランスは以前のバランスを回復しうるのであるが、このインバランスにおいて以前のバランスを回復しようとする力が働き、それによって以上の単位のアウトプットの超過ないし欠如が当の下位体系へのインプットから補償される。そこで単位のアウトプットの超過の場合は下位体系のインプットへの付加、逆に欠如の場合は下位体系のインプットからの補充が行われる。このようにしてインプットが加減される結果、その下位体系のアウトプットの超過ないし欠如が生み出されるのである。内生要因によって当の下位体系におけるアウトプットの超過ないし欠如が生み出されるのは、以上の経緯を通してである。
36) T. Parsons, op. cit., 1961, p.225. T. Parsons, R. F. Bales and E. A. Shils, *Working Papers in the Theory of Action*, 1953, p.164. T. Parsons, *Sociological Theory and Modern Society*, 1967, p.217.
37) ちなみに、この文脈において、社会体系の均衡の条件は、次の2つに求められる。①下位体系過程および単位過程のインプットとアウトプットとが等価であること。②下位体系間および単位間におけるインプット-アウトプットの相互交換が一定比率であること。ただし、この場合の一定比率とは、①を前提として、部門間（下位体系間ないし単位間）に過不足なしの特定の交換が行われている場合の、その特定の交換比率をいう。

　なお、付言すれば、単位間におけるインプット-アウトプットの交換比率は、単位間における権力関係を決定する。cf. P. M. Blau, *Exchange and Power in Social Life*, 1964, p.7.

第2部
タルコット・パーソンズの理論

第3章
パーソンズにおける社会構造と社会成層の理論

　社会構造の概念は、社会学のあらゆる研究分野において中枢的な地位を占め、それらの共通の立場または交流の場とみなされうるが、にもかかわらずその概念は、これら各分野間において多義的であるのみならず、それぞれの分野内においてさえ多くの曖昧性と恣意性とを含んでいる。こうした状況のもとでなんらかの一義的に規定された社会構造概念ないしは社会構造モデルの確立を企図することは、現代社会学の1つのアプ・ツー・デートな課題たりうる。本章の目的は、こうした社会構造モデルの構築を念頭におき、社会構造の1つの側面とみなされる社会成層がこの構造モデルと関連していかに把握されるべきか、ないしはこうした社会成層との関係において社会構造はどのようにとらえられるべきか、についての問題提起を試みることである。しかもこれは、ここではT. パーソンズの理論を中心とし、それに基づいて行われる。

Ⅰ　パーソンズの社会構造論

　パーソンズの構造機能的分析において「構造とは体系を取り扱う記述様式の"静態的"側面のことである。」(Parsons 1945, p.214) ここで体系とは、すべての構成要素（単位）が互いにはっきり相互依存している統一体であるから、その静態的側面を表すものとしての構造は、換言すれば「比較的安定した型相化された単位相互の諸関係の束」(Parsons 1945, p.230) である。しかるにこのよ

うな体系の構造（the structure of the system）は、科学的研究の究極目標である動態分析の問題の解決に機能するもので、体系内の変数を総体的恒常性の原理に従って変数の役割からはずし常数として定立した場合のその常数を意味する。したがって構造というものは、静態的・安定的であるといっても、それは、決して現象の本体論的な安定性に関係するものではなく、むしろその相対的な安定性に関係するものである（Parsons 1945, p.217）。

　それではこのような体系の構造の範疇を基礎にしてパーソンズは、社会体系の構造つまり社会構造（social structure）をいかに規定したか。まず、彼において社会体系は、「2人以上の行為者の相互作用の過程」（Parsons 1951a, p.89）から成り立っており、その単位は行為者と考えうるから、構造を型相化された単位相互の諸関係の束としてとらえる以上の仕方からすれば、社会体系の構造すなわち社会構造とは、「行為者の社会関係の型相化されたシステム」（Parsons 1945, p.230）だということができる。つまり社会構造とは、「社会的相互作用の安定せる体系」（Parsons 1951b, p.36）である。ところが多くの社会関係にあって、行為者は全体としてそれに参加するのでなくて、彼の全行為のうちの一定の分化された「扇面」すなわち「役割」と呼ばれるものによってそれに参加するにすぎず、これが社会的行為体系の著しい特徴になっている。したがって「社会体系は主として諸役割の体系である」とも、また「社会体系は主として諸役割ないし諸役割期待の凝集である」（Parsons 1951a, p.151）ともいえることになる。そこでこの観点から、「社会構造とは、行為者がその能力に応じて相互に関係をもちつつ役割を演ずる場合の型相化された関係の体系である」（Parsons 1945, p.230）と定義されうる。つまり社会構造とは安定せる役割相互の関係を示すものに他ならない。

　しかるに、このように社会構造を型相化した役割相互の関係として捉える仕方は、パーソンズ以外にも多くの学者によって採用されている。たとえばラドグリフ＝ブラウンは、社会構造は個人対個人の社会関係の網の目であるとともに個人や階級の社会的役割による分化あるいは地位の分化であると規定しているし（Radcliffe-Brown, p.191）、またレッドフィールドは、社会構造は、関係の束（relationships）であると同時に「永続的でしかも現に重要性を失っていない伝統的機能と役割の人びとに対する割当ての体系的な相互連関」（Redfield, p.45）であると表現している。リントンについても同様なことがいえる（Linton）。

　それはともかく、このように役割の総体として社会構造を考えるとき、必然的に役割の規定因としての規範的期待の問題が登場する。社会体系の立場からすれば、本来、役割とはその組成因子である個々人の行動の一般化的型相化の一要素であり、それは社会的伝統によって定型化された集団成員の規範的期待によって決定される。したがって役割はその期待の内容をなすものであり、こうした意味では役割とは相互に働き合う行為にかかわる1組の制度化された相互期待である。そこで、役割を決定しそれを内容としているところの期待の体系は、同時に役割の体系であるということになる。したがってこのような観点からすれば、「社会構造の本質的側面は、ある意味で一定の役割を演ずる個人に正当な行動を規定するように型相化された期待の体系のうちにある」（Parsons 1945, p.231）ということができる。この場合このような正当な行動は、行為者自身による社会的一致のための積極的動機および他人の承認という2つのものによって強化される。しかもここでいう型相化された期待の体系は、その集合体に制度化された価値のパターンによって決定され、それによって輪郭を示されるものであることから、さらに社会構造（の本質的側面）とは、制度化された価値のパターンであるともいいうる。この場合の見方は、レッドフィールドの、「社会構造は単に関係の体系としてのみならず、規範と期待の体系として考えねばならない。社会構造は倫理体系（ethical system）としてもみることができる。」（Redfield, pp.45-49）という見解に通ずる。

　ところで、このような型相化された期待の体系ないしは制度化された価値のパターンは、一方において「制度（instiution）」といわれるものに他ならない。したがって現在の議論の建前から、社会構造の本質的側面は「制度」にあるという規定に達する。この制度を別言すれば「単位と単位との相互行為によって役割期待および動機づけの組織化が規定されることにより、社会体系の共通文化の価値のパターンが単位の具体的な行為のなかで統合される仕方」（Parsons and Smelser, p.155）であるといえるから、いずれにせよ制度は価値のパターンの内面化・制度化の問題に係わり、その限り社会構造の根底をなすわけである。この社会構造と制度とを等置する見方は、「制度は当該社会体系で戦略的な構

造的意味をもった制度化された役割統合（role integrates）の複合体である」（Parsons 1951b, p.39）というパーソンズの言葉からも立証されうる。なぜなら社会構造もまた既述のごとく型相化した役割相互の関係に他ならないから。しかもこのように制度を社会構造の本質的側面と考える仕方は、同時に制度を社会構造の単位と考える仕方に連なる。それゆえ「制度は役割よりも高いレベルの社会構造の単位である」（Parsons 1951b, p.39）という規定が可能になる。つまり社会構造は、「経済制度あるいはその他なんらかの制度の体系」（Parsons and Smelser, p.91）からつくられており、構造はいわばこれら制度の束であるということになるのである。この見解はパーソンズ以外の多くの学者によっても共有されるところである。

以上、パーソンズの論理に従い社会構造を、行為・役割・期待・価値・制度と、数々のレベルにおいて把握した。しかし事実上は、これらの各レベルは多かれ少なかれズレを示すものである。けだし、これら各レベル間の関係を、理論上、一致するものとして想定しているところに、パーソンズ社会構造論の特徴の一端をうかがうことができるかもしれない。

II　パーソンズの社会成層論 —評価的側面—

パーソンズにおいて社会成層はいかに把握されたか。彼において社会成層は、評価的側面と現実的事態とに分析上区分され、それらの間のソゴが指摘される。前者は評価ないし威信のヒェラルヒーであり、後者は権力のヒェラルヒーである。「評価的側面においては、成層とは、共通の価値体系の基準に従って社会体系の単位を格づけすることである。」（Parsons 1953, p.338）この場合、社会体系の単位とは、理論的な意味では、「成員」役割（"membership" role）あるいは地位―役割複合（status-role complex）を指す。しかるにこの単位は、これら成員役割ないし地位・役割複合にかかわる限りでの行為者（actor）を含む。なぜなら行為者は、地位・役割の束であり（Parsons 1951b, p.26）、こうした地位・役割複合にかかわる限りでの行為者といった場合、その実質的意味はこれら地位・役割複合そのものを示すからである。ところがこの単位に対する評価的判断は、単位そのものについてではなく、その単位の特殊な属性（properties）

についてなされる。パーソンズによればこの属性は、性能（qualities）・成就（performance）・所有物（possessions）の3つに分類される。ここで性能とは、単位の状況客体に対する関係のいかなる変化からも独立に評価されえ、単位そのものに帰属する属性である。また成就とは、状況客体に対する関係の変化の過程であり、単位の「作用」に帰属する属性である。さらに所有物とは、本来的に譲渡可能であり、行為者が統制という特殊関係をもっているところの状況客体を意味する属性である。これは、便益（facility）と報酬（reward）という2つの意味の範疇をもつ。（Parsons 1953, p.390）

しかるに、単位がこのような属性において評価される場合の価値基準はパーソンズにおいていかに把握されたか。彼によればこの価値基準は、'working papers'において彼がベールズとともに展開した行為体系の4つの次元、つまりA・G・I・Lに相応（Parsons, Bales and Shils）するところの4つの基礎的なタイプに分類される。そして、このように分類された価値基準が要素単位となり相互に組織されることによって共通の価値体系が構成されるのである。この4つのタイプの基準のそれぞれは、成就規範（performance norms）ないし裁定規範（sanction norms）および客体の性能を定義する。

第1の基準（A）が定義する成就規範は、「技術的」規範であり、これは、道具的・技術的な手段行為を、特定の目標達成への有効性において規定する。ここでの唯一の準拠は、状況客体が目標達成のために利用される有効性（effectivencss）である。第2の基準（G）における成就規範は、単位の貢献すべき体系目標を明細化し（規定的場合）、単位の許容された「私的」目標の限界を定義する（許容的場合）。したがってここでは、定められた体系目標へ向かう行為と限界内での私的行為とに価値（望ましさ）がおかれる。第3の基準（I）における成就規範は、体系統合にかかわるもので、連帯の維持への単位の貢献に関する期待を定義する。ここでは連帯維持への積極的行為に価値がおかれる。第4の基準（L）における成就規範は、単位に帰属する価値パターンを表現ないし履行する行為、あるいは学習を通して単位そのものの性能を変化させることに志向した行為（つまり表現的行為）を規定する。ここでは完全な意味での表現的行為に価値がおかれる（Parsons 1953, pp.395-396; Parsons, Bales and Shils, pp.202-208）。

しかるにこのような4つの成就規範は、A・G・I・Lのそれぞれの機能分野における成就（＝その志向の行われた現在における顕在的行為 overt action）を評価するための基準となる。まず第1の成就規範（A）は、技術的手段行為を、その有効性の点から評価する基準となる。また第2の規範（G）は、目標達成行為を、その目標の正当性の点から評価する基準となる。

第3の規範（I）は、統合的行為を、その連帯への貢献の点から評価する基準となる。最後に第4の規範（L）は、表現的行為を、単位に帰属されたパターンの維持の点から評価する基準となる。

ところでこのような成就規範を定義する価値基準は、一方においては客体の性能を定義するものであって、その性能を評価するための基準でありうる。第1にそれは、行為者の適応的・技術的な成就能力を、有効性の点から評価する基準である。第2にそれは、行為者の目標志向を、その目標の正当性の点から評価する基準である。また第3にそれは、行為者の体系への忠誠という性能を、それがもつ連帯への貢献の点から評価する基準である。さらに第4にそれは、文化的価値への委託の性能を、パターン維持（または習得）の点から評価する基準である（Parsons 1953, p.397）。これらはいうまでもなく、成就規範の4つのタイプに対応する。

このようにA・G・I・Lの4つの機能的文脈に相応して分類される4つの価値基準が、それぞれの機能的文脈における成就と性能とを評価するための基準である以上、こうした成就と性能とをその属性としているところの諸単位は、それが属する各文脈に応じてそれぞれ成層化されうる。つまりA・G・I・Lの各々の価値基準に従って、成就と性能はそれらが属する体系機能の各々において評価され、それらを属性とする単位の成層化が行われるのである。したがって、たとえばAに属する成就（技術的手段行為）・性能（技術的成就能力）をもった単位は、Aに相応する基準にもとづいて評価され成層化されるのであり、要するに4つの体系機能に応じて4つのヒエラルヒーが別個に成立しているということができるわけである。

（注）なお上述の価値基準が定義するもう1つのものである裁定規範についていえば、それは、一定の成就に賞罰を与えることによって、その成就を規定しているところの成就規範を強化するという役目を担うものである（Parsons, Bales and Shils, p.205)。

　ところで既述したように、以上の4つに分類される価値基準は、相互に関係しながら組織化されることによって共通の価値体系を構成する。この場合、この価値体系の構成要素である4つの価値基準は一定の優劣の序列をもって組織される。そしてこの優劣の序列の頂点に立つものが、至上価値パターン（paramount value pattern）と呼ばれるのである（Parsons 1953, p.398）。これは、これが制度化されている社会体系のL次元の内容を定義している。しかして、この至上価値パターンを頂点とする価値基準の序列は、それぞれの基準が規定するところの4つの機能（A・G・I・L）の戦略的重要性の序列に一致する。しかもこの4つの機能の重要性の序列は、パーソンズのいう4つの緊急事態（exigencies）つまり状況への適応（A）、体系と単位との目標達成（G）、体系の統合（I）、パターン維持と緊張の処理（L）の相対的重要性によって決定され、それに一致するものであるから、結局、この基準の優劣の序列は、体系の4つの機能的問題文脈に関連する緊急事態の相対的戦略的重要性の序列に合致するものに他ならない（Parsons 1953, p.406）。

　ともかく、このようにして基準が優劣の序列において組織されているとき、当然のこととしてそれぞれの基準による評価に基づいて成層化された上述の4つのヒェラルヒーの間に優劣の序列が存在することとなる。なぜなら、それぞれのヒェラルヒーは、それぞれの基準に従って多かれ少なかれ価値を付与された単位によって構成されているものであって、それら基準に優劣があるということ、したがってそれぞれの基準の付与する価値の間に格差があるということは、とりもなおさずそれぞれのヒェラルヒー間に相対的な優劣の存在することを意味するからである。しかしこのようなヒェラルヒー間の優劣の序列は、パーソンズのいう、各々の基準から述べられたヒェラルヒー・スケールの「交ざりあい（interlarding）」という状態を意味している。つまり、4つの基準の各々によるヒェラルヒーが基準の序列に基づいて秩序づけられているとしても、それらヒェラルヒー間の相対的優劣が示されるだけであって、1つのヒュラルヒーのある地位と他のヒェラルヒーのある地位とがいかに比較され格づけされるかは、まったく不明なのである。たとえばアメリカではA・L・I・Gという基

準の序列が存在するが、Aの基準に基づくヒェラルヒーの中位と、Gの基準に基づくヒェラルヒーの上位とは、いかに格づけされうるか定かでありえない。

> （注）なお属性のもう1つのものである所有物（便益・報酬）について附言すれば、これは、A・G・I・Lの4つの機能における成就のいずれにおいて道具として役立ちうるか、あるいはそれら成就のいずれに対する報酬としての意味をもつかに従って、4つの種類に分類され、そしてこのような機能的文脈とのかかわりにおいて評価の対象となる（Parsons 1953, pp.402-406）。

以上要するに、パーソンズ社会成層の評価的側面は、①4つの基準の各々によるヒェラルヒーと②4つのヒェラルヒーの交りあった等級秩序との機能（結果）であるところの評価的格づけである。

さてところで、以上のような社会成層の評価的側面は、パーソンズにおいて社会体系の構造つまり社会構造の一側面として把握される（Parsons 1953, p.393, Parsons 1940, p.71）。先述のごとくパーソンズにとって社会構造とは社会的相互作用の安定せる体系であり、共通の価値体系の基準に従いそれに支えられているところの相互的な格づけの作用としての成層の評価的側面は、明らかにそれの1つの側面とみなされうるから。さらに彼においていま1つのレベルで社会構造が、制度化された価値のパターンと規定されているが、これは、相互作用の次元で価値のパターンが行為者のパーソナリティに内面化され、彼に対して裁定の役目を果たしている状態を意味し、成層の評価的側面が、格づけという作用の次元で価値基準が行為者のパーソナリティに内面化され彼による単位の評価を支配している状態を本質的に意味していることと、一致するからである。

なお、以上に述べた限りでのパーソンズの社会成層論については種々の批判が可能である。たとえば、①彼の採用する分析理論そのものに対する批判、②機能主義的成層論にまつわる批判、③経験的分析図式としての妥当性に対する批判（下田直春, pp.27-45）、④実態概念・分類概念に関する批判、⑤価値基準の序列を確認する手段が不明確であることについての批判等々がそうである。ただしここでの問題はこれらの批判点を検討することではない。パーソンズにおいて社会成層の評価的側面、つまり評価ないし威信の体系の他に、現実的事

態すなわち権力の体系が考えられていることが重要である（Parsons 1953, pp.390-391, Parsons 1951b, p.132）。

III 社会構造と社会成層

　もっとも、社会成層においてこのように評価ないし威信のヒェラルヒーと権力のヒェラルヒーとを区分する仕方は、多くの学者において認められるところである。たとえばファウツとダンカンは、威信階級（prestige class）と権力階級（power class）とを区別し、前者を評価のヒェラルヒー上の序列的地位に基づくもの、後者を政治的および経済的権力の配分に基づくものとしている（Ploutz and Duncan, pp.205-215）。またラスウェル（Lasswell, p.56）やビアステト（Bierstedt, p.731）等々においても同じ発想が見られる。ただし両者を把握する仕方において彼らの間に相違が存することはいうまでもない。

　パーソンズでは権力（power）とは、体系の相互作用の文脈内で諸関心（interests）を実現し、そしてこの意味において体系内の諸過程に影響を及ぼすところの、体系単位の現実的能力であると定義される（Parsons 1953, p.391, Parsons 1960a, p.221）。彼によればこの権力は、次の3組の要素の合成物（rcsultant）である。第1は、上に述べたと同じ意味での価値基準に基づく体系単位の評価である。が、その基準が体系を通して共通であるかどうかを問わない。第2は、体系内の行為者が、成就におけるこれら基準からの逸脱を許容する程度と仕方である（たとえば自我が共通の価値基準と不一致な行為をするのを他者が許容する場合）。第3は所有物の統制である。これは、その所有物が単位の属性として評価を受けていると否とにかかわらない。マルクスの階級論は、この第3の点に集約されうる。しかるに、このような要素の合成物たる権力が制度化されたとき、それは権威（authority）と呼ばれるものに他ならない（Parsons 1953, p.392, Parsons 1960b, p.185）。したがって、権威とは社会的相互作用体系における権力の1つの側面であり、しかも単位の他位性能（status-quality）の1つであると考えられるものであるがゆえに、評価ないし威信のヒュラルヒーにおいて一定の位置を与えられるものであるといえるのである。

　かくてパーソンズは、以上のような意味における権力のヒェラルヒーを成層

の現実的事態として把握し、社会構造の一側面としての社会成層つまり成層の評価的側面とのソゴを指摘するわけである。それゆえパーソンズにおいて権力体系としての成層は、社会構造の側面としての成層と対置され、それと矛盾を示すものとして理解されているといえる。しかし社会構造モデルの構築という目的からすれば、社会成層の評価的側面、すなわち評価ないし威信のヒェラルヒーと権力のヒェラルヒーとの両面を含むものとして社会構造を捉えることが要求されるし、また必要でもある。つまり、社会構造を対等関係的側面と上下関係的側面（社会成層）とに区分し、さらに後者を評価ないし威信のヒェラルヒーと権力のヒェラルヒーとに区分しようという構想である。この場合、社会構造の概念は、逸脱的要素を内包する権力という因子を含んでいるものであるから、制度化された価値のパターンとしてのパーソンズの構造概念を越えたより広い意味において、つまり非価値的な側面をも包含した概念として解釈されねばならない。しかるにこの考え方は、集団系の構造—機能的要件を、反復的・定型的なものに限らず、非反復的・無定型的なものにまで拡大してとらえようとする吉田民人の見解（吉田民人, p.47）と、その発想において共通点をもつ。

　そこで次に、以上のように社会構造の側面としての社会成層を評価・威信のヒュラルヒーと権力のヒェラルヒーとの両面においてとらえた場合、当然、社会構造の側面として両者が互いにいかなる関係に立つものであるかという問題が生起する。われわれの立場からは、社会構造モデルにおいてこの2つのヒェラルヒーは、相互に矛盾しながら過程的ないし歴史的に関連しあうものとして提起される。つまり社会構造は、その上下関係的側面において、2つのヒェラルヒーの関係に従って次のような段階的な過程をとるものであり、しかもこの場合、そのいずれの段階もが社会構造の側面を示すものとみなされなければならない。その段階とは、①評価と権力とのヒェラルヒーが矛盾しながら並立している段階、②評価のヒェラルヒーが崩壊して（価値基準の崩壊を意味する）、権力のヒェラルヒーのみが存立する段階、③権力のヒェラルヒーが制度化されて評価のヒェラルヒーに移行し、それとして定立されている（新たに成立した価値基準に支えられて）段階、④新たに権力のヒェラルヒーが発生して、2つのヒェラルヒーが矛盾しながら並立している段階、を指す。

支配者階級と被支配者階級との権力関係が、前者のイデオロギーの制度化によって価値的に支持されるに至る過程を想定したマルクス主義的階級論・変動論は、以上の諸段階に多少とも類似したそれを、暗黙裏に前提していたとみることができよう。

以上のごとき考察から次のような問題を提起することができる。まず第1は、権力と威信との相乗において把握されるべき社会成層論をさらにどのように発展させてゆくかという問題である。第2は、このような社会成層（非価値的な要素を含む）を1つの側面としてもつ社会構造モデルをいかに発展してゆくかという問題である。そして最後は、このような構造そのものを1つの要因とするところの体系モデルをいかに構築するかという問題である。

【参考文献】

1 ）T. parsons, "The Present Position and Prospccts of Systematic Theory in Sociology (1945)", in *Essays in Sociological Thory*, 1954. （武田良三訳「社会学における体系的理論の現状と将来」『二十世紀の社会学』Ⅳ）
2 ）T. Parsons and E.A.Shils, *Toward a General Thcory of Action*, 1951a.
3 ）T. Parsons, *The Social System*, 1951b.
4 ）Radcliffe-Brown, *Structure and Function in Primitive Society*, 1952.
5 ）R. Redfield, *The Little Community*: viewpoints for the study of a human whole, 1955.
6 ）R. Linton, *The Cultural Background of Personality*, 1945.
7 ）T. Parsons and N. T. Smelser, *Economy and Society*, 1956.（富永健一訳『経済と社会』Ⅰ・Ⅱ）
8 ）T. Parsons, "A Revised Analytical Approach to the Theory of Social Stratification (1953)," in *Essays in Sociological Theory*.
9 ）T. Parsons, R. F. Bales and E. A. Shils, *Working Papers in the theory of Action*, 1953.
10）T. Parsons, "An Analytical Approach to the theory of Social Stratification (1940)," in *Essays in Sociological Theory*.
11）下田直春「社会成層論の経験的分析図式としての諸問題」『社会学評論』56号、1963年。
12）H. W. Ptoutz and O.D.Duncan, "A Critical Evaluation of Warner's Work in Community Stratification" *American Sociological Review*, Vol.15 (April), 1950.
13）H. Lasswell, *Power and Society*, 1952.
14）R. Bicrstebt, "Analysis of Social Power", *American Sociological Revrew*, Vol.15, No.6, 1950.
15）T. Parsons, "The Distribution of Power in American Society", in *Structure and Process in*

Modern Society, 1960a.
16）T. Parsons, "Authority, Legitimation, and Political Action", in *Structure and Process in Modern Society*, 1960b.
17）吉田民人「集団系のモデル構成」『社会学評論』54号、1963年。

第4章 パーソンズ理論による集団類型論へのアプローチ

　集団類型論は、常に社会学における中心的なテーマの1つであって、従来多くの人びとにより多様な類型論の試みがなされてきていることは周知に属する。けれども、過去において展開された集団類型の多くは、たとえば人間の意思（テンニエス）、連帯のあり方（デュルケム）、接触の様態（クーリー）、集団発生の契機（高田保馬）、成員の関心の充足度（マッキーヴァー）等々といった1つないしごく若干数の基準に基づいて分類されたものであり、その明快さにおいてそれなりの意義をもつとしても、決して、複雑な構造的・機能的索相を示す現実の諸集団を分類・比較するための手段としては十分でない。この手段として十分でありうるためには、集団の性質を規定する複数個の因子を分類基準としてヨリ多元的な集団類型を設定する必要がある。マートン[1]やギュルヴィッチ[2]が多数の分類基準を示し、類型設定に役立てようとしたのも、以上のような意図が含まれていたと理解することができる。本稿の目的は、このような観点からT.パーソンズの理論を分析・再構成し、それに基づいて導き出される分類基準を示すことによって複数個の基準の視角から集団類型論にアプローチするさいの参考に供そうとするものである。（なお、ここでいう集団類型論とは、全体社会を包括的集団とする考えから、社会類型論というべきものもそのうちに含むものである。）

　パーソンズの理論の分析をとおして引き出すことのできる分類基準は5つで

ある。この場合の分類基準は、集団構造の諸要素あるいは諸特質を示すものである。その限り、これら基準は、直接的には集団構造の分類に向かうものであり、集団類型は、こうして分類された集団構造の型を指標にして類別することができる[3]。

1. 配分の問題

パーソンズ理論から引き出せる分類基準の第1は、配分の問題に関連する。社会体系[4]には、①社会体系の機能的要件にそって分化した諸役割への人員の配分、②この役割を実現するための道具として意味をもつ便益（facility）の配分、③役割遂行を動機づけるものとしての報酬の配分、という3つの配分の問題がある。これら配分が行われるためには、その流れを規制するメカニズムが必要とされる。このメカニズムには次の3つのタイプが区別される。

第1のタイプは、政府機関（その他なんらかの政治機関）によるもので、性能（quality）か業績（achievement）かいずれかを主要な基準とする国家（全体社会の場合）の制定した政策に従ってなされる慎重な選定的な決定の過程による配分である。第2のタイプは、配分の主要な基準が性能とくに成員資格とされているような自動的に適用された配分の何かのルールの制度化である。第3のタイプは、一般にゆきわたっている価値体系によればもっとも願わしいとされる役割、便益、報酬を「勝利者」に自動的に確保せしめるような、個人の競争や競合によってあげる業績の過程の結果としての配分、またはそのような業績を見込んでの配分である[5]。

以上の3つのタイプのメカニズムは、集団（社会体系）の構造要素となるものであり、集団構造の型、それを指標とする集団類型の分類基準となる。

2. 道具的な相互作用の体系

相互作用体系としての社会体系においては、分析的に、道具的な（instrumental）相互作用の体系と表現的な（expressive）相互作用の体系という2つの側面を区別することができる。道具的な相互作用とは、他者との相互作用それ自体のために参加するのでなく、つまり客体との接触における即時的な直接的な欲求の充足のためとはちがって、目標のために参加する他者との相互作用を意味す

る。表現的な相互作用とは、自我が第一次的に他者との相互作用によって与えられる即時的な直接的な欲求の充足をうちたてるために参加する他者との相互作用を意味する。両者は、あくまで分析的にのみ区分できるもので、実際には同一の社会体系においてその不可欠の側面をなすものとして相互にからみあっている。

　集団類型の分類基準の第2は、道具的な相互作用の体系と関連する。上記のごとく道具的な相互作用は、自我が道具的に目標を追求する際に継起する他者との相互作用であり、この場合の自我の目標志向は「自我の技術的な道具的目標志向」と呼ばれる。この自我の目標志向を中心にした道具的相互作用には、次の4つの基本的な問題が存在する。第1の問題は処分の問題である。これは、自我の目標志向の結果としての生産物をめぐって「消費者としての他者」とのあいだに起る問題である。第2は給料（remuneration）の問題である。自我は自分の目標志向的な活動の代償として給料を必要とし、その給料を供給するものとしての「収入の源泉としての他者」との間にこの問題が生ずる。第3は便益への接近の問題である。これは、目標追求に必要とされる「便益の供給者としての他者」との間に生起する問題である。第4は協力の問題である。これは、「協力者としての他者」との間に発生する問題である[6]。

　ところで、以上の4つの問題は、結局、交換の問題に他ならない。生産物の処分も、便益への接近も、また協力も、必ず交換においてなされうるものだからである。しかるに、この交換の問題の存するところ、つまり道具的相互作用の体系には、「交換条件が取決められるように導かれる過程ならびに標準の制度化」がなされている。この制度化されている過程ならびに標準、あるいはそれによって決定される道具的な相互作用の形式が、構造要素として、第2の分類基準を構成する。

3. 表現的な相互作用の体系

　第3の分類基準は、表現的な相互作用の体系に関連する。表現的相互作用の体系には、自我のある特定の要求性向の限定された充足をめぐって、道具的な相互作用における4つの範疇とまったく相似的であるところの4つの範疇が存在する。第1に、消費者としての他者に匹敵するものとして、適切な受容的な

ものとしての社会的客体が存する。それは、自我の衝動を受け入れる他者であり、たとえば自我の愛情を受容する。第2は、収入の源泉としての他者に相応する、反応的なものとしての社会的客体である。自我は他者に愛情を捧げるだけでなく、他者によって捧げられることを必要とする。第3に、便益の供給者に対応するものは、しばしば第3の関与者に対する関係をめぐってあらわれる適切な機会（occasions）の有効性である。第4の協力者に匹敵するものは、特定のもろもろの要求性向を整合している無限定的な愛着である。愛着とは、あるパーソナリティにおける要求性向の多くがひとつの特定の客体によって同時に充足されるときにいい、その場合、各要求性向の充足は他のそれの充足と「協働的な」関係にある。（ここでは単位は、客体関係でなく要求性向におかれている[7]。）

この表現的な相互作用においても、道具的な相互作用における交換条件の取決めに対応して、「充足が満たされうる条件の取決め」の問題が存在する。制度化された価値体系に基づきこの取決めがなされているとき、表現的相互作用における権利（関係的所有）の固定化が見られる。この権利とは、自我が他者から一定の愛・称賛・尊重（総称して評価）を受ける権利、ないし自我が他者に一定の愛・称替・尊重を受容させる権利を指す。この権利の固定化は社会成層の中核を構成する。集団類型の第3の分類基準とは、このような権利の固定化が見られる表現的相互作用の体系つまり社会成層の形式（様相）に他ならない。この基準はマートンによっても取り上げられている[8]。

4. 役割のタイプ・役割の内容の類別

第4の分類基準は、役割のタイプ・役割の内容の類別に関連する。

上述したように、前記の道具的な相互作用と表現的な相互作用との区別はあくまで分析的なもので、実際には両者は、同一社会体系内に相互にからみあいながら並存している。そこで、道具的機能（役割）と表現的機能（役割）とは、同一社会体系内に共存し、分離したり融合したりしている。この場合、それぞれの機能（役割）は、単一の役割に融合されているか、ないしは各々別個の役割に分離されているか、である。このような2つの機能（役割）の分離・融合の観点から、役割のタイプの分類が可能となる。ただし、この役割タイプの分

類を行う前に、道具的と表現的の各機能（役割）の内部の区分を行う必要がある。

　①道具的役割（機能）の内部の区分。道具的役割は次の2つに区分されうる。ⓐ限定された道具的な成就の役割。これは「技術的」役割によって代表される。ⓑ多数の道具的な諸機能の融合した役割。これは「職人」役割によって代表される。

　ⓐを代表する技術的役割とは、「自我に配分された役割が、他の役割の当事者にはこの自我に配分された役割の4つの不可分の条件のすべてを実行する『責任』を割りあてるのに、自我自身の資源を通じてもろもろの便益を準備するような、技術的な道具的内容にかぎられる[9]」場合のその役割である。ⓑを代表する職人役割とは、「役割の当事者が技術的な成就の責任ばかりでなく、4つの連合的な機能のすべての責任をもつようなタイプの役割[10]」である。

　②表現的役割（機能）の内部の区分。表現的役割は、ⓐ分離され限定された充足の役割とⓑ無限定的な愛着の役割とに区分される。ⓐは、ある部分だけの意味あいをもってある時にある1つの要求性向のみを充足させる客体に向かう役割である。ⓑは、無限定的な意味あいをもっていて同時に多くの要求性向を充足させるという客体に向かう役割である。

　役割タイプの分類は、上の①－ⓐⓑと②－ⓐⓑとを分離したり融合したりしながらさまざまに組み合わせることによって可能になる。こうして分類される役割タイプのうち重要なものは次の6つである[11]。

(1) 限定された表現的関心の、道具的な期待からの分離。たとえば余興を何気なくみている通りすがりの見物人の役割。（②－ⓐ）

(2) 客体への無限定的な愛着の、道具的な期待からの分離。たとえば恋愛の役割。（②－ⓑ）

(3) 限定された表現的ないし充足的な関心の、限定された道具的な成就との融合。たとえば商業的興行を楽しんでいる見物人。（①－ⓐ－②－ⓑ）

(4) 無限定的な愛着の、道具的な成就に対する無限定的な期待との融合。たとえば親族役割。（①－ⓑ－②－ⓑ）

(5) 限定された道徳的な成就の、限定された表現的な関心ならびに愛着、および道具的複合の中のその他の諸要素、の両者からの分離。たとえば技術

的役割。(①-ⓐ)
(6) 即時的な表現的な関心から分離されている1つの複合の中での多数の道具的な諸機能の融合。たとえば職人役割。(①-ⓑ)

集団類型の分類基準の第4は、このように分類された役割のタイプに関係する。つまり、これら役割タイプのウエイトのおかれ方ないしは分布状態が、構造特質として、分類基準を構成するわけである。

5. 統合の問題

第5の基準は、統合の問題に関連する[12]。社会体系の統合は、主として相互作用のパターンの精緻さによって規定される。この相互作用パターンの精緻さは、それが自己中心的志向を特徴としてもつか、集合体中心的志向を特徴としてもつかに依存している。しかるに、このパターンの精緻さこそが、構造特質として、第5の分類基準をなすものに他ならない。ギュルヴィッチにおける統一度の基準[13]、マートンにおける社会的凝集性の基準[14]は、この分類基準に匹敵する。

以上に述べてきた5つが、パーソンズ理論の分析と再構成によって導き出しうる分類基準である。ただし、以上の5つで集団類型の分類基準が完結すると見るべきではない。本稿の論述はあくまで、複数個の基準の視角から集団類型論へアプローチする際の参考としての意味をもつにとどまる。

ちなみに、上の5つの基準についての叙述は、パーソンズ理論のうちパターン変数理論と呼ばれるものに基づいている。集団類型の問題への接近は、またAGIL理論の観点からも可能である。

AGIL理論から集団類型の問題に接近する場合、なによりも価値（ないし規範）の問題が焦点となる。パーソンズによれば価値（ないし規範）は、A・G・I・Lに対応する4つのタイプに分類される。(A) 業績価値（容認価値）、(G) 鑑賞価値（反応価値）、(I) 道徳・統合的価値（受容価値）、(L) 帰属的価値（尊重価値）がそれである[15]。このように分類された4つの価値は、それぞれが要素単位となって相互に組織されることにより、共通の価値体系 (common value system) を構成する。この場合、この要素単位たる4つの価値

は、一定の優劣の序列をもって組織される。しかるに、この優劣の序列は、この4つの価値が規定するところの4つの機能の相対的重要性の序列と一致する。優劣の序列の頂点に立つ価値は、至上価値ないし中心価値と呼ばれる。このように4つの価値が優劣の序列をもって組織されることによって構成される共通の価値体系は、社会体系において制度化されるが、こうして制度化されている共通価値体系がいかなる価値の優劣の序列をもつかが、集団類型の分類基準として意味をもつ。AGIL理論における分類基準とはこの基準を指すものに他ならない。

パーソンズ自身のあげる例にしたがえば、アメリカ社会は、A・L・I・Gの価値序列をもつ共通価値体系を制度化した集団類型に属す。また宗教的志向が優位を占める社会は、L・GないしI・Aの序列の集団類型に、カルビニズムの社会にかぎっては、L・G・A・Iの序列の集団類型に属するという[16]。

以上と関連して、もっぱら価値の優劣の序列における頂点に立つ価値つまり中心価値（至上価値）が何かという点から集団類型を分類しようとする立場[17]、あるいは集団における4つの機能のうちどれが至上であるかという観点から小集団類型の分類にアプローチしようとする立場[18]などが注目される[19]。

【注】
1）R.K.マートン『社会理論と社会構造』（森他訳）、1949、283-298頁。
2）G. Gurvitch, *La Vocation actuelle de la sociologie*, 1950, pp.305-354.
3）集団類型の分類を、集団構造型を指標にして考える立場としては、野口隆「社会構造と社会類型」社会学評論（第35号）。
　　cf. R, B, Cattell, D. R. Saunders & G. F.Stice, The Dimension of Syntality in Small Groups, in *Small Groups*, 1955, p.305.
4）ここでは、社会体系とは、集団をシステムとしてとらえたものを指すと考え、以下両者を相互に交換可能な概念として用いる。
5）配分の問題に関しては
　　T. Parsons, *The Social System*, 1951, pp.114-136.
　　T. Parsors & E. A. Shils, eds., *Toward a General Theory of Action*, 1951, pp.197-202.
6）T. Parsons, *op. cit.*, p.72.
　　T. Parsons & E. A. Shils, eds., *op. cit.*, pp.201-211.
7）T. Parsons, *op. cit.*, P. 73.
　　T. Parsons & E. A. Shils, eds., *op. cit.*, pp.212-214.

8) R. K. マートン『前掲書』、290頁。
9) T. Parsons & E. A. Shils, eds., *op. cit.*, pp.211.
10) *ibid.*, p.212.
11) *ibid.*, p.215.
　　T. Parsons, *op. cit.*, p.87.
12) T. Parsons, *op. cit.*, pp.149-150.
　　T. Parsons & E. A. Shils, eds., *op. cit.*, pp.219-221.
13) G. Gurvitch, *op. cit.*, p.354.
14) R. K. マートン『前掲書』、290頁。
15) T. Parsons, R. F. Bales & E. A. Shils, *Working Papers in the Theory of Action*, 1953, p.204.
　　T. Parsons, *Essays in Sociological Theory*, 1954, pp.395-397.
16) T. Parsons, *op. cit.*, 1954, pp.406-407.
17) R. N. ベラー『日本近代化と宗教倫理』(堀・池田訳)、13-14頁。
18) 青井和夫・綿貫譲治・大橋幸『集団・組織・リーダーシップ』(今日の社会心理学3)、170-177頁。
19) なお、ここで考察したＡＧＩＬ理論における集団類型の分類へのアプローチと、パーソンズが別の所で行った「全体社会に対する機能」に基づく組織体の分類とは、分類基準の点で明確に区別される必要がある。
　　T. Parsons, *Structure and Process in Modern Societies*, 1961, pp.45-46.

第 5 章
パーソンズの位相運動論―再検討―

　パーソンズの行為空間と位相運動の理論的研究から生まれた AGIL 理論は、こんにち社会学の共有財産として、戦略的地位を維持している。それが分析用具として適用を受けている理論の経験的領域は、いまや広大な範囲に渡っている。しかもそのような適用を通じて、その分析用具としての有効性は、不動のものと見なされるに至っている。こうして現代社会学に占める AGIL 理論の地位には確固たるものがあるわけだが、しかしそのことは、AGIL 理論に関してなんら指摘すべき問題点がないことを意味するものではない。AGIL 理論は、依然として多くの未解決の批判点や問題点を包蔵している。また AGIL 理論の解釈についても、主としてパーソンズの論理の無整序さに基づき、数々の恣意的な解釈が生み出されている。かくて AGIL 理論は、今日におけるその地位の安定性の反面、まだまだ解決されなければならない問題を抱えているわけであるが、けれどもこのことは、逆に見れば、AGIL 理論にはいっそうの発展の余地が残されているというふうにも理解することができよう。
　本稿は、このような観点に立ち、AGIL 理論を、その出発点となった位相運動論にたち帰り、再検討してみようとするものである。位相運動論に理論的分析を加え、そこから出てきた問題点を整理することによって、発展の余地を残している AGIL 理論に実際の発展を与えるための一助としたいと考えるわけである。

1．基礎的考察

　AGIL理論は、元来、パーソンズ＝ベールズによって、行為空間と位相運動の理論として定式化されたものである。

　さて、パーソンズ＝ベールズにおいて、行為空間（action-space）とは、A、G、I、Lをもって構成される4次元空間であり、その次元（dimensions）は、行為過程がそれに関して分析されるところの方向的な座標である、と定義される。つまり、パーソンズ＝ベールズの行為空間は、相互作用そのものの4つのパターンをもって次元を構成するところのユークリッド空間にほかならない[1]。一方、彼らにおいて位相（phase）とは、時間的継起において周期的におこる性質の変化の各局面をいう。換言すれば、行為（あるいは相互行為）が周期的運動を行なうものと想定し、一定期間内に生ずるその過程の主要な一律性――それは、時間的に先行ないし後続するその一律性に比されるものだが――を、行為パターンの位相と呼ぶのである[2]。そして、このような位相が順次に周期的に継起するというのが、位相運動（phase movement）の考え方である。この場合、位相運動は、行為が行為空間の一定の位置から他の一定の位置へと順次に動いてゆくことを意味し、したがって各位相は、そこにおける行為が、行為空間の4つの次元（AGIL）のいずれにおいてドミナントな位置づけをもつかということによって特性づけられる。このような意味では行為空間は、位相運動記述のための媒介概念設定にすぎず[3]、これによって体系内の時間的過程を、各座標軸の媒介変数によって記述しようとする目的のためのものであることに注意せねばならない。したがって理論的分析の主役は位相運動にあるわけで、本稿における分析が主として位相運動の理論に向けられるのもこの理由による。

　ところでパーソンズにおいて、このように主として位相運動の理論を展開するに際して、境界維持体系の分析における主要な仮定としての4つの原理が設定されている。これは、ニュートン力学の3つの原理からの導入にいま1つが加えられたものである。その第1は、慣性（inertia）の原理であり、これは、単位ないし「分子」がなんらかの阻害要因がないかぎり、つねに一定速度で同一方向に動く傾向があることを意味する。第2は、作用と反作用の原理であり、

これは、作用と反作用とが力において等しく方向において逆であるということを指す。ただし第1の場合にせよ第2の場合にせよ、これらの原理は、経験的にはむしろ限界的ケースであることに注意しなければならない。つまり、経験的にはこれらの原理の実現を阻害するような要因が働いているのである。第3は、加速度の原理であり、これは、過程の速度の変化は当該単位に作用する「力」（インプット・アウトプット）によって説明されねばならないことを意味する。第4は、体系統合の原理であり、これは、行為体系においては、諸パターン要素が相互に並立しながら、外的状況に対して体系の境界を維持してゆくことを要請するような命令があることを意味する[4]。

（1）以上のような4つの仮定に立脚して、行為空間なかんずく位相運動の理論が展開されるのであるが、この展開に入ってゆく前に、そのために必要な若干の予備的知識を整理しておく。

第1は、パーソンズにおいて行為過程は、動機づけ的インプットから充足に向う一方的（one-way）性格をもっているものとしてとらえられていることである。つまり行為過程とは、動機づけ的エネルギーが行為において消費される過程にほかならない。そしてこのエネルギーは、行為過程において単に消失するのではなく、ある種の結果を生ずるという意味において、エネルギー等価の法則が成り立つ。これは作用・反作用の原理（作用において消費されたエネルギーが反作用という結果を生む）と結びつくものである。

第2は、本論で展開されるスキームは、ミクロからマクロまであらゆる範囲において適用されうるということである。つまりこの概念スキームは、有機体の行為体系から極めて複雑な社会的・文化的体系まで、あるいは幼児の原初的な学習過程から複雑な社会の歴史的変動過程にまで、適用可能である。

しかし第3に、このスキームは、いかなる範囲に適用が考えられるにせよ、少なくとも単位（unit）と体系（system）という2つの隣接したレベルを取り扱っている。この場合、この単位と体系との区別は相対的なものにすぎない。ある準拠点に関して単位であるものは、必ず他の準拠点からは体系として取り扱うことができる。概念スキームがミクロ―マクロの広い範囲にわたって適用できるのは、実はこの仮定に基づいている。そこで、一定の分析にとって単位として取り扱われたものは、準拠点を適切に移行することによって、それ自

体単位によって構成されているところの体系として取り扱われることができるわけである。

　ところが第4に、体系と単位との区別は、このように相対的なものであるにすぎないけれども、単位としてとり扱われるかぎり、それは、未分化なもの、つまり分子であるかのように取り扱われ、他の分子ないしそれら分子の体系との関連においてのみ記述される。すなわち、単位も準拠点の移行によって体系として取り扱われるものなのだが、一定の準拠に基づいて単位として扱われている以上、その内的構造や過程から抽象され、あらゆる観察は単位それ自体に帰属せしめられるのである。本来内的構造や過程をもったものを、このように内的に未分化な単位として処理する仕方は、技術的な理論分析に固有のものである。

　第5に、体系と単位とを区別する以上、位相を論ずるにさいして、体系の状態の変化の位相と体系の各々の単位の変化の位相とを区別しなければならない。体系状態の位相は、単位の位相変化の結果であるとみなされる。もちろんある時点において、体系の位相と単位の位相とのあいだに1対1の対応関係は認められず、異なった単位は、それらの過程パターンの異なった位相において見いだされる。パーソンズは、このような単位の位相パターンを、体系のそれと区別して規定するために、力学で使われている「軌道（orbit）」という用語をもちだす。したがって軌道とは、次元図式と関連して分析された体系の単位の継続的に分化された諸状態のパターンのことである。この軌道は、他の単位の軌道の位相パターンと接合される一方、体系それ自体の位相パターンとも接合されている。後者に関して、単位の位相変化（軌道）は、いずれかの体系運動（たとえばA次元における体系運動）に対する結果をもち、いずれの体系運動に対する結果をもつ単位の位相変化がドミナントであるかによって、体系それ自体の位相が決定されるのである（たとえば、A次元の体系運動に対して結果をもつ単位の位相変化がドミナントである場合は、体系はA位相にあるとみなされる）。

　さて第6に、以上の単位の軌道の分化（つまり役割分化）と体系の位相との関係にも関連して、構造分析は理論的には過程分析から独立したものではないことが強調される。体系過程の位相は、体系の構造分化の様式と同じルートか

ら引きだされ、両分析は、同一の基礎的な成分や関係を利用する。このことは、いずれ後に本論において明細化されるであろう。

　最後は、時系列的な（intertemporal）体系—準拠の問題である。体系準拠の問題は、空間的な分化の問題として生ずるとともに、時間的な分化の問題としても生起する。つまりミクロな位相運動からマクロな位相運動への系列上における準拠のおきかたである。ミクロな位相運動は、より包括的なマクロな位相運動のなかに包摂される。そして各々のより包括的なマクロな位相は、一連のミクロな位相運動からなるのである。たとえば家族を例にとれば、それは、1時間の位相運動、また1週間、1ヶ月、1年、あるいはそれ以上の位相運動をもつが、より長い期間の位相運動は、一連のより短い期間の位相運動から構成されているわけである。これらのことは、空間的に体系と下位体系の関係があるのと同様に、時間的にも体系と下位体系の関係があることを意味している[5]。シュンペーターの business cycles における long waves と short waves の概念はこの考え方に通ずる。

　(2) 以上において予備的知識の整理をしたので、次にパターン変数との関係において位相を説明する作業に移りたい。

　さて周知のごとく、パーソンズにおいてパターン変数は、"synmetrial asymmetry"の主張[6]から一貫して主体と客体とに二分されている。つまり、感情性——中立性、限定性——無限定性が態度のパターン変数 (a)、成就——性能、普遍主義——個別主義が客体志向のパターン変数 (o) である[7]。そしてパーソンズは、この態度のパターン変数と客体志向のパターン変数をクロスさせて、次の2つのグループをつくる。その他にも組み合わせは可能ではあるが、それは重要ではないとされる。

　　その第1グループ
　　　1. 感情性 Affectivity (a)——成就 Performance (o)
　　　2. 中立性 Neutrality (a)——性能 Quality (o)
　　　3. 限定性 Specificity (a)——普遍主義 Universalism (o)
　　　4. 無限定性 Diffuseness (a)——個別主義 Particularism (o)
　　第2のグループ
　　　1. 限定性 (a)——成就 (o)

2. 感 情 性(a)ーー 個別主義(o)
   3. 無限定性(a)ーー 性　　能(o)
   4. 中 立 性(a)ーー 普遍主義(o)

　第1の組み合わせは、初め行為空間の次元として定義されたものであるが、行為空間の次元は、後に第2の組み合わせとも結びあわされて再解釈されたと見るのが正しいと思う。第2の組み合わせは、第1の組み合わせが各々の位相の焦点をなすものであると解されるのに対して、位相過程の順序と重要な関係をもつ。

　それはともかく、この2つのグループは、相互に結び合わさって1つのグループをつくる。たとえば感情性(a)は、成就(o)・個別主義(o)と結びつき、成就(o)は、感情性(a)・限定性(a)と結びつくから、感情性――限定性――個別主義――成就という一系列ができる。このようにしてできたグループとは次のようなものである。

   1. 限 定 性(a)ーー 中 立 性(a)ーー 普遍主義(o)ーー 成　　就(o)
   2. 感 情 性(a)ーー 限 定 性(a)ーー 個別主義(o)ーー 成　　就(o)
   3. 無限定性(a)ーー 感 情 性(a)ーー 個別主義(o)ーー 性　　能(o)
   4. 中 立 性(a)ーー 無限定性(a)ーー 性　　能(o)ーー 普遍主義(o)

　このグループにおける各々の系列（cluster）は、体系の各々の位相を定義する。そこで、4つの位相の各々は、顕在的活動、客体への志向のタイプ、態度のタイプの点から定義される。

A位相＝最高の適応の位相と結びついた適応的―道具的活動、普遍主義・成就によって特徴づけられた客体志向、限定性・中立性によって特徴づけられた態度。

G位相＝最高の体系統合の位相と結びついた表現的―道具的活動、成就・個別主義によって特徴づけられた客体志向、感情性・限定性によって特徴づけられた態度。

I位相＝最高の体系統合の位相と結びついた統合的―表現的活動、個別主義・性能によって特徴づけられた客体志向、無限定性・感情性によって特徴づけられた態度。

L位相＝最高の潜在性の位相と結びついたシンボル的―表現的活動、性能・

普遍主義によって特徴づけられた客体志向、中立性・限定性によって特徴づけられた態度。

この場合、客体志向のパターン変数とは、客体が当該位相に妥当する活動においてカテゴライズされる仕方に言及するものであり、態度のパターン変数とは、当該位相において客体に向けられる態度の種類に言及するものである。

ここで今一度位相を定義すれば、位相とは、「ある時間的間隔をとおしての体系の変化しつつある状態（the changing state of the system through some interval in time）」とみなされ、そのとき一定の次元における体系運動が、他の3つの次元における体系運動に比較して最大化している。技術的には位相は、その時間間隔内に4つの次元の各々において生ずる運動の方向や量を明確化することによって記述されるけれど、便宜的に主要な運動の次元の点から命名される。そこでたとえば、A位相においてはA次元における運動がG、I、L次元の運動に比較して最大値ないしドミナントになっており、その意味でA位相と名付けられるのである。（またこのA位相においては、その対極のI次元の運動が著しく欠損する。）かくして、A、G、I、Lの次元における体系運動が順次にドミナントになってゆく過程が位相運動と呼ばれるわけである。すなわち具体的に言えば、まずA次元における運動がドミナントないし最大化し、次にG次元の運動がドミナントになり、さらにその次にI次元の運動がドミナントになる等々というのが位相運動の考え方である。もっともその順序については後における言及をまたねばならない。

そこで、次に以上のような位相の各々をより詳細に考察する作業に移ってゆきたい。ただしこの場合、ここで分析される位相は、位相の maximum point に一致するような純粋型（pure type）としての位相、つまり殆んど当該位相においてドミナントになるべき次元の運動のみが行われているような位相であると考えた方がよいと思う。しかもこの位相の分析は、もっぱらパターン変数との関連において行われる[8]。

A. 適応（Adaptation）

適応とは、体系とその外部の場面とのあいだの相互交換の過程であり、それは、(a)体系の確固不変の「現実要求」への順応と (b)体系外の状況の積極的

な改革とを含んでいる。しかし後者の場合が重要である。そこで道具的活動をとおしての外的状況の統制が行われるわけであるが、その場合客体の行動についての一般的な予測に関する「現実的」な判断が必要となる。この判断は、客体を、当該行為者との関係から出てくる意味によってではなく、すべての客体に対して適用しうる分類範疇によって認識することを意味するから、ここでの行為者の客体志向は普遍主義的であるといわねばならない。しかもA位相における道具的活動は目標達成に対する手段としての意味をもっているので、このように普遍主義的に定義された客体の属性は、所与の目標関心と関連する限定的な (specific) 文脈において知覚され処理される必要がある。それゆえ態度の性格は、関心の限定性によって特性づけられる。

またA位相における道具的活動においては、客体としての人（自我をも含む）の成就を操作することによってある結果（主として道具の生産）を得ようとするので、客体志向は成就 (performance) である。この場合、ここで得られる結果（道具の生産）は、あくまで目的に対する手段としての意味をもつものであって、それ自体充足の対象となるべきものではない。もしそれが充足の対象つまり目標へと転化されるならば、本来の目標の達成（G位相）は阻止されるわけで、したがってA位相における態度は、感情的・情緒的反応を禁止する態度すなわち中立性でなければならない。

G. 目的充足ないし目標状態の享受 (Goal Gratification or Enjoyment of Goal-state)

目標達成の位相は、適応位相と2つの特徴を共有し、2つを異にする。客体によって特定の関心を充足させようとしているような態度が限定的な態度であるが、ここで行われるものは、目標による特定の関心 (interest) の充足であるから、G位相における態度は限定的である。また客体は、それが欲求充足に対して何をするかという成就の点から見られるので、客体志向は成就である。

しかるに目標達成は、手段としての道具的活動が中立性であったのに対して、充足の禁止が解かれて感情性の態度によって特性づけられる。また、そこでは客体は、目標客体であり、行為者によって消費され、享受され、評価されるのであるから、客体志向は個別主義的である。

I. 統合 (Integration)

　統合の位相は、目標充足の位相と2つの特徴を共有し2つを異にする。成功している統合は、体系の単位としての成員のあいだの決定的な関係を含んで、体系の境界維持的性格を強化している。そこには、客体としての成員単位を普遍主義的に査定するということではなく、感情的に愛着するということが包含されているので、客体志向は個別主義によって特性づけられ、態度は感情性によって特性づけられるのである。またこのように統合位相に含まれている感情的愛着は一群の関心 (interest) の共有を内包しており、それにより特定ではなく無限定的に関心が充足されるわけであるから、態度は無限定の特性をもっている。しかもこの客体への愛着は、当然のこととして、それの体系における特定の役割や地位というよりもむしろ、その客体が自我と同じ体系の成員であるという事実を強調して、体系の成員としてのそれの無限定的な性能 (quality) にたいして愛着をもつのである。ゆえに客体志向は性能である。

L. 潜在性 (Latency)

　相互作用の中止している期間を潜在性の位相というが、体系が引き続き継続するのであれば、この期間において動機づけ的・文化的なパターンが維持されるべき命令がなければならない。この期間には相互作用が中止し、パターンがそれにおいて実現されていないので、とりわけこの命令が存在するのである。そしてこのパターンの維持ないし継続は、潜在性の状態におけるそれらの維持とある状態におけるそれらの表現との両方を含んでいる。この表現は、表現的行為 (expressive act) によるが、表現的行為とは、あるカセクシスを与えられた客体に関する単位の内的動機づけ的状態 (これは動機づけ的パターンと表裏をなすものである) の外在化である。つまりそれは、動機づけられた実体としての成員単位の潜在的パターンの存在を証明するようなものと解してよい。ただし、もちろんこの表現的行為は相互作用を伴わない。この行為は、極度の物理的運動を付帯することがあるが、相互作用をせず、その意味で体系への結果に志向しない内的活動なのである。

　ところで、パーソンズにおいてこのL位相 (または次元) は、本来 residual category としての意味をもつものであり、その内容は必ずしも斉一性を有した

ものではないように思える。しかしその斉一性を求めるとすれば、それは、以上のパターン維持の他に次の2つの要素を含んでいるものとみるのが適当だと思う。すなわち、その1つは、パターンの存在と表裏の関係にあるものだが、動機づけの確立と規制（保存）である。その2は、緊張の確立とその流出である。現在「パターン維持と緊張の処理」と略称されているL位相には、このような要素が包含されていると見るのが至当である。

　それではパターン変数との関係はどうなるか。この位相では、以上から分かるように、潜在的状態、潜在的パターンが中核となっているが、この潜在的状態は「客体志向的」である。この場合客体志向とは、客体がすでに行為者の情緒的状態にたいしてなにかをしていること、つまり客体がすでに欲求を充足したということに基づいて、その客体への志向が学習（内面化）されていることを意味する。そして、パーソンズにおいて性能（quality）とは成就の結果を含むから、客体がすでに行為者の欲求を充足したという状態はその客体の性能となる。したがって、ここでは客体は、その性能によってカラゴライズされている。またこの潜在的状態において内面化されている客体志向は、1つではなく多くであり、それには多数の関心が対応している。したがってここでの態度は無限定的（diffuse）である。この2つのパターン変数はI位相と共通する。

　さて先に述べたように、L位相の特徴として、動機づけの確立と保存があげられるが、このことは、そこにおける型相化された禁止的な動機づけ的潜勢の貯蔵——これは結局上の潜在的状態の保持に他ならないが——を意味する。それは、（次の位相からの）行為に利用できる緊張（動機づけ）の貯えを構成している。したがって中立性（neutrality）によって特性づけられる。ただしL位相における緊張（動機づけ）のあるものは、パターンと一致してこの位相で解除される（緊張の流出）。

　さらに、L位相では、普遍主義的に定義された客体の意味が内面化されていて、それがL位相の前提条件になっているという意味において、L位相は普遍主義によって特徴づけられる。なお、ここで客体が普遍主義的に定義されたとは、それが他の客体と関連づけられ、それらとの関係において位置づけられることを意味し、それが内面化されたとは、それを代表する象徴が他の象徴と関係づけられて構造をなしたものが内面化されていることを指す。以上の中立性

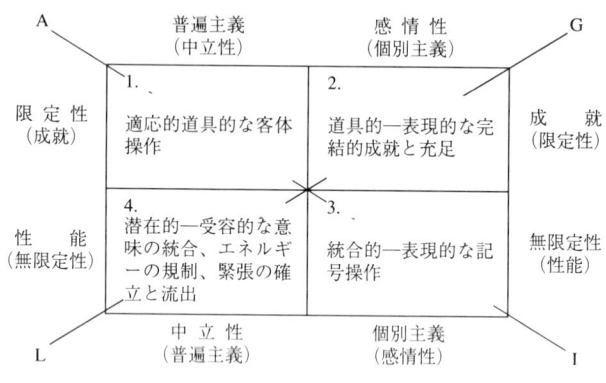

```
          普遍主義             感情性
      A  （中立性）           （個別主義）  G
         ┌──────────────┬──────────────┐
         │1.            │2.            │
   限定性 │適応的道具的な客体│道具的─表現的な完│  成　　就
   （成就）│操作          │結的成就と充足  │ （限定性）
         ├──────────────┼──────────────┤
         │4.            │3.            │
   性 能 │潜在的─受容的な意│統合的─表現的な記│ 無限定性
  （無限定性）│味の統合、エネルギ│号操作          │ （性能）
         │ーの規制、緊張の確│              │
         │立と流出      │              │
         └──────────────┴──────────────┘
      L   中　立　性         個別主義          I
         （普遍主義）       （感情性）
```

図1　体系の状況にたいする関係の位相

と普遍主義はA位相と共有される。

　以上述べたような諸関係は図1において示される[9]。

　以上、パターン変数との関連において各位相を分析してきた。前述したようにこれらの位相は、位相運動において循環し、ベールズの経験的データから帰納すれば、その過程の理念型は、A→G→I→Lになるという。もっとも、これは成就過程と呼ばれるもので、位相運動にはその逆を遡る学習過程があることに留意しなければならない。

2．相互作用カテゴリーの関連づけ

　周知のごとくAGIL理論は、ベールズの行為体系の4つの「体系の問題」とパーソンズのパターン変数の図式とを統合することによって成立した。しかし本節での分析は、このようなAGIL理論の成立の経緯を明らかにすることにあるのではなく[10]、以上の節において述べたような一般的な位相ないし位相運動の図式に、ベールズの相互作用カテゴリー——これは、この一般的な図式を導き出すための一方の要因となったのだが——を関連づけ、位置づけることが目的となる。まずベールズの理論の素描から始めよう。

　ベールズは、集団がある全成的（full-fledged）問題[11]に関して集団決定をするという目標をめざして活動している場合における位相仮説を提示する（問題

解決過程における位相仮説)。彼によれば、この位相仮説とは、集団が問題解決をめざして相互作用を行うさい、相対的に方向づけ (orientation) の問題を強調する段階から評価 (evaluation) の問題に移り、さらにコントロール (control) の問題に移っていくということであり、また、これらの推移とともに否定的反応 (negative reaciton) と肯定的反応 (positive reaction) との双方の相対的な頻数が増大する傾向がある。この仮説の記述にもちいられた言葉は、その操作的な条件として、図2に簡単に定義されている行為を含んでいる。観察リストは12の相互作用カテゴリーからなる[12]。

この12の相互作用カテゴリーは、図にみるように、2つずつの対になっていて、それぞれ、方向づけ(情報)の問題、評価(意見)の問題、コントロール(示唆)の問題、決定の問題、緊張処理の問題、統合・再統合の問題という6つのカテゴリーに括られている。これは、ベールズの Interaction Process Analysis (1950) における分類であるが、Working papers [13] ではこれがさらに括られて、適応的問題、道具的問題、統合的問題、表出的問題という、いわゆる4つの体系の問題が提示される。これがパーソンズのパターン変数図式と統合して、行為空間と位相運動の理論を導き出したものであることは、すでに述べたとおりである。

ところで、このようなベールズの相互作用のカテゴリーは、対面的な討議集

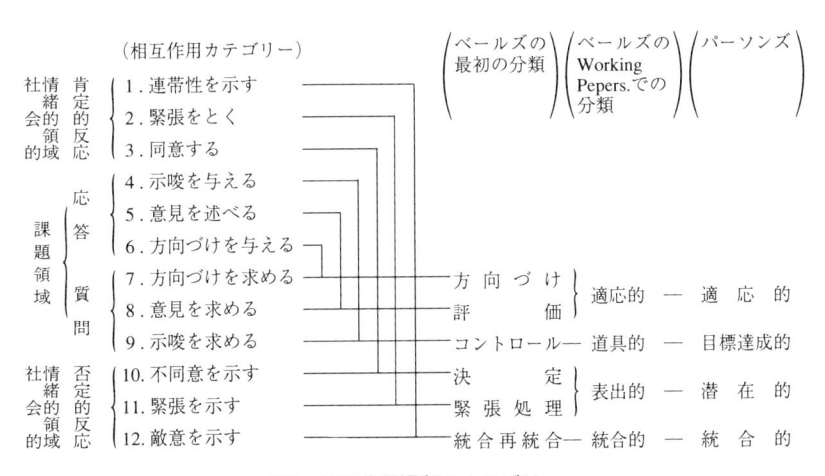

図2 相互作用過程のカテゴリー

団における主として言葉によるコミュニケーションの顕在的行為を記述するものである。すなわちこの相互作用カテゴリーは討議集団における対人的コミュニケーションのカテゴリーである。しかるにこの討議集団の具体的目標は、ある種の意思決定に到達することである（このことがこの集団の問題解決になる）。そこにおける成員は、この集団をうちに含むより大きな組織の成員としての他の仕事や活動をもっていて、物事がどのように進行しているかを知り、それらを整理し、意見のくいちがいを調整し、そして彼ら成員が分離したときにどのようにやってゆくべきかについての理解ないし同意に達するために、周期的にこの会合（討議集団）に集まるのである。したがって、この会合——その成員はしばしば上位組織のさまざまな分野から派遣された代表者としての役割をもつ——においては、上位の組織におけるさまざまな活動（適応的活動や目標達成的活動等）についての言及がなされ、それらの活動のあるもの、またはそれら活動間の不一致が、その組織の統合を乱しているような場合、それに対処してあるいはそれを是正すべくそれぞれの分野でどのように行為したらよいかについて意思決定が行われる。それゆえこの会合の目標状態は、上位体系の統合の問題に関連して、後に行われるべきなんらかの活動についての示唆（suggestion）に関する同意（agreement）を達成することである。かくて、より大きな組織あるいは体系の文脈においては、この会合は第1次的に「統合的」意味をもつということができる。つまり討議集団における対人的コミュニケーションは、マクロ体系にたいして統合の機能を分担している。

　このことをもっと一般的にいえば、対人的コミュニケーションは、それをうちに含むよりマクロな体系に対して統合の意味をもった microcosm であるということである。この場合 microcosm-macrocosm 関係は、microcosm が単にmacrocosm の縮図であるということだけではなく、同時にその構成部分であるということを含んでいる。それゆえ上のマクロな体系を macrocosm A、G、I、L とすれば、対人的コミュニケーションはその構成部分たる microcosm I であり、それ自体は a、g、i、l という象限によって

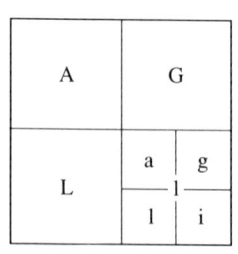

図3　microcosm-macrocosm 関係

構成されている。この microcosm-macrocosm 関係は、図3において示されるが、これはパーソンズの理論を貫く重要な観点となっているのである。

対人的コミュニケーションがこのようにマクロ体系にたいして microcosm I としての関係をもつならば、このコミュニケーションの期間は、マクロ体系にとっては統合的（不統合的を含む）であると考えられる。つまりコミュニケーションは、マクロ体系の統合の位相においてそのマクロ体系における諸活動に言及するために利用されているわけである。対人的コミュニケーションの目標状態（示唆に関する同意）は、よりマクロな体系にとっては、それの統合位相の活動の構成的部分となる。

以上、討議集団における対人的コミュニケーションとしてのベールズの相互作用過程が、macrocosm A、G、I、L の microcosm I であり、それ自身 a、g、i、l という象限をもつべきものであることが明らかにされた。このことによってベールズの相互作用図式は、一般的なAGIL図式に関連づけられ位置づけられるわけである。それでは次に、このように microcosm I として位置づけられ

肯定的タイプ

仕事ないしパターン志向的 "応　　答"	社会的情緒的ないし人間志向的 "肯定的反応"
A ─────────── G 1 自我が方向づけを与える ｜ 2 自我が示唆を与える 4 自我の潜在的な Accomplishment レベルの増大 ｜ 3 自我が意見を与える L ─────────── I	A ─────────── G 1 他者が同意する ｜ 2 他者が緊張解除を示す 4 自我の潜在的な Satisfaction レベルの増大 ｜ 3 他者が連帯を示す L ─────────── I

否定的タイプ

仕事ないしパターン志向的 "質　　問"	社会的情緒的ないし人間志向的 "否定的反応"
A ─────────── G 1 自我が方向づけを求める ｜ 2 自我が示唆を求める 4 自我の潜在的な Accomplishment レベルの減少 ｜ 3 自我が意見を求める L ─────────── I	A ─────────── G 1 他者が不同意する ｜ 2 他者が緊張を示す 4 自我の潜在的な Satisfaction レベルの減少 ｜ 3 他者が敵対を示す L ─────────── I

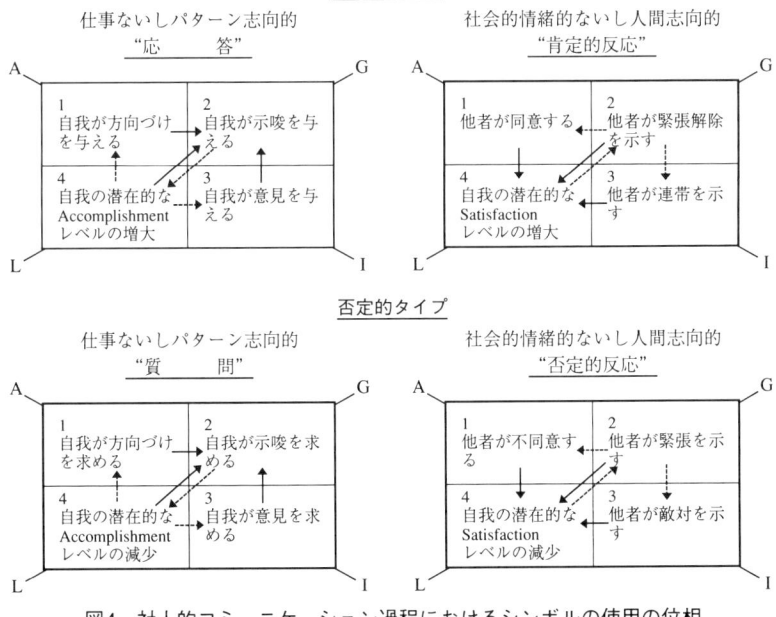

図4　対人的コミュニケーション過程におけるシンボルの使用の位相

たベールズの図式——したがってそれはそれ自体 a、g、i、l をもつ——は、それに従って、その意味を、相互作用カテゴリーと関連していかに再解釈されるべきであるか。それは図4に示されている[14]。

この図式はいわば、図3の microcosm I（a、g、i、l を含む）の拡大であり、対人的コミュニケーションとしての相互作用が上位の体系（マクロ体系）の I 位相を分担しながらそれ自体 a、g、i、l の位相運動する場合のその各位相が示されている。（ただし拡大図式であるから a、g、i、l は A、G、I、L に書きかえられている。）ここで若干この図式について説明を加えておきたい。

この図式は 4 つのダイアグラムからなっており、その 2 つは肯定的タイプ（positive type）、他の 2 つは否定的タイプ（negative type）と名づけられている。肯定的タイプとは、これら 2 つのダイアグラムのセルに含まれているカテゴリーによって分類された行為が、成員が体系問題の解決への積極的方向にちょうど動いたことを示すものとしてみなされることを意味している。また否定的タイプとは、体系問題の解決から離れた方向に動いたことを意味し、そのような仕方で問題が以前に示されたよりもより鋭くなっていることを意味する。

また次に左側の 2 つのダイアグラムは、仕事ないしパターン志向的タイプ（Task or Pattern-Oriented Types）、右側のダイアグラムは社会的情緒的ないし人間志向的タイプ（Social-Emotional – or Person-Oriented types）と命名されている。仕事ないしパターン志向的タイプとは次のことを意味する。すなわち、そのパラダイムのセルに含まれているカテゴリーによって分類された行為が、成員に共通な価値パターンによって定義された、ある体系問題の解決に当てられたある成員の「成就（Performance）」とみなされ、その解決を構成し、そのための準備をすることを意味される。また社会的情緒的ないし人間志向的タイプの行為とは、先に話したり行ったりした成員の成就にたいする反応（反作用）として方向づけられたある体系単位の「裁定（sanction）」であるとみなされている。

しかるに以上のような 2 つの区分をクロスさせることによって、質問（Question）と応答（Attempted Answers）、肯定的反応（Positive Reactions）と否定的反応（Negative Reactions）という 4 つのダイアグラムの名前が与えられるわけである。完全な分類は、体系が少なくとも 2 人の成員単位——自我と他者

として言及される——から成ることを前提としていることに注意しなければならない。

なおLのセルでは、accomplishment（完成）と satisfaction（満足）という名称がみられるが、これはいずれも後述するように、行為過程のアウトプットを意味するタームである。ただし、satisfaction は文字どおりでよいとして、ここで accomplishment レベルの増減とは、潜在性における動機づけの増減を意味するものと解していてよい。

さて、過程の進行についていえば、厳密なものではないが、図に描かれた矢印が、過程がどのように進行していると考えられているかを示している。たとえば「応答」のダイアグラムのセル4に示された自我の潜在的状態から出発すれば、自我の潜在的な accomplishment のレベルの増大があって、次に彼が体系の直面するある問題に応答を与える顕在的成就が続く。彼は、「方向づけを与える」「意見を与える」「示唆を与える」というふうに分類される一連の言語行為（remark）を行うわけである。これら3つのタイプのすべてが、自我の潜在的状態におけるある変化から生じて、体系目標の充足に向けられている[15]。「方向づけを与えること」は体系の適応的問題の強調によって進行し、「意見を与えること」は統合的問題の強調によって進行する。そして「示唆を与えること」は、適応的ないし統合的迂回を得ることなくして直接的に目標状態に向かって進行する。

コミュニケーションを受容するものとしての他者に視点を転じよう。まず、自我の言語行為が他者の満足レベルを増大させたと想定しよう（他者の満足レベルは図示されていないが）。彼は、同意・連帯を示す、緊張解除といった肯定的反作用でもって反応する。この反作用は、自我によって受けとられ、彼にとって報酬価値をもち、彼の潜在的な満足レベルの増大を結果する。この満足の増大は、次にこの他者の好意的な反作用を招いた成就にたいする報酬となり、自我の accomplishment を強めるのである。応答タイプの位相がつつがなく進展し、それぞれにたいする肯定的反作用が得られたとき、過程は完了する。

以上は肯定的活動のサイクルの点からの説明であるが、同様な本質的関係は、否定的あるいは混合的、その他のタイプのサイクルについても見いだすことができる。

以上要するに、ベールズの相互作用のカテゴリーが、一般的な AGIL 図式の I を担当する microcosm として関連づけられ、そのようなものとしてそのカテゴリーの再解釈と定式化が行われたわけである[16]。

3. 位相運動の規範的統制

ところで位相運動とは、単に「事実上」のものであるだけではなく、かなりの程度に制度化された価値ないし規範の構造によって規制され統制されているものである[17]。これらの価値ないし規範は成員に共通な「合法的期待」の基礎ラインを与え、一致とか逸脱とかはこの点から判断される。しかるにこの価値ないし規範は、さまざまな（単位）位相をとおしての単位の適切な成就（performance）の軌道を叙述し、その単位をその軌道に維持するための妥当な裁定（sanction）を述べるのである。それゆえ価値ないし規範は、成就価値ないし規範と裁定価値ないし規範とに区分される（performance value, sanction value）。成就価値・規範は、一定の体系位相において成員単位がいかに行為すべきかを明らかにするものである。また裁定価値・規範は、その成員単位が彼の成就規範への一致いかんによって他の成員に期待すべき裁定を明らかにするものである。したがって裁定価値・規範は、一定の成就に賞罰を与えることによってその成就を規定している成就価値・規範を強化するという役目を担うものである。しかるに価値・規範を行為過程の統制に関係させて論ずる場合、準拠点としての体系にもっぱら規点を限定するのではなく、体系の時期とその単位の行為過程とのあいだの関係をとり扱っているのであることに注意しなければならない。

ところでこのような価値・規範は、行為体系の A、G、I、L という 4 つの位相のいずれかを支配（統制）するものであるか（あるいはいずれに適用されるものであるか）という観点から 4 つのタイプに分類される。そこで成就価値・規範は、業績（Achievement）価値・規範（A）、鑑賞（Appreciation）価値・規範（G）、道徳的統合的（Moral-Integrative）価値・規範（I）、帰属的（Ascriptive）価値・規範（L）に、裁定価値・規範は、容認（Approval）価値・規範（A）、反応（Response）価値・規範（G）、受容（Acceptance）価値・規範（I）、尊重（Esteem）価値・規範（L）に、それぞれ分類される[18]。

A. 業績価値・規範は、「技術的」な価値・規範であり、これは、道具的技術的な手段行為を、特定の目標達成への有効性（effectiveness）において規定する。感情的中立性と志向の限定性とを保持するような裁定を規定する容認価値・規範がこれに対応する。G. 鑑賞価値・規範は、単位の貢献すべき体系目標を明細化し（規定的場合）、単位の許容された「私的」目標の限界を定義する（許容的場合）。限定性の態度と完結的な目標状態そのものに妥当する感情性のそれとによって特徴づけられるような裁定を規定する反応価値・規範がこれに対応する。I. 道徳的統合的価値・規範は、体系統合にかかわるもので、連帯の維持への単位の貢献に関する期待を定義する。感情性と無限定性とによって特徴づけられ、交互に連帯を示す形をとる裁定を規定する受容価値・規範がこれに対応する。L. 帰属的価値・規範は、単位に帰属する価値パターンを表現ないし履行する行為、あるいは学習をとおして単位そのものの性能を変化させることに志向した行為（つまり表現的行為）を規定する。単位をその性能の全複合の点から評価することを意味する裁定（これは無限定性・中立性によって特徴づけられる）を規定する尊重価値・規範がこれに対応する[19]。

　以上要するに、A、G、I、Lの4つのタイプの価値・規範は、それぞれの位相に妥当な活動を定義するものであるが、その位相は、位相運動において他の位相へと推移するので、それぞれの位相に対応する価値・規範もまたそのドミナンスを推移させなければならない。そしてそのためには、それぞれの位相におけるそれぞれの価値・規範は、体系の次の位相への移行またそれに伴う自らの推移を許容し容易化するものでなければならない。かくてこの可能性は、パーソンズのスキームにおいてある位相の価値・規範が、隣接する位相の価値パターンとあるパターン変数を共有しているということによって表現されているのである。したがって上の叙述では明細化されなかったけれども、各々の位相に対応する価値・規範は、当該位相における単位の行為を規制するというだけではなく、また、当該体系位相と他の位相との関係をも規制する（肯定的ないし否定的に）ものであると考えられるわけである。

4. インプットとアウトプットの理論

(1) インプット・アウトプットの概念と種類

　行為体系あるいは行為過程についてのパーソンズの分析には、一貫して、行為者と状況、態度と客体といった行為の準拠枠の基礎的な二重性の主張が貫かれている。たとえば最初に述べたように、パターン変数が態度のパターン変数と客体志向のパターン変数というふうに二分されていることもそのあらわれである。パーソンズが体系過程の分析の必要を説くさいにも、同じくこの二重性が出発点とされている。そこで、この体系過程の分析において、①行為のコースにおいて動機づけないし動因（drive）に何が生ずるか、②客体はそのシンボル的な意味をどのように変化させ、この変化された意味は行為過程の型相化ないし体系構造そのものへとどのようにしてうち立てられるようになるか[20]、という体系過程の2つの側面（二重性）がとりわけ問題とされるのである。インプット（input）とアウトプット（output）の概念がもち込まれるのは、このような観点から体系過程の問題にアプローチするさいにおいてであり、この概念をキー概念とすることによってこそこの問題はよりよく解明される。

　そこで、まずインプットとアウトプットの概念の意味を明らかにすることから始めよう。インプットとは、体系の外部や体系の先行状態から行為体系の位相過程のある一定のセクターに入ってくるところのものであり、それにおける変化は体系過程に影響を与える。アウトプットとは、期間の終わりに観察できる体系ないしその状況、つまり他の体系行為や非社会的客体の結果的状態における変化を意味し、体系過程の結果（consequences）とみなされうるところのものである。かくしてインプット−アウトプットの観点は、体系過程を分析する独立した様式ではなくて、むしろ体系を外部の観察者の立場から観察し、サイクルの初めに入ってくるものと終わりに出てくるものとのあいだのバランスを査定しようとすることによって、そのサイクルの最初の状態と最後の状態とのあいだの相違を記述する様式なのである。したがって、パーソンズにおいてインプット−アウトプットとは、体系の位相サイクル内に生起するなにかではなく、過程の時間分節の初めと終わりとのあいだに生起するなにかを指しているわけである。しかもこのようなインプット−アウトプットの分析においてはそ

の焦点は、相互作用過程そのものにあるのではなく、そのような過程の一定の時間セクターに含まれている結果にあるのであって、一方における費やされたものにおける「コスト」と他方における結果（cutcome）ないし産物とが問題の中心となっているといえるのである。

しかるにこのインプットとアウトプットの概念は、本来的に量的概念であり、均衡概念の意味がこの点における準拠のための基本線となっている。ということは次の命題に意味される。すなわち、安定状態にとって体系へのインプットは、時間の経過においてアウトプットによってバランスされなければならない。このことを迂回していえば、インプットのカテゴリーにおけるなんらかの超過や欠損は、体系状態における変化を必然化し、それは、時間の経過において（over time）均衡化されないならば、そのアウトプットのカテゴリーにおける変化に反映されるだろうということである。この命題は、資源（resourse）が体系にもち込まれるかあるいは撤退されるかするならば、結果として状況ないし体系の状態のいずれかまたは両方ともが変化するという、既述した4つの原理の1つ、つまり加速度の原理から導き出されうるものである。しかも問題へのこのアプローチは、インプットが入ってきアウトプットが生み出されるというのだからインプット保存の原理とでもいうべきものを示している。ここでは、エネルギーは一方過程において消費されるという行為の一方過程的性格ゆえに、エネルギーの保存の原理は成り立たないけれども、それに応じてある種の結果を生ずるという意味において、本稿の冒頭で述べたエネルギー等価の原理が成り立っていると見るべきである。

結局ここにおけるパーソンズの基礎的仮定は、安定状態においては全体としてのインプットとアウトプットとは時間をとおしてバランスされるのであり、1つのカテゴリーにおける変化は、他のカテゴリーにおける「等価な」変化によって補償されるだろうということである。ところでインプットとアウトプットの主要なカテゴリーを定義する場合には次のことに注意しなければならない。インプットの側においては、まず説明期間（accounting period）の始めにおける体系の最初の状態について考え、それから体系の外からのインプットについて考えねばならない。同様にアウトプットの側においても、体系の最後の状態と体系外部つまり状況のそれとのあいだに区別が存している。——このこ

とを注意しなければならない。インプットとアウトプットを関連づける場合には均衡の概念が基礎となってくる[21]。

さて次に、インプットとアウトプットの種類について考察しよう。これは、2つの基礎的なカテゴリー、すなわち①動機づけ的エネルギーないし動因のインプットとそのアウトプットである「産物」、②客体属性と客体関係のインプットとそれらのアウトプットである「結果」、において示されている。

① 動機づけ的エネルギーのインプット-アウトプットの経済

体系の先行状態からの動機づけ的インプットは、絶対量としてではなく、確立されたなんらかのいくつかのチャンネルに分配されながら全体量（total volume）をもったフロウの率として考えられなければならない。それに相応して動機づけの点から測定されるものとしてのアウトプットは、この量や分配が問題期間の経過において変化したかどうかという問の点から考えられなければならない。

パーソンズによれば動機づけ的過程のアウトプットについて語る場合、消費されたエネルギーに生ずるところのもの（つまり消費されたエネルギーが何に転化されるかということ）と、エネルギーのフロウの率に生ずるところのものとの区分が必要であるという。ここから満足（satisfaction）と充足（gratification）というアウトプットのカテゴリーの重要な区別が出てくる。満足とは、消費されたエネルギーと体系状況複合の状態の維持ないし変化におけるアウトプットとのあいだの関係の測定（measure）である。充足とは、一定期間の始めと終わりにおける相対的な動機づけ的潜勢つまりフロウの率と分配の測定である。これらの概念をもう少し詳しく説明するとどうなるか。

しかるに満足とは、本質的には、成就（performance）の規範的に定義された期待——社会体系の場合には役割期待——と、体系規範の点から評価されるものとしての成就過程の現実的結果とのあいだの関係である。したがって前の定義とあわせて考慮すれば、エネルギーを消費し成就を行ったときのその現実的結果が規範的期待と一致している場合に満足を得ることができるのだと結論することができよう。他方、充足とは、単位への動機づけ的インプットとその消費とのあいだのバランスの機能（結果）であるところの、緊張レベルの点から見られたものとしての体系の単位の動機づけ的状態を意味する。全体として

の体系の充足とは、それらの代数和にほかならない。要するに動機づけ的エネルギーの消費されるときに充足が得られるのである[22]。

ここで今一度、動機づけ的インプットの問題に立ち帰る。最初に述べたように、体系の先行状態からの動機づけ的インプットを実質的に意味するものとして、説明期間の初めに体系の各々の単位は、価値パターンをとおしての一定の委託に伴った一定の動機づけ的潜勢（つまりインフロウの率）をもっている。（体系の先行状態からのその体系へのインプットとは、実質的には、その体系の各々の単位が、その先行状態からインプットを入れ、動機づけ的潜勢をもっている事実を意味している。）しかしこれは、体系外部からの外的影響によって加減されうる。この場合この外的影響とは、本質的には、報酬客体の利用可能性あるいはそれへの委託の移行を意味しているようである。そこで、肯定的なカセクシスを与えられた報酬客体の提示は、単位ないしは体系過程へ動機づけ的エネルギーをより引き入れる傾向があるであろう。逆にその撤退または否定的なカセクシスを与えられた客体の提示は、動機づけ的エネルギーを追い出す――緊張を高める、あるいは他のはけ口への移行をもたらす――傾向があるであろう。したがって体系外部から利用できるようにされた報酬客体は、動機づけ的インプットの第2の源泉を構成するのである。なおこの過程は、表現的コミュニケーションと呼ばれるものを含んでいる。

ただしここで、すべての動機づけ的エネルギーは、有機体において発生し、1つのパーソナリティ（単一有機体の行為体系）から他のパーソナリティへと移行されることはできないのであるから、報酬客体の利用可能性を移すことの結果は、同一パーソナリティにおける要求性向間の動機づけ的エネルギーの配分を移行させることにあるのであって、パーソナリティ間のそれの移行にあるのではないことに注意しなければならない。つまり社会的相互作用の体系においては、成員の特定の役割参与に含まれている要求性向と、彼らのパーソナリティの残余の部分とのあいだにおける動機づけ的インプットと、アウトプットのバランシングという特殊な境界過程がたえず進行しているわけである。報酬客体が動機づけ的インプットの源泉を構成するのは以上のメカニズムに従ってのことである[23]。

② 客体属性と客体関係

　以上、動機づけ的エネルギーのインプットと体系過程のコースにおいてそれに何が生ずるかということを焦点として述べたが、これは、全体としてのインプット-アウトプットの問題の1つの側面にすぎない。いま1つ側面として、観察者にとって、また要素（component）としての行為者にとって、客体としての能力をもった体系と状況の最初と最後との状態のバランスが問題にされなければならない。ここでは、観察者の立場からは準拠としての体系もまた客体としての能力をもつもので、したがって客体属性という場合、準拠としての体系の属性と状況客体の属性との両方が含まれていることに留意することが必要である。

　まずこの文脈におけるインプットについて考察しよう。ここでインプットは、体系属性、状況属性（体系も状況も客体に含められるのだからあわせて客体属性）、関係に分けて考えるのが適切である。

　さて、いかなる時点においても体系は、つねに、客体としての属性（properties）と他の客体への関係（relations）とをもった客体であり、それ自身属性とお互いに対する関係とをもった諸部分に分けることができるところのものである。この場合における体系——それは他のレベルからは単位である——の属性（最初の時点における）は、説明期間の体系過程にたいする1部類の基礎的なインプットを構成する。この最初の時点における体系属性としてのインプットは、体系能力（system-capacities）として言及される。

　次に、状況客体にたいする関係がインプットとなる場合があり、これは道具的統制を意味する。つまり、体系がもつ状況客体にたいする関係（道具的統制）が、その体系の過程を動かすためのインプットとなるのである。この道具的統制は、これをなしとげるための動機づけ的エネルギーの投与（investment）を含んでいる。

　また次に、状況客体の属性（状況属性）がインプットを構成するケースが考えられる。これには知覚（perception）と情報（information）という2つのタイプがある。知覚のインプットとは、状況属性についての知覚がパーソナリティ体系[24]に入ってきて、認識過程としてのその体系過程を動かし、情報のアウトプットを生ずるという事実を意味している。この場合におけるアウトプットと

して生みだされた情報とは、体系能力つまり1組の体系属性にほかならず、したがって情報のアウトプットを生ずるとは、体系属性の変化を意味するものである。また情報のインプットとは、状況属性の知覚が体系に入り体系過程のアウトプットとして情報が生み出されるという経路ではなく、その知覚が——直接パーソナリティ体系にインプットするのではなく——認識的コミュニケーション・討論によって情報へと処理・変形され、その情報が体系へインプットするという事実を指している。ここでいう情報とは、客体について知覚するだけでなく、それの意味を明らかにしたものをいう。しかるにこの情報のインプットは、体系過程において知識（knowledge）のアウトプットを生み出す。このアウトプットとしての知識とは、体系属性の1つであり、したがってそれを生み出すことは、体系属性の変化を意味している。先の知覚のインプットも情報のアウトプットを経由してさらに知識のアウトプットに結びつく。それゆえ結局、知覚ないし情報のインプットは、記憶において貯えられシンボル的形態でもって外存化されうるところの知識のアウトプットへと変化されるわけである[25]。なお、以上の道具的統制あるいは知覚や情報の対象となる状況客体は、便益（facility）として言及される。（以上の諸関係は、図5のごとく整理できるであろう。）

```
体 系 属 性 ― 体 系 能 力 ― 体 系 属 性
道具的統制 ⎫           ― 関   係
知    覚 ⎬ 便   益 ⎱
情    報 ⎭           ⎰ 状 況 属 性
```

図5　客体―体系過程のインプット

　次にアウトプットについて考察しよう。アウトプットは、accomplishment（完成）と achievement（達成）の2つに類別され、過程の結果はこの2つのなんらかの結びつきをとる。accomplishment とは、普遍主義的に評価されるものとしての客体性能（属性）の価値づけられた変化のことである。この場合この客体性能の変化には、状況客体の性能の変化と準拠点である行為体系の性能の変化との両方が含まれている。前述した情報や知識のアウトプットは、後者の性能の変化のなかに含められるべきである。
　また achievement とは、客体（もちろん状況客体）にたいする関係（relation）

表1 インプット―アウトプット過程の図表

	インプットとしての最初の状態	中間におけるインプット―アウトプット	最後の状態（アウトプット）
動機づけ的過程	単位間に分配されたものとしてのエネルギーのフロウの量と率 緊張のレベル	＋報酬客体の獲得と肯定的な表現的コミュニケーション	満足バランス Achievement－Accomplishment のエネルギー消費にたいする関係
		－報酬客体の喪失と否定的な表現的コミュニケーション	充足バランス フロウと緊張レベルの最初の状態にたいする関係
客体―体系過程	現在体系である体系の性能と所有としての関係とを含んでいる最初の客体性能と関係	1. 知覚とコミュニケーションをとおしての情報 2. 価値づけられた客体の所有の得失	Accomplishment バランス 体系そのものの性能を含んだ客体の価値づけられた性能の得失
			Achievement バランス 便益と未来の報酬としての客体の価値づけられた所有の得失

の個別主義的に評価された変化のことである。このような関係は、便益と報酬客体とに分化されるところの所有のカテゴリーによって指定されうる。したがって achievement とは、説明期間の終わりにおける体系に帰属されうる客体の所有という価値づけられた諸関係間のバランスであると定義することができよう[26]。

以上、パーソンズのインプット－アウトプットについて、かなりの推論を付け加えることによってそれを秩序づけパラフレイズしながら論述してきた。以上の諸関係については表1に示されるであろう。

(2) 成就過程・学習過程とインプット・アウトプットとの関係

なおここで、成就過程および学習過程と、以上の叙述したインプットとアウトプットとの関係についてごく簡単に触れておきたい。

さて、パーソンズにおいて体系過程は成就（performance）と学習（learning）に分類され、両者はいずれとも、シンボル―意味関係の型相化された体系である、客体の体系としての側面における体系―状況複合に生ずるところのものの点から定式化される。しかるに、成就過程とは、客体世界とそれにたいする体系の関係とにおける、体系価値の観点からする変化が、客体としての体系そのものの性能（quality）の変化を陵駕しているような過程である。他方、学習過

程とは、体系における有意味な変化が状況の変化をうわまわっているような過程である。成就と学習とは同一過程の2つの側面を示すものであり、両者はあらゆる行為体系において断えず進行している。したがって区分は分析的なものであるか、量的バランスの問題であるかのいずれかにすぎない。

しかるに、以上のインプット-アウトプット概念の分析のために使用した行為の準拠枠の二重性、つまり動機づけ的過程と客体―体系過程（object-system process）のいずれもが、この成就過程と学習過程の2つの側面を持っている。それでは、この動機づけ的過程の成就と学習、客体―体系過程の成就と学習のそれぞれと上述のインプット-アウトプットとはどのように関連するのであろうか。

まず動機づけ的過程の成就についていえば、この場合の成就は充足―満足のアウトプットを生ずるものである。動機づけをインプットされた体系は、体系価値に従ってAGILの各位相を経過して目標（体系の状況客体にたいする関係）を達成し、充足―満足のアウトプットを得るのである。またこの場合における学習は、あるレベルでは完結的な充足がつねに学習のための動機づけの源泉であるという意味において、充足から出発する。そしてこの充足を満した最初の第1次的な目標客体からカセクシスを一般化してゆくこと、つまりこの第1次的な目標客体と連合した客体がカセクシスを与えられるようになる過程が学習にほかならない。しかもこの連合を決定する意味の方向にしたがって学習は、道具的条件づけ（instrumental conditioning）と古典的条件づけ（classical conditioning）とに分けられ、前者は学習過程におけるA位相で、後者はI位相でプロミナントであるという[27]。このようなカセクシスの一般化としての学習が体系の性能変化を意味するのもであることはいうまでもない。

次に客体―体系過程からみた成就であるが、成就が客体世界とそれにたいする体系の関係とにおける変化を意味するものである以上、これが、関係（所有）の変化（achievement）と状況客体の性能の変化（accomplishmentの一側面）のアウトプットを生みだすものであることは言をまたない。またこの場合における学習が体系の性能変化（accomplishmentの一側面）のアウトプットを生ずるものであることも自明である[28]。

5. 逸脱と社会統制のメカニズム

　ここで視点を逸脱（deviance）と社会統制（social control）の問題に移そう。この問題は、体系均衡に関係する問題であり、すでに "The Social System" において理論化されたものであるが、とりわけ後者においては、後にＡＧＩＬの各位相と結びつけて再解釈され、学習過程における位相運動の分析の焦点となっている。ここではまず逸脱の問題の考察から入ろう。

　さて、相互作用過程におけるすべての行為は、もしそれが正確に安定状態のラインにそっていず、しかも完全に無視されていないのならば、他の行為者にたいして認識的・カセクシス的意味での「問題」を提起するものである。そしてこのように問題を提起する行為、つまり安定状態のラインにあるいはそのラインの両側の許容の範囲内に正確にそわないすべての行為は、さまざまの程度に逸脱のケースを構成する。すなわちそれらの行為は、均衡のために必要なバランスからのある方向への離反を含んでいるのである。しかるにこのような行為は、パーソンズによって逸脱の３次元と呼ばれたもの、つまり能動性―受動性（activity-passivity）、一致一疎隔（conformity-alienation）、パターン強調対社会的客体ないしカセクシス的強調（pattern-emphasis vs. social-object or cathectic emphasis）の点から分析されうる。各々のケースにおいて単位がたまたまその軌道のいかなる位相に位置していようとも、その逸脱は、安定状態を構成する期待との一致の、これら３つのカテゴリーの１つないしそれ以上における超過ないし欠如の点から定義できるであろう。そこで、裁定（sanction）としての反作用の機能は、期待との一致へ志向した内面化されたパターンを強化することであり、また、これら内面化されたパターンが存在しないかあっても不充分なところでは、この逸脱的要素をチェックしバランスを回復することである。この点に関連させて逸脱の３次元のそれぞれを説明すれば次のようになる。

　まず能動性とは、一定の方向に動機づけの過度のインプットが配分されている場合をいう。逸脱が能動性の点からである時の裁定は、拡乱の方向に配分されたある動機づけを取り去ることにある。また受動性とは、動機づけの不充分なインプットを意味し、この場合における裁定は、励ましや協力の促進をとおして動機づけを付加することにある。

疎隔（alienation）とは、表現的コミュニケーションの否定的タイプ（negative types）の過度のインプットを意味する。ここで表現的コミュニケーションの否定的タイプとは、ベールズ理論との関連づけのところですでに述べたように、行為の行われた方向が問題解決から離れている場合のタイプをいう。（したがってここでの定義は、ベールズの相互作用カテゴリーつまりmicrocosm がモデルになっているのである。）このように逸脱傾向が疎隔の方向にあるならば、裁定―反作用は一致への刺激を加えることにあるといえる。また、一致とは、基準への強制的一致（compulsive conformity）（自らが強制する）のことであり、いわば一致しすぎの意味である。つまり融通がきかず、新しい仕方、異なった仕方ですることが、それがパターンとして制度化されていない、またはパターンに合致していないとしても体系が持続をするためや問題を解決するためなどに必要な場合でも、依然として既成のパターンに固執するようなケースをいう。逸脱がこのような強制的一致の方向にあるときには、同意・励まし・連帯を示すこと・緊張解除を刺激することなどの裁定がバランスを是正することに役立つ。なぜならこのような裁定は、許容的雰囲気、つまり、なにをしてもよいという気分を与えることにより、自我がパターンから離れて行動することを可能にするからである。つまり、自我が、もっと冒険的な目標志向的成就に有利なように、「誇張されたためらい（exoggerated scruples）」といった基準への極度なカセクシスを捨てることを可能にするからである。
　次にパターン強調とは、逸脱者が彼についての他者の成就要求あるいは期待と信ずるところに過度に敏感になっている場合をいう。他方、社会的客体ないしカセクシス的強調つまり人間強調（person-emphasis）とは、逸脱者が同意―不同意、連帯―敵対等の他者の反作用的裁定に過度に敏感になっている場合をいう。前者の場合にはバランスは、他者が彼の肯定的裁定の割合を増やし仕事志向的活動や否定的裁定の役割を減らすことによって回復される。また後者の場合バランスは、彼のあらゆるタイプの裁定の割合を減らし仕事志向的活動の割合を増やすことによって回復される[29]。
　しかるにパーソンズにおいて、以上の逸脱の3つの次元のうち基本的なものは前2者であり、能動性―受動性と疎隔――一致とを組み合わせることによって、強制的な成就の志向（compulsive performance orientation）、地位―期待における

強制的黙認（compulsive acquiescence in status-expectation）、反抗（rebleliousness）、撤退（withdrawl）という4つの逸脱的志向の分類図式が構成されている[30]。これは、マートンが文化的目標と制度的規範とに関連して分類した逸脱行為の4つの類型、つまり革新（innovation）、儀式固守（ritualism）、反抗（rebellion）、脱退（retreatism）という類型と対応する[31]。

　ところで、このような逸脱はなにに基づくのであろうか。これを明らかにするためにはフラストレーションの概念から明確化されねばならない。パーソンズによればフラストレーションとは、期待の不履行にたいする「正常な」反応であると定義される。しかるに、体系においては、ある単位への体系内の他の単位からの断えざるインプット、つまり、励ましや貢献的成就のような表現的コミュニケーションをとおしての動機づけのインプット、情報のインプット、意見をとおしての規範的統制のインプットがなされている。これらのインプットは欠如することもあるし超過する場合もあり、このようにして当該単位がインプットにたいしてもっていた期待が履行されなかったとき、それへの反応としてフラストレーションが生ずるのである。したがってパーソンズにおいてフラストレーションとは、本質的には、軌道の当該位相にある単位の過程が依存しているところの1つないしそれ以上の部類のインプットにおける欠如ないし超過を意味している。つまり、不充分な報酬ないし励ましあるいは超過した報酬ないし励ましのいずれもの方向における期待からの離反がフラストレーションを引き起こすのである。

　そして、さらにパーソンズによればこのようなフラストレーションは、必然的にアンビバレントな構造を伴っているという。すなわち、一方において、もしこのような期待からの離反がなかったら存在したであろうような状態を回復しようとする傾向が存し、他方において、フラストレーションによって課された緊張に反応して逸脱的に反作用しようとする傾向が存するというのである。しかるに、このようなフラストレーションが均衡化されるためには、他者の裁定的な活動によって、ないし自我のパーソナリティ体系の他の部分あるいはパーソナリティや社会体系に外在的な客体体系からの資源の動員をとおして、以上のインプットの欠如ないし超過のインバランスをすみやかに調和的に是正することが必要である。そして、もしこのバランシングが一定の限界内で生じな

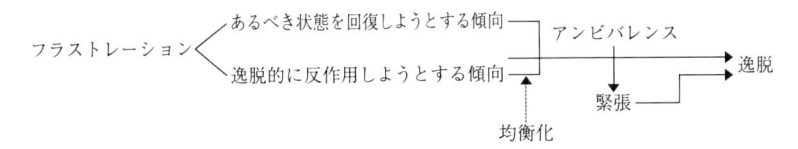

```
                        あるべき状態を回復しようとする傾向 ── アンビバレンス
 フラストレーション <                                      ↓        → 逸脱
                        逸脱的に反作用しようとする傾向 ──┘        緊張 ┘
                                                    ↓
                                                  均衡化
```

いならば、上記の逸脱的傾向のふくらみにより逸脱が生ずるのである。この逸脱の生起には同時に、上記のアンビバレンスそのものによって生ずる緊張の影響が及んでいる。この場合このようにして生起する逸脱は、体系の状態に従って、能動的であるか受動的であるか、疎隔的であるか一致的であるか、パターン強調であるか人間強調であるか、またはこれら3つのなんらかの合成物であるか、いずれかでありうる。

　かくて生起したこのような逸脱は蓄積的になる傾向があり、2つの結果を伴う。第1にこの逸脱は、最初のフラストレーションが生じた位相から繰り越して後続の位相に浸透しはじめるであろう。換言すれば特定単位の行為の位相をとおしての逸脱の蓄積ということである。第2に、生起した自我の逸脱は、他者にたいして過度の要求をし、そのため他者の側にある程度の許容と忍耐を含んだ逸脱的反作用を起こさしめるということである。すなわち逸脱は、もしそれが完全に正当なしかたで裁定を与えられたならば、かえって敵対を生じ、裁定的反作用がむしろ逸脱を促進させるという悪循環（vicious circle）を呼び起こすので、他者は、その逸脱を拒否しようという意欲とともに、それとカップルして忍耐・我慢という資源を動員せねばならず、その意味で逸脱は、他者の側における逸脱的反作用（deviant reaction）を結果するといえるのである。

　しかるに注意せねばならぬことは、このような逸脱的な反作用が裁定として効力をもつのは、その逸脱がパーソンズがむしろ「正常である」といっているほどに比較的小さい段階であって、より進んだ段階では効力を失うのみならずさらに逆の効力をもつようになる、ということである。したがって逸脱のより進んだ段階では、逸脱的反作用はむしろ、その逸脱を促進することになり、またむろんいわゆる正当な反作用は敵対を生みだすことによってかえって逸脱を促進することになるという意味において、実質的な悪循環の段階が到達されたのでる。それゆえこのような段階では、逸脱を正当に否定する反作用はもちろんのこと、忍耐を含んだ逸脱的反作用も無効となり、いわゆる作用─反作用の

正常的な均衡化過程はその実効を失う。そこで、当然このような悪循環段階に到達した逸脱（または悪循環が進行した場合の逸脱）をチェックするための特殊なメカニズムが要請されるわけであり、これがほかならぬ社会統制のメカニズムである[32]。

社会統制の過程の図式は、精神療法（psychotherapy）の過程の点から述べられ、それが後に社会統制の他の過程にまで一般化される[33]。この図式は、許容（permissiveness）、支持（support）、相互性の拒否（denial of reciprocity）、報酬の操作（manipulation of rewards）という4つのカテゴリーからなる。治療過程をモデルとして述べれば次のようになる。

許容；すでに記したように逸脱はすべて、フラストレーションによって課された緊張・アンビバレンスによって生じた緊張を解除しようとするものであり、その要求は強いので、前述のごとく、緊張解除（逸脱）をいたずらに阻止することはかえって有害である。したがって社会統制においても治療者は、さしあたり、いわゆる正常な反作用を押えることを要請される。そこで許容とは、本質的には、患者が、彼の主要なコンフリクトや困難に接近した領域において彼がもっともしやすい仕方で自らを表現するのを許す方法である。

支持；しかるに、このような許容にとどまらず治療者は、患者の過度の要求に耐え、彼を人間として「受け入れる」ことができなければならない。つまり治療者は、患者が普通の社会関係では受け入れられないような仕方で行動しているにもかかわらず、彼との連帯的な集合体を形成しなければならないのである。こうしてのみ治療者と患者との連帯は保持されるわけである。

かくて社会統制は、以上の2つの側面において悪循環の面をもつものであり、患者は、彼の逸脱にたいして払うべき代価を切り下げられているといえる。彼は、逸脱的な緊張解除をしても罰せられず、同時にさもなければ彼の行動が切り崩したであろうところの支持的連帯を与えられているのである。もちろんこれだけでは社会統制にはならない。

相互性の拒否；相互性の拒否とは、治療者が、表現的―シンボル的緊張解除の生産ないし「表出」が社会体系としての医者―患者関係の共通文化における認識的要素を構成するのを許すことを拒絶する、という意味である（つまり認識レベルで無視することである）。患者の緊張解除の活動は、単に客体として

あるところのものであるのみならず、彼の状況の定義の受容を獲得しようとする努力であるけれども、ここではこの彼の要求は拒否（無視）される。

　報酬の操作；最後に社会統制の以上の3つの特徴によって与えられた枠組内において治療者は、彼の報酬操作をとおして学習過程の「正常な」エージェントとして行為しなければならない。彼の作用することのできる仕方は、彼の役割におけるこれら他の特徴によって鋭く制限されていて、これらの基礎を危くするような報酬や処罰を与えてはならない。したがってこれらの枠内で彼は、容認は非容認を与えたり、適切ななんらかの裁定を与えたりできるわけである。しかも特に重要な役割は、治療関係という普遍主義的性格ゆえに、容認（approval）と尊重（esteem）の裁定（いずれも普遍主義によって特徴づけられる）によって演じられるであろう。

　なおここで、治療者の役割と患者の相補的な役割との制度化ということが、悪循環の逸脱を均衡化した社会的相互作用を押しもどすためのテコ作用の基礎をなしているということに注目せねばならない。治療者が患者の期待に相互作用することを拒絶するのは、彼の個人的影響力によるのみならず、制度的権威によっているのである。治療が進行できるのは、治療者と患者の両者が制度化された地位を占めているからにほかならない。

　それでは次に、以上のような社会統制過程の原型としての治療過程の説明を、AGILの概念図式と結びつければどのようになるであろうか。治療者─患者関係の位相が次の問題となる。この場合、蓄積的また悪循環の逸脱における緊張側面の重要さのゆえに、患者（自我）にともなったL部門の緊張の仮定から出発する。

　L．治療者─患者関係の最初の位相は、許容（permissiveness）を強調する。他者（治療者）の側の許容（受動性─患者に話させる─裁定のさしひかえ）は、自我（患者）の緊張解除を補助する。しかるにこの許容は、作用・反作用のバランスの論理によって自我のある種の反作用的裁定（肯定的裁定）にたいする要求を増大させ、それと結びついて他者の評価的意見への感受性を増加させる。しかも患者は、このような反作用的裁定をうちに含むような、治療者との感情的個別主義的な関係を強く欲求しはじめ、かくして患者の関心の焦点はI次元ないし部門へ移り始めるのである。

I．統合位相の極大化は支持的関係に一致する。ここでは他者は、普通の習慣よりももっと広い限度において自我を支持している。そして自我にとってこの支持は、彼と他者とが典型的な連帯的集合体における人びとのように、共通の道徳的統合的基準に結びつけられていることを暗示しているのである。したがってもしこのような場合、他者が自我の非合法的な示唆（suggestions）（ミクロ体系における彼の逸脱的緊張解除）に譲歩しないとしたら、それは、自我にとって、他者が受容するものと期待していたところのその示唆の評価的地位の問題を提起するであろう（これは次の位相に結びつく事柄である）。

　G．G部門における他者（治療者）の役割の第1次的な焦点は相互性の否定である。これは反応報酬の否定が第1である。ここで、先の許容や支持による利益の代償が感じられ始め、これらの態度によって味方されていた（逸脱的緊張解除にたいして肯定的反応を受けようとする）非論理的な期待はフラストレーションにつきあたるのである。（ここで考え直すということが行われうる。）

　A．このG位相にそったあるところで学習過程が捉えられる最適の機会が生ずる。ここがA位相であり、そこでの治療者の役割は報酬を操作することである。この報酬の操作は、自我の「現実志向的な」成就を強化する過程にほかならず、この結果、自我の性能パターンの変更、それをとおしての社会体系としての治療関係の性格の変更がもたらされるわけである。

　以上要するに、治療関係は、最初の方の位相では事実上、条件付きで合法化された逸脱的な下位文化である。治療者の役割は、最初は病人（患者）の役割の規範に志向し、それから次第により広汎な文化の規範に志向するようになるのである。しかし治療者の役割に権力を付与するものは、それがこのより広汎な価値体系に投錨しているという事実であり、その意味でこの治療者の役割は、広汎な体系における集合体志向的な役割である、ということができるであろう。

　さて、以上の治療過程（それは社会統制の原型であり容易に一般化されうる）[33]とAGIL図式との結びつきにおいて明らかなように、社会統制の過程は、成就過程とは逆のL→I→G→Aの位相経過をたどる学習過程である。位相運動には、成就過程（performance process）と学習過程（learning process）とがあって、その位相経過の順序が逆であることはすでに触れたところであるが、社会統制過程はまさにこの学習過程に属すわけである。ただし、学習過程に属す

るものは社会統制過程に限られるわけではなく、社会化過程、社会変動過程などもこれに含まれている。

6．役割構造の分化

パーソンズ位相運動論の理論的分析の最後として役割構造の分化つまり体系の構造的分化の問題について言及しよう。ここで体系の構造的分化とは、単位の位相分化（unit phase differentiation）とは明確に区別されなければならない。後者はある単位の軌道の位相分化を意味し、前者は単位の軌道が分化していること自体を指している。単位が、体系内でそれぞれ構造的に異なった役割を占め、異なった軌道パターン（orbit patterns）をもっている場合（したがって単位の軌道が分化している）、体系は構造的に分化されているのである。しかるにこのように構造的に分化された体系は、体系位相の領域や点（それぞれの体系位相を分担する領域や点）の集りである。ある体系位相の領域や点には、他の領域や点に比較されるものとしての活動の相対的集中があり、また普通いくつかの分化した単位の軌道を伴っている。体系過程の一定の時点においては、それぞれの単位はそれぞれの軌道の一定位相にあり、それらの単位位相はさまざまに異なりうるものであろう。

こうして体系の構造的分化とは、単位の描く軌道の分化にほかならないわけであるが、しかるにこの軌道の分化は次のことを意味している。すなわちそれは、第1にそれぞれの単位の軌道内の完結的な単位目標状態の分化を意味し、第2にそのような目標分化の結果体系内のそれぞれの単位の位相軌道（phase-orbits）の構造（内容）が分岐していることを意味している。つまり単位目標が分化し、その結果単位の位相軌道の内容が分岐しているということが、軌道分化の意味することがらである。

この場合この単位目標の分化（結局単位相互間の目標の分化）は、第1に分化した学習のインプットによって、第2に単位間の葛藤・緊張を減少しようとする体系の性向によって、当然の傾向として存在しうる。学習はすでに述べたように第1次的な結結的充足経験からカセクシスが選択的に一般化してゆくことであるが、このように一般化によってカセクシスを与えられるようになった

客体が、当該単位の目標客体となるのである（とりわけ古典的条件づけにおいて）。したがって学習が分化しておれば、当然単位目標状態も分化してくるわけである。また第2点について、体系が、同一の目標客体また同一の便益（これは目標客体と結合している）をもとめて顕在的あるいは潜在的に競争しているところの多数の単位によって構成されているならば、それによって、便益の希少性からくる適応的緊張と同一の報酬を求める競争に含まれる統合的緊張との両方が最大化するであろう。目標が分化されているならばこのような緊張は軽減されるかもしくは生じないわけで、したがって緊張を少なくしようという体系の傾向から当然のこととして目標の分化が生ずるのである。このような単位目標の分化は、結果として必然的に位相軌道の内容の分岐を伴い、軌道の分化とはこのことを意味する。

ところで、このような目標分化の方向は、体系の機能的要件（要求）と一致するものである。単位の（目標）充足関心は、体系の要求を満たすための動力に利用できる。パーソンズは "The Social System" で「動機づけの制度的統合」ということをいっているが[34]、この命題の基礎をなすものは、以上の目標分化の方向と体系の機能的要求との一致という事実である。これは現在の文脈では、均衡の1側面をなすものであり、インプットとアウトプットとのバランスの状態を述べているものである。

次に、以上のような単位目標の第1次的内容は、体系の要素としての役割の第1次的な機能的内容にほかならない。それゆえ単位目標の分化とは、役割分化を意味するものである。同じく単位目標の分化は、位相軌道の内容の分岐を伴い、軌道分化を意味するものであったから、役割分化とは軌道分化であるといえる。つまりここでの軌道の分化とは、従来からパーソンズ理論において用いられてきた役割分化を行為空間のタームで言い換えたものにすぎないわけである。体系の構造的分化ははじめ単位の軌道分化を指すものとしてとらえられたが、この意味でそれはまた役割構造の分化を意味するものとして把握することができよう。しかも前述のごとく目標分化の方向は、体系の機能的要求と一致するものであるから、この役割分化すなわち軌道分化は、当然この体系の機能的要求にそったものであるといえるのである。

ベールズの実験によれば、このような体系の機能的要求にそったところの役

割分化の第1次的なものは、「道具的リーダーシップ機能」と「ソシオメトリック・スター」の分化である、とされる[35]。前者の役割においては道具的成就すなわち集団の課題解決が機能的内容となり、後者の役割においては連帯を促進し緊張解除を助長することが機能的内容となる。この2つのリーダーの役割は、集団活動の2つの領域、つまり仕事志向的領域（task-oriented area）と社会情緒的領域（social-emotional area）のそれぞれにおけるリーダーの役割を示すものである。いうまでもなくこれら2つの領域は集団の機能的文脈（集団の機能的要件を満たす領域）を指すものであるから、以上の2つのリーダーの役割は、集団の機能的要件にそって分化したものであるということができる。リーダーの役割にかぎらずひろく役割は、この2つの集団活動の領域にしたがって、集団の機能的要件にそって分化されているものである。

　以上はベールズの小集団実験に則して述べたものであるが、周知のごとくここにおける仕事志向領域と社会情緒的領域とは、より一般的な図式においてそれぞれA、GとI、Lの機能的要件を包括するものである。したがってより細分されたこの観点からいえば、役割分化は、A、G、I、Lの4つの機能的要件にそって行われるということになる。もちろんこのことは、体系のA、G、I、Lというそれぞれの機能的領域が単一の役割によって構成されるというのではなく、役割分化を大別して、Aの機能的要件にそったもの、Iの機能的要件にそったものというふうに分けることができるという事実を意味しているのである。たとえば、Aの領域内においてもまた役割分化は存在しうるわけである（それはさらに、下位体系Aにおける4つの機能的要件にそった役割分化として捉えうるものだが）。

　ところで、このように役割分化、したがって単位の軌道の分化が体系の機能的要件にそってなされるものであるという事実とならんで、単位の位相分化（unit phase differentiation）の問題が注意されなければならない。すなわち単位はまた、その軌道においてのa、g、i、lの位相運動をしているのである。上述のごとく単位の軌道は、A、G、I、Lの機能的要件にそって分化されており、そのようにして分化されたそれぞれの軌道は、A、G、I、Lの体系位相のいずれかを分担するものである。かくして、各単位は、体系のA、G、I、Lの各位相を分担しつつ自己もまたa、g、i、lの運動をするというのが、この一般的

な役割分化（軌道分化）のフォーミュラである。異なった単位の位相は、一連の時点において決定的関係をもつという意味で、各々の体系位相において接合されていなければならない[36]。

　以上、筆者は、パーソンズにおける行為空間と位相運動の理論を、行為空間は位相運動記述のための媒介概念をなすにすぎないという観点から、とくに後者に重点をおきながら分析してきた。以下、以上において分析されたパーソンズの位相運動論さらにはそれを源流とするAGIL理論一般に関して、若干のコメントをつけ加えておきたい。

7．コメント

(1) AGIL理論（位相運動論）のもつメリット

　まず、最初に位相運動論を源流として生まれたパーソンズのAGIL理論が、従来のパーソンズ理論とりわけパターン変数理論と呼ばれるものに比してもつメリットについて論述しよう。

　AGIL理論のもつ第1のメリットは、吉田民人の指摘するところであるが[37]、パターン変数理論の時期におけるパーソンズの構造機能分析が「制度とそれへの動機づけ過程」の分析という意味あいをもつものであったのにたいして、AGIL理論においてはその「制度と動機づけ」はL次元に限定的に位置づけられ、そのことによって構造機能分析は、いわばL次元の分析からAGILの全次元の分析へと適用範囲を拡げた。構造機能分析が「機能要件―メカニズム」という定式と結びついているかぎり、その本質は変わらないとしても、それが社会体系の分析に適用される場合、社会体系のL次元という側面の分析に局限されていたのがA、G、I、L次元という社会体系の全面の分析へと拡張されたことは、明らかに1つの進歩と見ることができる。

　社会体系変動の内生要因も、これにしたがって、かつては「制度維持」の機能要件の不充足というL次元の要因のみに限定されていたのにたいし、AGIL理論ではこのほかにA、G、Iのそれぞれの次元に内生要因を求めうる。かくしてAGIL理論は、構造機能分析＝社会変動論の欠如という批判にたいして根

本的解決を与えるものではないが[38]、それに関して1歩前進を示すものである。

　第2のメリットは、AGIL理論の出現によって、パーソンズ理論における従来の形式社会学的色彩が払拭されたということである。AGIL理論以前のパーソンズ理論を形式社会学であるときめつけることはもちろんできないし、またすべきではないが、しかし当時における彼の理論が、経済・法律・政治・宗教等といったジンメルのいわゆる「内容」を直接問題とすることなく、社会や集団を行為の相互作用からなる体系とみたてて、もっぱらその相互作用体系の構造—機能的な分析に集中したのは事実である。その意味で従来のパーソンズ理論が形式社会学的な色彩を濃くしていたことは明らかである。新明正道が自己の行為関連の立場と比較しながら、「パーソンズは実質的にはジンメルの形式社会学をもって社会学のモデルたらしめている。」[39]と批判したのもこの意味においてであろう。ところがAGIL理論の出現に至って、この今までの形式社会学的色彩は完全に拭い去られたとみてさしつかえない。AGIL図式が全体社会のレベルに適用されるとき、A次元は経済を意味し、G次元は政治を示している。またI次元やL次元にもそれぞれ具体的な内容を対応させることができる。かくしてAGIL理論の適用を通じて経験的体系を分析してゆく場合必然的に「内容」が視野に入ってくるわけであり、したがってパーソンズのAGIL理論は、「内容」を捨象することなく、むしろ「内容」分析の観点を含んだ理論として定立されているといえる。この点従来のパーソンズ理論と比して著しい進歩を示しているものと見なければならない。

　AGIL理論の第3のメリットは、位相運動という視角の導入によって、力学的な意味ではあるが時間という観念が入ってきたことである。既述のごとく行為空間における位相運動とは、その空間上の軌道の各点を4つの座標軸にいわば投影して考えたとき、時間の継起とともにそのいずれかが極大化する、すなわちドミナンスを示すと考え、このように極大値が順次に周期的に変わってゆくことをいうのであった[40]。したがってここに入って来る時間は、行為が行為空間の一定の位置から他の一定の位置へと順次に動いてゆくという力学的な「空間的時間」であって、「歴史的時間」ではない。それゆえ位相運動論によって時間的要素が導入されたといっても、それは歴史的な変動の理論が樹立されたことを意味しない。しかし注意しなければならないことは、空間的時間は、

もちろん特定の具体的な歴史的時間ではないけれども、あらゆる歴史的時間でありうるということである。それは、社会体系という概念が特定の具体的・歴史的な社会体制ではないけれど、あらゆる具体的・歴史的な社会体制でありうる[41]のと同様である。

ともかくこのようにして、空間的時間ではあるが時間という観念が入ってきたことが、従来に比してパーソンズの理論を著しく動態化していることは事実である。上記のごとくこれは、決して歴史的な社会変動の理論の樹立を意味しないが、にもかかわらず時間的要素の導入は、AGIL理論（位相運動論）のもたらした有力なメリットと見なさなければならないであろう。

なおこれと関連して、パーソンズにおける以前の静態的な構造概念が、時間的要素の導入をとおしてきわめて動態的になっていることに目をとめるべきである。第6節の注36）で指摘したように、位相運動論におけるパーソンズの構造概念は、単位の運動する諸軌道が示すパターンの安定化したものを意味しており、以前のパターン変数で分析されるものとしての構造概念[42]に比べて明らかに動態的となっている。もっとも構造を行為（相互作用）の安定したパターンとして捉える発想はなんら以前と変わるところなく、その意味で構造概念の把握に原理的な変化はないわけだが、しかし、構造を諸単位がその軌道をとおして一定の機能を担いながらa、g、i、lの運動をしていくというパターンとして捉え、それに時間的パースペクティブを含み込ませていることは、1つのメリットにちがいない。ここにみられる一定パターンの下での時間という観念は、パターン（構造）そのものにおける時間という観念へと飛躍するための跳躍台となりうるからである。

さて、AGIL理論の第4のメリットは、ベールズの経験的な小集団分析図式がパーソンズの図式の媒介をへて一般化することによって成立した[43]のであるがゆえに、この理論はすでに経験的要素を加味されているという点にある。AGIL理論が、パーソンズのパターン変数の図式とベールズの4つの体系の問題とを統合することによって形成されたものであることはしばしば述べたところであるが、このようにベールズが小集団実験から帰納した4つの体系の問題を一方の柱にしていることにおいて、AGIL理論は経験性を内包しているのである。これは、従来もっぱら演繹的推論に依存してきたパーソンズにとって長

歩の進歩であるとみなければならない。

　しかしこの点に関して1つ注意しなければならない点がある。それは、この一般的なAGIL理論の一方の柱になったベールズの実験における討議集団の位相のあらわれ方に関係する[44]。既に述べたように討議集団において、方向づけ→評価→コントロールと位相が経過するが、この場合各々のとりあげられた活動の絶対量がその位相における他の活動の量よりも大であるということを意味しているのではなく、むしろ、とりあげられた活動の比率がその指示された位相の場合に最高点になったということを意味している。例えばコントロールの位相の場合、コントロールの活動の絶対量が他の活動のそれに比べて大というのではなく、その活動の前後にたいする比較の上でこの位相が最高値を示すというのである。それゆえベールズにおける位相経過は、文字どおり活動の重点が方向づけ→評価→コントロールというふうに移っていくことを意味せず、各位相間の差異はそれほど明瞭なものではありえない。したがってベールズの位相経過のデータから、明瞭なA→G→I→L（その逆の場合もありうるが）という位相運動の図式を一般化したのはむしろ強引すぎたとも考えられるわけであり、その点ベールズの実験データがどれほどこの一般的な位相運動論を経験的に裏づけうるかということに関して疑わしい点が残る。

　また、ベールズにおいて上のような位相を経過する小集団は、一定の条件を備えた集団でなければならないとされている。たとえば、成員のパーソナリティ、成員が共通にもつ特性、期待の全体的布置における各成員の位置などにおいて一定の条件を備えていなければならない[45]。こうした意味ではベールズのとりあげた小集団（これが上のような位相経過をたどる）はリミティドなものである。こうしたリミティドなケースをモデルとして一般化された図式は、はたして真に一般性をもつものであろうか。またこのようなリミティドなケースは、この一般的図式にたいして十分な経験的妥当性を保証しうるものであろうか（1つの経験的根拠は与えうるとしても）。

　以上のような疑問はある。しかしともかく、AGIL理論が経験性を加味していることは事実であって、この点の長所は評価されなければならないであろう。AGIL理論は、理論的適合性に加え、不充分ながら経験的適合性を付与されているといえるわけである。（なお上の疑問にたいしては本来、AGIL図式を

数々の具体的事例にあてはめ、それぞれの事例についてその図式の経験的妥当性を検証してゆくなかで解決されるべきものであろう。）

(2) AGIL理論（位相運動論）にたいする批判点

　以上、筆者は、AGIL理論（位相運動論）が従来のパーソンズ理論にたいしてもつメリットのうちもっとも根本的だと思われる４点について指摘した。いうまでもなくAGIL理論はメリットのみをもつものではない。以下、ややアトランダムにAGIL理論（位相運動論）にたいする筆者なりの批判点、疑問点をつけ加えておきたい。

　批判点は第１は、AGIL図式におけるL次元が、「残余カテゴリー」[46]としていく分かの曖昧性・多義性を含み、多くの異質な解釈を生みだす可能性を蔵しているという点である。事実この次元は「パターン維持」に限定されたり、逆に「緊張処理」に限定されたりして多様かつ恣意的な解釈を許してきた[47]。京都学派の一連のAGIL理論の修正作業もおおむねこのL次元の曖昧性に注目して行われている。たとえば吉田民人は、L次元をパターン維持に限定し、緊張処理はG次元に移す[48]。また作田啓一は、パターン維持（合致）と緊張処理（欲求充足）を別個の次元として定立し、「統合」を４つの次元を超えたオーヴァーオールな原理として位置づけている[49]。さらに中野秀一郎は、L次元をパターン維持に限定し、欲求充足を生活次元としてI次元へ移している[50]。こうして一連の修正作業がL次元に主要な焦点をおくのも、それが曖昧さと理論的不備を伴っているからであり、パーソンズ自身L次元を「パターン維持と緊張処理」と定義しながらも、図式の実際的な適応においてはこのL次元をパターン維持に限定したり緊張処理に限定したりして用いているのである。L次元の一義的かつ明確な規定がいまだ課題として残されているといえよう。

　批判点の第２は、パーソンズにとって変動論は依然として宿題であるということである。なるほど既にみたようにAGIL理論は、変動の内生要因の発掘範囲を拡大することによって、さらには位相運動という観念をとおして時間的要素を導入することによって、変動論との関係において１歩前進を示している。しかし、それはパーソンズ理論＝変動論の欠如という問題にたいしてなんら根本的な解決を与えるものではない。パーソンズAGIL理論を含む現状の社会

学的機能主義が静態論的であるという認識のもとに機能主義的変動論の樹立をめざして目下精力的な理論的努力が続けられていることは周知のところである。

ところで、このパーソンズに残された変動論という宿題を解く場合、すでにあまりに常識化されていることだが、次のことを再確認しておく必要がある。すなわち、社会（科）学理論の理想は、統合（均衡）論と闘争論、あるいは構造論と変動論を、同一平面で統一的に取り扱うことのできるような理論[51]を樹立することにある、ということである。したがってパーソンズに変動論が欠如しているという批判から、ダーレンドルフのように対極的な闘争理論に向かうのは適切でない。努力の方向は、つねに両者を同一レベルで処理できるような理論を構築しようとすることに向けられねばならないのである。そしてそのためには恐らく、これまで病理的あるいは派生的・第2次的な存在としてしか見なされていなかった「逸脱」とか「逆機能」とかいった概念を、いわゆる従来の機能主義的な統合理論に、積極的に、正常的・基本的・第1次的要因として組み入れ、そのことを通じてこの統合理論そのものの決定的かつラディカルな変更を迫る必要があろう。いなむしろ、こんにち日夜精力的に試みられている理論化の努力は、明示的・意識的にこの線にそってなされているといえるのである。

第3の批判点は、先にL次元の曖昧性・多義性を指摘したが、同様にしてG次元もまた解釈の混乱を許しているという点である。その混乱の第1は、G次元に「欲求充足」を含ませるか否かということにかかわる。つまりG次元の解釈においてそれに「欲求充足」を含ませる立場とそうでない立場があるわけで、パーソンズ自身この欲求充足をG次元に含ませる場合とそうでない場合がある。見田宗介はL次元を「パターン維持」に限定し、G次元を欲求充足の次元だとする解釈を示している[52]。このようなG次元に欲求充足を位置づける立場は、目標達成に基づく欲求充足という観念に影響されているものと考えられる。しかし、目標達成が必ず欲求充足をもたらすとは限らず、また前者が体系とその環境とのあいだの関係にかかわる「外的」問題であるのにたいして、後者は体系の単位の内部的状態にかかわる「内的」問題である。それゆえ、目標達成と欲求充足とはまったく別個の次元を構成していると見る[53]のが正しく、G次

元は、「欲求充足」を含み込むことなく、それとは峻別された「目標達成」の次元として定立されるのが望ましい。

　混乱の第2は、G次元とA次元の関係を「目的―手段」関係と見なす観点からA次元をG次元の下位次元として位置づけるべきだと主張する見解[54]に関連する。すなわち目的―手段の連続性の点からG次元とA次元とを異質の相互に独立した次元とは捉え得ないとする主張にかかわるものである。しかしこのような見解にたいしては次のような反論が可能である。第1にG―Aの関係は、目的―手段の関係であるが、ただしそれは、「特殊的」目的―「一般的」手段の関係であって[55]、両者は「特殊」―「一般」の軸で峻別される。第2に、この見解は、手段もまた下位の手段にとって目的であるという、目的と手段の相対性を主張しているが、G次元における目標とは究極目標を指しているのであり、それに至る手段の一部がさらにその下位の手段にとって目的とみなされようとも、それらはあくまで手段として一括されるべきものである。したがってGとAのあいだの目的―手段関係は、相対的なものではなく絶対的なものである。第3に、全体社会のレベルではG次元は「政治」を意味し、A次元は「経済」を意味するから、A次元をG次元の下位次元としてとらえる発想は、経済を政治の下位体系と見なす発想に結びつく。このことはA次元をG次元の下位次元に位置づける見解の失当性を示唆する。

　こうして、パーソンズのG次元の規定は、以上のような2つの解釈上の混乱を許しているわけであるが、この混乱は上述した方向で収拾されるべきものであり、この方向においてG次元のいっそう限定的な再規定化が試みられるべきである。

　第4の批判点は、社会統制の問題に関連する。既述したように、パーソンズにおける社会統制とは、既存体系において逸脱の悪循環を断ち切ってその均衡を回復することにほかならず、その過程は、L→I→G→Aという学習過程の位相運動をたどるものであった。したがって彼における社会統制が、均衡概念と結びついて、現存の社会秩序・体系調和の維持に向かうものであることは明白である。そしてこのような社会統制概念の把握の仕方は、パーソンズのみならずおよそ従来の社会統制論と呼ばれるものがもつ共通した特徴であろう。ところが社会統制の概念の把握にはこれとちがった別の視角が考えられる。つまり、

イメージのなかに描かれた未来社会の社会秩序ないしそれに至る動的な構造変動過程の「合法則性」を維持することに向けられた「社会統制」という観点である[56]。この意味の社会統制の視点からは、現在秩序に従った行為が、未来社会の社会秩序ないし変動過程の秩序からの逸脱的行為と見なされて社会統制の対象になりうる。しかるに、上述のごとく統合論と闘争論、構造論と変動論という2つの理論タイプを単一理論へと統一することを理想としてかかげるならば、先に述べた「逸脱」・「逆機能」概念の第1次要因的取り扱いとともに、この意味の社会統制の視角を、パーソンズ流の均衡論的な社会統制論へ内在的に取り入れていくことが重要である。もっとも、このような「第1次要因的取り扱い」とか「取り入れる」とかいった指摘は、パーソンズ導入期の頭初から行われているものでなんら新味はないわけだが、しかしこの問題にはいまだなんの解決も与えられておらず、よってこれは古くて新しい指摘である。パーソンズ的な現在秩序志向型の社会統制論は、社会統制の一面しか捉えていないという批判的観点に立ち、おそらく均衡公準から未来秩序志向型の社会統制を論理無矛盾的に説明してゆくという手続をとることによって、後者を前者の社会統制論に編入してゆくこと―この課題は、以上の意味で、静学―動学一元化への現在のプロセスのなかで再確認しておく必要がある。

　第5の批判点は構造概念に関してである。先述したように、位相運動の視点が入るに至って、力学的モデルに基づく時間の導入が行われ、構造概念も著しく動態化した。位相運動論において体系の構造が、単位の運動する諸軌道が示すパターンの安定化したものであると規定されていることが、この事情を示すものであった。そしてこのことはそれ自体AGIL理論のもつ有力なメリットをなすものであった。けれども他面、このように時間的要素の導入、それによる動態化が行われているとしても、構造を安定化したパターン（したがって制度化されたパターン）としてとらえる点では、従来の構造概念となんら変わるところがないのもこれまた事実である。その意味で、制度化された価値のパターンとしての構造概念は旧態依然であるといえる。しかるに、前記のごとく統合論と闘争論、構造論と変動論の統一を理念としてかかげるのであれば、いまひとつ構造概念そのものを、このような価値パターンの側面への限定から解放することがなされなければならない。つまり、構造概念を非価値的な側面をも

含むものとしてとらえなおす方向が示されなければならない。このような構造の非価値的（非制度的）側面の想定を前提として、「制度的構造」と「非制度的構造」との矛盾・あつれきのなかに構造変動（社会変動）をとらえる発想が可能になり、ひいてはこのような諸構造間の葛藤に基づく構造変動という発想をとおして構造論—変動論一元化への展望の1つを切り開くことも可能となる。

ところで、このように構造概念を価値的側面への限定から解放し非価値的側面を導入する試みの1つとして、体系構造を、対等関係的側面と上下関係的側面（社会成層）とに区分し、後者に非価値的要素をもつ「権力」（power）のハイアラーキーを含めて定義しようとする構想をあげることができる。この場合権力とは、パーソンズによるもので、①価値基準に基づく評価、②基準からの逸脱の許容、③所有物の統制という3組の要素の合成物（resultant）と解されるものであるが[57]、このように逸脱的要素を内包する権力の体系を構造に含めて解釈しようとする考え方は、構造概念の価値的限定化からの解放の有力な方途の1つとして位置づけることができるであろう。なお、さらにこの問題の戦略的な解決策として、中野秀一郎の構造概念の規定の仕方をとりあげることができる。彼は、「制度的な地位—役割構造はそれ自身一定の資源配分構造を示すが、同じ地位—役割構造でも＜機能＞と＜勢力＞の実体が変化するにつれて資源配分のパターンは流動的でありうる」として、究極的な意味での「社会構造は地位—役割体系以上のもの、すなわち実質的な資源配分の構造」[58]であるとしている。ここには明らかに、社会構造を制度化された顕在的構造と制度化されていない潜在的構造（究極的意味での構造）との相乗において把握しようとする発想が認められる。また、さらに吉田民人が、集団系の構造—機能的要件を、反復的・定型的なものに限定することなく、非反復的、無定型的なものにまで拡大してとらえようとしている[59]ことも、この問題のいま1つの解決策として注目に値するであろう。ともかくどのようなかたちにせよ構造概念を、パーソンズに見られるような制度論的把握から自由化してゆくことは、静学—動学一元化にとって重要なステップをなすものにちがいないのである。

以上、筆者は、AGIL理論（位相運動論）のもつメリットならびに批判点の

うち基本的と思われるものを、きわめてアトランダムに列挙してきた。しかるに以上に列挙してきた諸点はいずれも従来から多くの人びとによって指摘されてきたものばかりであって、筆者の試みは、単にそれら言い古されたことを整理し再確認したものにすぎない。しかもそこに含まれている問題点については、それを指摘するにとどまり、それにたいするなんらの解決策も示してはいない。その意味で本節は、基本的なメリット・批判点の整理・問題点の指摘をとおして、今日AGIL理論ないしそれを中核とする社会学的機能主義をめぐって行われている諸議論における出発点・原点を再確認したものにすぎない。議論はつねにその原点に立ち返りながら行わなければならないから、このような再確認も決して無意味ではないと考えたのである。

【注】
1) 行為空間については
   T. Parsons and R. F. Bales, "Dimensions of Action-Space," in T. Parsons, R. F. Bales and E. A. Shils, *Working Papers in the Theory of Action*, 1953, pp.63-110.
   富永健一「行為空間と位相運動の理論研究」社会学評論、第24号、1956、88-97頁。
2) T. Parsons, R. F. Bales and E. A. Shils, *Working Papers in the Theory of Action*, 1953, p.167.
3) 富永健一「前掲論文」92頁。
4) T. Parsons, R. F. Bales and E. A. Shils, *op. cit.*, pp.102-103, pp.164-165.
5) *ibid.*, pp.165-179.
6) T. Parsons and E. A. Shils, *Toward a General Theory of Action*, 1951.
7) なお自己中心的志向―集団体中心的志向のパターン変数については、「この対のカテゴリーは行為のある特定の体系の特性を規定するという意味をもってはおらず、むしろ段階的な順序に並べられた2つの体系のあいだの関係を規定するものである。」（T. パーソンズ、N. J. スメルサー『経済と社会』Ⅰ《富永健一訳》、1958、58頁）という理由によって、この分類から取り除かれる。
8) T. Parsons, R. F. Bales and E. A. Shils, *op. cit.*, pp.183-187. また T. Parsons, E. A. Shils, K. D. Naegele and J. R. Pitts, eds., *Theories of Society*, Vol.1, 1965, pp.38-41.
9) T. Parsons, R. F. Bales and E. A. Shils, *op. cit.*, p.182.
10) 両図式が統合されてAGIL理論が成立する経緯についてはすでに妥当な省察がなされている。
    富永健一「行為空間と位相異動の理論的研究」社会学評論、第24号、1956、88-97頁。
11) 全成的とは、問題が、方向づけの問題、評価の問題、コントロールの問題とそれぞれの問題をとおして解決されるとき、これらの各問題が一定の条件を満たしている場合をいう。その一定の条件であるが、たとえば、評価に関しては、問題が時々"open

and shut case" と称されるような通り一遍の問題事例ではないことを必要とする。コントロールの問題に関しては、集団決定とその後の共同的行為への期待という 2 方向に働く圧力が存在することを要する。方向づけに関しては、その集団の成員は、関連のある事実についてある程度未知であり不確実でなければならないが、個人として決定に関係のある事実を持っていなければならない。(カートライト＝ザンダー『グループ・ダイナミックス』(三隅二不二訳編)、1959, pp.460-461.)

12) カートライト＝ザンダー『前掲書』458頁。

13) R. F. Bales, "The Equilibrium Problem in Small Group," in T. Parsons, R. F. Bales and E. A. Shils, *Working Papers in the Theory of Action*, 1953, pp.111-161.

14) T.Parsons, R.F.Bales and Shils, *Working Papers in the Theory of Action*, 1953, p.195.

15) ここで体系目標という場合の体系とは、もちろん対人的コミュニケーションの体系のことである。

16) 以上、T. Parsons, R. F. Bales and E. A. Shils, *op. cit.*, pp.190-202.

17) 価値 (value) と規範 (norm) との関係について、Working Papers. では両者はほぼ同じ意味に用いられているが、後の Theories of Society (1961) では両者は明確に区別されている。すなわち規範的文化 (normative culture) には 2 つの成分があって、それが価値と規範であるという。価値とは、体系の諸成員によって彼らの役割を超越して共有されているもので、いわば共有された規範的要素である。これにたいして規範とは、一定の役割、さらには体系の他の経験的単位 (たとえば家族・協会・会社・政府・大学といったようなさまざまな集合体) に特定な (specific) な規範的要素である (T. Parsons, E. A. Shils, K. D. Naegele and J. R. Pitts, *Theories of Society*, Vol.1, 1961, p.42.)。

またこれとは違った仕方で両者を区別する立場がある。たとえばラスウェルとカプランは、行為の望ましい目標を価値と呼び、規範を選択の基準であるとしている (H. D. Lasswell and A. Kaplan, *Power and Society*, 1950, p.55.)。一般に機能主義者は両者を同一視する傾向が強い。

18) T. Parsons, R. F. Bales and E.A.Shils, *Working Papers in the Theory of Action*, 1953, p.203.

19) ibid., pp.205-206.

T. Parsons, *Essays in Sociological Theory*, 1954, pp.395-397.

20) ここで行為体系の構造とは、シンボル的意味の体系としての行為体系の型相化にある。それゆえシンボル的意味の変化とは、行為的一状況体系の構造における変化を意味する。(T. Parsons, R. F. Bales and E. A. Shils, *Working Papers in the Theory of Action*, 1953, p.215.)

21) T. Parsons, R. F. Bales and E.A.Shils, *Working Papers in the Theory of Action*, 1953, pp.215-217.

22) ただしエネルギーの消費がつねに充足を伴うというわけでない。動機づけ的エネルギーの消費には、充足を伴うものとそうでないものとがあり、前者の場合のみにおいて充足のアウトプットが得られるのである。A位相におけるエネルギー消費は後者に属

する。したがって、エネルギーを消費し成就しその結果が価値と一致することによって満足を得るという場合にも、そのエネルギーの消費には充足を伴うケースとそうでないケースとが含まれる。A位相における満足は、充足を伴わないエネルギーを消費することによって得た満足であり、G位相における満足は、充足を伴ったエネルギーを消費することによって得た満足である。(それゆえG位相における満足は充足を含んだ満足である。)

満　足 { エネルギーの消費　ⓐ { ①　充足を伴う場合（充足）
　　　　　　　　　　　　　　 ②　充足を伴わない場合
　　　　　規範的期待との一致　ⓑ
　　　　　　　　　　　　　　　　G位相の満足；ⓐ① － ⓑ
　　　　　　　　　　　　　　　　A位相の満足；ⓐ② － ⓑ

23）T. Parsons, R. F. Bales and E. A. Shils, *op. cit.*, pp.217-219.
24）インプット・アウトプットは、本来、行為者としてのパーソナリティ体系に帰属せしめられるべきものである。社会体系のインプット-アウトプットとは、これら行為者に帰属せしめられるインプット―アウトプットの総合を意味するものなのである。
25）知覚や情報のインプットが状況客体属性のインプットであるわけは、知覚や情報がインプットされたとは知覚や情報をとおして状況属性がインプットされたことにほかならないからである。
26）T. Parsons, R. F. Bales and E. A. Shils, *op. cit.*, pp.219-220.
　　T. Parsons, E. A. Shils, K. D. Naegele and J. R. Pitts, eds, *Theories of Society*, vol.1, 1961, pp.60-66.
　　なお、便益（facility）という言葉は、インプットの説明の場合とアウトプットのそれの場合と両方に出てきたが、その対象はいく分異なっているといわなければならない。インプットの場合には、道具的統制と知覚・情報の対象としての状況客体が便益として言及されたが、アウトプットの場合便益とは所有物の意味の範疇の1つを示すものである。したがってインプットの場合、便益は、関係と状況属性の両方に関連し、アウトプットの場合には関係とのみ関連している。
27）一般に心理学で、学習によって刺激と反応の新しい結びつきをつくることを条件づけといっており、それには古典的条件づけと道具的条件づけとが区分されている。古典的条件づけとは、有名なパブロフの実験に示されるような条件づけであり、この場合反応は無条件刺激によって天降り式に決まってしまい、新しい結びつきは、学習者の意思とは無関係に機械的に進行するものであるとされている。そのため古典的条件づけでは学習ができ上がるのに一番大切な条件は、条件刺激と無条件刺激の呈示順序と時間間隔である。他方道具的条件づけとは、たとえば犬が「おすわり」という刺激にたいする反応を学習するようなケースにあたり、この場合条件反応は報酬をもらうための1種の道具あるいは手段であるので、こう呼ばれるのである。道具的条件づけ

では学習者が自分でいろいろと反応（response）してみて正しい反応を見つけねばならず、したがって大切なのは反応であり、この反応と報酬との時間間隔が短いほど学習は早いとされている。（南博編『現代人の心理学』1964, pp.100-102.）

A. 古典的条件づけ

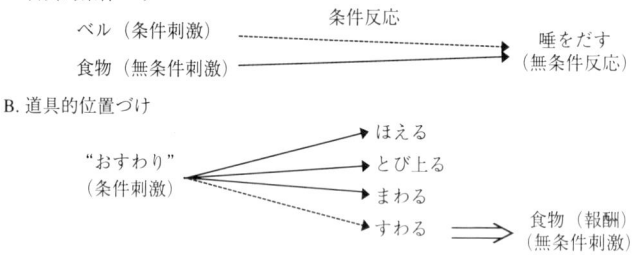

```
ベル（条件刺激）  - - - - - - 条件反応 - - - - →  唾をだす
食物（無条件刺激） ─────────────→  （無条件反応）
```

B. 道具的位置づけ

```
                   → ほえる
"おすわり"      → とび上る
（条件刺激）    → まわる
                   → すわる ⟹ 食物（報酬）
                                    （無条件刺激）
```

　パーソンズは以上の条件づけをそれぞれ自己のタームで再解釈し、完結的な目標を導くという道具的─適応的意味において連合することによって客体がカセクシスを与えられるようになる場合を道具的条件づけと呼び、また、体系内の第1次的客体と共通な属性をもっているという基準に基づいて連合されることによって新しい客体が、カセクシスを与えられるようになるというカセクシスの一般化の方向を古典的条件づけとしているのである。そしてカセクシスの一般化の過程としての、動機づけ的過程からみた学習過程で、A位相において道具的条件づけが、I位相において古典的条件づけがプロミナントになるというわけである。（T. Parsons, R. F. Bales and E. A. Shils, *op. cit.*, p.226.）

28) T. Parsons, R. F. Bales and E. A. Shils, *op. cit.*, pp.222-228.
　なおパーソンズのインプット─アウトプット理論をいっそう敷衍したものとしては、拙稿「社会学のインプット─アウトプット理論」（社会学研究年報、第2号、1968、43-56頁）。
29) T. Parsons, R. F. Bales and E. A. Shils, *Working Papers in the Theory of Action*, 1953, p.235.
30) T. Parsons, *The Social System*, 1951, pp.256-258.
31) R. K. Merton, *Social Theory and Social Structure*, 1949（森他訳『社会理論と社会構造』1961)、訳書、129-145頁。
　なおパーソンズによれば、彼の逸脱図式とマートンのそれとが対応するとしても、彼のはより一般的な図式であり、マートンのはその非常に重要な特殊ケースであるという。（T. Parsons, *The Social System*, 1951, p.258.）
32) T. Parsons, R. F. Bales and E. A. Shils, *op. cit.*, pp.238-244.
　T. Parsons, *op. cit.*, pp.297-321.
33) 治療役割の分析が、どのようにして社会統制のメカニズムのすべての主要な特徴をおおうまでに一般化することができるかについては"The Social System"において言及されている。そこでは、アメリカ社会における若者文化、葬儀、政治制度からの蓄積

的疎外を導く状況の例が説明されている。(T. Parsons, *op. cit.*, pp.305-306.)
34) T. Parsons, *The Social System*, 1951, p.36.
35) ベールズの実験において、道具的リーダーシップ機能は、「だれがもっともよいアイディアをもっていたか?」「集団を動かすためにだれがもっとも多くをなしたか?」という質問によって指標されるものであり、またソシオメトリック・スターとは、「あなたはだれが一番すきか?」という質問によって指標されるものである。(R. F. Bales, "The Equilibrium Problem in Small Groups," in T. Parsons, R. F. Bales and E. A. Shils, *Working Papers in the Theory of Action*, 1953, p.144.)
36) なお、この文脈で体系の構造とは、単位の運動する諸軌道が示すパターンの安定化したものである。体系の構造的分化は軌道の分化であるという規定はここからでてくる。(体系の構造は分化した軌道パターンをひっくるめたもの。)
　原理的には同じであるが、以前にくらべて軌道という観点が導入されることによって、構造概念が著しく動態的になっていることに注意しなければならない。
37) 吉田民人「A・G・I・L修正理論(その1)—T. パーソンズ教授への提言—」関西大学文学論集、第11巻、第6号、1962、14-19ページ。
38) 吉田は、パーソンズ理論が動態分析と変動論に弱いのは、その「制度と動機」なる根本発想に起因しており、構造機能的方法そのものによるのではないとする。そしてAGIL理論は、制度―動機図式を社会体系の下位システムLの問題と規定することによって、「機能要件=制度」対「メカニズム=動機づけ」という、もともと静態的・主観主義的傾向の不可避な発想を根本的に止揚することができたとする。(同上、16-18ページ。)しかし、変動論に弱いのは、「制度と動機」という発想に起因するというよりもむしろ、構造機能分析における「機能要件―メカニズム」という発想に起因すると考えられる。AGIL理論が構造機能分析のこの発想を受け継いでいるかぎり、それは、変動論に弱いという問題にたいして根本的な解決を与えるものとはならない。
39) 新明正道「行為関連の立場について」社会学研究、第20号、1961、8ページ。
40) 富永健一「行為空間と位相運動の理論研究」社会学評論、第24号、1956、93ページ、を参照。
41) 下田直春「パーソンズにおける社会体系論の論理とその批判」社会学評論、47.48合併号、1962。
42) 以前の構造概念は相互作用のパターンとして規定されるにとどまり、その相互作用がどのような局面をたどりながら進展していくかという時間的パースペクティブは完全に無視されている。この相互作用の変化のパターンとしてとらえられたとき構造概念は時間的パースペクティブをとり入れたといえる。cf.拙稿「社会構造と社会成層」社会学評論、61号、1966。
43) 吉田民人「修正理論」18ページ。
44) D. Cartwright and A. Zander, eds., Group Dynamics, 1953 (三隅二不二訳編『GROUP DYNAMICS』1959)、訳書、462ページ。

R. F. Bales, "The Equilibrium Problem in small Group", in T. Parsons, R. F. Bales and E. A. Shils, *Working Papers in the Theory of Action*, 1953, p.141.
45）D. Cartwright and A. Zander, eds., *ibid.*, 同上訳書、459ページ。
46）吉田民人「修正理論」22ページ。
47）吉田民人「集団系のモデル構成―機能的系理論の骨子―」社会学評論、54号、1963、43ページ。
48）吉田民人「修正理論」22-29ページ。
49）作田啓一「行為理論と体系理論」思想、第498号、1965、12、14-16ページ。
50）中野秀一郎『体系機能主義社会学』1970、127-128ページ。
なお筆者は、中野のこの修正作業にたいする批判を本書の書評（「研究通信」22号、1971、26-31ページ）のなかで試みた。
51）吉田民人は、これを、「定常―変動二元論」にたいする「定常―変動一元論」と呼ぶ。吉田民人「モデル構成」54ページ。
52）貝田宗介「現代日本の精神構造」1965、217ページ。
53）吉田民人「修正理論」24ページ。
54）同上、23-24ページ。
作田啓一「社会学基礎理論」（福武直編『社会学研究案内』1965）、1-46ページ。
55）「社会体系の適応の下位体系は、多数の目標の達成のため一般化された便益の獲得を含む。」（傍点筆者）(N. J. Smelser, *Social Change in the Industrial Revolution*, 1959, p.24.)
56）この意味の社会統制は、間庭充幸が、「既存の社会体制（系）を常により高度な人類の理想にかなう理想的体制（系）によって置換しようとする構造変動過程即ち動的な変革過程のなかに現れる秩序」を維持しようとする社会統制と呼ぶものにほぼ一致する。間庭充幸「社会統制論の性格」ソシオロジ、37号、1965、35ページ。
57）T. Parsons, "Revised Analytical Approach to the Theory of Social Stratification", in *Essays in Sociological Theory*, 1954, p.185.
拙稿「前掲論文」83ページ。
58）中野秀一郎『前掲書』83ページ。
59）吉田民人「モデル構成」47ページ。

第3部

古代社会と現代社会

第6章 大衆社会における「原子化」のいみ

1. 大衆社会のイメージと「原子化」の3つのいみ

　大衆社会論は、その出発点が文明批評的なものであったということもあって[1]、その理論的整備が不完全であり、そこに用いられている概念も曖昧かつ多義的であることは、しばしばいわれているとおりである。今日の社会学における高度に発展した理論水準からみて、その大衆社会論のもつ理論的無整序さ、またそこにおける概念の科学的精練を欠いた文学的ムード性は、おおいに批判されるべきである。たとえば、大衆社会論に頻出する「匿名の群衆」「無定型の大衆」「情緒化された大衆」「群衆の孤独性」「茫漠たる不安」等の表現は、いずれも感覚的ムード的な情緒性をただよわせた表現であり、科学理論に必要な厳密な概念的規定性を欠如しているうらみがある。大衆社会論のキー概念をなす「原子化・アトム化」(atomization) という概念も、このような大衆社会論に特有な曖昧性・多義性を伴ったいわゆる「大衆社会論的」表現のうちの1つであるが、この場合、この「原子化・アトム化」の概念が、大衆社会論とりわけその一類型である筆者のいう「原子化」的大衆社会論の本質的中核をなすものであるだけに、その概念的無規定性はいっそう救いがたい感じを与える。このようなわけで、「原子化」の概念に彫琢を与えることは、大衆社会論の理論的整備に向かう過程の重要なステップを構成するものと考えられるわけで、この小論の意図も実にこの点にあるわけである。

　だが、このような「原子化」概念の彫琢の試みを示す前に、筆者の「大衆社会

についてのイメージ」を明らかにし、そのことによって「原子化」の現象が大衆社会においていかなる位置づけをもつかを明らかにしておかなければならない。

さて筆者は、19世紀の市民社会に対比されるものとしての20世紀の大衆社会について次のようなイメージを抱いている。つまり、大衆社会は、次の3本の柱に支えられている、というイメージである。その第1は、共同体が亡び家族が衰退したことに伴って現れた個人の孤立化・原子化という柱であり、第2は、このような共同体・家族の解体の反面において、マックス・ウェーバーのいわゆる「生命のある機械」・「精神の結晶」の一部としての「機械に似た集団」が発展してゆくという柱、すなわちビューロクラシーないしマンモスのごとき巨大組織の発達という柱である。換言すればコーンハウザーのいう「全国的関係の集中化[2]」という柱である。そして第3は、「人間の耳目の延長」（清水幾太郎）としてのマス・コミュニケーションの発達という柱である。このような柱に支えられた大衆社会において、孤立化し原子化した個人のおのおのは、いかなる集団的結びつきをも媒介とすることなく、巨大なマンモスのごとき「生命のある機械」に直接的にあい対している。そして、このような状態にある孤立化し原子化した諸個人が、「分裂」することなく大衆社会としての「統合」を保ちえているのは、主として、マス・コミュニケーションが画一化された情報を与えることによって共通の経験領域・共有世界を形成し[3]、人びとの期待への相互一致を可能にするからである。なお、巨大組織における「組織化」も、一面において、この大衆社会の「統合」（I要件の充足）に作用している[4]。

以上が、筆者の大衆社会についてのイメージの概要であるが、このイメージのなかで描かれた大衆社会を支える3つの柱のうち中心的な柱（mainstay）をなすのは、第1の原子化・孤立化である、と筆者は考える。この原子化・孤立化を大衆社会の本質的中核と見る立場は、筆者が「原子化的社会」説と呼ぶもので、きわめて多くの大衆社会論者がこれに属する。筆者が「原子化」のいみの彫琢を企図したのも、このようにそれを大衆社会の mainstay と見る立場から、当の概念のイラバレイトの必要を感じたからにほかならない。

ではこの「原子化」の概念はいかなるいみをもつか。筆者は、第1次集団—中間集団—全国的集団という集団の3レベル論（コーンハウザー）の観点[5]か

ら、原子化のいみの解釈に、次の3つの立場があると考える。すなわち、(1)原子化＝個人的孤立をいみする立場、(2)原子化＝集団的孤立化をいみする立場、(3)原子化＝個人の情緒的孤立化をいみする立場、の3つである。

(1) 原子化＝個人的孤立化の立場

　第1の原子化＝個人的孤立化をいみする立場においては、大衆社会の集団構造を第1集団および中間集団の弱体化（弱さ）によって特徴づけられるものと見、その結果、大衆社会においては個人が相互に砂のようにバラバラに切り離され孤立化している、と説く。そしてこの立場においては、個人がこのように相互に孤立化していること、つまり「個人的孤立化」を「原子化」と呼ぶのである。

(2) 原子化＝集団的孤立化の立場

　第2の原子化＝集団的孤立化をいみする立場においては、大衆社会の集団構造を第1次集団の強さと中間集団の弱体化（弱さ）とによって特徴づけられるものと見、その結果大衆社会においては第1次集団は強力に存在しているにもかかわらず、それを相互に結びつける役目をもつ（コーンハウザー[6]）中間集団が欠如しているため、第1次集団が相互に切り離され孤立化している、と説く。そしてこの立場においては、第1次集団がこのように相互に孤立化していること、つまり「集団的孤立化」を「原子化」と解するのである。団地における家族相互の分離、公園・喫茶店におけるアベック相互の無関心、また「1人ぼっちの2人」「2人ぼっち」といった表現[7]は、この集団的孤立化の実例を示す。

(3) 原子化＝個人の情緒的孤立化の立場

　第3の原子化＝個人の情緒的孤立化をいみする立場においては、大衆社会の集団構造を第1次集団の弱体化（弱さ）と中間集団の強さとによって特徴づけられるものと見、その結果、大衆社会において個人は中間集団の強力な作用を受けながらも第1次集団の情緒的結びつきを失って情緒的に孤立化している、と説く。そしてこの立場においては、個人がこのように第1次集団の情緒的結

びつきを欠いて情緒的に孤立化していること、つまり「個人の情緒的孤立化」を「原子化」と理解するのである。この個人の情緒的孤立化は、第1集団の弱体化を前提とする「原子化」の第1のいみ、つまり個人的孤立化にも含まれているものであるが、この第3の立場では、中間集団の有力な存在を認めるところから、第1次集団の弱体化に伴う個人の情緒的孤立化そのものを大衆社会における「原子化」だと見るわけである。

なお、全国的集団（コーンハウザーの全国的関係、ミルズの中央集権的組織[8]）は、上記の3つの立場すべてによって一様に、大衆社会において強力に作用していることを認められている。

ちなみに、筆者が集団が強いとか弱いとかいう場合、次の3つのいみを含んでいる。すなわち、第1に集団の結合度の強さ弱さ（本質的結合か本質的分離か）、第2に集団機能の充足度（機能充足か機能障害か）、第3に集団の自律性の程度（自律的か統制されているか）である[9]。（なお、全国的集団の強い弱いのいみは、上記と若干異なる面をもつ[10]。）

2．「原子化」のいみの3つの立場の代表論者とその付帯状況

「原子化」のいみについては、上記のごとく大衆社会の集団構造をどのように見るかに基づいて、3つの解釈の立場があるわけだが、ではそれぞれの立場のいみする原子化はいかなる状況を伴うのか、またそれぞれの立場にはいかなる論者が所属するのか。

(1) 原子化＝個人的孤立化の立場

第1の原子化＝個人的孤立化の立場からは、大衆社会は第1次集団および中間集団の弱体化によって特性づけられるため、そこにおける個人はなんら集団的紐帯をもつことなく相互に分割されており、また第1次集団および中間集団の機能障害にさらされている、とされる。個人は、第1次集団の緊張処理機能の障害により情緒的不安定化し、さらに中間集団の機能障害によりエリートによる操縦にあやつられ大衆行動に走ったり、政治的無関心に陥ったりするわけである。

このように原子化＝個人的孤立化とし、このいみの原子化が大衆社会に進行しているると見る立場には、きわめて多くの論者が属する。たとえば、ワースの「相互に無関係な大衆」、フロムの「個人相互の疎外」、デュルケムの「組織化されない個々バラバラの人間」「個人個人のばらばらのちり」、テンニェスの「本質的分離」、ミルズの「分裂させられ無力にされている大衆」、ドウグレの「原子的社会」、ウォーラスの「『巨大社会』における個人の孤立化・無力化」、ラスキーの「巨大社会における個人の無力化」、トックヴィルの「平準化・平等化にともなう孤立化」、大橋幸の「星屑のように孤立せしめられた大衆」、丸山真男の「砂のような大衆」等[11]——これらの表現はすべて彼らがこの立場に属することを示すものである。ちなみに、マルクスの「物象化した人間関係」も、文脈は異なるがこの立場につながる点がある。

(2) 原子化＝集団的孤立化の立場

　第2の原子化＝集団的孤立化の立場からは、大衆社会は第1次集団が強く中間集団が弱いと規定されるものであるため、個人は第1次集団にしっかり結合されているが、その第1次集団はそれを相互に結びつける中間集団の絆を欠き相互に分割されており、またそこにおける個人は第1次集団の機能を享受しながらも中間集団の機能障害にさらされている、とされる。個人は自らの所属する第1次集団によって緊張を処理されるが、中間集団の機能障害に基づき一定の疎外状況におかれるわけである。

　このように原子化＝集団的孤立化とし、このいみの原子化が大衆社会に進行していると見る立場の代表は、コーンハウザーである。彼の「根無し草になった原子化した民衆[12]」という表現は、この集団的孤立化の現象を指すものである。彼によると、中間集団は、民衆のエリートによる操縦可能性をチェックし、彼らが大衆行動へと動員されるのを防ぐ機能をもつ。また一方彼によると、中間集団は、民衆に遠くの出来事を身近な世界に翻訳し、彼らの政治的関心を育てる機能をもつ[13]。かくてコーンハウザーによると、大衆社会の中間集団は機能障害を起こしているため、そこにおける民衆は、エリートの操縦によって過激な大衆行動へと駆りたてられているか、政治的無関心に陥っているかである。そしてこの政治的無関心は危機状態において過激な大衆行動へと展開するとされる[14]。

第6章　大衆社会における「原子化」のいみ　111

```
                                                            中間集団
                                                            第1次集団
                                                            個人

    原子化＝個人の情緒的        原子化＝集団的孤立        原子化＝個人的孤立
    孤立化をいみする立場        化をいみする立場          化をいみする立場

    ──── 集団が強いことを示す    ……… 集団が弱いことを示す

    ※いずれの立場においても全国的集団は強。
```

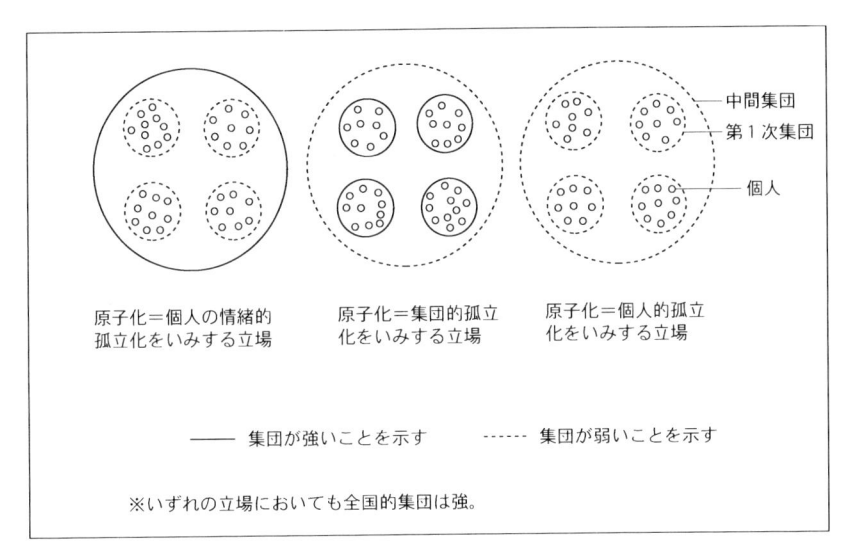

　このようなコーンハウザーの集団的孤立化説は、原子化的大衆社会論と「小集団の再発見」との妥協の産物である、と見なすことができよう[15]。

(3) 原子化＝個人の情緒的孤立化の立場

　第3の原子化＝個人の情緒的孤立化の立場からは、大衆社会は第1次集団は弱く中間集団は強いと規定されるものであるため、中間集団の強固な絆が存在する反面個人は第1次集団の情緒的結びつきを失って情緒的に孤立化し、また中間集団の機能を享受しながらも第1次集団の機能障害をこうむっている、とされる。個人は、強力な中間集団の存在（機能）により過激な大衆行動に走ったり政治的無関心に陥ったりすることは少ない代りに、第1次集団の機能障害に基づき情緒的不安定化（＝「情緒化[16]」）されるわけである。個人の情緒的不安は、第1次集団の情緒的結びつきが衰弱し（つまり情緒的に孤立化し）、その緊張処理の機能が障害を受けることによって生ずる。

　このように原子化＝個人の情緒的孤立化とし、このいみの原子化が大衆社会に進行していると見る立場には、クーリーやヤングが属すると考えられる[17]。彼らの、近代社会の特徴を「第1次集団に対する第2次集団の優越」と見る見方は、現代における個人の情緒的孤立化の進行を指摘するものである。彼らのいう第2次集団は、本稿の3レベル論における中間集団と全国的集団に相応す

るから、彼らの主張は、換言すれば（近代社会においては）第1次集団が弱く中間集団と全国的集団が強いという主張になる。この主張は、原子化＝個人の情緒的孤立化をいみする立場が大衆社会の集団構造を第1次集団の衰弱、中間集団（および全国的集団）の強力によって特徴づけられると見る見解に符号し、このゆえにこそ彼らを原子化＝情緒的孤立化の立場に位置づけることができるわけである。ただし、といっても、彼らがこの立場を積極的に主張しているわけではなく、むしろこの第3の立場は、原子化のいみの第1と第2の立場を設定するときに論理的に可能になる立場だといった方が妥当かもしれない。

3．個人的孤立化説に対する賛否と大衆社会の克服

　以上、大衆社会における「原子化」のいみするところについては、3つの解釈の立場があることが判明したが、このように原子化のいみの把握について3つの立場を設定した場合、筆者自身としては、第1の原子化＝個人的孤立化の立場がもっとも現代大衆社会の状況をよく説明するものだという印象をもつ。もっともこれは、あくまで印象にすぎず、なんら経験的データによる裏づけをもつものではない。ただあえていえば、近代ないし現代の文学者・哲学者の鋭い慧眼に基づく現代社会の個人的孤立化現象の指摘が、この裏づけの1つを提供するといえばいえるかもしれない。つとに、市民社会における個人の孤立化を指摘したヘーゲル・リルケ、「孤独者の家郷」を詩ったボォドレール、「都会人の孤独」を主張したわが国の萩原朔太郎[18]・梶井基次郎、「現代人の孤独と愛の不毛」を描いた吉行淳之介[19]、現代人の結合を性（セックス）のむすびつきにしか見いだしえなかった大江健三郎等[20]——これらは筆者のさしあたって思いついたものにすぎず、相互に脈絡はまったく異なるが、いずれも現代大衆社会における個人的孤立化現象を予測ないし指摘しているものだということができよう。

　ところが一方、この原子化＝個人的孤立化が大衆社会に進行しているとみる見方を批判する立場も数多くある。第1の批判の立場は、現代社会における第1次集団（小集団）の強固な存在を主張する立場である。上記のごとく、原子化＝個人的孤立化の立場は、現代大衆社会における第1次集団と中間集団はともに弱体化しており、個人が砂のように孤立化していると説くわけだが、それ

に対してこの批判の立場は、現代社会には強固な第1次集団が存在しており、人びとはそれにしっかりと結びつけられているから、彼らは決して個人的に孤立化はしていない、とコメントする。この批判の立場に属する人としては、集団的孤立化を説くコーンハウザー、「二段階の流れ」のカッツ=ラザースフェルド[21]、ガイガー[22]、その他多くの小集団研究者、グループ・ダイナミスト、集団の噴出を主張する人びと、現代におけるサークルの勃興を説く人（永井道雄・加藤秀俊・北川隆吉等[23]）、要するに「小集団の再発見」の立場に位置づけられる数多くの論者の名前があげられるであろう。

　個人的孤立化説に対する批判の第2の立場は、現代社会における中間集団の強固な存在を主張する立場である。個人的孤立化説は、大衆社会における個人が中間集団の欠如によって一定の疎外状況におかれるという主張を含むが、それに対してこの批判の立場は、現代社会には自発的結社を始めとする強固な中間集団が存在しており、人びとはそこに帰順の場所を見い出すことが出来るからその限り疎外状況を免れる、とコメントする。情緒的孤立化説のクーリー・ヤング、現代のアソシェーションの多元主義によってこそ自己実現が可能だとするマッキーバーはこの批判の立場に属すると見なしうるだろう。また、コーンハウザーも現代のアメリカ・イギリスを多元的社会と規定する限りにおいてこの立場に属する[24]。

　原子化=個人的孤立化の説に対する批判の第3の立場は、現代社会における第1次集団および中間集団の強固な存在を主張する立場である。個人的孤立化説とはまったく逆に、この立場は、現代社会には第1次集団・中間集団の両方ともが強力に作用していて個人はそれらに屈服ないし過剰同調しているのであって、それゆえ個人が個々ばらばらになっていると見る個人的孤立化説は誤りであるというふうに考える。リースマン・ホワイトの過剰同調説の大衆社会論[25]がこの第3の批判の立場を代表する。

　このように、大衆社会に個人的孤立化が進行しているとする考え方に対しては、数々の立場から批判が与えられているわけだが、それにもかかわらず、先にも述べたようにこの個人的孤立化説が現代の大衆社会状況をもっともよく説明しうるという印象はぬぐいえない。思うに、以上述べた個人的孤立化説に対する批判の多くは、現代社会における無数の集団のアナキー（清水）という現

象面にとらわれて、「あらゆる結合にもかかわらず本質的に分離している」という本質面の把握が不足しているのではないか。だが、ではこの本質面——曖昧なコトバだが——の把握はいかにして可能かということになるわけだが、この点についてはさしあたっての「課題」だというほかはない。

　かくて印象にしかすぎないわけだが、「原子化」は「個人的孤立化」をいみするものだとし、このいみでの原子化つまり個人的孤立化こそ現代大衆社会の本質だとする立場（＝個人的孤立化説）をとるとするならば、その場合、大衆社会の克服はいかにして可能になるか。しばしば述べたように、個人的孤立化は第1次集団および中間集団を欠如（弱体化）した社会構造から生ずるものであるから、論理的必然的に、個人的孤立化を本質的中核とする大衆社会の克服の道は、「強力な第1次集団および中間集団の形成」に求められる。したがってこの場合、周知の「大衆社会の克服＝小集団の形成」という公式的図式[26]は不完全だということになる。この図式が適合するのは、第1次集団の欠如を原子化の条件と見る情緒的孤立化説に限られる。個人的孤立化説の立場に立つとき、大衆社会の克服は、強力な小集団と強力な中間集団としての自発的結社との両者の形成によってのみ可能とされるわけである。

【注】
1）大衆社会論の母胎をなすトックビィル，ウォーラス，ヴェブレンの理論は、いずれも文明批評的な要素を多分に含んでいる。
2）Kornhauser, W., *The Politics of Mass Society*, 1959（辻村明訳『大衆社会の政治』1961）、訳書、111ページ。
　　なお、全国的関係とは、後述する全国的集団と同じものである。（したがって、全国的集団は官僚制的組織のことにほかならない。）（なお、中間集団は、ビューロクラシー化すると全国的集団へと移行する、と考える。）
3）マス・コミュニケーションによる共通の経験領域・共有世界の形成については、藤竹暁「マス・コミュニケーション」（綿貫譲治・松原治郎編『社会学研究入門』1968、所収）、169-174ページ、を参照。
4）ちなみに清水幾太郎は、「マス・ソサイティ」は、①無数の集団のアナーキーという柱（分裂）、②ビューロクラシーの発展という柱（機械時代）、③マス・コミュニケーションという柱、という3本の柱によって支えられているものと見た。ただし彼の場合には、この3本の柱のうちマス・コミュニケーションという柱が特別に太いものと想定された。清水幾太郎『社会心理学』1951、86-142ページ。清水幾太郎「大衆社会

論の勝利——安保改定阻止闘争の中で——」思想、第436号、1960.10、26ページ。
5) Kornhauser, W., *op. cit.*, 前掲訳書、87-121ページ。
　なお、中間集団論については、井上俊・作田啓一「個人・集団・全体社会」（作田啓一・日高六郎編『社会学のすすめ』1968、所収）を参照。
6) Kornhauser, W., *ibid.*, 同上訳書、107ページ、110ページ。
7) 「一人ぼっちの二人」は坂本九の歌った歌謡曲の題名、また「二人ぼっち」はこまどり姉妹の歌った歌謡曲の題名である。大衆社会の本質を集団的孤立化に見る論者の立場からは、この2曲は、「歌は世につれ」の諺どおり、現代社会の世相を鋭く歌いあげている、ということになるかもしれない。
8) Mills, C.W., *The Power, Elite*, 1956, p.27.
9) コーンハウザーが集団の強さ弱さをいう場合、第3の自律性の強さ弱さがその中心的ないみになっているが、なお彼の場合にも集団の強さ弱さの概念の中には、同時に第1、第2のいみも含まれているようである。Kornhauser, W., *op. cit.*, 前掲訳書、99ページ。
10) というのは、全国的集団の場合、結合度の面において、本性上本質的に分離しており、本質的に結合した全国的集団の存在というものは想定できないからである。
　なおここでいう「本質的分離」とか「本質的結合」とかいう用語はいうまでもなくテンニェスのそれであるが、これらを現代ふうに解釈しなおすならば、本質的分離は、K.レヴィンのいうパーソナリティの表層のみの接触つまりアメリカ型接触に相当し、また本質的結合は、レヴィンのいうパーソナリティの中核の触れあいつまりドイツ型の接触に相当するものであるということができよう。Lewin, K., *Resolving Social Conflicts: Selected Papers on Group Dynamics*, 1948（末永俊郎訳「社会的葛藤の解決——グループ・ダイナミックス論文集——」1954）、訳書、28ページ。
11) Wirth, L., "Consensus and Mass Communication," in Schramm, W., ed., *Mass Communication*, 1949. Fromm, E., *The Sane Society*, 1955（加藤正明・佐瀬隆夫訳『正気の社会』1958）. Durkheim, E., *De la division du travail social*, 1893（井伊玄太郎・寿里茂訳『社会分業論』1957）. Tönnies, F., *Gemeinschaft und Gesellschaft*, 1887（杉之原寿一訳『ゲマインシャフトとゲゼルシャフト』1957）. Mills, C. W., *The Power Elite*, 1956. Degré, G., "Freedom and Social Structure," *American Sociological Review*, XI, 1946, pp.529-36. Wallas, G., *The Great Society*, 1914. Laski, H. J., *A Grammer of Politics*, 1925（日高明三・横越英一訳『政治学大綱』2巻、1952-53）. De Tocqueville, A., *De la démocratie en Amérique*, 1834-40. 大橋幸「大衆社会における指導体制」（福武直・日高六郎・高橋徹編『講座社会学』第7巻、大衆社会、1957、所収）。丸山真男『現代政治の思想と行動』増補版、1964。
12) Kornhauser, W., op. cit., 前掲訳書、51ページ。
13) ibid., 同上訳書、74ページ。
14) なお、コーンハウザーによると、この大衆行動が大衆運動を経て全体主義運動（た

とえばコミュニズム・ファシズム）へと組織化されてくる過程において、大衆社会は全体主義社会へと移行するものとされる。ibid., 同上訳書、47-56ページ。

15）この点に関連して、旧来の大衆社会論は、バラバラに原子化された大衆というイメージに結びついた、原子化的社会説の個人的孤立化説の立場をとるものが大多数であった。その後、「第1次集団（小集団）の再発見」（マス・コミュニケーション研究、ホーソン研究、アメリカ兵研究、ヤンキー・シティ・シリーズ）が行われ、現代社会には無数の強固な小集団が存在し、個人はその第1次集団にしっかり結びつけられているから、バラバラな大衆というイメージは誤りであるとする見解が支配的になったため、個人的孤立化説は壁にぶちあたった。コーンハウザーの集団的孤立化説は、この「第1次集団の再発見」の立場と原子化的社会説とのいわば妥協の産物であり、現代社会における第1次集団の強固な存在を認めながら、なお「原子化」された大衆社会というイメージを保持するために、第1次集団自体の孤立化を「原子化」と規定したところから、彼の集団的孤立化説の立場が生まれたと推測されるのである。

　ただし、筆者は、この再発見された小集団は、その結合にもかかわらず本質的に分離しており、したがって多数の小集団への所属をもちながら現代人は孤独であるという印象をもっているわけだが、しかしこの印象を裏づけるなんらのデータももたないわけで、よっていまのところこれはあくまで印象の域を出ない。

　なお、第1次集団の再発見については、Katz, E. and Lazarsfeld, P. F. *Personal Influence: The Part Played by People in the Flow of Mass Communication*, 1955（竹内郁郎訳『パーソナル・インフルエンス』1965）、訳書、22-30ページ、を参照。

16）大衆社会論でいう「情緒化」という概念は、第1次集団の緊張処理（tension managment）機能の障害にもとづいて生じた大衆の情緒的不安定化を指すものと筆者は解する。

17）Cooley, C.H., *Social Organization*, 1909. Young, K., *Handbook of Social Psychology*, 1946.

18）「都会生活とは、1つの共同椅子の上で、全く別々の人間が別々のことを考えながら、互に何の交渉もなく、1つの同じ空を見ている生活——群集としての生活——なのである。」

「この都会の風景は、いつも無限に私の心を楽しませる。そこで人々が、他人の領域と交渉なく、しかもまた各人が全体としての雰囲気（群集の雰囲気）を構成して居る。何という無関心な、伸々とした、楽しい忘却をもった雰囲気だろう。」

　以上は、萩原朔太郎の「群集の中に居て」という散文詩の1節である。これらの詩句は、疑いなく現代社会の個人的孤立化現象を表している。朔太郎における「都会」とは「大衆社会」のことであり、「群集」とは「大衆」のことである。つまり朔太郎は、大衆社会における大衆が相互に個人的に孤立化していることを見てとっていたのである。

　ところで、朔太郎が都会人の孤独をうたう場合、上記の引用句からもうかがえるように、そこには強いオプティミズムが認められる。それはなぜか？　しばしばいわれ

るようにわが国は、欧米と異なり市民社会を経由することなく、封建社会→大衆社会というコースをたどった。このコースをたどるとき、大衆社会の個人的孤立化の出現は同時に封建社会の「家」や共同体からの「解放」をいみするものとなる。朔太郎が都会人の孤独（＝個人的孤立化）をオプティミスティクにうたいあげたのは、このようにわが国の場合、孤独＝自由のいみをもっていたからにほかならない。

　しかし朔太郎は、都会人の孤独をただオプティミスティクにのみ捉えたのではない。反面彼の詩のなかにはこの孤独にたいする深いペシミズムも含まれている。たとえば、「ああ　このおほきな都会の夜にねむれるものは　ただ１匹の青い猫のかげだ　かなしい人類の歴史を語る猫のかげだ　われらの求めてやまざる幸福の青い影だ。」（『青猫』）といった詩句はそのことを物語る。けだし朔太郎は、孤独＝自由を楽しむ反面、その孤独が他面において伴っている病理の側面を、詩人固有の嗅覚によって鋭くかぎとっていたものにちがいない。

　かくて朔太郎が都会人の孤独（個人的孤立化）に寄せたオプティミズムとペシミズムの二面性は、わが国の社会が封建社会→大衆社会のコースをたどったことにより、前近代→近代（近代化）と近代→現代（現代化）が二重写し的に進行し、それゆえ「孤独化」が「近代化＝解放」と「現代化＝疎外」との両面を伴っていたことに由来するものと考えられる。（なお、前近代→近代、近代→現代の二重写し論については、綿貫譲治「大衆社会における集団構造」《福武直・日高六郎・高橋徹編、前掲書、所収》、110ページ、を参照。）

19）吉行文学における主人公は、体と体の結びつきしかもたず、心と心の結びつきをもたない。そしてその主人公はむしろこの状態を望み、決して心と心の結びつきを求めようとしない。吉行文学においてこのような主人公の生き方は現代人一般の生き方の縮図として描かれているのであり、したがってそこに見られるのは、現代人一般の孤立についての克明な描写というべきであろう。この点と関連して注目すべき彼の作品は、「砂の上の植物群」「暗室」。

20）上の18）19）の注に出てきたもの以外の、上記の文・哲学者の主な関連著書をあげておくと、ヘーゲル『法の哲学』（速水敬二・岡田隆平訳）、リルケ『マルテの手記』（望月市恵訳）、ボォドレール『悪の華』（鈴木信太郎訳）、梶井基次郎『檸檬』、大江健三郎「性的人間」。

21）「マス・メディア研究はもはやその受け手像として、ばらばらに切りはなされた個々人のランダム・サンプルだけで満足していることは許されないということなのである。受け手というものは、彼らが現に所属している、あるいは"心のなかに"描いている集団という文脈のなかで、研究されなければならないのである。」（Katz, E. and Lazarsfeld, P. F., *op. cit.*, 前掲訳書、128ページ。）引用句内の集団とは第１次集団を指す。

22）「……最近の社会的・文化的批判は、中世の有機的なゲマインシャフトと現代の『原子化された大衆社会』との無思想的かつ粗雑な比較を行ない、大衆構造が単純に以前のパーソナルな親密性をもった諸関係を押しのけてしまったかのような印象を与えて

いる。けれども依然として、家族・近隣・友人・知己・仲間・クラブメートは存在している。現代の社会生活は『原子化』されており、中世の共同体的な上下に序列化された構造は、『大衆社会』と呼ばれる渾沌と感知されていない一様性との混合体にとって代られたというのは無責任な誇張である。」(Geiger, T., "The Mass Society of the Present," in Mayntz, R., ed., *Theodor Geiger on Social Order and Mass Society*, 1969, p.179.)

23) 永井道雄「新しい集団の形成」(福武直・日高六郎・高橋徹編、前掲書、所収)。加藤秀俊「新しい人間像の形成」(同上、所収)。北川隆吉「小集団をめぐる問題」思想、第389号、1956.11。

24) コーンハウザーは、アメリカ・イギリスを多元的社会とし、そこにおける中間集団の強力な作用をとくに強調するところから(そこにおける強固な第1次集団の存在も認めているのだが)、彼の見解は、このアメリカ・イギリスを個人的孤立化した大衆社会と見る個人的孤立化説に対して第2の立場に属する批判を構成する。Kornhauser, W., *op. cit.*, 前掲訳書、89-107ページ。

25) Riesman, D., *The Lonely Crowd*, 1961 (加藤秀俊訳『孤独な群衆』1964). Whyte, W. H., *The Organization Man*, 1956 (辻村明・佐田一彦訳『組織のなかの人間』上下、1959).
　　過剰同調説については、作田啓一「市民社会と大衆社会」思想、第509号、1966.9、40-42ページ、を参照。

26) たとえば、フロムが「正気の社会」への道として示した「共同主義的社会主義」(Communitarian Socialism) は、結局のところ、ホワイトのいうように、小集団活動への参加による人間性の回復の企図にほかならなかった。(Fromm, E., *The Sane Society*, 1955《加藤正明・佐瀬隆夫訳『正気の社会』1958)、訳書》、402-404ページ)。

　　また、加藤秀俊が、解き口を形成する要因として小集団の力を強調するとき、あるいは、大橋幸が新しい宇宙の誕生にとって大衆の形成する小宇宙(=小集団)におけるリーダーシップのあり方が決定的意味をもつというとき、さらに永井道雄が大衆社会化の過程に有効に抵抗する自発的な小集団を育てるにはどうすればよいかを問うとき、一様に「大衆社会の克服=小集団の形成」という公式が貫かれているのである。(加藤秀俊、前掲論文、88ページ。大橋幸、前掲論文、144-5ページ。永井道雄、前掲論文、162ページ。)

第 7 章
古代エジプトの兄弟－姉妹婚と父－娘婚

ラッセル・ミドルトンの所論に基づいて

> 食と性の「二大本能」に支えられた大衆的日常よりも、他者と社会が意識される過程を、社会学者はスコラ的に語る
> （小関三平）

I　問題提起

1.　庶民における兄弟－姉妹婚の事実認識の欠落

　最近の30年間にインセストの禁止という主題について書いたほとんどすべての社会学者や人類学者が、兄弟－姉妹婚および親－子婚に対するタブーの普遍性を表明し、この普遍的な原理の例外として、インカ人、ハワイ人、古代エジプト人の間の兄弟－姉妹婚の諸事例を引き合いに出してきた。しかし、彼らはふつう、これらの例外はただ王族にとってのみ認可されていたのであって、庶民には認められていなかった、と主張する。彼らがいうには、兄弟－姉妹婚は、「王室の血統・家系の純粋性を維持し、」「集団内部において特権と身分を厳格に保持し、」神聖な君主たちを彼らの俗世的な臣下たちから区別しておくために機能を演じたものであり、そしてその臣下たちはタブーを守るように要求されたのであった。しかし、兄弟－姉妹婚は、本当に、王族のみで庶民には認められず、したがって庶民間には見られなかったのであるか。

2.　親－子婚の事実認識の欠落

　若干の研究者が、アザンデ族の王たちの間の父－娘婚の事例、およびトンガ族の間の乱交的な父－娘間のインセストの事例を引き合いに出しているけれど

も、ふつう研究者たちは、親－子婚の事例はまったく認めていない。だがそのような事例は本当になかったのか。

3．エジプト学の成果の無視

社会学者や人類学者は、国王たちの間の父－娘婚および庶民の間の兄弟－姉妹婚を考察しているエジプト学者たちによって苦心して発見された証拠については、ほとんど完全に無知のままである。エジプト学における近親婚に関する最近の成果を配慮する必要があるのではないか。

II 古代エジプトの時代区分

1．ファラオ時代（前3000年～前525年）
    古王国（第3―6王朝）
    中王国（第11および12王朝）
    新王国（第18―20王朝）

2．プトレマイオス朝（ラゴス朝）時代（前323年～前30年）

3．ローマ時代（前30年～紀元395年）

III ファラオ時代

1．王族における兄弟－姉妹婚

姉妹あるいは半姉妹と結婚したファラオ（国王）たちの諸例はいくつかの王朝について報告されているけれども、事例がもっとも集中しているのは、第18および第19王朝である。事実、第18王朝の国王たち（前1570年～前1397年）の大多数―すなわち、タオ2世、アアフメス、アメンホテプ1世、ツトメス1世、2世、3世、アメンホテプ2世およびツトメス4世―は、彼らの姉妹もしくは半姉妹と結婚したらしい。第19王朝では、ラムセス2世（前1290年～前1223年）とメルネプタハ（前1223年～前1211年）が姉妹もしくは半姉妹と結

婚したようである。ただし、ファラオたちの間の、十分に確証された、同父母の兄弟－姉妹婚の事例というのはまったく存在せず、半兄弟－姉妹婚の結婚だけが立証されうるにすぎない。(Middleton, p.604)

2．国王の間での父－娘婚

(1)「エジプトの国王の間での父－娘婚の立証された諸事例というのはあまり多くなく、いっそう論争の余地のあるものである。」(Middleton, p.604)
(2) ラムセス2世：ラムセス2世は、彼の娘のうちの3人、すなわち、バニュタンタ、メリィタメン、ネブタウイと結婚した。しかし、ネブタウイについては多少の疑問がある、というのは、彼女は、ラムセス2世の子供ではないアステマクハという1人の娘をもっていたからである。なお、ドゥ・ルジエによれば、ラムセス2世は、彼の娘のうちの少なくとも2人と結婚したのみならず、彼の姉妹のうちの2人とも結婚した。(Middleton, p.604／de Rougé)
(3) アメンホテプ3世（前1397年～前1360年）：彼は、娘サタモンと結婚していて、加えて多分もう1人の娘とも結婚していた。
(4) アメンホテプ4世、プサメティク1世、スネフル：
  ① ブルーナーは、断片的な碑文から、アメンホテプ4世が娘アンケス＝アン＝パ＝アータンと結婚し、彼女との間にその母と同名の娘をもっていたと推断した。(Middleton, p.604)
  ② ヴィードマンは、第26王朝のプサメティク1世が娘のニィトクリスと結婚したと述べた。(Middleton, p.605)
  ③ セスは、墓の人工の戸の上に発見された碑文にもとづいて、第4王朝のスネフルが長女のエフェルトコウと結婚していて、しかもかれらは、ネフェルマアトと名づけられた1人の息子をもっていたと論じた。(Middleton, p.605)

しかし、以上の3つの父－娘婚の事例は、こんにちでは概して、見捨てられてしまっている。

3．庶民間の兄弟－姉妹婚

(1)「ファラオ時代の庶民間の兄弟－姉妹婚についての証拠は乏しい。」

(Middleton, p.605)
(2) 中王国に兄弟－姉妹婚の2つの確からしい事例が存在している。第1に、大臣の記録係センウォスレットが姉妹とも妻とも呼ばれる女性と結婚していた。第2に、僧エフナイエルソンがボブと名づけられた女性と結婚していたが、そのボブは、同じ母から生まれた彼の姉妹か、彼の姪かのいずれかであった。(Černý)
(3) 中王国における常駐監視室の監視員の家族。
妻ドングトが姉妹に相違ないと明確に確認されているわけではないけれども、彼女が姉妹であるという情況証拠は存在している。(Fischer)
(4) リビア人の司令官ペディーズの系図。
この系図は、ペディーズが、第22王朝のシェシェンク3世の治世(前823～前772)の間に、姉妹テルと結婚していて彼女との間に2人の息子がいることを示している。彼と妻とは同一の父親を所有しているが、しかしその系図は、かれらの母に関する証拠は含んでいない。(Breasted)

Ⅳ　プトレマイオス朝時代

前323年のアレクサンドロス大王の死後、アレクサンドロスの将官の1人(マケドニア貴族ラゴスの子)であるプトレマイオスがエジプトにマケドニア人の王たちの新しい王朝を創設した。これがプトレマイオス王朝で、15代にわたってエジプトを支配した。

1．プトレマイオス2世

プトレマイオス朝の国王たちは、兄弟－姉妹婚を含む、彼らの先輩の国王たち(マケドニア王国の国王たち)の習慣の多くを採用した。しかし、マケドニアの法律は、同父異母の兄弟－姉妹婚は認めていたが、確実に、同父同母の兄弟－姉妹の結婚は禁止していた。このように採用していたマケドニアの法律が禁止していたにもかかわらず、プトレマイオス2世は、同父同母の姉であるアルシノエと結婚した。紀元2世紀の終わりにエジプトに住んでいたアテナイオス(ギリシアの哲学者・雄弁家)によって語られた物語によって判断してよいな

らば、このプトレマイオス2世の行為は、マケドニア＝ギリシアの法律からはずれた行為として、住民のうちのギリシア人の部分によっては、恥ずべきものとしてみなされていたのである。（Middleton, p.606）

2．プトレマイオス2世の子孫たち

プトレマイオス2世の子孫たちは彼の例にならう傾向があって、片親違いの姉妹や同父同母の姉妹と結婚した。王位についた13人のプトレマイオスのうち、7人がそのような姉妹との結婚を取り結んだ。プトレマイオス8世は彼の姉妹のうちの2人と結婚していたし、そして、プトレマイオス12世とプトレマイオス13世の両者は、彼らの姉妹である有名なクレオパトラ6世と結婚していた。

なお、プトレマイオス朝時代を通じて兄弟－姉妹婚は、王室の人びとに限定されていたように思われる。というのは、エジプト系の庶民の間においてもギリシア系の庶民の間においても、兄弟－姉妹婚が実行されたという証拠はまったく存在していないからである。（Middleton, p.606）

V　ローマ時代

1．パピルス古文書

「エジプトにおけるローマの統治時代について、初めて、庶民たちがしばしば兄弟－姉妹婚を実行したという証拠を与えてくれる、豊富なパピルス紙の文書や記録が存在する。これらの文書には、個人的な手紙、結婚契約書、他の種類の契約書、行政当局にあてられた嘆願書や文書、系図上の情報を伝える国勢調査の記録といった、いくつかの種類がある。さまざまに解釈しうる以前のタイプの証拠のいくつかとは違って、学術的性格をもったこれらの文書は、『議論の余地のない精度』を有している。」（Middleton, p.606）

2．ヴィルケンの研究

1883年の時点でヴィルケンは、若干のパピルス古文書の研究に基づき、ローマ時代を通じてしばしば兄弟－姉妹間の結婚が行われたものと推断した。彼

が検討したパピルス古文書の諸断片に記録された結婚のなかでは、兄弟－姉妹間の結婚が絶対多数を占めていた。さらに、その兄弟－姉妹間の結婚の大部分は同父母の姉妹との間のものであって、半姉妹との間のものではなかった。たとえば、それらの断片の1つは、「同父母による彼の姉妹である彼の妻」について語っている。(Wilcken／Middleton, pp.606～607)

3. グレイフェルとハントの研究

かれらは、1901年に、デメトリアという名前の女性からの申請書であるパピルス古文書を公表した。そのパピルス古文書は、5世代にわたる系図を示しているが、それによるとデメトリアの父および祖父および曾祖父はすべて同父母の姉妹と結婚していたのである。(Grenfell and Hunt)

4. ヴェズリィの研究

1902年、ヴェズリィは、裕福なエジプト人の4家族の系図を公表したが、その系図においては兄弟－姉妹間の結婚が大多数を占めていた。(Wessely／Middleton, p.607)

5. ミィティーズとヴィルケンの研究

1912年、かれらは、ある母親が彼女の息子と娘との結婚のために出した招待状の、紀元3世紀のものである原文を公表した。(Mitteis and Wilcken／Middleton, p.607)

6. ニーツォルドとロバーツの研究

かれらは、約150のパピルス古文書が、文民行政官をしていたアポロニィウスという男性を取り扱っているものであることを確かめた。それらのパピルス古文書によると、アポロニィウスはアリンという名の姉妹と結婚しており、しかもかれらはお互いに深く愛情で結びつきあっていた。「ユダヤ戦争〔紀元66年～70年。ローマとユダヤ人との戦争〕の期間、アリンは彼に手紙を書き、仕事の責任は、他の軍の指揮者たちがしているように彼の部下たちに負わせ、不要な危険に陥ることのないように、彼に懇願しているのである。彼女がいう

には、彼が〔戦争に〕出発したとき、彼女は食物も飲物ものどに通らず、また眠ることもできなかった。」ローマ人たちは、姉妹と結婚を取り結ぶことを許されていなかったが、しかし明らかに、兄弟－姉妹婚のしきたりを社会的に不名誉なことだとすることは、ほとんどもしくはまったくなかった、というのも、アポロニィウスはたくさんのローマ人の友達をもっていたのだから。(Nietzold／Roberts／Middleton, p.607)

7. カルデリィニィの研究

1923年カルデリィニィは、紀元6年〜310年間にローマの行政官たちによってとり行われた14年ごとの国勢調査を記録した122片のパピルス文書を調査した。彼は、そのパピルス文書のうちの11片のなかに、血族結婚の13の事例についての証拠を発見したが、その13の事例のなかには、夫と妻が共通の両親をもっている8例が含まれていた。その血族結婚の13の事例のうち3例は、国勢調査年紀元173〜4年におけるものであり、6例は同紀元187〜8年におけるものである。しかしながら、この両年代に血族結婚の事例が集中しているのは、主として、この両年代の国勢調査について知るのに利用できるパピルス文書の断片の数がより多数にのぼることによるのである。(Calderini／Middleton, p.607)

8. オンベルトとプレオーの研究

1952年オンベルトとプレオーが、あらゆる利用可能な証拠に基づいて、ローマ時代のエジプトにおける庶民間の兄弟－姉妹婚について図のように簡潔にまとめている。図の血族結婚は兄弟－姉妹婚を指している。これらの兄弟－姉妹婚の事例のいくつかは半兄弟－姉妹婚であるが、しかし事例の大多数は、同父母の兄弟－姉妹婚である。かれらによれば、血族結婚（兄弟－姉妹婚）は、農村においてよりも都市においていっそうありふれたものであった。

場　所	血族結婚	その他の結婚
アルシノエ(Arsinoe)	20	32
フォイオーム(Fayoum)村	9	39
オクシリンクス	0	7
エルムーポリス	5	14
その他	4	32
合　計	38	124

なお、かれらによれば、紀元212年以後に生じた兄弟－姉妹婚の具体例はまったく存在していないが、しかし295年ディオクレチアヌス（ローマ皇帝、在位284～305）が兄弟－姉妹婚を非とする勅令を発布していることは、そのような結婚が依然として時折行われていたことを示唆するものである。（Hombert and Préaux）

9. ディオドロス（紀元前1世紀のギリシアの歴史家）の言辞
「エジプト人はまた、かれらのいうところによれば、人類の一般的しきたりに反する、男たちがその姉妹と結婚することを認める法律を制定したが、このこと〔法律の制定〕は、この姉妹との結婚という点でイシスによって成し遂げられた成功に負うところが多いのである。というのは、彼女は兄のオシリスと結婚した……からである。」（Middleton, p.608）

* イシス；オリエント神。セブとヌトの子。兄のオシリスと結婚。セトに殺され、14の部分に切断されて各地にばらまかれたオシリスの身体を捜し歩き、あつめて復元し、儀式を行って永遠の生命を与えた。
  オシリス；オリエント神。セブとヌトの子で、妹のイシスと結婚、最高の知恵者として全エジプトに君臨。しかしこれをねたむ兄のセトに殺され、身体をばらばらに切断されるが、イシスと子ホルスによって復活する。（三省堂編修所、p.59, p.153）

10. フィロ・ジュドーズ（前20年～紀元50年頃、ユダヤ人の哲学者）の声明
「エジプト人の法律制定者は、気前よく、淫乱という有害な猛毒を肉体や魂に注ぎ込み、そして、その兄弟の両親の一方だけが同じであろうと両方ともが同じであろうと、またその兄弟よりも年下である場合だけでなく年上とか同年齢であるとしても、あらゆる近親度の姉妹と結婚できる十分な自由を与えたのである。」（Judaeus）

11. セネカ（前4年頃～紀元65年、ローマの哲学者）の論評
「アテネではそのこと〔兄弟－姉妹婚〕は半分許可せられ、アレクサンドリアでは全部許可せられる。」（Adam）

12. クローディオス・プトレマイオス（ギリシアの数学者・天文学者・地理学者）の解説

彼は、「エジプトは、ある諸遊星の接近によって、『自分自身の兄弟でありそして姉妹である、ある夫婦によって支配された』と解説した。」(Middleton, p.608)

13. パウサニアス（ギリシアの旅行家・地誌学者）の叙述

「このプトレマイオス〔プトレマイオス2世のこと〕は彼の姉アルシノエ〔アルシノエ2世のこと〕との恋におちいり彼女と結婚し、こうして彼はマケドニアの慣習にそむいたが、彼のエジプト人の臣下たちの慣習には従ったのである。」(Pausanias／Middleton, p.806)

　＊9～13のギリシアやローマの観察者たちの著作は、エジプトにおける婚姻慣習に関するさらなる証拠資料をなしている。「ギリシア人は周知のとおり、自民族優越意識の過剰な民族であって、『バルバロイ〔ギリシア人からみた異民族〕』の諸慣習についてのかれらの説明はしばしば疑わしいものであるが、しかし、これらの説明がその他の証拠と結びつけて解される場合、特別の確証を与えてくれるものである。」(Middleton, pp.607～608)

Ⅵ　古代エジプトにおける兄弟－姉妹婚の原因

1. 要約

　ファラオ時代にたいしては、エジプトの国王たち、とりわけ第18および第19王朝の国王たちは、時々、彼らの姉妹あるいは半姉妹と結婚し、そして多分たまには彼らの娘たちと結婚したというかなり確かな証拠が存在している。他方、庶民にとっては、ただ1つのかなり確実な兄弟－姉妹婚の実例（司令官ペディーズの事例）が存在しているにすぎないけれども、もっとも、いくつかの別の可能なあるいは有望ですらある諸事例は存在している。けれども、庶民の間の兄弟－姉妹婚のどの事例においても、半兄弟－姉妹婚以上のものであったという証拠は存在していない。ベルとヴィルケンは、ローマ時代以前の庶民間の兄弟－姉妹婚の証拠が相対的に不足しているのは、庶民の間に兄弟－姉妹

婚の慣習が欠如していたということよりもむしろ、庶民に関する記録が不足していることによるものである、と考えた。(Bell／Wilcken)「それにもかかわらず、私たちは、現在利用できる証拠にもとづいて、ファラオ時代兄弟－姉妹婚は多分、庶民たちにとって禁じられたものではなかったであろうけれども、それはただきわめて稀にしか実行されることはなかった、と結論しなければならない。」(Middleton, p.608)

プトレマイオス朝時代に関しては、国王たちの多くが彼らの姉妹ないし半姉妹と結婚したという証拠は確定的なものであるが、しかし庶民の間でそのような結婚が行われたという報告はまったくない。他方、ローマ時代の間を通じて、庶民間での兄弟－姉妹婚の発生率のかなりの高さを指示する豊富な証拠が存在している。(Middleton, p.608)

2. 原因

エジプトにおいて兄弟－姉妹婚が広範囲にわたって実施されていたことはどのように説明できるか？

(1) 伝播仮説

エジプトにおける兄弟－姉妹婚の風習は土着のものではなく他の諸文化の影響の結果として採用されたものであるとする説。たとえば、コールネマンは、プトレマイオス朝エジプトの歴代の王がペルシアの慣習を模倣し、エジプトの庶民たちがより遅れてその王族の諸慣習に従うようになったのである、と考えた。(Kornemann／Middleton, p.608)

ミドルトンの批判：「……乏しい情報でもって、伝播過程の方向を確定することはむつかしいことである。さらに、異質な(alien)文化諸要素は、通常は、それらが新しい道具立てのなかでなんらかの機能的意義をもたないならば、ある社会によって採用されることはないものである。こうして、伝播仮説は、たとえそれを堅固に立証することができるとしても、依然として、なぜその〔血族結婚の〕慣習は最初の主役となる文化において発達したのか、とか、なぜその慣習は、主役でない(secondary)文化のなかにより遅れて採用されたのかという問題に答えてはくれないのである。」(Middleton, p.609)

(2) 宗教起源説

ディオドロスに従って、エジプトにおける兄弟－姉妹婚の慣習は、宗教体系にその起源をもっていたのだとする説。（Wilkinson／Budge／Ruffer）つまり、神話に依れば、オシリス神とセト神とは彼らの姉妹のイシスとネフテュスと結婚したが、これが後に彼らの崇拝者によって手本とされた模範を示したというわけである。

ミドルトンの批判：「けれども、インセストの起源についての諸神話は、ほとんどすべての社会を特色づけるものであり、しかも兄弟－姉妹婚にたいする厳格な禁忌を支持する神話を含んでいる。また、宗教的な諸神話は、文化的諸要素の源泉となるというよりはむしろ、より基本的な文化的諸要素についての感想ないし大衆向きの説明となる傾向がある。〔したがって、エジプトの宗教的神話は、現存した兄弟－姉妹婚の慣習という文化的要素についての感想・大衆向き説明を述べたものにすぎず、エジプトにおけるその慣習の源泉・起源となったというのは当たらないのである。〕他方、ホワイトは、プトレマイオス朝エジプトの歴代の王は、オシリス崇拝を勝ち取り、競争相手のアメン＝ラー崇拝と結びついた、敵対するテーベの僧侶の威信と権威の土台を掘りくずす手段として、彼らの姉妹と結婚するという慣習を採用したのである、と考えている。（White）」（Middleton, p.609）

＊セト；エジプトの戦闘の神。セブとヌトの子でオシリスの弟。神話の世界ではオシリスの敵対者とされた。（三省堂編修所、p.446）

ネフテュス；死の神。オシリスを殺した神セトの妻でありながらオシリスの同情者。（岩波書店編集部、p.976）

アメン＝ラー；大気の神Amenと太陽神Raとが合一された神。宇宙の根元をなす神として、Thebes（テーベ）が覇権を握っていた時代のエジプトの最高神であった。（小学館ランダムハウス英和大辞典編集委員会、p.84）

(3) 継承権仮説

この仮説によると、古代エジプトは母系出自体系から父系出自体系への過渡的な段階にあった、という。王族は、女系を通して伝達される権威を伴った母系出自によって支配されていた。国王は、女子相続人である女王と結婚す

ることを通してのみ彼の正統の地位（legitimacy）を確実にしたのである。こうして兄弟と姉妹の間に結ばれた結婚は、単に、継承権（succession）を女系から男系へと移すための手段にすぎなかった、とするのがこの継承権仮説である。

ミドルトンの批判：①「けれども、この種の説明は、ある遠い過去の時代の大部分の社会においては、母系の段階が『より高等な』父系の段階の先に来たことを主張した19世紀の人類学者たちの今や信用を失っている進化図式の気味がある。理解しやすい機能的な説明がそれに対してまったくなされていない変則的な諸風習は、より早い時期の『残存物（survivals）』および形跡として把握された。エジプトにとっての証拠の大半は、王位は、第1次的には、女系を通してではなく男系を通して相続されたことを示唆している。しかしながら、相続人の諸権利を効果的に主張できる男性相続人が居ないときは、国王の娘の夫が新国王となるということが頻繁に生起した。」（Middleton, p.609）

②またミドルトンは、グリフィスに従って、兄弟－姉妹婚が継承にとって不必要であったばかりか、継承を危険にさらす傾向さえあったことを示唆し、継承権仮説を否認している。「太古のファラオの、彼の息子ネフェルケプタと彼の娘アウルについての論法は、王家に2人しか子供がいない場合、かれらを一緒に結婚させることによって継承を危うくすることは、不得策なことであろうということであるように思える。彼が好むのは、家族のしきたりに従って、彼の家族を拡大させるためにかれらを、彼の将官たちのうちの2人の将官の息子および娘と結婚させるということであろう。」（Griffith）兄弟－姉妹婚は、継承権仮説の主張するように継承にとって必要であったどころか、むしろ継承の通路を狭め継承を危険にさらす傾向さえあったのである。（Middleton, pp.609～610）

(4) 血統維持の仮説および下方浸透仮説

エジプトの国王たちは、インカ帝国皇帝たちまたはハワイの国王たちと同様に、王室の血統の純粋性を維持するために彼らの姉妹もしくは娘と結婚したのだとする仮説が、血統維持の仮説である。

ミドルトンの批判：「しかしながら、国王たちが庶民たちとまた奴隷たちと

さえも頻繁に結婚したということは、この説明のいつわりであることを示すものである。これらの〔庶民・奴隷たちとの〕結婚による子供たちは、たびたび王位に即位した。さらに、この説明も、また国王は女子相続人と結婚することによって王位に対して正統の地位を得ようと努めなければならなかったという前述の説明も、庶民たちの間での兄弟－姉妹婚の存在の説明とはなりえない。人は、王室の慣習が先ず確立され、それが下に浸透する過程を通して次第に庶民たちによってとり入れられていったのだと主張するかもしれない〔下方浸透仮説〕。しかし、再度言うが、慣習というものは、それが社会体系あるいは下位体系内部においてなんらかの機能的意義をもつのでないならば、採用されそうにはないのである。」(Middleton, p.610)

(5) 財産分散阻止の仮説

家族の財産を無傷のままで維持し、相続諸法の施行を通しての遺産の分割を防ぐために兄弟－姉妹婚を採用したとする説。娘たちは通常遺産の分け前を相続したから、兄弟－姉妹婚という工夫は、単位としての家族の物的諸資源をもとのままの状態で保持するのに役立った、とするのである。

ミドルトンの批判：「エジプト以外の諸社会は、財産分散（fractionalism）の問題を処理する別の諸手段—長子相続制、末子相続制あるいは拡大家族制度を通しての単系相続—を用いてきた。とりわけ兄弟－姉妹婚は普通は逆機能的な諸結果〔たとえば血族結婚の遺伝的弊害など〕をもつことが予想されうるであろうから、エジプト人が〔兄弟－姉妹婚という〕より例外的な〔財産分散問題処理の〕手段を採用した理由は、依然としてはっきりしないままである。」(Middleton, p.610)

Ⅶ 結論

1. 古代エジプトの事例は、兄弟－姉妹婚の禁忌の普遍性ということに対して疑いを投げかけるものである。

古代エジプトからの証拠は、兄弟－姉妹婚が、王室の人びとにとってと同様に庶民たちにとっても制度化されうるものであり、かなり広範な規模で習慣的に実施されうるものであることを示唆している。しかも、何百年もの間存続し

てきた長期的な制度的パターンを表すものであることによって、兄弟－姉妹婚の禁忌の普遍性という考え方に対して効果的な疑問を投げかけるものである。

1961年、P. J. ウィルソンが、カリブ海の島にあるある共同体の42人の成員が、過去30年の間インセストの関係を続けてきたことを報告したが、この事例は、明らかに特殊な環境のゆえに発達した異常な状況であり、そして今や再び本来のインセスト禁止諸規則が擁護され始められつつあり、この事例は、古代エジプトの事例のように、何百年もの間存続している長期的な制度的パターンを意味するものではない。(Middleton, p.611) 古代エジプトの事例は、兄弟－姉妹インセストの禁忌の普遍性に対するもっとも重要な例外をなすと同時に、むしろ普遍性の考えそのものの妥当性に疑いを投げかけるものといえる。

2. 古代エジプトをめぐる兄弟－姉妹婚についての発見は、インセスト・タブーの普遍性についての、したがってまたその重要な例外についての単一原因的な (unicausal) 説明の非妥当性を明らかにする意味をもつものである。なぜなら、古代エジプトの例外的事例は、単一要因説でもって説明することはできないからである。

パーソンズは、この点について次のように述べている。「インセスト・タブーと同じほどに一般的なものはいかなるものでも、おそらく、人間諸社会の諸基盤の中に深く含みこまれている一団の異なった諸要素の合成的結果物であるように思われる。1つもしくは2つの特定の『諸要因』の点からの分析よりはむしろ社会体系における諸力の均衡という点からの分析のほうが、はるかに有望であるように思える。」(Parsons, 1954／石川、1979)

「しかしながら、パーソンズは、『いかなる既知の社会においても父と娘、母と息子あるいは兄弟と姉妹が性交をもったり、結婚したりすることは慣習化されていないし、また許されてすらいない』という—わずか250の社会の分析に論拠を置いた—マードックの概括的な陳述によって思考を誤らせられた。」(Murdock／Middleton, p.611)「結果としてパーソンズは、『社会体系における諸力の均衡』がいくつかのケースにおいては非常に特異なものでありえ、そのため兄弟－姉妹間の結婚また親－子間の結婚さえもが許容される、ということを認識しそこなっている。」(Middleton, p.611) タブーの普遍性は、「社会体系

における諸力の均衡」という点から説明されねばならず、また、それに対する重要な例外的事態は、その諸力の均衡の特異性という点から説明されなければならない。

3. 核家族内部の明確に分化した諸役割を保持することの必要（マリノフスキー／Seligman, 1953, 1950／Parsons, 1954, 1956）あるいは他の諸家族との協力的な連合を確立することの必要（レヴィ＝ストロース）が、大多数の諸社会におけるインセストの禁止にとっての基盤として役立ちうるものであるけれども、これらの諸必要は、いくつかの事例においては優先的重要度をもつ別の機能的諸要件によって相殺されうるものである。(Middleton, p.611) 古代エジプトの近親婚の事例は、こうした別の機能的要件が優先的重要度をもったことの結果だと言える。

しかし、従来の説明は、このことを、少数の支配的エリート層との関連においてのみ認識し、非エリート層を含む全社会に当てはまりうる一般的な諸制度との関連において認識することはなかった。つまり、従来、たとえば血統の純粋性を維持するとか財産の分散を防ぐとかいった機能的諸要件の優先的重要性ということから、支配的エリート層（王族）における近親婚の慣習を説明することはあっても、インセストの基盤となる機能的諸要件の優先的重要性を指摘することによって、庶民間のそれを含む一般的な近親婚の慣習を説明しようとする努力はなされなかった。

インセストの禁止の基盤となる機能的諸必要に対して、インセストを促進する別の諸必要が優先的重要度をもっていることを把握し、これによって庶民を含む社会全体の一般的な近親婚制度をとらえていこうとする観点こそ、古代エジプトにおける庶民間のものをも含んだ全般的な近親婚慣行、さらにはその他の社会に現れたインセストの諸慣行（庶民間のものを含む）を説明しようとする場合の鍵を与えてくれるものと考えられる。

【参考文献】

1) Russell Middleton, "Brother-Sister and Father-Daughter Marriage in Ancient Egypt," *American Sociological Review*, Vol.27, No.5, October, 1962, pp.603-611.

2) Emmanuel de Rougé, *Recherches sur les Monuments qu'on peut Attribuer aux Six Premières Dynasties de Manéthor*, Paris: Imprimerie Impériale, 1886.

3) Jomes Henry Breasted, *Ancient Records of Egtpt*, Vol.4, Chicago: University of Chicago Press, 1906.

4) Jaroslav Černý, "Consanguineous Marriage in Pharaonic Egypt," *Journal of Egyptian Archeology*, 40, December, 1954.

5) Henry Georgi Ficher, "A God and a General of the Oasis on a Stela of the Late Middle Kingdom," *Journal of Near Eastern Studies*, 16, October, 1957.

6) U. Wilcken, "Arsinoitishe Steuerprofessionen aus dem Jahre 189 n. Chr. und verwandte Urkunden," *Sitzungsberichte der Königlich Preussischen Akademie der Wissenschaft zu Berlin*, 1883. (Middletonの表示による)

7) Bernard P. Grenfell and Arthur S. Hunt, *The Amherst Papri*, part2, London; H.Frowde, 1901.

8) Carl Wessely, *Karanis und Soknopaiu Nesos*, Vienna; Carl Gerold's Sohn, 1902. (Middletonの表示による)

9) Ludwig Mitteis and U. Wilcken, *Grundzüge und Chrestomathie der Papyruskunde*, Vol.1, Leipzig: B. G. Teubner, 1912. (Middletonの表示による)

10) Johannes Nietzold, *Die Ehe in Ägypten zur Ptolemäisch-Römischen Zeit*, Leipzig: Verlag von Veit and Co., 1903. (Middletonの表示による)

11) C. H. Roberts, "The Greck Papyri," in S. R. K. Glanville, ed., *The legacy of Egypt*, Oxford: Clarendon Press, 1942.

12) Aristide Calderini, *La Compozione della Famiglia Secondo le Schede di Censimento dell' Egitto Romano*, Milan: Società Editrice "Vita e Pensiero," 1923. (Middletonの表示による)

13) Philo Judaeus, "On the Special Laws," in *Philo*, Vol.7, book 3, paragraph 4, translated by F. H. Colson, Cambridge: Harvard University Press, 1937.

14) William Adam, "Consanguinity in Marriage," *Fortnighly Review*, 2, Vol.2, 1865.

15) Pausanias, *Description of Greece*, book 1, section7, paragraph 1, translated by W. H. S. Jones, London: William Heinemann, 1918.

16) H. I. Bell, "Brother and Sister Marriage in Graeco-Roman Egypt," *Revue Internationale des Droits de l'Antiquité*, 2, 1949.

17) E. Kornemann, "Die Geschwisterehe im Altertum," *Mitteilungen der Schlesischen Gesllschaft für Volkskunde*, 24, 1923. (Middletonの表示による)

18) John Wilkinson, *Manners and Customs of the Ancient Egyptians*, rev. ed., Vol.3, new York: Dodd, Mead, and Co., 1878.

19) Ernest A. Wallis Boudge, *The Pwellers on the Nile*, London: Religious Tract Society, 1926.

20) Marc Armand Ruffer, "On the Physical Effects of Consanguineous Marriages in the Royal Families of Ancient Egypt," in *Studies in the Palaeopathology of Egypt*, Chicago: University of Chicago Press, 1921.

21) Rachel Evelyn White, "Women in Ptolemaic Egypt," *Journal of Hellenic Studies*, 18, 1898.

22) F. L. Griffith, "Marriage (Egyptian)," in J.Hastings, ed., Encyclopedia of Religion and Ethics,

Vol.8, New York: C.Scribner's Sons, 1955.
23) Talcott Pasons, "The Incest Taboo in Relation to Social Structure and the Socialization of the Child," *British Journal of Sociology*, 5, June, 1954, and in Talcott Parsons, S*ocial Structure and Parsonality*, The Free Press, 1964.
24) Talcott Parsons, *Family, Socialization and Interaction Prosess*, Routlege and Keagan Paul Ltd., 1956.
25) George P. Murdock, *Social Structure*, New York: Macmillan Co., 1947.（内藤莞爾監訳『社会構造』新泉社、1978.）
26) マリノウスキー『未開社会における性と抑圧』（阿部年晴訳）社会思想社、1972。
27) Brenda Z. Seligman, "The Incest Taboo as a Social Regulation," *The Sociological Review*, Vol.27, No.1, Jan., 1935.
28) Brenda Z. Seligman, "The Problem of Incest and Exogamy: A Restatement," *American Anthropologist*, Vol.52, No.3, July-Sep., 1950.
29) クロード・レヴィ＝ストロース『親族の基本構造（上）』（馬渕東一・田島節夫監訳）番町書房、1977.
30) 石川義之「インセスト・タブー考（Ⅰ）」徳島大学学芸紀要（社会科学）、第28巻、1979。
31) 石川義之「インセスト・タブー考（Ⅱ）」上掲誌、第29巻、1980。
32) 石川義之「インセスト・タブー考（Ⅲ－Ａ－1）」上掲誌、第31巻、1982。
33) 石川義之「インセスト・タブー考（Ⅲ－Ａ－2、Ⅲ－Ｂ－1）」上掲誌、第32巻、1983。
34) 石川義之「インセスト・タブー考（Ⅲ－Ｂ－2）」鳴門教育大学研究紀要、第1巻、1985。
35) 三省堂編修所編『コンサイス人名辞典〔外国編〕』三省堂、1983。
36) 岩波書店編集部編集『岩波西洋人名辞典〔増補版〕』岩波書店、1981。
37) 小学館ランダムハウス英和大辞典編集委員会編集『SHOGAKUKAN RANDOM HOUSE ENGLISH-JAPANESE DICTIONARY（パーソナル版）』小学館、1979。

第4部
女性と性的被害

第8章
女性が受けた性的被害
大学生・専門学校生調査に表れた実態

I　はじめに

　今回の我々の調査において、回答者によって性的被害の経験報告が数多く寄せられた。たとえば次の如くである。「小学6年の夏、プールからの帰りに、男が近づいてきて、『向こうの家の庭にボールが飛んでいったので探すのを手伝って欲しい』といわれ、ついて行くと、空き地の暗い所に連れて行かれ、後ろから両手で胸を摑まれ、振り払って逃げようとすると、『おしっこをするから手伝って』とチャックを下ろし始めた」。「小学2年の時、校庭で遊んでいると、高校生らしい男がやって来て『トイレはどこ』と聞くので案内すると、突然女子トイレに押し込まれ、ナイフを頰に当てられ、『服を脱げ』といわれた。必死で抵抗すると、男はジーパンのチャックを下ろして何かし始めた」。「高校生の時、親族から、買い物に車で行った帰りに、遠くのラブホテルに連れ込まれ、アダルトビデオを見せられ、後ろから抱きつかれた」。「3歳くらいの時、1人で遊んでいると、知らない男から、『こちらにカブト虫がいるよ』といって、狭い路地に連れて行かれ、下着の中に手を入れられ、性器を触られた。あとから祖母たちから『どんな風にされたのか実演してみなさい』などと追求されて、とても恥ずかしく、悲しく、辛かった」。「小学生の時、兄弟から、何度かパンツを半分脱がされたり、性器を見せられたりした」。「高卒後、友人と男女4人で飲みに行き、友人たちと別れた後、その人とタクシーに乗ったら、ホテルに連れ込まれ、抵抗したにもかかわらず、力ずくで押し倒され性交されて

しまった」。「高校生の時、車の中で、友人から、私に付き合っている人がいるのを知っていて性交された。そして自分と付き合おうといわれた」。「小学1年の時、男が『○○さんの家を知ってる？』といって近づいてきて、連れて行くと、その家の裏に連れ込まれ、下着を脱がされ、『僕は医者だ』と言って性器を押しつけてきたので、怖くなって泣いてしまった」。「小学低学年の時、電話をとると、いきなり男が『ナメてもいい？』『オッパイ、ナメてもいい？』『お尻ナメてもいい？』『その前ナメてもいい？』といい出し、気分が悪くなって電話をきった。その時、母親が『誰だったの？』と聞いてきたが、説明するのが恥かしくいえずにいると、だんだん母の口調がきつくなって、ついに泣き出してしまった。このことは未だに母にいっていない」など。

このような被害内容の報告を含め、多くの回答者が、今回の我々の調査の質問に真摯に答えてくれた。以下、この調査結果から得られた知見の要点を紹介する。

II 調査実施の概要

1．調査対象：島根県・大阪府・福岡県下の大学・短大・専門学校に在学する女子学生
2．調査期間：1992年10月～12月
3．回収結果：有効回答者数　452人、回収率　約90％
4．調査方法：質問紙法；配票調査法

III 単純集計およびクロス集計結果と考察

1．性的被害経験の有無・時期等について

> 1. ヌードカレンダー、ポルノ写真・雑誌などを見せられて不快に感じた　2. 猥談を聞かされたり、性的経験を自慢された　3. わいせつな電話をかけられたり、手紙をよこされた　4. プレゼントを押しつけられた　5. 体や下着のサイズ、下着の色などを聞かれた　6. 下着を盗まれた　7. 外見について言葉の性的嫌がらせを受けた　8. 性的関係について言葉の性的嫌がらせを受けた　9. 部屋やエレベーターなどでわざと2人きりになろうとされた　10.

性的関係を含む付き合いを強要された　11. いやらしい目で身体を見られた　12. 覗かれた　13. 男性性器を見せられたり、押しつけられたり、触らされた　14. しつこくすり寄られたり、寄りかかられた　15. 胸やお尻など身体を触られた　16. キスをされた　17. 性器を触られた　18. 性交されそうになった　19. 性交された　20. その他の被害

(1) 性的被害経験の有無・被害種類別の被害化率

上記の20項目の性的被害について、被害経験の有無を尋ねたところ、何らかの「被害を受けたことのある者」が89.5％に上り、「被害経験なし」は10.5％にすぎなかった［表1］。被害の総件数は1,592件で、被害経験者1人当たり4.4件の被害を受けていた。また、被害種類別に見ると「身体接触」53.2％、「わいせつ電話」44.4％、「男性性器」35.8％などが高率であったが、この「身体接触」をはじめ「すり寄り・寄りかかり」「キス」のような接触的被害も高い被害化率を示した。なお、「性交」および「性交未遂」は合わせて7.8％であった〔基数は回答者数。以下では、断りのない限り基数は合計件数〕［表2］。

表1　性的被害経験の有無　　　　　　　　　　　　　　　単位：人(%)

被害あり	被害なし	無　答	計	回答者総数
365	43	44	452	408
(80.8)	(9.5)	(9.7)	(100.0)	―
(89.5)	(10.5)	―	―	(100.0)

表2　性的被害経験・被害種類別集計　　　　　　　単位：件(%)〔複数回答〕

ヌード・ポルノ	猥談	わいせつ電話	プレゼント押しつけ	サイズ・色	下着盗難	外見嫌がらせ	性的関係嫌がらせ
61	135	181	35	112	63	82	33
(3.8)	(8.5)	(11.4)	(2.2)	(7.0)	(3.9)	(5.2)	(2.1)
(15.0)	(33.1)	(44.4)	(8.6)	(27.5)	(15.5)	(20.1)	(8.1)

2人きり	付き合い強要	身体凝視	覗き	男性性器	すり寄り寄りかかり	身体接触	キスされた
49	37	114	56	146	129	217	61
(3.1)	(2.3)	(7.2)	(3.5)	(9.2)	(8.1)	(13.6)	(3.8)
(12.0)	(9.1)	(27.9)	(13.7)	(35.8)	(31.6)	(53.2)	(15.0)

性器接触	性交未遂	性交	その他の被害	経験総数	回答者数(人)
32	25	7	17	1,592	408
(2.0)	(1.6)	(0.4)	(1.1)	(100.0)	―
(7.8)	(6.1)	(1.7)	(4.2)	―	(100.0)

このように性的被害の普及率および1人当たり件数を見ると、性的被害の問題は、一部の「性的逸脱者」による希有の個別的事件ではなく、価値的・構造的問題を内包した「社会」病理の問題として捉えられねばならぬことが明らかである。

(2) 時期別の被害経験率
　性的被害を受けた時期別に被害経験率を見ると、全般的には、「高卒後」（33.5％）が最も多いが、65.0％が「高校以前」の子ども時代に受けた被害である。しかも、被害種類別に「高校以前」の被害化率を見ると、15タイプの被害項目において「高校以前」が半数以上を占めている［表3］。「高校以前」の性的加害は「子どもへの性的虐待」であり、「児童虐待」の一形態をなし、子どもの性の侵犯として特別の意味をもつ。正確な計算ではないが、9割の女性が性的被害を受けていて、その65％が子ども時代に発生していることは、概ね女性の6割が「子どもへの性的虐待」の犠牲者であることを意味する。これは、D. フィンケルホーや D. E. H. ラッセルや G. E. ワイアットによって明らかにされたアメリカの普及率に肉薄ないし凌駕するものである。この問題が決して対岸の火事でないことが示唆されたといえる。

2．最も不快な・傷ついた性的被害経験について
(1) 最も不快な・傷ついた性的被害経験の種類別普及率
　回答者が経験した性的被害の中で、最も不快だったり、傷ついたりした経験を、前項の20の被害項目のうちから1つ選んでもらったところ、「その他の被害」「性交」「身体接触」「性交未遂」「男性性器」「キス」の6項目が、この順序で最も不快な・傷ついた性的被害経験として認知される度合いが特に高い被害タイプであることが分かった。「男性性器」中の「露出行為」と「その他の被害」の一部を除いて、いずれも接触的経験であることから、やはり接触的経験が最も不快な・傷ついた経験となりやすいことが指摘できる。しかし、他方、最も不快な・傷ついた経験として挙げられたのは、非接触的被害を含む全被害項目にわたり、中でも「露出行為」「わいせつ電話」「覗き」などの非接触的経験は高い比率で最も不快な・傷ついた経験に選ばれている。こうして、接触的

表3　性的被害経験・時期別集計

単位：件（横%）〔複数回答〕

被害 \ 時期	小前	小	中	高	高卒後	その他	計
ヌード・ポルノ	1 (1.4)	24 (34.3)	31 (44.3)	6 (8.6)	6 (8.6)	2 (2.8)	70 (100.0)
猥談	0 (0.0)	4 (2.5)	39 (24.4)	56 (35.0)	58 (36.3)	3 (1.8)	160 (100.0)
わいせつ電話	1 (0.4)	17 (7.7)	55 (24.9)	78 (35.3)	63 (28.5)	7 (3.2)	221 (100.0)
プレゼント押しつけ	0 (0.0)	5 (13.5)	13 (35.2)	14 (37.8)	5 (13.5)	0 (0.0)	37 (100.0)
サイズ・色	1 (0.7)	11 (8.1)	34 (25.2)	41 (30.4)	45 (33.4)	3 (2.2)	135 (100.0)
下着盗難	1 (1.4)	3 (4.3)	25 (36.2)	27 (39.2)	12 (17.5)	1 (1.4)	69 (100.0)
外見嫌がらせ	0 (0.0)	22 (22.7)	31 (31.9)	19 (19.6)	22 (22.7)	3 (3.1)	97 (100.0)
性的関係嫌がらせ	0 (0.0)	1 (2.8)	8 (22.2)	9 (25.0)	15 (41.7)	3 (8.3)	36 (100.0)
2人きり	0 (0.0)	4 (7.4)	6 (11.1)	18 (33.4)	25 (46.3)	1 (1.8)	54 (100.0)
付き合い強要	0 (0.0)	0 (0.0)	4 (11.1)	8 (22.2)	23 (63.9)	1 (2.8)	36 (100.0)
身体凝視	0 (0.0)	3 (2.3)	24 (18.8)	42 (32.8)	56 (43.8)	3 (2.3)	128 (100.0)
覗き	1 (1.7)	6 (10.2)	21 (35.6)	19 (32.2)	10 (16.9)	2 (3.4)	59 (100.0)
男性性器	2 (1.1)	29 (16.0)	45 (24.9)	55 (30.4)	41 (22.7)	9 (4.9)	181 (100.0)
すり寄り	0 (0.0)	7 (5.0)	11 (7.9)	49 (35.0)	63 (45.0)	10 (7.1)	140 (100.0)
身体接触	1 (0.4)	32 (12.7)	53 (21.1)	66 (26.3)	92 (36.7)	7 (2.8)	251 (100.0)
キスされた	3 (4.6)	8 (12.4)	3 (4.6)	11 (16.9)	37 (56.9)	3 (4.6)	65 (100.0)
性器接触	1 (2.9)	6 (17.7)	3 (8.8)	7 (20.6)	16 (47.1)	1 (2.9)	34 (100.0)
性交未遂	0 (0.0)	1 (4.4)	2 (8.8)	3 (13.2)	15 (64.8)	2 (8.8)	23 (100.0)
性交	0 (0.0)	0 (0.0)	0 (0.0)	1 (14.3)	5 (71.4)	1 (14.3)	7 (100.0)
その他	2 (11.8)	6 (35.3)	3 (17.6)	3 (17.6)	1 (5.9)	2 (11.8)	17 (100.0)
計	14 (0.8)	189 (10.4)	411 (22.6)	532 (29.2)	610 (33.5)	64 (3.5)	1,820 (100.0)

経験のみならず非接触的経験もまた、十分に女性を傷つけ不快にするものであることが知られた［表省略］。

(2) 最も不快な・傷ついた性的被害の加害者

　加害者については、「見知らぬ人」68.8％、「顔見知りの他人」20.9％、「親族」3.6％となっている。「見知らぬ人」が過半を占めるが、他方、「知っている人」も25％弱を占め、うち3.6％が、「高卒後」を含むとはいえすべて10代以下での被害であり、「親族」によるインセスト的虐待（incestuous abuse）であると見なせる。この3.6％という数字は、わが国の女性人口に単純に当てはめると、227万人の女性がインセスト的虐待を受けている、また受けつつあるということになるから、インセスト加害者による被害化率としては無視できない数字といえる。このインセスト加害者のほかに「学校の先生」が1.5％、「友人」8.5％、「先輩・後輩」3.9％を数えているが、これらの加害者とは多少なりとも信頼関係で結ばれているので、彼らによる性暴力は信頼の裏切りという意味をもち、しかも彼らとの間には逃れられない社会関係があることが多く、その場合、不信と憎悪の感情をもちながら彼らとの人間関係を続けなければならないことから、被害者に精神的死をもたらすこともある。このような加害者が計17.5％を占めていることは深刻である［表4］。

表4　最も不快な・傷ついた性的被害の加害者　　　　単位：件（％）

見知らぬ人	知人	学校の先生	先輩・後輩	友人	父親
227 (68.8)	23 (7.0)	5 (1.5)	13 (3.9)	28 (8.5)	4 (1.2)
母親	兄弟	姉妹	その他の親族	その他	計
0 (0.0)	2 (0.6)	0 (0.0)	5 (1.5)	23 (7.0)	330 (100.0)

(3) 最も不快な・傷ついた性的被害を受けた時の感想

　この質問項目は、トラウマの重要な構成要素をなす被害発生時の直接的影響を調べたものである。これについて3つの点を指摘できる［表5］。

　第1は、「特に何も感じなかった」が3件（0.4％）にすぎず、ほぼ全被害者が短期的・直接的トラウマを負っていることである。

表5　最も不快・傷ついた性的被害を受けた時の感想　　単位：件（%）〔複数回答〕

恥ずかしい	情けない	憂鬱	嫌な気持ち	頭にきた	悔しい	怖い
69	52	56	210	171	88	121
(8.4)	(6.3)	(6.8)	(25.5)	(20.8)	(10.7)	(14.7)
(21.9)	(16.5)	(17.8)	(66.7)	(54.3)	(27.9)	(38.4)

死にたい	隙・誤解	その他	特になし	計	回答者数(人)
7	25	22	3	824	315
(0.8)	(3.0)	(2.7)	(0.4)	(100.0)	―
(2.2)	(7.9)	(7.0)	(1.0)	―	(100.0)

　第2は、「自分に隙があった・誤解される態度をとったから」という自責感情をもった者が25名（3.0%）に上り、特に「性交未遂」「性交」ではそれぞれ15.6%、13.3%を占めていることである。このことは、性的被害に遭うのは被害者自身の落ち度であるとの男性社会の神話・通念が依然として女性にも社会化の過程で内面化され女性自身の固定観念でもありつづけている現状を示すものであろう。

　第3に、被害種類別データを検討すると、羞恥感情、情けない、嫌な気持ちなどの相対的軽度のトラウマ感情が「性交」などのシビアリティの高い接触的被害にかなり見られる反面、「死にたい気持ち」「恐怖感情」などの相対的強度のトラウマ感情が「ポルノ写真」などのシビアリティの比較的に低い非接触的経験にかなり見られることである。このことは、被害の外形的シビアリティと発生時のトラウマ感情の強さとが必ずしも一対一で対応するものでないことを示す。つまり、性的被害の深刻度は接触的か非接触的かなどの外形的特徴でもっては判断できないのである。

(4)　最も不快な・傷ついた性的被害を受けた時の対応

　被害時の対応については次の2点を指摘できる［表6］。

　第1は、対応を「腕力で抵抗」などの積極的な（assertive）対応と、「表面的受け入れ」のような消極的な（less assertive）対応とに区分すると、内訳比は前者39.1%、後者60.9%となり、消極的対応が大きく上回る。また、「何もせず」も23件、3.6%を数えた。性暴力は多く権力のインバランスを背景にして行われ、また子ども時代の性的虐待のような場合は依存関係や大人への従順を説く教育の故に、積極的対応が難しいことが多いことが、こうした数値に表れ

表6 最も不快な・傷ついた性的被害を受けた時の対応　　　単位：件(%)〔複数回答〕

腕力で抵抗	逃走	拒絶・抗議	はっきりイヤ	それとなくイヤ	行動警告	嘆願
37 (5.9) (11.9)	127 (20.1) (40.8)	43 (6.8) (13.8)	60 (9.5) (19.3)	51 (8.1) (16.4)	10 (1.6) (3.2)	10 (1.6) (3.2)
悲鳴・泣き叫び	表面的受け入れ	相手を回避	ごまかしかわす	自分を変化	先生へ相談	身近な人へ相談
27 (4.3) (8.7)	14 (2.2) (4.5)	87 (13.8) (28.0)	39 (6.2) (12.5)	6 (1.0) (1.9)	7 (1.1) (2.3)	67 (10.6) (21.5)
公的機関へ相談	警察へ告訴	その他	何もせず	計	回答者数(人)	
0 (0.0) (0.0)	8 (1.3) (2.6)	16 (2.5) (5.1)	23 (3.6) (7.4)	632 (100.0) ―	311 ― (100.0)	

ていることが考えられる。

　第2に、「警察」「学校の先生」「公的機関」への相談・告発が極めて少なく、特に「公的機関への相談」は皆無であったが、このことは、法制度の不備を含めて、この問題への公的な態勢・仕組みの立ち遅れを示唆するものである。

(5) 最も不快な・傷ついた性的被害を受けた後、生じた心や身体の変化

　本項は、性的被害によるトラウマの長期的影響の部分を取り扱っている。この調査結果に関して以下の諸点を指摘できる〔表7〕。

　第1に、性的被害の長期的な結果についての報告は、しばしば否認や抑圧といった心理的防衛によって抑制を受けるとされているにもかかわらず、49.7％の者が何らかの長期的影響を報告していることである〔基数は回答者数〕。この数値は、心理的防衛の機制を考慮した場合、決して小さくない。

　第2に、性的被害のもたらすトラウマは、外形上の厳しさ（severity）や接触的被害か非接触的被害かで単純に判断されえないことが、ここでも確認できる点である。たとえば、「プレゼント押しつけ」で「自分への特異感」をもったケース、「外見嫌がらせ」で「ノイローゼ」になったケース、「男性性器」で「自己非難・自己嫌悪」「罪悪感」「自信喪失」が生じたケース、「わいせつ電話」で「男への身構え」「口数減少」「自己非難・自己嫌悪」「恋愛・結婚否定」「人間不信」に陥ったケースなどがある反面、「性交未遂」で「特に変化なし」が

表7 最も不快な・傷ついた性的被害を受けた後、生じた心や身体の変化

単位：件（％）〔複数回答〕

やる気喪失	登校嫌悪	外出恐怖	男への身構え	話す億劫口数減少	吐き気・頭痛など身体症状	ストレス性症状	ノイローゼ
7 (1.6) (2.3)	6 (1.4) (2.0)	17 (3.9) (5.6)	51 (11.7) (16.9)	5 (1.1) (1.7)	5 (1.1) (1.7)	0 (0.0) (0.0)	6 (1.4) (2.0)

自分への自信喪失	自己非難自己嫌悪	羞恥心罪悪感	自分の体への疎ましい感じ	自分への特異感	恋愛・結婚否定	加害者への怒り	薬物依存
15 (3.4) (5.0)	24 (5.5) (7.9)	20 (4.6) (6.6)	12 (2.7) (4.0)	1 (0.2) (0.3)	10 (2.3) (3.3)	59 (13.5) (19.5)	2 (0.5) (0.7)

家出・自殺未遂等	人間不信男性不信	その他	特に変化なし	計	回答者数（人）		
0 (0.0) (0.0)	22 (5.0) (7.3)	23 (5.3) (7.6)	152 (34.8) (50.3)	437 (100.0) —	302 — (100.0)		

12.5％、「身体接触」でそれが44.6％に上っているのである。

　第3に、これと関連して、同一被害であっても、被害状況やその他の要因によって、トラウマの有無・タイプが多様であることである。たとえば、同じ「男性性器」であっても、「自己非難・自己嫌悪」「罪悪感」「自信喪失」「口数減少」「人間不信」のような影響を訴える被害者がいる一方、「特に変化なし」とする被害者もいるという具合である。

　第4に、被害者がしばしばいわれなき自己責任観念を抱くことの多さである。「自己非難・自己嫌悪」をもった者は24名、「罪悪感」を抱いた者は20名に上る。特に「レイプ」において「自己非難・自己嫌悪」が27.3％、「罪悪感」が18.2％を占めていることは注目に値する。性暴力は全面的に加害者の責任であるにもかかわらず、被害者の側が共謀者意識を抱き自責観念にさいなまれることは性暴力の1つの大きな特徴とされるが、我々のデータもこのことを傍証している。

(6) 最も不快な・傷ついた性的被害を受けた頃を振り返って、今、一番強く思うこと

　本項の調査結果に関して指摘できる最も重要な点は、被害発生時にきっぱりとした拒絶・拒否の反応を示した場合には「行動を起こしてよかった」「はっきりいってよかった」と思い、そうでなかった場合は「何かすればよかった」

と悔やんで「曖昧な対応を後悔」することになり、「時が経つにつれてますます腹が立ってき」「早く忘れたい」が「忘れたくとも、忘れられなくなる」という思考・感情パターンが読み取れることである。このパターンは、被害発生の時点での断固とした拒絶・拒否の抵抗戦略の実行の大切さを示唆している。そして、そのためのエンパワーメントの必要を痛感させるものである［表省略］。

3. 性的被害を受けた女性にとって必要なことについて

これについての調査結果からは以下の諸点が指摘できる［表8］。

第1に、「身近な相談者の存在」が74.8％で1位になったが、このことは逆にいえば、性的被害を受けた場合身近に相談者を見いだしにくいということである。わが国の場合、加害者である男性の視点が社会規範となっていて、この規範に基づいて、「被害者の落ち度」「大したことではない」「よくあることで時がたてば忘れる」といった見方で対応され二重に傷つくことにもなりかねないために、身近なところにも相談者を見いだしえないという現状を表しているものといえる。

第2に、「社会的認識の深まり」が64.8％を占め2位であったが、これは、以上とも関連して、性暴力の問題に関しては男性の視点が社会規範となっていることが被害の発生・深刻化、また法制度の不備等の基盤にあって、この状況の払拭には「社会的認識の深まり」が前提となるとの認識が、女性たちの意識ないし意識下に萌芽しているためであろう〔以上、基数はいずれも回答者数〕。性暴力は決して変態性欲者とヴルナラビリティの高い女性との個人間の問題ではなく、それを許容ないし促進し、加害者に甘く、被害者に冷たい社会構造＝制度化された価値規範の問題である。こうした構造的問題を解決するためには

表8 性的被害を受けた女性にとって必要なこと　　単位：件（％）〔複数回答〕

身近な相談者	支援団体	電話相談機関	公的相談窓口	法制度整備	専門家養成
306 (25.2) (74.8)	72 (5.9) (17.6)	74 (6.1) (18.1)	90 (7.4) (22.0)	168 (13.8) (41.1)	78 (6.4) (19.1)
機関間相互連絡	社会的認識	女性の運動	その他	計	回答者数（人）
81 (6.7) (19.8)	265 (21.8) (64.8)	73 (6.0) (17.8)	9 (0.7) (2.2)	1,216 (100.0)	409 — (100.0)

「社会的認識の深まり」が前提となるということなのである。

Ⅳ　むすび

　以上、本調査で約9割の女性が性的被害の経験をもっていることが明らかとなった。「軽微な」「被害とはいえない」被害を含めているから高い普及率を得たのだと主張する者がいれば、それは、そのいわゆる「軽微な」被害によって苦悩し人生を破壊された被害者の立場を無視した暴論であり、被害者にとってまさに被害であるものを「被害」のカテゴリーから排除する男性社会の虚構の論理にほかならない。性的被害は現代の日本社会に瀰漫しているといえる。そして、そうであるかぎり性的被害の問題は、一部の変質者による個人病理の問題として片付けるわけにはいかず、現代の日本社会が抱える制度的・構造的問題であるとの認識が要請される。この認識を欠けば解決の糸口も見えてこない。このことに関連して多くの回答者が意見・感想を寄せている。

　「今まで自分の受けた性的被害が嫌でたまらなかった。友達にいうくらいではすっきりせず、余計に腹立たしく思え、自己嫌悪にも陥った。今日の社会では、女性というだけで地位が低すぎると思う。男女平等・無差別な社会が一日も早く来て欲しい」。「日本は法律上男女平等と唱えられているが、現実的には女性に対して差別があると思う。そのためセクハラなどの問題が起こっていると思うので、あらゆる面において男女平等の社会を国民一人一人が作り上げていくことが、これからの日本にとって必要であると考える」。「女性にとっての性的被害は、男女差別にもつながっているような気がする。まだまだ女性は弱い存在で、何に関しても男性より下にいるものだという考えがあるので、男女平等に何でもできるような社会になればと願わずにはおれない」。

　これらの意見・感想にも暗示されているように、女性への性暴力とは、基本的に、女性－男性の権力の構造的不均衡を基盤とした、男性による女性に対する「性的自由」の侵害であり、「性的自己決定権」の侵害である。女性が子どもである場合は、男性－女性、大人－子どもという二重の構造的権力格差を濫用して行われるそれらの侵害ということになる。こうして性暴力による被害は、権力構造に依拠する暴力被害一般の特殊ケースとしての意味をもつ。そうであ

る以上、構造的視点に立たずして、性的被害の問題に打開への展望を開くことはできないのである。

【参考文献】

Finkelhor, David, *Sexually Victimized Children*, The Free Press, 1979.

Russell, Diana, E.H., *The Secret Trauma: Incest in the Lives of Girls and Women*, Basic Books, 1986.

Wyatt, Gail, "The Sexual Abuse of Afro-American and White Women in Childhood," *Child Abuse and Neglect: The International Journal*, 9, 1985, pp.507-519.

内藤和美、「児童虐待問題の一側面—構造的弱者をめぐって—」『imago』4(6)、1993、pp.69-73.

第9章
性的被害の実像
被害内容に関する経験的一般化

Ⅰ　はじめに

「小学6年生の夏、学校のプールからの帰りに、男の人が近づいてきて、『向こうの家の庭の方にボールが飛んでいってしまったので、探すのを手伝って欲しい』といわれて、何か変だなと思ったけれど、とりあえずついて行った。人の入りそうにない、家々に囲まれた空き地の暗い所へ入って探してみた。草が高くて奥へ行けないでいると、『だっこしてあげる』といい、私を抱えた。その時、私の片足しか持たず、しかもヒザのところではなく、太ももの付け根のところを持たれて嫌だった。探してもやっぱりない。目の前にブロック塀がある。『この向こうかもしれない。持ち上げるから見てくれ』というので、従った。お尻を下から両手で押し上げるという不安定な体勢で塀の向こうを覗いてみた。この時、かなり変だなと思って、『ないですよ！　降ろしてください』といったが、『もう少し探して』という。今思えば、この時お尻を下から見られてたのだと思う。その後、『おかしいな』といいつつ、後ろから両手で胸をつかんできたので、『どこを触ってるんですか！』といって振り払って逃げた。私を引き止めようとして、『おしっこをするから手伝って』とチャックを下ろし始めたのもかなり嫌だった」(20歳、大学生)

　この被害を受けた時、この女性は、「情けなく」「嫌な気持ちになり」「頭にきて」「悔しく」、何よりも「怖かった」と回答している。その後「同じ場所をいつも通って、そいつにもう一度出くわすことを期待するようになった。ただ

し、今度は復讐のため」であった。今その時のことを振り返って「ボールを探して欲しいなんて言葉にひょいひょいついて行かずに、少しでも変だと思っていたのだから、すぐに断ればよかったと後悔している」。この言葉は、信頼の裏切りのため信頼したことを後悔することになった事実を表現している。

「小学の低学年の時、いやらしいデンワを取ったことがある。いきなり男の人が『ナメてもいい？』と聞くので、何だか分からなくて聞き返すと、『オッパイ、ナメてもいい？』といってきた。びっくりして『ダメ！』と思わず口走ると、今度は『じゃ、お尻は？』といってきたので、もう気が動転して『ダメ！』と何度もいっているうちに、『じゃ、その前は？』といってきた。気分が悪くなってガシャンッ!!と切った。母が『誰だったの？』と聞いてきても、説明するのが恥ずかしくていえずにいると、だんだん母の口調がきつくなってきて、ついに泣き出してしまった。このことはいまだに母にいっていない」（20歳、大学生）

この経験報告は、性的被害経験が最も身近な母親にすらいいづらい経験であること、またそれについて問いただされることが二重に被害者を苦しめることになることを教えてくれる。この被害者は最も傷ついた経験として小学6年生の時の「身体接触」の被害経験をもつが、これについても親に相談していない。この被害者の女性は、「改めて両親と性についての会話が一度もなかったという情けなさを痛感し」、このために被害経験を親に伝えられなかったことをそれとなく指摘している。そして彼女は、アンケートへの自分の回答が「性について気軽に親と話し合える社会を作っていくために少しでも役立てば幸いである」と述べている。深刻な外傷経験を受け、しかもそれについて身近な親にすら語れない苛立ちと苦悩、そしてそうした制約を課している現代社会の仕組みに対する弾劾と糾弾の意思が彼女の回答の中には滲み出ているのである。

「小学1年生の春のことだった。男が『○○さんの家を知ってる？』といって近づいてきた。知っていたので教えようと連れていくと、その家の裏に連れて行かれて、下着を脱がされ、『僕は医者だ』といって、男の性器を押しつけられた。怖くなって泣いたら、逃げていった。小学2年生の春にも同じようなことに遭った。この時は何もされなかったが、やはり『○○さんの家を知ってる？』といって近づいてきた。小学1年生の春のことを思い出したからではな

く、単にその家を知らなかったので、『知りません』といって帰ろうとしたら、『一緒にその人の家に行こう』と手をつかまれ、引っ張って行かれそうになった。びっくりして、前方を歩いていた近所の男の子の名前を呼んだら走って逃げたので、私も走って帰った」(20歳、大学生)

　これらの被害に遭った時、この女性は、「嫌な気持ちになり」「怖かった」と述べ、その後「学校に行くのが嫌になったり、遅刻や欠席が多くなり」「自己非難や自己嫌悪の気持ちが生じ強まった」と回答している。今も「忘れようと思うが忘れられない」経験となっている。この女性は、他にも沢山の被害経験があり、その中には「バスで中年男性から胸を触られ、しつこくスカートの中に手を入れようとされ、泣いてしまった」経験、「本屋でお尻を触られ、後をつけられた」経験などが含まれる。この女性は次のように記している。「私の小学生の時の経験は、私の中の思い出したくないところで、このことは親にもいっていません。私の中だけにしまいこんでいたい部分です。今、とても悲しい気持ちになっています」。この言葉は、性的被害経験が、「思い出したくもない」経験であり、親を含めて「誰にもいえない」、また「いいたくない」経験、つまり、意識下に抑圧される傾向をもち、沈黙を強迫される「秘められた外傷経験」であることをいい表している。そして、あえて沈黙を破って語ることは、被害の追体験であり、被害発生時の悲しみの再現であることを示唆しているのである。

　このように最も身近な親にすら話せない厳しい外傷経験を、多くの回答者が、悲しみと苦悩を乗り越えて、このアンケートの中で詳細に語ってくれた。それは、おそらく、性暴力が多発し、多くの被害者が深刻なトラウマを抱えながら苦悩の人生を歩んでいる、しかもそれを訴えるすべもなく、解決の糸口すら見いだせない現在の社会状況への変革の期待の表れであろう。事実、多くの回答者が、この調査結果を「社会へと発展させ、問題解決に向けて有効に活用して欲しい」との願いを表明しているのである。

　その願いを受けた我々調査者の側は、親にも語れない「極度に秘められた」外傷経験を悲しみをこらえて語ってくれた回答者の方々に対して大きな責任を背負ったことになる。この小論の読者の方々もその責任の一部を共有していただきたい。そして、手を携えて問題解決に向けて前進していきたい。この小論

──また、より包括的な調査報告書[1]──がそうした前進のための跳躍台としての役割を果たしうることを願ってやまない。

Ⅱ 調査結果の概要

　本稿の基礎となった調査の結果概要を、本稿の以下の論述と密接に関連する部分に限って述べれば、以下のとおりとなる。なお、本調査は、第8章で分析した調査と同一のものである。

1．性的被害経験の有無
　性的被害経験について、「ヌードカレンダー、ポルノ写真・雑誌などを見せられて不快に感じた」から「性交された」「その他の被害」まで20項目を列挙して、被害経験の有無および時期を尋ねたところ、何らかの「被害を受けたことのある者」80.8％、「被害経験のない者」9.5％、「無答」9.7％であった。「無答」を除く回答者総数に占める比率では「被害経験あり」89.5％、「被害経験なし」10.5％となる［第8章の表1］。

2．性的被害経験の種類別普及率
　被害種類別に、回答者総数に占める被害経験者の比率を見ると、被害化率の高いものから順番に以下のようになっている。①「身体接触」53.2％、②「わいせつ電話」44.4％、③「男性器」35.8％、④「猥談」33.1％、⑤「すり寄り・寄りかかり」31.6％、⑥「身体凝視」27.9％、⑦「サイズ・色」27.5％、⑧「外見嫌がらせ」20.1％、⑨「下着盗難」15.5％、⑩「ヌード・ポルノ」「キス」各15.0％、⑪「覗き」13.7％、⑫「2人きり」12.0％、⑬「付き合い強要」9.1％、⑭「プレゼント押しつけ」8.6％、⑮「性的関係嫌がらせ」8.1％、⑯「性器接触」7.8％、⑰「性交未遂」6.1％、⑱「その他の被害」4.2％、⑲「性交」1.7％。「性交された」は最下位だが、それでも「未遂」と合わせると7.8％に上る［第8章の表2］。
　＊「ヌード・ポルノ」：ヌードカレンダー、ポルノ写真・雑誌などを見せられ不快に感じた

「猥談」：猥談を聞かされたり、性的経験を自慢された
「わいせつ電話」：わいせつな電話をかけられたり、手紙をよこされた
「プレゼント押しつけ」：プレゼントを押しつけられた
「サイズ・色」：体や下着のサイズ・下着の色などを聞かれた
「下着盗難」：下着を盗まれた
「外見嫌がらせ」：外見について、言葉の性的嫌がらせを受けた
「性的関係嫌がらせ」：性的関係について、言葉の性的嫌がらせを受けた
「2人きり」：部屋やエレベーターなどでわざと2人きりになろうとされた
「付き合い強要」：性的関係を含む付き合いを強要された
「身体凝視」：いやらしい目で身体を見られた
「覗き」：覗かれた
「男性性器」：男性性器を見せられたり、押しつけられたり、触らされた
「すり寄り・寄りかかり」：しつこくすり寄られたり、寄りかかられた
「身体接触」：胸やお尻など身体を触られた
「キス」：キスをされた
「性器接触」：性器を触られた
「性交未遂」：性交されそうになった
「性交」：性交された
「その他の被害」：その他の被害

3. 性的被害を受けた時期

　性的被害を受けた時期については、「高校卒業後」が最も多く33.5％、以下、「高校生の時」29.2％、「中学生の時」22.6％、「小学生の時」10.4％、「その他」3.5％、「小学校入学以前」0.8％となっている。65.0％が「高校以前」の子ども時代に受けた被害である。なお、被害種類別の時期については前章の表3に見られるとおりである［第8章の表3］。

4. 最も不快な・傷ついた性的被害経験の種類別普及率

　回答者が経験した性的被害の中で、「最も不快だったり、傷ついたりした経験」を2.の20の被害項目のうちから1つ選んでもらったところ、被害種類別

表1　最も不快な・傷ついた性的被害経験の種類別普及率

単位：件（%）

ヌード・ポルノ	猥談	わいせつ電話	プレゼント押しつけ	サイズ・色	下着盗難	外見嫌がらせ	性的関係嫌がらせ
4 (1.1) (1.4)	5 (1.4) (1.8)	30 (8.2) (10.7)	3 (0.8) (1.1)	3 (0.8) (1.1)	6 (1.6) (2.1)	7 (1.9) (2.5)	2 (0.5) (0.7)
2人きり	付き合い強要	身体凝視	覗き	男性性器	すり寄り・寄りかかり	身体接触	キスされた
4 (1.1) (1.4)	2 (0.5) (0.7)	6 (1.6) (2.1)	8 (2.2) (2.9)	55 (15.1) (19.6)	15 (4.1) (5.4)	87 (23.8) (31.1)	17 (4.7) (6.1)
性器接触	性交未遂	性交	その他の被害	無答	回答者総数	被害者総数	
5 (1.4) (1.8)	10 (2.7) (3.6)	3 (0.8) (1.1)	8 (2.2) (2.9)	85 (23.3) —	280 (76.7) (100.0)	365 (100.0) —	

の分布は以下のとおりである。すなわち、365名の被害経験者のうち、「無答」が85名（23.3％）あり、回答者数は280名（76.7％）であったが、この回答者数を基数として高いものから順に比率を見ると、「身体接触」31.1％、「男性性器」19.6％、「わいせつ電話」10.7％、「キス」6.1％、「すり寄り・寄りかかり」5.4％、「性交未遂」3.6％、「覗き」「その他の被害」2.9％、「外見嫌がらせ」2.5％、「下着盗難」「身体凝視」2.1％、「猥談」「性器接触」1.8％、「ポルノ写真」「2人きり」1.4％、「プレゼント押しつけ」「サイズ・色」「性交」1.1％、「性的関係嫌がらせ」「付き合い強要」0.7％、となっている［表1］。

5. 最も不快な・傷ついた性的被害を受けた時期

最も不快な・傷ついた性的被害を受けた時期がいつであったかについては、性的被害経験の時期とほぼ同じ分布を示し、やはり「高卒後」が最も多く33.4％、以下、「高校生」27.1％、「中学生」21.3％、「小学生」14.6％、「その他」2.8％、「小学校入学以前」0.8％となっている。63.8％が「高校以前」の子ども時代に受けた被害ということになる［表2］。

表2　最も不快な・傷ついた性的被害を受けた時期

単位：件（%）

小学前	小学生	中学生	高校生	高卒後	その他	計
3 (0.8)	53 (14.6)	77 (21.3)	98 (27.1)	121 (33.4)	10 (2.8)	362 (100.0)

Ⅲ 性的被害の内容に関する経験的一般化

　最も不快な・傷ついた性的被害経験についてその被害内容を尋ねたところ、合計158件の報告があった。いずれも苦渋に満ちた告発であった。以下、その内容報告をめぐって気づいた点を述べる。アト・ランダムに経験的一般化を試みたものである。

(1) **被害の外形的な厳しさ（severity）と被害経験のもたらす傷・不快感とは必ずしも対応しない。**

　たとえば、高校生の時「わいせつ電話」を同一加害者から何度かかけられた19歳の専門学校生は、他に「ポルノ写真」「サイズ・色」「付き合い強要」「身体凝視」「露出行為」「身体接触」「キス」の被害経験をもち、これらの中には接触的被害も含まれているにもかかわらず、非接触的被害である「わいせつ電話」を最も傷ついた経験として挙げていて、これによって「情けなく」「憂鬱になり」「嫌な気持ちになり」「頭にき」、「人間・男性不信」に陥ったことを告白している。

　中学生の時、友人から一度「ブラジャーを釣り竿で盗まれた」女性は、「身体接触」「キス」「性器接触」など外形的な厳しさの強い接触的被害を経験しているが、この「下着盗難」を最も傷ついた経験と認知している。

　中学生の時、部活の最中に「バッグの中に入れておいた下着や体操服・制服をとられた」女性は、他に「身体接触」「キス未遂」「キス」「性交未遂」などの被害経験をもつが、この「下着盗難」を最も傷ついた経験と捉えている。この件については意識的に「めげないよう努力した」と記している。性的被害のもたらす精神的外傷が外形的な厳しさという客観的基準では推し量れないことを示す事例である。

(2) **性的加害は、しばしば羞恥と恐怖から金縛り状態をもたらし、状況からの脱出を不能にする。**

　たとえば、高卒後「電車に一人で乗っている時、隣に中年の男が座ってきて、胸を触られそうになった」専門学校生は、その時「声も出せず、逃げようにも逃げられず」、「情けなく」「嫌な気持ちになり」「頭にき」「悔しく」「怖かった」と述べている。

また次のような例もある。「高卒後、男女4人で旅行に行き、みんなでゴロ寝している時、男友達の一人が身体のあちこちを触ってきたが、『イヤ』ともいえず、ただゴソゴソと身体を離すだけしかできなかった」。この被害者は今「あの時、黙っていないで行動を起こすべきだった」と後悔している。

(3) **大声を上げることが被害を未然にあるいはそれ以上深刻になるのを防止する働きをする。**

中学2年生の時早朝学校への路上で、35〜40歳の男から「虫がついている」と呼び止められ、脇道に連れ込まれて、暴行を受けそうになった女性は、抵抗したが、壁に押しつけられ、手を首にもってきて「静かにしろ。殺すぞ」と脅されたが、恐怖で狼狽しながらも「誰か助けて」と大声で叫ぶと、男はバイクに乗って逃げていった。この女性（20歳、専門学校生）は、今振り返って行動を起こしたことをよかったと思っている。

(4) **性的被害の経験は、羞恥心などから他人に話せないことが多い。**

看護学生として病院で働いていた時、屋上で洗濯物を干し終えるのをいつも待ち構えている患者がいて、その患者から性的被害を受けた女性は、同僚にもこの事件を恥ずかしくて話せなかったと告白している。

小学生の時、見知った人から家の中に引き込まれ「服を脱げ」と言われ、「抵抗」して危機から脱出した経験のある女性は、そのことを誰にも相談しなかったことを示唆している。

中学生の時、先輩から家庭で「押し倒されてレイプ未遂」の被害を受けた女性は次のように述べている。「とても怖かったです。いろいろ考え、悩んでしまい、誰にもいえず、1週間ほど何も食べることができませんでした。押し倒されたことよりも、食べたくても食べることができなかった辛さの方を今でも強く覚えています。」この女性は、事件直後の強いショックにもかかわらず、被害時「（相手に）自分の気持ちをはっきりいった」こともあって、今は冷静に事態を振り返ることができるようになっているように思われるが、上の陳述の中には摂食障害とともに、（被害経験のことを）誰にもいえなかった苦しみが滲み出ている。

(5) **インセストの被害は、実在し、いわれるとおり苛酷なトラウマを残す。**

インセスト的虐待は欧米の出来事と見なすむきもあるが、19歳の女性は、

高校生の時、親族からラブホテルに連れ込まれ、アダルトビデオを見せられて、レイプ未遂を受けたことを告白している。この時、「はっきりイヤと伝え」「悲鳴をあげ泣き叫んだ」ので未遂に終わったと思われる。その後「男を見ると身構えるようになり」「不眠などノイローゼ気味となり」「加害者への怒りが持続・増大し」「人間・男性不信に陥った」。「中年の男を見ると気持ち悪くなり、今も治らない」。「時が経つにつれますます腹が立ってき」「忘れようとしても忘れられない」が「早く忘れたい」といっている。

中学生の時、親族から彼の家で、押し倒されて「キス」されそうになった（未遂）女性は、その時「頭にき」「嫌な気持ちになり」、その後「加害者への怒りが持続・増大した」と回答し、インセストの加害者は「欲求を抑えられない人」「酒飲みで乱暴な人」と述べている。

(6) レイプの被害者はしばしば自分に隙や落ち度があったと自分を責める。また、レイプの経験のトラウマは絶大であることが多い。

高校時代友人から車の中でレイプを受けた女性は、被害時「情けなく」「憂鬱になり」「嫌な気持ちになり」「死にたい気持ちになった」。一方「自分に隙があり、誤解される態度があった」と自責の念を抱いている。その後「食欲不振・頭痛などの身体症状が現れ」「不眠などノイローゼ気味となり」「自分に自信を失い」「自己非難・自己嫌悪が生じ」「罪悪感が生まれた」。今「忘れようと思うが忘れられない」。この女性は、このように多くの短期的・長期的トラウマを背負って苦しんでいるが、被害時に、相手が友人で信頼しきっていたこともあり、強い抵抗を示しえなかったことが、自己嫌悪や罪悪感などの有害なトラウマを倍加させたことが考えられる。また、性的被害の責任は全面的に加害者の側にあるが、特に接触的被害の場合、論理的には（実際的にではなく）抵抗・拒絶の余地があるのにそれをなしえなかったとき、自分に隙や誤解される態度があったのだと、また結局自分が「嫌々ながらも受け入れてしまった」のだと思い込み、その自責の念がトラウマをより深刻化させるように思われる。

(7) いわゆる「軽微な」非接触的被害が大きなトラウマを残すことがある。

中学生の時「下着を盗まれた」ことのある女性は、その時「恥ずかしく」「情けなく」「憂鬱になり」「嫌な気持ちになり」「頭にき」「悔しかった」と述べ、その後も「なにかにつけやる気がなくなってミスやトラブルが多くなり」

「加害者への怒りが持続・増大した」と訴えている。そして、他に「身体接触」や「キス」の接触的被害の経験をもつにもかかわらず、この非接触的経験から最も大きな傷を受けたことを告白している。被害の外形的な厳しさ（severity）と被害経験のもたらす傷・不快感とは必ずしも対応しないという指摘とも重なるが、外形的な厳しさという点からすれば「軽微な」被害が大きなトラウマをもたらすことがあることを、この例は示している。

　高校生の時「わいせつ電話」を受けた女性は、その時「嫌な気持ちになり」「頭にき」「悔しく」、「厭味を言い返したり、音楽を最大ボリュウムで流す」ことで対応した。その後「人と話すのが億劫になり、口数が減った」。また「自己非難・自己嫌悪が生じ」「恋愛や結婚に否定的な気持ちをもつようになった」。そして「時が経つにつれてますます腹が立ってくる」。このようにこの女性は、「軽微」とされる「わいせつ電話」から大きなトラウマを負っているのである。

　高卒後、バイト先で酔っぱらったお客から「毎日やっているんだろうな」とか「汚いアソコしているんだろうな」とか「性的関係等について言葉の性的嫌がらせ」を受けた女性は、その時「憂鬱になり」「物凄く頭にき」「悔しく」「じじい、なめんなよ、何様のつもりだ、と思った」。しかし、「お客様なので失礼なことがあってはならないと、笑って誤魔化さざるをえなかった」。その後「やる気喪失、ミス・トラブル多発」「自信喪失」「自己非難・自己嫌悪」「羞恥心・罪悪感」「加害者への怒りの持続・増大」「人間・男性不信」などの後遺症が残った。他に「ポルノ写真」「猥談」「わいせつ電話」「サイズ・色」「下着盗難」「キス」「性器接触」など多くの被害経験があるが、この経験から最も大きな苦痛を味わっている。「言葉の性的嫌がらせ」はふつう「軽微」とされるが、言葉が凶器となって、接触的経験以上の心の傷を被害者に与えることがあることを、この事例は示している。なお、この被害者は別の質問で「しばしば憂鬱になる」「自己卑下の傾向がある」と回答しているが、これは彼女の性的被害経験と関連していることが推測できる。

　中学生の時、バスの中で性器を見せられた女性は、その時「嫌な気持ちになり」「悔しく」「怖く」「初めてのことなのでどうしていいか分からず」「死にたい気持ちになった」。その後「外出恐怖」「男への身構え」「人間・男性不信」などのトラウマを負った。他に「すり寄り」「身体接触」の接触的被害の経験

をもつが、この非接触的経験によって「死にたい気持ち」になり、最も強い衝撃を受けたとしている。この事例も、被害種別の外形的厳しさの程度では、性的被害の与える衝撃の強さは一概に判断できないことを示している。

(8) 同性による「言葉の性的嫌がらせ」がトラウマをもたらすこともある。

　寮で同性の友人たちから「男遊びが激しい。男をたぶらかすのが上手い。何人もの男とやっているのでは」などと異性関係について言葉の嫌がらせを受け、さらに入浴の際に身体を観察されて「最近胸が大きくなった。キスマークのようなものがある。乳輪が黒くなった」など外見についての言葉の嫌がらせを噂として広められた女性は、「憂鬱・嫌な気持ちになり」「頭にき」「悔しく」、その後「人と話すのが億劫になり、口数が減り」「ノイローゼ気味になり」「加害者への怒りが持続・増大した」と回答している。

(9) 露出行為を中心とする「男性性器」の被害経験は子ども時代に多く、異様な恐怖感を子どもに与える。

　「男性性器」の被害は回答者の35.8％が経験していて、「身体接触」「わいせつ電話」に次ぐ多さであり、また「最も不快な・傷ついた被害経験」においても回答総数の19.6％を占め、「身体接触」に次ぐ比率の高さである。被害経験総数1,592件に占める「男性性器」146件の割合は9.2％であるが、「最も不快な・傷ついた被害経験」280件に占める「男性性器」55件の割合は19.6％に上るから、「男性性器」が「最も不快な・傷ついた被害経験」として認知される度合いは極めて高いといえる。「男性性器」の被害総数146件中の「最も不快な・傷ついた経験」として認知された比率は37.7％となる。この146件には1人の被害者が複数の経験を報告したケースも含まれているから、「男性性器」の被害を経験した「人数」を基数とすればこの比率はもっと上がることとなる。しかも、この被害は子ども時代に経験することが多く、「男性性器」の被害経験の72.4％が「高校生」以前の子ども時代に経験されている。うち2件は「小学校入学前」に経験されている。また、「最も不快な・傷ついた被害経験」として認知された「男性性器」の総数においても子ども時代の経験が77.5％を占めているのである［第8章の表2、第8章の表3、表1］。そして、子ども時代のこの経験は被害者に異様な恐怖感を覚えさせているようである。

　小学校からの下校の途中、車を止めて「家まで送ってあげる」と誘ってきた

男に下半身を見せられたことのある女性は、「異様な恐怖を感じたのを覚えている」と語っている。まだ小学校の低学年で「何がどうであったかよく分からない感じ」であるが、「あの時何かすればよかった」と今は思っている。この「何かすればよかった」との感想もこの種の被害者の多くに認められる。

（10）相手を「信頼」して被害を受けた場合、被害者はしばしば「自分に隙・誤解される態度があった」と思い込み、無用な「罪悪感」や「自己非難・自己嫌悪」を生ずる。

　お酒を飲んで気分が悪くなり、うつむきかげんで腰を掛けていると、男がやって来て、身体をくっつけてきた。別の男が助けてくれて、その男に家まで送ってもらう途中、彼に暴行を受けそうになった。この被害者の女性は、助けてくれた男性を信頼しきって彼の車に乗ったのだが、「自分に隙・誤解される態度があった」と「罪悪感」を感じている。相手を「信頼」したことが「隙・誤解される態度」と認識されているのである。その結果、男は信頼できないものとの不信感が生まれたのか、その後「男を見ると身構える」ようになってしまった。このように相手を「信頼」することが「落ち度」と認識され、その経験から男性への「不信感」が固着することは、女性にとってのみならず、男性にとっても不幸なことといわねばならない。

　大学生になって、信頼していた先輩に彼の部屋で「レイプ未遂」を受けた女性は、「腕力で抵抗」「強く拒絶・抗議」して難局を脱したが、その後「男への身構え」「ノイローゼ」「自己非難・自己嫌悪」「加害者への怒り」「薬物・アルコール依存」「人間・男性不信」など多くの長期的トラウマを背負った。この被害者も「自分に隙・誤解される態度があった」と自責感を感じている。しかし、実際は相手の男性を信頼し裏切られたということであって、「隙や落ち度」があったということではない。「信頼の裏切り」を「隙・落ち度」へと転化するのは男性社会の虚構のメカニズムであるが、このメカニズムは女性においても内在化されていて女性自身「隙・落ち度」と認識するのである。この被害者は次のように述べている。「性的被害者に対して、まだ世間は冷たいと思います。年々女性が社会に進出していますが、女性の住みよい社会のために、自らが立ち上がらなければならないと思います」。

（11）子ども時代の同輩からの「身体接触」がトラウマとして残ることもある。

「身体接触」は性的被害として最も普及率の高いもので、回答者の53.2％が体験しており、「最も不快な・傷ついた経験」の内訳比でも31.1％とトップを占めている。被害経験総数中の内訳比が13.6％であるから、「最も不快な・傷ついた経験」と認知される度合いも極めて高いといえる。被害経験中「最も不快な・傷ついた経験」と認知された比率は40.1％に上る。「痴漢行為」としてしばしば言及される「身体接触」は軽視されがちであるが、被害者にとっては重い意味をもっているのである［第8章の表2、表1］。

「身体接触」は大部分思春期以後に発生しているが、13.1％は「小学」以前に発生している［第8章の表3］。「最も不快な・傷ついた経験」と認知されたケースでは16.3％が「小学」時代に生じている。

加害者は多くは年長者のようであるが、同年齢の者からの被害の場合もある。同年齢者からの被害は、アメリカの研究者などからは abuse とは認められていず[2]、「被害」ではないかのように捉えられがちであるが、そうとは限らない。

小学生の時、クラスの男子からお尻などを触られた経験をもつ女性は、その時「恥ずかしく」「怖く」「避けて」「逃げて」「先生に相談した」が、その後「男に対して身構える」ようになり、「加害者への怒りが持続・増大」したのである。そして今「あの時何かしたらよかった」と後悔しているのである。相手が同輩であっても、力や性別などの点で権力のインバランスがある場合やはり「虐待」であり、重要なトラウマを残しうることをこの例は教えてくれる。

同じく小学生の時、校庭で掃除をしていてクラスの男子から胸を触られた経験をもつ女性は、その時「周囲に男子も女子もいて恥ずかしかった」。また「笑うだけか見て見ぬふりをする周囲にも腹が立った」。「情けなく」「嫌な気持ちになり」「頭にき」「悔しかった」。その後「自分の体が疎ましくなり」、19歳の今も忘れられず「早く忘れたい」。「自分の体が疎ましい」という感覚は女性性の否定につながる。この例も上の例と同種の意味をもっている。

（12）集団暴行が癒しがたい傷を残した例が現実に存在している。

中学生の時、憧れていた先輩と友達5〜6人に呼ばれて、友達の家に行ったところ、奥の部屋へ連れ込まれ、先輩に胸や性器を触られ、また友達に性器を見せられた女性は、その時「恥ずかしく」「情けなく」「嫌な気持ちになり」

「悔しかった」と述べ、「腕力で抵抗し」「はっきりイヤと伝え」「うまくかわして」「逃げた」が、その後「男を見ると身構えるようになり」、今も「忘れようと思うが忘れられない」と回答している。こうした集団による暴行が中学生の間に現存する事実自体驚異であるが、抑制された回答の中にもこの事件による深い傷が窺われ、集団による行為の場合男への猜疑心が一層強化されることが推定される。

　ダイアナ・ラッセルのインセスト調査でも、1人の加害者による虐待の場合かなり／極度にトラウマ的であったのは50％にすぎなかったのに対して、複数の加害者による虐待の場合それが70％に上っている[3]。従兄弟とその3人の友人からレイプ未遂を受けたヴァレリーは「男への恐怖心から満足のいく性的経験をもてなくなり、男ばかりの部屋に自分一人でいると異常に猜疑的になってしまう」と語っている[4]。

(13) 幼児期の「お医者さんごっこ」的経験が外傷経験となることもある。

　保育所時代、男の子から性器を触られた体験をもつ女性は、その時「相手も意味が分かっていたかどうか知らないが、すごく怖くて動けなかった」と述べ、その後「外出恐怖」となり、20歳の今も「忘れようと思うが忘れられない」と回答している。他にも「身体接触」などの被害経験をもっているが、この経験が最も強烈な外傷経験をなすと訴えている。しかも、当時幼児であったにもかかわらず、この事件を親に訴えていない。この例は、幼い時からの性的被害防止教育の必要と親子の性についてのコミュニケーションの大切さを示唆している。アメリカなどではこういったことについてのプログラムの開発も行われている現状がある。

(14) 和姦の場合でもセックスのあり方で外傷経験となることがある。

　「高卒後、電車で知り合った年長の男性を好きになり始めていた頃、泊まっていけと誘われた。セックスの関係になることには迷いと期待があった。そうなってもよいという気持ちがあったことは確かだが、電気の明るい光の中で襲われるようにセックスをさせられた。初めての経験なのに、体中見られ、恥ずかしい言葉を言われ、自分の性器を舐められ、また相手の性器を舐めさせられた。そして、痛いのに無理やり挿入された。とてもショックを受けた。その男とはすぐに別れた」(19歳、専門学校生)。この女性は、その時「恥ずかしく」

「嫌な気持ちになり」「怖く」「死にたい気持ちになった」。また「自分に隙・誤解される態度があったからと思った」。「逃げよう」と思いながらも「嫌々ながら表面的には受け入れた」。その後「食欲不振などの身体症状が現れ」「不眠などノイローゼ気味になり」「自己非難・自己嫌悪が生じ」「自分の体が疎ましく感じられるようになった」。今は「早く忘れたい」と思っている。この女性は次のように述べている。「私が受けたことは、厳密にいうと性的被害ではないかもしれませんが、この体験は非常に嫌なこととして、私の中にトラウマとして残ってしまいました。今も、そのように悔しく悲しい思いをしている女性がいるということは、とても哀しいことだと思う」。

　ここで語られていることは、いわゆる「ベッドの中の民主主義」の問題であり、腕力において勝る男性が、不本意な仕方で女性の自分の身体に対する権利を蹂躙し、精神的外傷を負わせる行為であったのだから、やはり「性的被害」と捉えるべきである。

(15) 被害に遭遇した時、声が出なくなることがある。

　「小学ないし中学の時、トンネルを歩いていたら男から呼び止められ、横を向いたら裸の男が立っていた。無言でひたすら逃げた。ああいう時って声が出ない」。大声を上げることは有力な戦略の1つだが、このような場合があり、また金縛り状態になることもあるわけだから、多様な抵抗戦略を日頃から身に付けておく必要がある。

(16) 子ども時代の「性的虐待」の経験は男性不信の源となる原体験をなす。

　小学4年の時、近道して林を突っ切って帰っている途中、自転車に乗った若い男から「駅はどこ」と声をかけられ、道順を教えていると、スカートの中に手を入れられたりした。払いのけようとしたが、できず、怖くなって泣き出し、「駅なんて分からない」といって逃げた。この経験の後、「外出が怖くなり」「男を見ると身構えるようになった」。21歳の今も「加害者への怒りが持続し」、むしろ「時が経つにつれて怒りが増大している」。

(17) 電車等での「**身体接触**」（痴漢行為）に対して大声を出したりして抵抗した被害者は少ない。

　高校生の時、ほとんど乗客のいない電車で、友人と3人で釣り革をもって並んで立っていると、男が友人と自分の間に割り込んできて、痴漢行為をはたら

いた。相手を避けようとしただけで、何もせず、友人たちもそのことに気づかなかった。この被害者は後で友人に相談することもしていない。

別の例で路上で受けた「身体接触」を警察に訴えたケースがあるが、この場合も被害時抵抗していない。「ノー」といえるパワーの注入が必要であることを示唆している。

(18) 性的被害に遭った場合、「自分は性的加害を誘発する特異な存在だという感情」が生じ、これが有害なトラウマを構成することがある。

高卒後、JRの中で、立派なスーツを着て、変な人には絶対見えない優しそうなおじさんが横に座って、いきなり触ってきたという経験をもつ女性は、その時「頭にき」「悔しく」「ただだだ怖く」「馬鹿にしていると思った」が、その後「男への身構え」「自分は特異だという感情」が生じ、「人間・男性不信」に陥ったと供述している。性的被害に遭ったのは自分が「特異だから」という感情は、「自信喪失」「自己非難・自己嫌悪」「自責感・罪悪感」を併発する有害なトラウマであり、このような感情をもった女性に対しては、決して特異ではないことを認識させることが肝要である。

(19) 信頼している相手からの性的被害は、信頼の裏切りであるから、外傷性が強い。

中学生の時、信頼していた塾の先生にエレベーターの中で「キス」された経験をもつ女性は、その時「恥ずかしく」「情けなく」「嫌な気持ちになり」「悔しく」「怖かった」。そして、その後「羞恥心や罪悪感が生じ」「自分の体が疎ましく感じられるようになった」。他に中学・高校時代の「性器接触」などの多くの被害経験をもつが、信頼していた先生によるこの経験が最大の外傷経験となっている。

(20) 被害者役割の内面化による被害再発の危険性の存在。

高卒後、見知らぬ人から路上で「拒んでも無理やりキスされそうになり」、「身体を触られたり」した女性は、この経験を最も傷ついた経験としているが、他にも「猥談」「わいせつ電話」「サイズ・色」「下着盗難」「外見嫌がらせ」「性的関係嫌がらせ」「2人きり」「付き合い強要」「身体凝視」「覗き」「男性性器」「すり寄り」「身体接触」「性器接触」「性交未遂」と多くの被害経験をもっている。このように多数の被害経験をもつ事例の存在は、最初の被害経験から

発する被害者役割の社会化に基づく被害再発の危険性の存在を窺わせる。被害者役割の社会化という場合、自己評価の低下が中核となるので、この点を配慮した治療的介入の必要性が痛感されるのである。

　高卒後、自転車で帰宅途中、見知らぬ若い男から路上で「オナニー」を見せられ、追いかけられて「腰を摑まれ」、自転車の荷台に乗ろうとされた女性は、他に「わいせつ電話」「サイズ・色」「下着盗難」「性的関係嫌がらせ」「身体凝視」「男性性器」「身体接触」の被害経験をもつ。なお、この経験によって「やる気喪失」「登校嫌悪」「外出恐怖」「身構え」「ノイローゼ」「体への疎ましい感じ」「怒りの持続・増大」「人間・男性不信」の長期的トラウマを受けた。「今からでも何か行動を起こしたい」といい、「私一人でこんなに被害を被っているのだから、世の中の変態野郎や痴漢を法的に取り締まるべきだと思う」と述べている。

（21）インセストの被害者は「沈黙」する。

　小学生の時、兄から時々家庭内で「パンツを半分脱がされ、性器を見られた」インセスト被害者の女性は、その時「恥ずかしく」「嫌な気持ちになり」「悔しく」、「腕力で抵抗し」「はっきりイヤだと伝え」「悲鳴をあげ泣き叫んだ」が、親にも誰にも相談しなかった。その後「体への疎ましい感じ」「恋愛・結婚への否定的な感情」が生まれた。当時被害者は小学生であったにもかかわらず、親にもこの事実を訴えていないことは、インセスト被害者の「沈黙」を立証する。「いっても信じてもらえない」「嘘つきといわれる」「お前が誘ったのだろうと責任を自己に帰せられる」「加害者の近親者を不利な状況に置くことになる」「加害者がいうなと恫喝する」「自分にも落ち度があったとの思い込み・罪悪感がある」などの理由でインセスト被害者はしばしば「沈黙」するといわれる。やはり兄から性的虐待を受けた穂積純さんも事実を親に打ち明けたのはずっと後になってからであった[5]。この例も例外ではない。

（22）同種類の性的被害であっても被害者の「傷つきやすさ」（vulnerability）などの諸要因によって深刻性・外傷性の度合いは異なる。

　たとえば、同じ「身体接触」でも種々の反応がある。

　高校時代ないし高卒後、電車の中で、見知らぬ男が、他に座る所があるのにすぐ傍に立って、すり寄って身体を触ってきたが、折よく下車駅に着いたので、

男を無視してさっさと降りていったという経験をもつ女性は、その時「憂鬱になり」「嫌な気持ちになり」「頭にき」「悔しく」、また「自分に隙、誤解される態度があったからだと思った」。その後「自信喪失」「羞恥心・罪悪感」「加害者への怒り」「人間・男性不信」が生じ持続・増幅した。今はただ「早く忘れたい」と思っている。「最低の奴だった」と述懐している。この例は比較的多くのトラウマを生じた例である。

高校生の時、見知らぬ人から電車の中で「身体を触られた」経験をもつ女性は、その時「頭にき」「逃げた」が、その後「特に変化はなく」、今も「あまり気にしていない」と述べている。「よくある電車での痴漢」にすぎないと達観している。これはほとんどトラウマを生じなかった例である。

このように同種類の被害に遭って被害者によりトラウマに差異を生じる諸要因としては、被害者の生得的ないし後天的な「傷つきやすさ」のほかに、①被害頻度、②持続期間、③強制力の行使、④被害時の犠牲者の年齢、⑤加害者の年齢、⑥両者の年齢差、⑦加害者のタイプ、⑧集団的暴行か一人の加害者による暴行か、⑨加害者への経済的依存度、⑩加害者との血縁関係の有無、などが挙げられる。他にも、初めての経験であるか否か、被害場面の状況、他の被害の付帯などの要因が考えられる。上の2つの事例の場合、前者に「これから一緒に行こう」という「言葉の嫌がらせ」の被害が付帯したことが後者よりも強い外傷をもたらした要因の1つであると推定できる。

(23) **性的被害の経験が、それを乗り越えたとき、被害者の成熟をもたらすことがある。**(ただし、このようにいうことは加害を正当化するものでは決してない[6])。

高校生の時、学校から帰り、自分の家のある団地の階段を昇っていると、中学生くらいの若い男が後ろからつけてきて「胸を揉み」「スカートの中に一瞬手を入れた」ので、抵抗して叫んだ。相手は逃げていったが、帰ってから泣いた。犯人が補聴器を付けていたとの記憶から身元が割れ、謝りに来た。その時、絶対顔など見たくなかったので被害者は別の部屋にいた。「情けなく」「怖く」「頭にき」「外出ができなくなり」「親に相談した」。その後「外出恐怖」「自己非難・自己嫌悪」「自分の体への疎ましい感じ」「恋愛・結婚への否定的な気持ち」が生じた。しかるに、この女性は「性関係が前提の付き合いではなく、お

互い高め合う精神的に触れ合う爽やかな男女交際がしたい」という趣旨のことを述べているが、これはこうした被害経験を踏まえてこその感想であろう。被害経験が男女交際についての考え方の成熟をもたらしたケースといえる。

(24) 被害事実を近親者に話すことが、苦悩を倍加することがある。

　小学校入学以前（3歳くらい）に、一人で遊んでいると、知らない男から「こちらにカブト虫がいるよ」と狭い路地に連れて行かれ、カブト虫を探していると後ろから下着の中へ手を入れられ性器を触られた。何が何だか分からないまま、「こんな所にカブト虫なんかいない」と強くいったら、男は狼狽し、その場から去った。被害者の女性は、帰ってそのことを祖母に話した。すると父母などにも知られることとなり、「どんな風にされたのか」などと深く追求され、とても恥ずかしく、悲しく、辛かった。特に祖母から「どうされたか、されたことをしてみなさい」といわれたのが辛かった。しかし、実際には言われてもしなかった。

　その時「恥ずかしく」「情けなく」「嫌な気持ちになり」「怖く」、また「自分が悪いと思った」。その後「自信喪失」「自己非難・自己嫌悪」「羞恥心・罪悪感」が生じ強まった。

　このケースはいくつかの問題を含んでいる。第1に、この事件は幼児愛者（pedophile）による事件であり、幼児期の経験が被害者のその後の人生にトラウマを残した事例である。幼児期の経験は深い精神的外傷とはならないとする説もあるが、このケースはその説の妥当性に疑義を投げかける。

　第2に、何よりも、事件について祖母に話したことが、苦悩を倍加させていることである。特に祖母による事件の再現の要求が被害者を苦しめている。性的被害の場合、相談した相手に事件について根掘り葉掘り聞かれることが被害者の心の傷をいっそう深め、告訴した場合でも、公開の法廷で事件の内容について尋問を受けることが却って被害者の傷口を拡げることになることは、よく知られている事実であるが、この事例はそのことを傍証する。このケースでは、相談を受けた近親者が、被害者のトラウマを強化する役割を演じてしまっている。専門家が、相談を受け、あるいは治療にあたるような場合でも、同様なことがしばしば生起している。被害者の心情を深く思いやる姿勢が、近親者であると専門家であるとを問わず、性的被害者への対応において不可欠であること

を、この事例は示しているのである。

　第3に、被害を受けた幼児の対応（強くいう）が、被害を相対的に軽度のレベルにとどめたことである。被害者は、今振り返って「行動を起こしてよかった」と述懐しているが、偶然とはいえ行動を起こしたことがプラスに作用したことは、被害者の対応の仕方いかんが被害の深刻度を左右する可能性を示唆している。この観点から、被害者予備軍たちへの被害防止教育の重要性が強調されねばならないであろう。

(25) 子ども時代の性的被害は、当初「性的」とは実感されず、後になって「性的」と意識されるようになることがある。その場合もトラウマは残る。

　小学2年生の時、校庭で遊んでいると、高校生らしい男がやって来て、「トイレはどこ？」と聞くので案内すると、突然女子トイレに押し込まれた。ナイフを頬にあてられ、「服を脱げ」といわれたが、イヤだと言って抵抗した。男がジーパンのチャックを下ろして何かしていたが、恐ろしいので見なかった。その時、友人が来てくれたので危機を脱することができた。それが性的なものだと思ったのは中学校入学当時であった。

　「当時小学2年生だったので、性的被害だと気づいたのは随分後からでしたが、ショックでした」。その時「憂鬱になり」「嫌な気持ちになり」「怖かった」。「やめてくれるように嘆願し」「強く拒絶し」「逃げようとした」。しかし「誰にも相談しなかった」。その後「男への身構え」が生じ、「今でも男性は苦手である」。今も「忘れようと思うが忘れられない」。この被害者は、自分に「引っ込み思案」「自己卑下」「男性不信」「罪の意識」があると回答しているが、この外傷経験の彼女のその後の人生に及ぼしたインパクトの強さが窺われる。

　セックスに対処する構えができていず、また鋭い感受性をもつ幼い子どもほど性的被害から強いトラウマを負うという説が有力である。ラッセルのインセスト調査でも、極度ないしかなりのトラウマを負ったのは、2〜9歳66％、10〜13歳58％、14〜17歳45％であり、幼い子どもにおいて外傷性が強い[7]。この被害者の場合も、当初被害の「意味」はつかめなかったが、強い精神的外傷を負っている。事件の「意味」が把握できない年齢段階での被害は外傷を残さないとの説もあるが、この説の妥当性は疑わしいといわざるをえない。

(26) 必死の抵抗をして功を奏した場合、後で抵抗したことを後悔することはない。

　高校生の頃、夜カラオケに行き、友人の先輩の友人から、帰りに車で送ってもらう途中暴行されそうになり、必死に抵抗した結果難を逃れた女性は、「怖くて必死に抵抗したので、幸い事なきを得た」けれど、その後「怖くて頭から離れず、思い出すと涙が出ていた」と述べ、今振り返って「その時、行動を起こしてよかった」「自分の意見・気持ちをはっきりいってよかった」と思っていると回答している。この例のように事件時「抵抗」した場合、そのことを後悔する事例はなく、すべてのケースで「そうしてよかった」と思っているのである。逆に、「嫌々ながらも表面的に受け入れた」り、「曖昧な対応をした」ような場合はそのことを強く後悔するのが通例である。そして、その後悔が被害によるトラウマをより深刻なものとする。よって、不幸にして被害に遭った場合、積極的に抵抗戦略を展開できるパワーの習得をめざす試みが重要となる。

(27) 和姦の場合でも、加害者の側に「秘匿」や「虚偽」や「術計・術策」があれば、性的「被害」の意味をもつ。

　高卒後、10歳年上の好きな人と飲みに行って、その人の家でゴロ寝していると、手を引っ張られ胸など触られ、キスもされた。その時は好きだから仕方ないと思ったが、後で彼には恋人がいることが分かった。「彼女がいるのにそういうことをする男の人が何だか嫌いになった。また、私ももっと抵抗すべきだったし、軽はずみな行動をとってしまったことを反省している。」

　その時「恥ずかしく」「憂鬱になり」「自分に隙・誤解される態度があったからだと思った」。そして「嫌々ながらも表面的には受け入れた」。その後「自己非難・自己嫌悪」「男性不信」「加害者への怒り」が生じ増幅した。今振り返ると「あの時何かすればよかったと思い」「曖昧な対応をしたことが悔やまれる」。「忘れようと思うが忘れられない」。自分には「しばしば憂鬱になる傾向」「男性不信の傾向」がある。

　他に「高卒後、妻帯者の男性からキスされ、胸を触られた」経験、「高校時代、友人と街を歩いていて奥さん同伴の子供を抱えた男性からお尻を触られた」経験などをもつ。

　この事例の場合、当初は和姦であったが、相手にステディな交際対象がいる

ことが分かった時点で「性的被害」に転じている。この種の性的被害の場合、「だまされた」という意識が随伴するため「相手への怒り・不信感」、その延長としての「男性不信」が生じやすい。また、和姦の要素が強かったために「抵抗が欠如」し、「抵抗すべきだった」「曖昧な対応をしたことが悔やまれる」との後悔が伴う。さらに、加害者の「術策」にはまったとの思いが付随するため「軽はずみな行動をとってしまったという自責感」や、「術策」にはまったのは「自分に隙・誤解される態度があったから」との自罰観念も生まれやすい。これは「自己非難・自己嫌悪」につながる。これらが総合して「忘れようと思うが忘れられない」、「しばしば憂鬱になる傾向」を惹起する強烈なトラウマを構成するのである。

Ⅳ　むすび ——被害者たちの叫び——

　アンケートに回答していただいて、感じたこと、抱いた意見などを記入してもらったところ、多くの貴重な感想・意見が寄せられた。それらのいくつかに言及しながら、「むすび」としたい。

(1) とりあず相談機関を！

　「性的被害を受けたことのある人はかなり多くいると思います。そして、こういうことは公にできず、独り身体的にも精神的にも傷ついていると思います。早く良い解決策が生まれることを望みます。まずは、誰でも気軽に相談できる、プライバシーの保持を原則とした相談機関ができればと思います」〔20歳、専門学校生、最も傷ついた経験は「キス」〕。性的被害の蔓延およびそれによる外傷の深さを直観し、被害者の孤独とそれ故の援助の必要を訴えた意見である。「とりあず相談機関を！」と訴えているが、被害者への援助に向けて多角的な取り組みがなされることを要望した意見であると思われる。

(2) 子どもを性的被害から防ごう。そのために社会的認識の拡充を！

　「被害者の女性にとって必要なことは、勇気をもって訴えることができることです。私が被害を受けたのは中学生のときでしたが、小学生段階で性的暴行を受ける子どももいます。適齢期にある女性の問題としてだけでなく、子どもを守ることができるように、親・教師などみんなに認識をもって欲しいと思い

ます（みんなが認識をもっていてこそ被害を訴えることも容易になると思う）」〔24歳、専門学校生、最も傷ついた経験は「中学生のときの性器接触」。他に、高卒後の「身体接触」「キス」など〕。ここでは「勇気をもって訴えることができること」、「子どもを守ること」、「社会的認識の拡充」の重要性が説かれている。

(3) 被害者の立ち直りに理解と支援を！

「性的嫌がらせを受けた場合、その人が立ち直ろうと前向きに取り組んでいこうとする時、周囲がその人を受け入れることのできる状態か、もし受け入れることのできない状態なら、それをどうすればよいのかなどの問題にも取り組んでほしいです。もっと重要視されるべきはずの問題がまだまだそれほど取り上げられないのは、本当に悲しい事実です。この事実が改善されるように、私自身も考えなければならないことがたくさんありますね」〔19歳、専門学校生、最も傷ついた経験は「高卒後、先輩からトイレでわざと2人きりになろうとされたこと」〕。ここでは「性的被害の問題が社会的に取り上げられることの必要」および「被害者の立ち直りへの理解と支援の必要」が訴えられている。

(4) 性教育の充実を！

「最近のエイズ問題で、日本人の性知識がいかにないかということを強く感じました。性教育の改善をするべきだと思う。痴漢などに関しても、やはり泣くのは女性ばかりで、あまりにひどすぎる。抵抗する行動をとらなければと本当に思います」〔20歳、大学生、最も傷ついた経験は「思い出したくもない」。時期は「覚えていない」。その被害を受けた時「嫌な気持ちになり」「頭にきた」。「腕力で抵抗し」、今「抵抗してよかったと思っている」が、「早く忘れたい」。「わいせつ電話」「男性性器」「すり寄り・寄りかかり」「身体接触」の経験をもつ〕。「性的被害者はいつも女性で男性加害者へ甘い社会状況」への痛烈な批判があり、女性の抵抗による自衛が訴えられている。そして、「性教育の充実の必要性」が説かれている。「思い出したくもない」被害経験から湧き出た批判であり指摘であろう。指摘のとおり、性的被害が多く男女間の権力の不均衡から生じている現状から、その点まで視野に入れた human sexuality education としての「性教育」はこの問題の解決のために不可欠の一要素であろう。

(5) 女性自らが自分の問題として行動を！

「自分はたいした被害を受けてはいないけれど、友達の話や周りの人たちから聞いたことでもレイプなどの事件が何件かあり、それを考えると全国には数多くの被害者がいると思われます。また、ＨＩＶ感染者からレイプされたばかりにエイズに感染するといったこともあると思います。また、レイプなどの行為を挑発するようなビデオ・雑誌など発行すべきではないと思う。性的被害者の多くは女性です。一生心に傷をもって生きていかなければなりません。他人事とは考えず、これから自分自身にふりかかってくる問題だと考え、行動すべきだと思います」〔19歳、専門学校生、最も傷ついた経験は「わいせつ電話」〕。この問題の解決は、女性自身の行動と運動に基底的には依存していることの指摘であろう。

「最近は性交渉について、雑誌やテレビで堂々といわれている。女性もいいたいことがいえるようになったのはとてもいいことだと思う。性的被害を受けるのは女性であるし、解決するためには女性が立ち上がるべきだと思った」〔19歳、大学生、最も傷ついた経験は「わいせつ電話」〕。

「私も女性の性の問題に非常に関心があります。性的なことで嫌な目にあった女性も潜伏しているだけで、実際は多いかとも思います。この前、性的嫌がらせを受けた元 OL が、実名を出して裁判を起こすことを新聞で見ました。まだ世間は冷たいと思いますが、頑張ってほしいと思います。年々、女性が社会に進出していますが、女性の住みよい社会になるよう、自らが立ち上がらなければならないと思います」〔21歳、大学生、最も傷ついた経験は「高卒後、先輩による性交未遂」。他に多くの被害経験をもつ〕。いずれも上と同様の指摘である。

(6) 女性も自衛対策が必要！

「ついこの間もバスで痴漢にあいました。やはり男性と女性の性的な違いから、特に女性が不利な立場に立たされることが多いとつくづく感じました。女性は、その対処のための対策を考え、日頃から気を引き締めるべきだと思いました」〔20歳、大学生、最も傷ついた経験は「高卒後の男性性器」〕。「警察に頼るだけでなく、自衛をしっかりやっておくことが大切である」〔20歳、大学生、最も傷ついた経験は「高卒後の男性性器」〕。女性の自衛対策は、問題の根

本解決にはならないが、必要であることは間違いない。防止教育でも、護身術などは重視されているようである。

(7) 解決困難な問題である。しかし前進を！

「このようなアンケートを行って少しでも良い方へ向かえるようにされるのもよいことでしょうが、はっきりいって、いくら解決しようと思っていても、この世には男と女しかいないわけですし、完全に解決することは無理だと思う。また、性欲は人間が生きていく上でのニードの1つであるから、（このような問題の解決は）難しいと思った」〔20歳、専門学校生、最も傷ついた経験は「身体接触」〕。わが国の場合この種の問題は構築され始めたばかりの段階であり、この段階で解決不可とか可能とかの判断は留保されるべきである。ただ、社会構造的要因が背後にあるかぎり、言われるとおり、解決困難な問題であることは確かである。しかし、だからといってこの問題が、従来どおり放置されてなすにまかされることでよいとはならない。この意見の場合も、解決の難しい問題との認識に立ちながらも、施策や努力によって少しずつでも前進・改善のなされることを嘱望する気持ちが込められているものと解したい。

(8) **女性も自覚を！　無防備であってはならない。**

「（性的被害経験については）他人の話でもいいにくいと思うけど、自分のこととなるとほとんど口にするのがタブーになっている部分だとつくづく感じた。私ははっきりいうタイプで、困って悩みまくったということはなかったけれど、好きでもない人に迫られてキスをされたとか、そういうことがあったとき、自分が好きな人を裏切ったとか、汚れたとか、（自己）嫌悪感が強まったのは確かであった。

性的被害を女性が受けるというのも場合があって、全て相手（男）が悪いとは最近は思わない。いい加減なことをしている女性が増えているのも間違いなくて、そんな人たちまで自分のことを棚に上げてセクハラと叫んでいると思うと、一体どこまでをセクハラというのかと疑問に思う」〔23歳、専門学校生、最も傷ついた経験は「妻帯の知人の男性から抱きつかれキスされ耳の辺りを舐められた経験」〕。

「セクハラを受ける人にはそれなりの隙があるのではないでしょうか。人というものは、自分がしたことなのに、他人のせいにして被害意識を持つことが

多いのです。なぜそういうふうになったのかというところを考えてもらうべきなのではないでしょうか。

『やらせる』という言葉がありますが、それがいいのか悪いのか、単にその人が性交渉が好きなだけであったら、他人がどうこういう問題ではないのではないかと私は思います。セックスで相手の責任を問うのは間違いです。自分自身の行動によって起こるものですから責任は自分自身にある、と私は思います」〔19歳、専門学校生、最も傷ついた経験は「高卒後、見知らぬ人からの身体接触・キス」。「性器接触」「性交未遂」など多くの被害経験をもつ〕。

別の質問項目で最も傷ついた被害時の感想を尋ねたところ、「自分に隙・誤解される態度があった」という回答が、内訳比で3.0％、回答者総数中の比率で7.9％あった。そのほとんどすべてのケースが「自分に隙・誤解される態度があった」のではないのにそう思い込み自罰・自責の念にかられているケースであった。性的被害において被害者の側に落ち度や隙があったと、被害者に責任を帰する見方は男性社会のイデオロギーであり、もし「被害者」の側の責任で生じた事件であれば、それは「被害」とはいわない。このイデオロギーは女性のパーソナリティにも内面化していて、被害者の責任を問う姿勢は男性に限定されない。このことは、被害者が自らの責任を問う姿勢につながる。上の2つの意見は、そうしたイデオロギーの表出なのか、あるいは「被害者」の側の責任で生じた「被害」ならざる事件のことをいっているのか。むしろここでは、被害者の側に無意味な自罰・自責の念を惹起することになりかねない女性の無自覚・無防備を戒めた意見であると解釈したい。加害者にその無自覚・無防備に付け込まれ、結果生じた性的被害を「自分のせい」と自罰観念にかられる愚直さは回避されねばならない。

(9) **男女平等社会の確立・女性の権威の向上を望む！**

「もっと自己をしっかり持たなくてはいけないと感じました。自分（一般の女性）がしっかりしていても被害を受けるということは多分ありますが、最近は性に対するしっかりした考えを持たず、正しいことを知らないで、自分の方から（身体を）開いていくといった女性が増えてきているように考えます。マスコミの影響などからか、若年層も多くの情報を得ることができ、それが多いため性の興味が間違った方向に走るということもあるのではないでしょうか。

まだまだ女性は弱い存在で、何に関しても男性より下にいるものだという考えがあると思いますが、男女平等に何でもできるようになれる社会になればいいなと考えます。また、被害を受けた場合、かなり自分の中で隠し苦しむという場合が多いと思います。たしかに性のこととなると羞恥心もあり、他人に打ち明けるというのは勇気のいることだと思います。もっと相談のできる機関ができたり、それ以上に周りに相談できる人がいればいいなと思いました。今、学校（小学校〜）で性の教育がされていますが、多くの情報により誤った方向に行かないように正しい教育がなされてほしいと思います」〔18歳、専門学校生、被害経験なし〕。

　「今まで自分の受けた性的被害が嫌でたまらなかった。そして、友達にいうくらいではすっきりせず、余計に腹立たしく思え、自己嫌悪にも陥った。今日の社会では、女性というだけで地位が低すぎると思う。男女平等・無差別な社会が1日も早く来てほしい。性的被害を受けた人は男性恐怖症になりやすいと思いますが、世の中には良い男性もいっぱいいますので、（女性の方は）1日も早く素敵な人を見つけて下さい」〔20歳、専門学校生、最も傷ついた経験は「中学生の時の男性性器」。被害経験はこれのみ〕。

　「日本は法律上男女平等と唱えられているが、現実的には女性に対して差別があると思います。そのためにセクシュアル・ハラスメントという問題が起こっていると思うので、あらゆる面において男女平等の社会を国民一人ひとりが作りあげていくことが、これからの日本にとって必要であると思います」〔20歳、専門学校生、最も傷ついた経験は「高校生の時の男性性器」〕。

　「今は『セクハラ』といってよく騒がれています。男女平等とはいえ、色々なところで差別とかあります。そのへんのところは、やはり何か手を打たなければと思う」〔19歳、専門学校生、性的被害については記入なし〕。

　「日本の古い、女性は男性より一歩下がって……という習慣は、やっぱり今でも残ってるんじゃないかと思います。それでも自分が嫌なことは嫌だし……。まして、それなりの愛情を感じられない相手からの嫌がらせに対してまで一歩下がらなければならないのは、悲しいことです」〔21歳、専門学校生、最も傷ついた経験は「わいせつ電話」〕。

　「女性にとっての性的被害は、男女差別にもつながっているような気がする。

今の社会の中で、このようなことが起こっていることをもっと男性に知ってもらいたい」〔19歳、大学生、被害経験なし〕。

「性に関するプライベートなことなので、アンケートをとっても、それが真とはいえない部分もかなりあると思います。しかし、そこを本当の気持ちで答えることでお役に立てればうれしく思いますし、女性の権威を向上させるためにも、そうしなければならないと思います。本来、女性の問題というよりも、人間として捉えるべき問題なのではないでしょうか？」〔19歳、専門学校生、被害経験なし〕。

男性による女性に対する性暴力の場合、男女間の権力の不均衡が基底にあることはいうまでもない。以上の意見はいずれもそのことを実感し、女性の立場から鋭く突いたものである。基本的にはまさにこの意味で、性的被害の問題は社会問題なのである。

(10) 男性の女性観の変革を熱望する！

「アンケートはそれはそれでよいけど、決して今ここで何をいおうが、女の立場を分かろうとしない男がいる限り、（女性の性的被害の問題の解決は）無理と思う。もっと男の考える女性の性についての見方を罪深きものとしてほしい。（女性の性についての男の考え方を罪として罰を与えるような）法律を作るべきだ」〔18歳、専門学校生、「性交」・「性交未遂」以外の全被害経験をもつ。最も傷ついた経験は「中学生の時のキス」。「レイプ」の見聞ももつ〕。

「性的被害については、（性的被害を与えるような）男性の持つ女性観を変える必要があると思う」〔19歳、大学生、性的被害は「わいせつ電話」のみで、最も傷ついた経験は記入なし〕。

「私の受けた被害はまだまだ軽いものだろうけど、間違いなく現在の潜在的な男性不信の１つの原因になっている。どんなに女性が傷つくか、それが分からないし、分かろうともしない男性は、きっと多いのだろう。そういうのって本当に最低だと思う」〔18歳、大学生、最も傷ついた経験は「高卒後の身体接触」〕。「男性が女性を見る目を変えなければこういう被害はなくならないと思います」〔20歳、大学生、最も傷ついた経験は「高卒後の満員電車でのすり寄り」〕。

いずれも男性の女性観の変革を熱望する意見である。男性の女性観は、現在

の社会構造と裏腹の関係にある。だからその変革は容易なことではない。女性による行動・運動と男性自身の自己改革の努力がやはり基本であろう。

(11) 被害者の気持ちを理解し、彼女たちを支えるネットワークを！

「被害を受けた人はかなり多いと思う。このことをみんなに知ってほしい。被害を受けた人だけ嫌な思いをするのでなく、みんなが分かってほしい。女だけでなく、男にも嫌な思いをしてほしい」〔19歳、専門学校生、最も傷ついた経験は「高校生の時の中年男性によるレイプ未遂」。他に「後をつけられた」「見知らぬ人からホテルに誘われた」「ストレートにセックスしようといわれた」「車に乗せてあげようと魂胆みえみえにいわれた」などの多くの被害経験をもつ〕。この意見の女性は「レイプ未遂」をはじめ多くの被害を受けている。深刻な被害からは独力では立ち直れないといわれる。深刻な被害の経験者にとっては理解と支援のネットワークが必要である。訥々とした言辞ではあるが、この女性はこのことを訴えたかったのだと思う。

(12) 性的被害者への社会の偏見⇨被害者の沈黙⇨問題の未解決という仕組み・メカニズム・連環を断つことこそが問題解決への基本である！

「雑誌やテレビを見ていても、レイプされた（犯された）ということが多い。これは男性の情緒的不安定の状態や、性欲を抑えられないということにより起こるものと思われる。が、その原因として考えていくと、社会的なことや、女性側においてのこともあげられると思う。例えば、①女性自身、プライドが高く、仕事一筋に生きるという考えが多くなり、性交がない（悪い言い方では、させない）。②女性が男性の性欲を高めるような行動をとったり、格好をする。③性意識・性教育の1つといえども、ビデオや雑誌など性交に関する限度を超えたものが発売されている。④性交のみに頭がいき、その土台となる基礎が理解できていない（性病・妊娠などの問題を考慮せず、快感のみを求める）。愛がない性行為が増えているということ。⑤レイプなどに遭っても、恥ずかしいと、自己の中だけで思い悩み、中絶するなどして、相談や機関を利用することがない。⑥親子内での会話がない。⑦社会を全般的に見ても、「あの子がレイプされた」という事実が伝えられても、ただ可哀相、いやだ、どういうふうにされたのかなど、ただ興味本位に聞いたり考えたりする。また、自分は気をつけようと、自己のことのみ考えたりなど、被害を受けた子自体を偏見の目で見

たりして、解決しようとはせず、また、その周囲の目により、レイプされた子はまた更に自己の中で思い悩み、表沙汰にせず、一向に解決しないという仕組み・過程になっているのではないかと思う」〔20歳、専門学校生、最も傷ついた経験は「高卒後、同性の同僚から性的関係や外見についての言葉の嫌がらせを受けたこと」。他に「身体接触」「キス」など多くの被害経験をもつ〕。上の陳述には、性的被害をめぐる加害者、被害者、女性の側、社会の問題について貴重な指摘が含まれている。要点は、性的被害者への社会の偏見⇨被害者の沈黙⇨問題の未解決、という仕組み・メカニズムへの糾弾であろう。この悪しき連環を断つこと、すなわち「社会における犠牲者に対する深い理解・同情・思いやりの態度・姿勢」と「被害者が沈黙を破ること」とが問題解決への基本をなすものであろう。

(13) 性的被害の経験は親にも話せない。それは、女性の一生を狂わす秘められた外傷性である！

「最近は私も気が強くなり、いわゆるチカンの手に爪を立てることぐらいできるが、昔の私は外見も女の子っぽかったので、よく被害にあっていた。いつも悲しい思いをするのは女性で、そのために一生が狂ってしまう場合だってある。私の小学生の頃の経験は、私の中の思い出したくないところで、このことは親にも言っていません。私の中だけにしまい込んでいた部分です（今、とても悲しい気持ちになっています）。私のこの経験を書くことが、少しでもお役に立てればと思います」〔20歳、大学生、最も傷ついた経験は「小学生の時の性交未遂」。他に「高校生の時の身体接触」などの被害経験をもつ〕。性的被害経験のもたらすトラウマは、親にも話せない秘められた精神的外傷（secret trauma）である。それは場合によっては女性の一生を破綻させる。短い文章の中に、「小学生の時の性交未遂」の経験から滲み出た痛烈な訴えが込められている。

(14) 性に関してオープンに語り合える開かれた親子関係・家族・社会の構築を！

「改めて、両親と性についての会話が今まで一度として無かったという情けなさを痛感した。いまだに『オトコ』の『オ』の字も口に出しづらい。このことは、とても悲しいことです。私のアンケートへの回答が、これからの正しい

性教育、性について気軽に親と話し合うことのできる社会を作っていくための役に少しでも立つなら幸いです。『どうして子どもができるの？』という子どもの素朴な疑問に堂々と答えられる親になるよう、そしてそういう社会になるよう、私もできるだけのことはしていくつもりです。それから、小さい頃は勇気がなくて、変態によく引っ掛かってたけど、これからはセクハラが敵なので、勇気をもって拒否していくつもりです」〔20歳、大学生、最も傷ついた経験は「小6の時の身体接触」。他に「わいせつ電話」などの被害経験をもつ。いずれも親に相談していない。小学低学年の時の「わいせつ電話」では、母親から誰からか聞かれ、恥ずかしくていえずにいると、母親の口調がきつくなり、泣き出した経験がある。このことは未だに母親に伝えていない〕。性について語ることのタブーはとりわけわが国において強い。親子の間においても例外ではない。被害を受けたとき女性にとって必要なことの第1位に挙げられたのは「身近な相談者の存在」であったが、親子の間に日頃性に関する会話が欠如しているわが国の家庭では親もまた「身近な相談者」になりえない。被害者は、誰にも相談できず一人思い悩み、秘められた外傷は深刻な後遺症を形作っていく。母親から聞かれてもいえなかった経験をもつこの被害者は、それが親子間に日頃から性に関する会話が欠如していたことに由来したものであることを実感し、性についてオープンに語り合える開かれた親子関係・家族・社会の構築の必要を説いているのである。

(15)「被害の受けやすさ」は親子関係の中で形作られることがある！

「世の中の男性は、お酒を飲むと理性を失うのではないかと思えてなりません。私自身とても寂しがり屋なので、優しくされるとついて行きそうになります（今ではそんなことはありませんが……）。もっと男も女も強くならなければと思いますし、親の育て方にも問題があると思います。私は母から怒られてばかりでしたので、優しくされたいという気持ちが人一倍強いような気がします。このアンケートが少しでも役に立つことをお祈りします」〔20歳、大学生、最も傷ついた経験は「高卒後の見知らぬ人による性交未遂」〕。ジャスティス夫妻は、インセスト加害者の支配的性格類型を、親子関係の歪みの中で形成される、強い愛情飢餓状態にある共生的性格（symbiotic personality）と見、またインセスト犠牲者の場合もそうであることが多いとしている[8]。このことはイン

セスト以外においても妥当することがある。この女性は、子ども時代母親から怒られてばかりであったため愛情欲求が強く、優しくする男性の誘惑にのりやすいことを告白している。性暴力の責任のすべては加害者が負うべきであるが、その標的にされやすい女性の性格類型というのがやはりあるのであろう。そして、そうした性格類型は親子関係・親のしつけ方の中で形作られることがあるのである[9]。

(16) **性的被害は、思い出すだに苦痛な経験である！**

「アンケートに答える度に何となく嫌な気持ちになっていった」「書きながら嫌な気分になった」「忘れかけていた嫌なことを思い出してしまった。でもこういうことはよいことだと思います。頑張って下さい」「不快なことを思い出して不快だった」。これらの言葉は、性的被害が、思い出すだに苦痛な経験であることを示している。

(17) **アンケートの結果を有効に活かし、女性の性的被害の問題で前進を！**

「たった１人のわずかな意見ですが、集めるとかなりの意見が飛び交うと考えます。この集めた意見を必ず無駄にしないで下さい。何かの形で残り、かつ良い結果を残し、今後の対策を立てて働きかけをして下さい。御苦労様です。頑張って下さい」。

「きちんとした統計を出していただいて、今後性の問題に対して役立てていただきたいと思います」。

「統計を出して解決策などを立てて実行することは難しいと思いますが、頑張って下さい」。

「女性の性的被害について、こんなに考えてアンケートを作って頂いた事に嬉しく思う」。

「このアンケートを何のために利用されるのかというはっきりとした目的と、このアンケートがどのように活用されるのかということを明確にして頂きたいと思います。また、実態を把握してただ結果を出すだけでなく、性被害を防止するという最終目的に対して、このアンケートの結果がどのような役割を果たすのか、有効に活かすとはどのように活かすのかを出来るだけ具体的に明記して頂きたいです。時間と労力がかかることとは思いますが、問題解決のために、調査者としては何ができるのかを見つけ出して、考えて頂きたいと思います。

そして、その結果を報告して頂ければ、アンケートを行った意味というものが明確化するのではないかと思います。大事な問題であると思うので、力を入れて取り組んで頂きたいです」。

「これが"アンケート"だけに終わらず、女性の性問題として社会に発展し、取り上げられていってほしい」。

「協力させてもらってよかったと思ってます。頑張って調査結果を出して下さい」。

「私のような小さな嫌がらせだけでなく、もっと大きく傷ついた経験を持っている人はたくさんいると思います。そういう女性たちのために、全てが解決の方向に向くことができなくても、ぜひこのアンケートを役立てていってほしいと思います」。

「私はそれほど重大な被害に遭ったことはないから、このアンケートに答えることは、それほど心を痛めるといったことはなかったけど、深く傷を負っている人とかもいると思う。そういう人は、とても答えることが辛かったと思う。そういう人は勇気をふりしぼって書いたと思うから、そのためにも、今後に有益になるよう、このアンケートを利用して下さるようにして頂きたいと思う」。

「率直すぎて困った。どこまで書こうかと悩んだが、性的被害が少しでも減ればいいと思っている。女性は守られるべきだ。有効に資料として使ってほしい」。

「このアンケートに記された内容は私にはあまり関係の無いことですが、実際触れて欲しくない人もいると思います。それを深く問われた以上、有効にこのアンケートの結果を活用し、深刻な問題として、いつまでも使って欲しいです」。

「やはりこうしてアンケートに答えたからには、何らかの向上があってほしい。ただのアンケート調査にしてほしくない」。

「実際に私は性被害を受けたことはありませんが、あらゆる人がいろんな被害を受けていると思うと怖いです。私はあまり性意識がないですけど、このアンケートによって、性被害が減っていけば良いと思います」。

「私は社会学研究室の方々が真面目に取り組んでいるのが分かり、それがひしひしと感じられたので、私は正直に答えました。このアンケートがどういう

形で出てくるのか分かりませんが、でき上がったら、それを見せてもらいたいと思いました」〔調査結果を回答者にフィードバックして欲しいとの意見は他にも沢山あった〕。

「私の経験が何らかの形で活かされるのでしたら、と協力させて頂きました。頑張って下さい！」。

以上の意見・感想はいずれも、調査の結果を有効に活かしてこの問題で何らかの前進があって欲しいとの願望・要望の表明である。これは即ち、多数の潜伏した性的被害者がいる現状がある反面、問題解決の糸口が摑めない苛立ちとやり切れなさが、本調査への期待となって表れたものと解することができる[10]。被害経験のある者もない者も、自分の受けた被害を深刻と考えている者もそうでない者も、すべての女性が、問題の根の深さと重大さを予感しつつ、何をいかにすべきか考えあぐね、焦燥感と無力感にさいなまれているのである。

＊　　＊　　＊

本調査で約9割の女性が性的被害の経験をもつことが明らかとなった。性的被害は現代の日本社会に瀰漫しているといえる。性暴行だけではない。ブルセラショップ、女子高生売春、ポルノグラフィ、アダルトビデオ、ポルノコミック、性的逸脱など性の歪みは現代日本社会の重大な社会病理となっている。

成熟社会を迎えた現代日本社会は、欲望充足こそ「善」とする Affectivity の価値志向が、欲望の抑制・規律を強調する Affective Neutrality の価値志向に優越するに至っている（T. パーソンズ）[11]。性的欲望を含め一切の欲望が解放された社会である。折しも規制緩和の風潮は性の世界にも浸透し、たちどころの充足を求める性的欲望は、性的無規範状態の中で、社会的ブレーキの無効力によって肥大化の一途をたどっている（E. デュルケーム）[12]。この性的無規範状態は、欲望の亢進に歯止めをかける「道徳的規範」の欠如だけでなく、欲望充足の仕方・手続きを規定する「制度的規範」の衰耗状態をも含む（R. K. マートン）[13]。欲望達成の見込みのある手段ならどんな手段でも許容さるという制度的手段の衰耗状態である。こうして、「道徳的規範」の欠如によって肥大化した性的欲望は、欲望充足こそ「善」とする価値状況の中でその抑制の志向を欠いてたちどころの充足を求め、「制度的規範」の衰耗状態の許で非制度的・逸脱的手段に訴えることとなる。この結果が、性的被害の瀰漫でありその他の

性的逸脱の蔓延であろう。したがって、この状況の克服は、基本的には、Affective Neutralityの価値志向の強調、「道徳的規範」の復権、「制度的規範」の回復にかかっている、ということになろう。

【注】

1）石川義之『性的被害の実態―大学生・専門学校生調査の分析と考察―』島根大学社会学研究室、1995。
2）たとえば、Finkelhor, D. のISPCAN国際シンポジウム「児童虐待への挑戦」（上智大学10号館講堂、1994.9.16）での発言。
3）Russell, E. H. D., *The Secret Trauma*, Basic Books, 1986, p.154.
4）*Ibid*, p.95.
5）穂積純『甦える魂―性暴力の後遺症を生きぬいて―』高文研、1994。
6）性的被害の経験が被害者の成熟をもたらすことがあるとの記述は、だから被害を経験することは良いことだということを決して意味しない。FLC研究所長の村本邦子氏は筆者への私信で次のように述べている。「困難を乗り越え成熟へと転換させる力強い人びとは性的被害に限らずいるものだが、彼女たちのエネルギーが被害のダメージを乗り越えることに注ぐ必要がなかったとすれば、どんな創造的なことに使えただろうか。」
7）Russell, E. H. D., *op. cit*., 1986, p.151.
8）Justice, B. & R., *The Broken Taboo: Sex in the Family*, Human Sciences Press, 1979.
9）ちなみに、この性格類型は、人格を作る前に性的虐待を受けた結果としても形成される。性的虐待の結果として形成された類型が性暴力の標的とされ再度犠牲者となる。これは性的被害の悪循環のメカニズムの1つである。
10）「被害経験を文章にして書くことは辛いことである。この書くことの苦痛ゆえの期待という面も無視できないであろう。」村本邦子［筆者への私信］。
11）Parsons, T. & Shils, E, A., eds., *Toward a General Theory of Action*, Harper & Row, 1951.
Parsons, T., *The Social System*, The Free Press, 1951.
12）E. デュルケーム、宮島喬訳『自殺論―社会学研究―』中央公論社、1985。
13）R. K. マートン、森東吾・森好夫・金沢実・中島竜太郎訳『社会理論と社会構造』みすず書房、1961。

第 10 章
性的被害およびその影響の実際
大阪コミュニティ調査の統計分析

　筆者は、大阪の女性ライフサイクル研究所（村本邦子所長）および関西の大学院生との協力のもとに、「女性のトラウマを考える会」を結成、1999年から2000年にかけて、この組織の主宰で、関西圏に在住の女性を対象に、女性が受けた性的被害の実情を探り、被害者に対する援助の方法を模索するために、無作為抽出法（random sampling）によるコミュニティ調査を実施した。

　関西圏の都市部（大阪市）と農村部（大阪府、京都府、兵庫県、奈良県、和歌山県の郡部）とにおいて、前者からは18〜54歳の女性約3,000人、後者からは20〜54歳の女性約2,000人を抽出、両者に共通の調査を実施した。

　調査法としては、自計式調査票法による郵送調査（＝アンケート調査）と他計式調査票法による個別面接調査（＝インタビュー調査）の2種類を実施した。後者は、前者の無作為標本調査に随伴するもので、前者でインタビュー応諾者を募り、協力申し出のあった者について、予め準備した調査票に基づいて実施した。

　本稿では、うち都市部（大阪市）調査におけるアンケート調査について、その統計分析結果のエッセンスを報告する。

1　調査実施と分析方法の概要

(1) 調査対象者：大阪市在住の18〜54歳の女性、約3,000人

(2) 標本抽出法：無作為抽出法（系統抽出法）
(3) 調査方法：調査票法（自計式調査票法）による郵送調査法
(4) 調査期間：1999年5月17日～25日
(5) 有効回答数・回答率：506件（16.799％）
(6) 調査項目：デモグラフィック要因、心理的損傷状態、性的被害経験、最も傷ついた被害経験、PTSD症状、否定的生活経験、社会的対応
(7) 統計分析手法：カイ2乗検定、T検定、因子分析、分散分析、重回帰分析、ノンパラメトリック検定（クラスカル-ウォリスのH検定）
(8) 使用統計ソフト：SPSS 9.0, Excel 97

2　性的被害に遭った経験

Q2　以下のような性的被害に遭った経験の「ある」「ない」、および、「ある」場合は、その被害を受けた時期（子ども時代［0～17歳］だけ、成人期［18～54歳］だけ、両方の時期とも）を尋ねた。

A　性的な意味合いを含む言葉での嫌がらせや、からかいを受けた。
B　衣服を着替えているときや、入浴中などを覗かれた。
C　男性の性器や裸、また自慰行為（マスターベーション）を見せられた。
D　男性にしつこくつきまとわれたり、あとをつけられたりした。
E　無理やりにキスされた。
F　男性の性器、お尻、肛門などを触るように強制された。
G　お尻、太もも、脚を触られた。
H　衣服の上から乳房や女性性器（ヴァギナ）を触られた。
I　（衣服の上からではなく）直接に、乳房や女性性器（ヴァギナ）を触られた（触られそうになった）。
J　性器や肛門に指や物を入れられた（入れられそうになった）。
K　オーラルセックス（口と性器との接触）をさせられた（させられそうになった）
L　性器での性交（ペニスをヴァギナ＝膣に挿入するセックス）をされそうになった。
M　性器での性交を実際にされた。
N　以上に挙げた被害以外の性的被害を受けた。（「ある」場合は、よろしければ、被害の内容を具体的にお書きください。）
O　過去に何かの性的被害に遭ったことは確かだが、いつ、誰からどのような被害を受けたのか具体的には思い出せない。

表2 性的被害に遭った経験 — 全体集計

性的被害の有無（全体）

	度数	%	有効%
A〜Oいずれかの被害あり	402	79.4	79.6
被害なし	103	20.4	20.4
無回答	1	0.2	—
合計	506	100.0	—

被害を受けた時期（全体）
―子ども時代のみ・成人期のみ・両時期別―

	度数	%	有効%
子ども時代のみ	59	14.7	14.8
成人期のみ	114	28.4	28.6
両方の時期有り	225	56.0	56.5
無回答	4	1.0	—
合計	402	100.0	—

(1) 単純集計

(1)-1 性的被害の経験率：79.6％［表2、上段］。

(1)-2 被害時期：「子ども時代のみ」14.8％、「成人期のみ」28.6％、「両時期」56.5％［表2、下段］。

(1)-3 被害種類別経験率：「お尻などへの接触」60.7％、「衣服の上からの性器等への接触」46.4％、「露出行為」44.7％、「言葉での嫌がらせ等」37.9％、「つきまとい」22.9％、「キス」20.4％、「覗き」19.0％、「直接の性器等への接触」16.6％、「回想不能」13.2％、「接触強制」10.5％、「肛門などへの指等の挿入」8.1％、「その他の被害」6.9％、「オーラルセックス」6.1％、「性交未遂」5.1％、「性交」3.2％［表1］。

(2) クロス集計

(2)-1 子ども時代（子ども時代のみ＋両時期）の性的被害経験と現在の年齢との関係

　子ども時代に受ける性的被害は、性的虐待（child sexual abuse）であるが、そのような性的虐待を子ども時代に受けた経験を、大人時代のみの被害経験との対比において、現在の回答者の年齢とクロスさせたのが、表3である。この表を見ると、性的虐待の比率は、ほぼ現在の年齢が若いほど増加している。し

表1　被害種別経験率 ―降順―

単位：%

		ある	ない	無回答	合計
G	お尻、太もも、脚を触られた	60.7	38.3	1.0	100
H	衣服の上から乳房や女性性器を触られた	46.4	52.8	0.8	100
C	男性の性器や裸、また自慰行為を見せられた	44.7	54.0	1.4	100
A	言葉での嫌がらせやからかいを受けた	37.9	61.3	0.8	100
D	つきまとわれた、あとをつけられた	22.9	76.5	0.6	100
E	無理やりキスされた	20.4	79.1	0.6	100
B	着替えや入浴などを覗かれた	19.0	80.0	1.0	100
I	直接に、乳房や女性性器を触られた（触られそうになった）	16.6	82.0	1.4	100
O	過去に性的被害に遭ったことは確かだが、具体的には思い出せない	13.2	73.1	13.6	100
F	男性の性器などを触るように強制された	10.5	88.5	1.0	100
J	性器や肛門に指や物を入れられた（入れられそうになった）	8.1	90.7	1.2	100
N	A－M以外の性的被害を受けた	6.9	76.1	17.0	100
K	オーラルセックスをさせられた（させられそうになった）	6.1	92.1	1.8	100
L	性器での性交をされそうになった	5.1	94.3	0.6	100
M	性器での性交を実際にされた	3.2	96.2	0.6	100

かも、この関係は有意水準5％で統計的に有意である［表3］。

　加齢に伴って大人時代の被害の占める割合が高まるのは当然ともいえるが、このように当然と見なす仮説は、比較的若い20～24歳と30～34歳の女性にお

表3　子ども時代に1つでも受けたかと現在の年齢とのクロス表

	年齢								合計
	18-19歳	20-24歳	25-29歳	30-34歳	35-39歳	40-44歳	45-49歳	50-54歳	
子ども時代に1つ以上受けた	5 1.8% 100.0%	21 7.4% 70.0%	51 18.0% 81.0%	49 17.3% 74.2%	51 18.0% 79.7%	41 14.5% 68.3%	29 10.2% 65.9%	36 12.7% 55.4%	283 100.0% 71.3%
大人時代のみ受けた	0 0% 0%	9 7.9% 30.0%	12 10.5% 19.0%	17 14.9% 25.8%	13 11.4% 20.3%	19 16.7% 31.7%	15 13.2% 34.1%	29 25.4% 44.6%	114 100.0% 28.7%
合計	5 1.3% 100.0%	30 7.6% 100.0%	63 15.9% 100.0%	66 16.6% 100.0%	64 16.1% 100.0%	60 15.1% 100.0%	44 11.1% 100.0%	65 16.4% 100.0%	397 100.0% 100.0%

$\chi^2 = 16.309$　　有意確率＝0.022　　p<.05

ける子ども時代の被害化率が相対的に低いことによって反証される。記憶の問題など複雑な事情を考慮すべきであるが、子どもに対する性的虐待が近年に至るほど増加してきたという仮説も、このクロス集計の結果から提起されうるといえよう。

3　回答者自身の現在の状態（＝心理的損傷状態）

> Q1　回答者自身の現在の状態について、4件法（1そう思う、2どちらかといえばそう思う、3どちらかといえばそう思わない、4そう思わない）で尋ねた。
>
> A　私は、いつも悲しい気分である。　　　　……………1………2………3………4
> B　私は、男性が信用できない。　　　　　　　……………1………2………3………4
> C　私は、いつも怒りの気分に満たされている。……………1………2………3………4
> D　私には、漠然とした不安や恐れがある。　　……………1………2………3………4
> E　私は、自分が無力だと感じる。　　　　　　……………1………2………3………4
> F　私は、他人を思いどおりに動かせたらと思う。……………1………2………3………4
> G　私は、何かにつけ自分を責めることが多い。……………1………2………3………4
> H　私は、いつも自分を恥じている。　　　　　……………1………2………3………4
> I　私には、自分が他の人びととは違う人間であるという感覚がある。
> 　　　　　　　　　　　　　　　　　　　　　……………1………2………3………4
> J　私には、セックスに対して嫌悪感がある。　……………1………2………3………4
> K　私は、性的なことを口にすることに抵抗がある。……1………2………3………4
> L　私は、性的な場面に出会うと、混乱する。……………1………2………3………4

(1) 単純集計

回答者自身の「現在の状態」の12項目について4件法で回答してもらったが、「思う」・「思わない」の2分法で見ると、「思う」が最も多いのは「性的なことを口にすることに抵抗がある」、「思う」が最も少なかったのは「いつも怒りの気分に満たされている」であった［表省略］。

(2) T検定─性的被害経験の有・無間での「現在の状態」の差の検定─

被害経験の「ある」者と「ない」者との間において「現在の状態」の12項目すべて、および合計得点で示される「現在の状態」の全体について有意な差

表4 性的被害経験の有無間での「現在の状態」の差のT検定

独立サンプルの検定

		等分散性のためのLeveneの検定		2つの母平均の差の検定					
		F値	有意確率	t値	自由度	有意確率(両側)	平均値の差	差の95%信頼区間	
								下限	上限
心理的損傷合計得点	等分散を仮定する	7.967	.005	-5.920	501	.000	-4.4024	-5.8633	-2.9414
	等分散を仮定しない			-6.828	196.732	.000	-4.4024	-5.6739	-3.1309
悲しい気分の得点	等分散を仮定する	32.432	.000	-3.690	501	.000	-.3259	-.4995	-.1524
	等分散を仮定しない			-4.562	224.951	.000	-.3259	-.4667	-.1852
男性不信の得点	等分散を仮定する	14.792	.000	-4.238	500	.000	-.4155	-.6082	-.2229
	等分散を仮定しない			-4.813	191.765	.000	-.4155	-.5858	-.2452
怒りの気分の得点	等分散を仮定する	42.819	.000	-3.782	501	.000	-.3123	-.4745	-.1501
	等分散を仮定しない			-4.748	232.280	.000	-.3123	-.4419	-.1827
漠然とした不安や恐れの得点	等分散を仮定する	11.854	.001	-4.992	500	.000	-.5327	-.7424	-.3231
	等分散を仮定しない			-5.867	203.885	.000	-.5327	-.7118	-.3537
無力感の得点	等分散を仮定する	.600	.439	-3.721	501	.000	-.4027	-.6154	-.1901
	等分散を仮定しない			-3.823	164.335	.000	-.4027	-.6107	-.1947
他人へのコントロールの得点	等分散を仮定する	3.549	.060	-3.951	500	.000	-.4040	-.6049	-.2031
	等分散を仮定しない			-4.285	177.898	.000	-.4040	-.5900	-.2179
自己非難の得点	等分散を仮定する	5.403	.020	-6.102	501	.000	-.6000	-.7932	-.4068
	等分散を仮定しない			-6.901	190.159	.000	-.6000	-.7715	-.4285
自己羞恥の得点	等分散を仮定する	26.440	.000	-3.754	501	.000	-.3355	-.5111	-.1599
	等分散を仮定しない			-4.574	218.242	.000	-.3355	-.4801	-.1909
他人との異質感の得点	等分散を仮定する	27.240	.000	-4.453	501	.000	-.4224	-.6088	-.2360
	等分散を仮定しない			-5.401	216.287	.000	-.4224	-.5766	-.2682
セックスに対する嫌悪感の得点	等分散を仮定する	8.391	.004	-2.610	500	.009	-.2390	-.4189	-6.E-02
	等分散を仮定しない			-2.940	186.052	.004	-.2390	-.3994	-8.E-02
性に対する抵抗感の得点	等分散を仮定する	3.073	.080	-1.999	501	.046	-.2138	-.4240	-4.E-03
	等分散を仮定しない			-2.079	167.162	.039	-.2138	-.4169	-1.E-02
性的な場面での混乱の得点	等分散を仮定する	.568	.451	-2.064	497	.040	-.1928	-.3763	-9.E-03
	等分散を仮定しない			-2.218	170.560	.028	-.1928	-.3644	-2.E-02

が認められ、「現在の状態」に含まれる各状態およびその全体が、性的被害経験の結果もたらされた「心理的損傷」であることが示唆された［表4］。

(3) 分散分析—子ども時代のみ・成人期のみ・両時期の間での「現在の状態」の差の検定—

(3)-1　1元配置の分散分析：性的被害を「子ども時代のみ」に受けた者、「成人期のみ」に受けた者、「両時期」に受けた者の3グループの間で、「現在の状態」の12の項目の得点の合計の平均値に差があることが判明した［表5］。

(3)-2　多重比較：「現在の状態」の合計得点の平均値は、「子ども時代のみ」＞「両時期」＞「成人期のみ」という順序になっている。多重比較の3つの検定方法のいずれによっても、差がある組合せは、「子ども時代のみ」と「成人期のみ」、「両時期」と「成人期のみ」という2つの組合せであった。これは、「子ども時代のみ」、および「子ども時代」を含む「両時期」に受けた被害が、「成人期のみ」に受けた被害よりも有意に高い影響を、被害者の

表5　子ども時代のみ・成人期のみ・両時期の間での「現在の状態」の差についての分散分析表

分散分析

心理的損傷合計得点

	平方和	自由度	平均平方	F値	有意確認
グループ間	637.911	2	318.955	6.707	.001
グループ内	18690.117	393	47.558		
合計	19328.028	395			

多重比較

従属変数：心理的損傷合計得点

	(I) 子ども時代のみ・成人期のみ・両方の時期あり（無回答は欠損値扱い）	(J) 子ども時代のみ・成人期のみ・両方の時期あり（無回答は欠損値扱い）	平均値の差 (I−J)	標準誤差	有意確率	95%信頼区間 下限	95%信頼区間 上限
Scheffe	子ども時代のみ	成人期のみ	2.9873*	1.1077	.027	.2656	5.7089
		両時期	.2301	1.0091	.974	-2.2495	2.7097
	成人期のみ	子ども時代のみ	-2.9873*	1.1077	.027	-5.7089	-.2656
		両時期	-2.7572*	.7957	.003	-4.7123	-.8020
	両時期	子ども時代のみ	-.2301	1.0091	.974	-2.7097	2.2495
		成人期のみ	2.7572*	.7957	.003	.8020	4.7123
Bonferroni	子ども時代のみ	成人期のみ	2.9873*	1.1077	.022	.3241	5.6504
		両時期	.2301	1.0091	1.000	-2.1962	2.6564
	成人期のみ	子ども時代のみ	-2.9873*	1.1077	.022	-5.6504	-.3241
		両時期	-2.7572*	.7957	.002	-4.6703	-.8440
	両時期	子ども時代のみ	-.2301	1.0091	1.000	-2.6564	2.1962
		成人期のみ	2.7572*	.7957	.002	.8440	4.6703

*平均の差は.05で有意

「現在の状態」に及ぼしていることを示している。つまり、「子ども時代」に被害を受けた被害者は、「成人期」になって初めて被害を受けた被害者よりも、有意に高い心理的損傷を背負うことになる、ということである。(2)のT検定で性的被害経験の「ある」者において「現在の状態」＝心理的損傷の得点が有意に高いことが立証されたが、ここで、被害経験の「ある」者の中でも「子ども時代」に性的被害を受けた経験の「ある」者において特に「心理的損傷」得点が高いことが検証され、とりわけ「子ども時代」に受ける性的被害＝「性的虐待」のもたらすトラウマ（の一部）の深さが社会統計学的に証明されたといえよう［表5］。

(4) 因子分析

3つの因子が析出された。第1因子：「恥・自責・無力・異質感」（自己に対するスティグマ感情）、第2因子：「怒り・悲哀・不安・恐れ・不信感」（他者に対する強い否定感情）、第3因子：「性的抵抗・忌避・嫌悪感」（性に対する忌避感情）［表6］。

表6　「現在の状態」の因子分析結果（回転後因子負荷量）の表

回転後の因子行列

	因子 1	因子 2	因子 3
いつも自分を恥じている	.722	.253	.227
自分を責めることが多い	.679	.271	.204
自分が無力だと感じる	.649	.288	.185
自分が他の人びととは違う人間だという感覚がある	.432	.359	.217
他人を思いどおりに動かせたらと思う	.330	.317	1.863E-02
いつも怒りの気分に満たされている	.230	.675	.168
いつも悲しい気分	.352	.674	.188
漠然とした不安や恐れがある	.530	.586	.189
男性が信用できない	.226	.524	.235
性的なことを口にすることに抵抗がある	.112	9.608E-02	.740
性的な場面に出会うと混乱する	.153	.165	.723
セックスに対して嫌悪感がある	.283	.271	.576

因子抽出法：主因子法
回転法：Kaiserの正規化を伴うバリマックス法

(5) 分散分析・T検定―性的被害経験が「ある」者と「ない」者との間の因子得点の平均値の差の検定―

(4)で析出された3つの因子の因子得点を算出し、性的被害経験が1つでも「ある」者と1つも「ない」者との間で因子得点の平均値に差があるかどうかを、分散分析およびT検定によって調べた。

両検定の結果、第1因子:「恥・自責・無力・異質感」(自己に対するスティグマ感情)と第2因子:「怒り・悲哀・不安・恐れ・不信感」(他者に対する強い否定感情)については「ある」者と「ない」者との間に有意な差があることが明らかとなったが、第3因子:「性的抵抗・忌避・嫌悪感」(性に対する忌避感情)については両者の間に有意差は認められなかった［表7～表8］。

この結果から、「現在の状態」を構成する諸項目の背後に潜む3つの共通因子については、第1因子と第2因子の2つが、性的被害経験によって負荷され

表7 「現在の状態」の3因子と性的被害経験が「ある」・「ない」の分散分析表

分散分析

		平方和	自由度	平均平方	F 値	有意確率
第1因子: 恥・自責・無力・異質感	グループ間 グループ内 合　計	16.443 333.266 349.709	1 493 494	16.443 .676	24.324	.000
第2因子: 怒り・悲哀・不安・恐れ	グループ間 グループ内 合　計	11.588 320.731 332.320	1 493 494	11.588 .651	17.813	.000
第3因子: 性的抵抗・忌避・嫌悪感	グループ間 グループ内 合　計	1.615 357.047 358.662	1 493 494	1.615 .724	2.231	.136

表8 「現在の状態」の3因子と性的被害経験が「ある」・「ない」のT検定結果表

独立サンプルの検定

		等分散性のためのLeveneの検定		2つの母平均の差の検定			
		F 値	有意確率	t 値	自由度	有意確率(両側)	平均値の差
第1因子: 恥・自責・無力・異質感	等分散を仮定する 等分散を仮定しない	6.454	.011	-4.932 -5.434	493 175.270	.000 .000	-.4539335 -.4539335
第2因子: 怒り・悲哀・不安・恐れ・不信	等分散を仮定する 等分散を仮定しない	25.011	.000	-4.221 -5.178	493 212.215	.000 .000	-.3810806 -.3810806
第3因子: 性的抵抗・忌避・嫌悪感	等分散を仮定する 等分散を仮定しない	.471	.493	-1.494 -1.577	493 164.492	.136 .117	-.1422821 -.1422821

る心理的損傷の意味合いをもつ因子であることが明らかとなった。「現在の状態」の12の項目（変数）すべて、この2つの因子に大きな因子負荷量をもたない項目を含めて、何らかの程度で、この2つの心理的損傷の意味合いをもつ共通因子の影響を受けている、あるいはこの2つの心理的損傷の意味合いをもつ共通因子を含んでいるがために、この12項目すべてが、何らかの程度で、性的被害による心理的損傷をなす、と解釈することができよう。ただし、第3因子に所属する「性的なことを口にすることに抵抗がある」「性的場面に出会うと混乱する」「セックスに対して嫌悪感がある」の3変数を除く、第1、第2の因子に所属する9つの変数において、性的被害による心理的損傷をなす度合いが高いことはいうまでもない（このことは、表4における12項目に関するT検定でのP値が上記3変数において相対的に高いことによっても示されている）。

4　最も不快だったり、最も傷ついたりした被害

Q3　性的被害経験者に対して、これまでに受けた性的被害の中で**最も不快だったり、最も傷ついたりした被害**を1つだけ思い浮かべてもらい、それについて以下の事項について質問した。

A　被害種類。
B　被害の開始時期：①小学校入学以前　②小学生の時　③中学生の時　④15〜17歳（高校生の頃）⑤18〜19歳　⑥20歳代　⑦30歳代　⑧40〜54歳
C　加害者：①見知らぬ人　②知人　③友人・恋人　④家族　⑤家族以外の親族　⑥その他　⑦複数の加害者
D　被害回数：①1回だけ　②2〜5回　③6〜10回　④11〜20回　⑤21回以上
E　継続期間：①1回だけ　②1週間未満　③1週間〜1か月未満　④1か月〜6か月未満　⑤6か月〜2年未満　⑥2年〜5年未満　⑦5年〜10年未満　⑧10年以上
F　抵抗できた程度：①強く抵抗できた　②やや抵抗できた　③ほとんど抵抗できなかった　④全く抵抗できる状況ではなかった
G　相談の有無と相手：①親に話した　②親以外の家族に話した　③家族以外の親族に話した　④友人・知人に話した　⑤「電話相談」に相談した　⑥児童相談所に相談した　⑦女性センターなど公的機関に相談した　⑧警察に訴えた　⑨医師・カウンセラーなどに相談した　⑩女性グループ・自助グル

ープなどの場で話した　⑪その他（　　）　⑫話したり、相談したりしたことはない
　H　被害時の動揺の程度：①極度に動揺した　②非常に動揺した　③やや動揺した　④あまり動揺しなかった　⑤全く動揺しなかった
　I　被害が回答者のこれまでの人生に及ぼした影響の程度：①大きな影響を及ぼした　②かなりの影響を及ぼした　③あまり影響しなかった　④全く影響はない
　J　最も不快な・傷ついた性的被害の内容。

（1）単純集計

（1）－1　最も傷ついた被害の種類：多いものから順に「衣服の上からの性器等への接触」「お尻などへの接触」「露出行為」「直接の性器等への接触」「つきまとい」等々となっている［表9］。

（1）－2　選択率：被害種別に被害経験の総数のうちの、最も傷ついた被害として選ばれた数の比率を算出したところ、高いものから順に、「性器性交」

表9　最も不快な・傷ついた被害はどれか

		度数	％	有効％
A	言葉での嫌がらせ	13	2.6	4.2
B	覗き	10	2.0	3.2
C	裸などを見せられた	32	6.3	10.4
D	つきまとわれた	21	4.2	6.8
E	キスされた	11	2.2	3.6
F	性器などを触らされた	5	1.0	1.6
G	お尻などを触られた	48	9.5	15.5
H	衣服の上から触られた	88	17.4	28.5
I	直接に触られた	30	5.9	9.7
J	指などを入れられた	14	2.8	4.5
K	オーラルセックス	6	1.2	1.9
L	性交されそうになった	4	0.8	1.3
M	性交を実際にされた	8	1.6	2.6
N	以上以外の被害	17	3.4	5.5
O	思い出せない	2	0.4	0.6
	無　　回　　答	197	38.9	－
	合　　　　計	506	100.0	－
	回　答　者　数	309	－	100.0

表10 最も傷ついた被害として選ばれた比率(被害種別)

		度数	%	有効%	経験数	比率%	選択率%
A	言葉での嫌がらせ	13	2.6	4.2	192	11.8	6.8
B	覗き	10	2.0	3.2	96	5.9	10.4
C	裸などを見せられた	32	6.3	10.4	226	13.9	14.2
D	つきまとわれた	21	4.2	6.8	116	7.1	18.1
E	キスされた	11	2.2	3.6	103	6.3	10.7
F	性器などを触らされた	5	1.0	1.6	53	3.3	9.4
G	お尻などを触られた	48	9.5	15.5	307	18.9	15.6
H	衣服の上から触られた	88	17.4	28.5	235	14.4	37.4
I	直接に触られた	30	5.9	9.7	84	5.2	35.7
J	指などを入れられた	14	2.8	4.5	41	2.5	34.1
K	オーラルセックス	6	1.2	1.9	31	1.9	19.4
L	性交されそうになった	4	0.8	1.3	26	1.6	15.4
M	性交を実際にされた	8	1.6	2.6	16	1.0	50.0
N	以上以外の被害	17	3.4	5.5	35	2.1	48.6
O	思い出せない	2	0.4	0.6	67	4.1	3.0
	無 回 答	197	38.9	—	—	—	—
	合 計	506	100.0	—	1628	100.0	—
	回 答 者 数	309	—	100.0	402	—	—

＊選択率％＝度数／経験数×100

「その他の被害」「衣服の上からの性器等への接触」「直接の性器等への接触」「性器や肛門への指等の挿入」「オーラルセックス」……となった。概して、「接触的被害」のほうが「非接触的被害」よりも選択率が高い傾向が認められた[表10]。

(2) 重回帰分析—主観的トラウマ変数の関連要因の分析—

(2)−1 目的変数＝主観的トラウマ変数、説明変数＝開始時期・加害者のタイプ(家族・親族かそれ以外か)・回数・継続期間・抵抗の程度・相談の有無、とする重回帰分析

　目的変数、説明変数をそれぞれ上のように決めて、主観的トラウマ変数(結果)に影響を与えている原因を探るべく、重回帰分析を実施した(主観的トラウマ変数の値は、「動揺＋影響×2」の式によって求めた)。する

表11 目的変数＝主観的トラウマ変数、説明変数＝被害開始時期・加害者のタイプ（家族・親族かそれ以外か）・被害回数・被害継続期間・抵抗の程度・相談の有無、とする重回帰分析

係数 a

モデル		非標準化係数 B	標準誤差	標準化係数 ベータ	t	有意確率
1	（定数）	6.032	.297		20.287	.000
	その被害が始まったのはいつ頃のことか	-.255	.069	-.212	-3.679	.000
2	（定数）	5.783	.310		18.670	.000
	その被害が始まったのはいつ頃のことか	-.218	.070	-.181	-3.111	.002
	家族・親族か、それ以外か	1.082	.418	.151	2.590	.010
3	（定数）	6.011	.330		18.225	.000
	その被害が始まったのはいつ頃のことか	-.192	.071	-.160	-2.710	.007
	家族・親族か、それ以外か	1.123	.416	.157	2.698	.007
	どの程度抵抗ができたか	-.239	.123	-.112	-1.943	.053

a. 従属変数：主観的トラウマ変数（動揺＋影響×2）

と、開始時期と加害者のタイプ（家族・親族かそれ以外か）の2変数を、主観的トラウマ変数に有意な影響を与える原因と認めることができた。t値（の絶対値）が最も高いのは「開始時期」で、この開始時期が早期であるほど強い影響を主観的トラウマ変数に与えている、と解釈できた。次にt値（の絶対値）が高いのは「加害者のタイプ」で、加害者が「家族・親族」である場合（つまり、インセストである場合）のほうが主観的トラウマは高くなる、と解釈できた。以上から、主観的トラウマ変数に対して、「被害開始時期」・「加害者が家族・親族かそれ以外か」の2変数がこの順序で強い影響を与える要因として作用する、と結論づけることができる［表11］。

(2)-2 目的変数＝主観的トラウマ変数、説明変数＝開始時期・加害者のタイプ（見知らぬ人かそれ以外か）・回数・継続期間・抵抗の程度・相談の有無、とする重回帰分析

説明変数のうちの加害者のタイプを、「見知らぬ人かそれ以外か」に換えて、(2)-1の場合と他は全く同じ重回帰分析を実施した。すると、開始時期と加害者のタイプ（見知らぬ人かそれ以外か）の2変数が主観的トラウマ変数に有意な影響を与える要因となっていると判定できた。t値が最も高いのは「加害者のタイプ」で、「それ以外」の加害者、つまり「見知った人」による被害である場合のほうが主観的トラウマは高く、「見知ら

表12 目的変数＝主観的トラウマ変数、説明変数＝被害開始時期・加害者のタイプ（見知らぬ人かそれ以外か）・被害回数・被害継続期間・抵抗の程度・相談の有無、とする重回帰分析

係数[a]

モデル		非標準化係数 B	標準誤差	標準化係数 ベータ	t	有意確率
1	(定数)	6.032	.297		20.287	.000
	その被害が始まったのはいつ頃のことか	-.255	.069	-.212	-3.679	.000
2	(定数)	6.485	.322		20.110	.000
	その被害が始まったのはいつ頃のことか	-.238	.068	-.198	-3.490	.001
	見知らぬ人か、それ以外か	-.827	.249	-.189	-3.326	.001
3	(定数)	6.690	.342		19.544	.000
	その被害が始まったのはいつ頃のことか	-.217	.069	-.181	-3.138	.002
	見知らぬ人か、それ以外か	-.817	.248	-.187	-3.293	.001
	どの程度抵抗ができたか	-.212	.122	-.100	-1.737	.083
4	(定数)	6.615	.344		19.205	.000
	その被害が始まったのはいつ頃のことか	-.242	.071	-.202	-3.429	.001
	見知らぬ人か、それ以外か	-.907	.253	-.207	-3.578	.000
	どの程度抵抗ができたか	-.239	.123	-.112	-1.942	.053
	話したり、相談したりしたことはないか、あるか	.428	.264	.098	1.624	.106

a. 従属変数：主観的トラウマ変数（動揺＋影響×2）

ぬ人」が加害者である場合のほうが主観的トラウマは低い、と解釈できた。次にt値が高いのは「開始時期」で、開始時期が早期であるほど主観的トラウマは大きい、と解釈できた。以上から、主観的トラウマ変数に対して、「加害者が見知らぬ人かそれ以外か」・「被害開始時期」の2変数がこの順序で強い影響を与える要因として作用する、と結論づけることができる［表12］。（以上はステップワイズ法による。強制投入法による場合は2変数間の順序は逆転する。）

(2)－3　目的変数＝主観的トラウマ変数、説明変数＝開始時期・加害者のタイプ（複数の加害者かそれ以外か）・回数・継続期間・抵抗の程度・相談の有無、とする重回帰分析

　説明変数のうちの加害者のタイプを、さらに「複数の加害者かそれ以外か」に換えて、(2)－1および(2)－2の場合と他は全く同じ重回帰分析を実施した。すると、開始時期と加害者のタイプ（複数の加害者かそれ以外か）の2変数が主観的トラウマ変数に有意な影響を与える要因となっていると判定できた。t値が最も高いのは「開始時期」で、開始時期が早期である

表13 目的変数＝主観的トラウマ変数、説明変数＝被害開始時期・加害者のタイプ（複数の加害者かそれ以外か）・被害回数・被害継続期間・抵抗の程度・相談の有無、とする重回帰分析 係数[a]

モデル		非標準化係数 B	標準誤差	標準化係数 ベータ	t	有意確率
1	（定数）	6.032	.297		20.287	.000
	その被害が始まったのはいつ頃のことか	-.255	.069	-.212	-3.679	.000
2	（定数）	5.945	.299		19.905	.000
	その被害が始まったのはいつ頃のことか	-.247	.069	-.206	-3.590	.000
	複数の加害者か、それ以外か	1.129	.548	.118	2.060	.040
3	（定数）	6.157	.323		19.067	.000
	その被害が始まったのはいつ頃のことか	-.226	.070	-.189	-3.245	.001
	複数の加害者か、それ以外か	1.081	.547	.113	1.975	.049
	どの程度抵抗ができたか	-.209	.124	-.098	-1.692	.092

a. 従属変数：主観的トラウマ変数（動揺＋影響×2）

ほど主観的トラウマは大きい、と解釈できた。次にt値が高いのは「加害者のタイプ」で、「複数の」加害者による被害である場合のほうが主観的トラウマは高く、「複数以外」の加害者つまり「単独の」加害者である場合のほうが主観的トラウマは低い、と解釈できた。以上から、主観的トラウマ変数に対して、「被害開始時期」・「加害者が複数か単独か」の2変数がこの順序で強い影響を与える要因として作用する、と結論づけることができる［表13］。

以上の3つの重回帰分析の結果から、主観的トラウマ変数（動揺＋影響×2）に対して有意な影響を与える要因となる変数は、「被害開始時期」と「加害者のタイプ：家族・親族かそれ以外か」・「加害者のタイプ：見知らぬ人かそれ以外か」・「加害者のタイプ：複数の加害者かそれ以外か」の4変数である、と結論づけることができる。

5　過去および／または現在の感覚・状態・症状

Q4　現在、また、過去に次のような感覚・状態・症状が生じているか、生じたことがあるかを、4件法（1 ない　2 めったにない　3 ときどきある　4 しばしばある）で尋ねた。

A　摂食障害（過食、嘔吐、拒食）の傾向がある。

B 薬物・アルコールに依存する傾向がある。
C 手首を切るなど、自分を傷つけるようなことをしてしまう。
D 死んでしまいたいと思うことがある。
E 性欲を抑えられない。
F 何か重要な記憶を失っている気がする。
G 性的被害の経験が、自分の意思とは無関係に、生々しく甦ることがある。
H 性的な被害経験のことについての夢をみる。
I 眠りにくい、夜中に何度も目が覚める。
J ものごとに集中できない。
K 胃腸の調子が悪い
L 頭痛、胸痛、腹痛などが生じる。
M 喘息、過呼吸、息苦しさなどが生じる。
N 歩行障害、失声などが生じる。
O セックスができない。
P (性的被害の) 加害者に対して復讐することばかりに気をとられる。
Q (性的被害の) 加害者を、絶対的な存在であるかのように感じてしまう。
R 親密な人間関係(友人関係や恋愛関係など)をもてない。
S 誰かをいじめてしまうことがある。
T 性的被害をよく受ける。
U 未来への希望がもてない。

(1) 単純集計

　ジュディス・L. ハーマンの複雑性PTSDおよびヴァン・デア・コークの複雑型PTSDを構成する諸症状からピックアップして、21の症状項目のリストを作成し、各症状について有無および頻度を尋ねたQ4の単純集計においては、「ある」(「めったにない」「ときどきある」「しばしばある」を合わせたもの)が最も多いのは「頭痛・胸痛・腹痛など」、以下、「胃腸の不調」、「集中困難」、「反復的な自己防衛失敗」……の順になっている。反面、「ある」が最も少ない

表14　過去および/または現在の症状の有無 (全体)

	度数	%	有効%
A〜Uいずれかの症状あり	448	88.5	89.6
症状なし	52	10.3	10.4
無　回　答	6	1.2	—
合　　計	506	100.0	—

のは「歩行障害、失声など」、以下、「自傷行為」、「記憶喪失感」……の順になっている。なお、21の症状のどれか1つでもわずかであれ過去および／または現在に経験した・経験している者の比率は89.6％にのぼる［表14］。

(2) T検定―被害経験が「1つでもある」と「全くない」との間の症状得点の平均値の差の検定―

　21項目の症状を得点化し、Q2の15の性的被害の経験が「1つでもある」者と「全くない」者との間で、各症状ごとの得点と21の症状の合計得点との平均値（母平均）に差があるかどうかを見るために、T検定を行った。

　このT検定の結果、「集中困難」・「性的不能」・「加害者に対する復讐への没頭」の3得点を除く18の症状得点、および、21症状の合計得点において、被害経験が「1つでもある」グループと「全くない」グループとの間で（母）平均値に差があることが分かった。21の症状得点の各平均値、および合計得点の平均値のすべてにおいて、「1つでもある」グループのほうが「全くない」グループよりもその値が高かったのであるが、上の3得点を除く18得点および合計得点についてはその差が有意であることが確かめられたのである。

　以上から、複雑性PTSDを構成するほとんどの症状の発症・罹患について、また、いわばこれらの諸症状の総計である複雑性PTSD（複合型PTSD）それ自体の発症・罹患において、性的被害経験が関与していることが社会統計学的に明らかになったといえる。Q4にリストアップされた諸症状（上記の3症状を除く）のいずれか、ないし、それら諸症状の複合としての複雑性PTSD（すべての症状を発症している場合は必然的に上記3症状を含む）に苦しんでいる回答者たちは、彼女たちが受けた性的被害の後遺症として、それ／それらに苦しんでいる、といえるのである［表15］。

(3) 因子分析

　Q4でリストアップされた、複雑性PTSD（複合型PTSD）を構成する21の症状を変数とした因子分析を行った。抽出する因子数は5つとした。

　第1因子に所属する変数は、「胃腸不調」「頭痛等」「入眠困難等」「集中困難」「喘息等」。「過敏な覚醒亢進・身体化傾向」の因子と命名。

表15 被害経験「あり」と「なし」との間の症状得点の平均値の差の検定（独立サンプルの検定）

		等分散性のためのLeveneの検定 F値	有意確率	2つの母平均の差の検定 t値	自由度	有意確率(両側)	差の95%信頼区間 下限	上限
摂食障害の得点	等分散を仮定する	70.596	.000	-3.969	495	.000	-.5622	-.1899
	等分散を仮定しない			-5.279	246.962	.000	-.5164	-.2358
薬物・アルコール依存の得点	等分散を仮定する	75.943	.000	-3.883	496	.000	-.4525	-.1484
	等分散を仮定しない			-6.977	495.223	.000	-.3851	-.2158
自傷行為の得点	等分散を仮定する	48.305	.000	-3.191	496	.002	-.2308	-5.E-02
	等分散を仮定しない			-6.411	398.000	.000	-.1867	-1.E-01
自殺願望の得点	等分散を仮定する	58.483	.000	-4.378	497	.000	-.5764	-.2193
	等分散を仮定しない			-5.860	249.509	.000	-.5316	-.2641
性欲抑制不可の得点	等分散を仮定する	55.103	.000	-3.498	495	.001	-.3444	-1.E-01
	等分散を仮定しない			-4.579	237.999	.000	-.3154	-.1257
記憶喪失の得点	等分散を仮定する	34.843	.000	-2.754	494	.006	-.2502	-4.E-02
	等分散を仮定しない			-4.105	332.851	.000	-.2159	-8.E-02
フラッシュバックの得点	等分散を仮定する	146.241	.000	-4.958	458	.000	-.5440	-.2352
	等分散を仮定しない			-11.242	384.000	.000	-.4577	-.3215
被害経験についての夢の得点	等分散を仮定する	38.973	.000	-2.848	457	.005	-.2469	-5.E-02
	等分散を仮定しない			-5.572	432.770	.000	-.1977	-9.E-02
睡眠不可・覚醒の得点	等分散を仮定する	6.238	.013	-1.906	494	.057	-.3959	6.0E-03
	等分散を仮定しない			-2.153	179.097	.033	-.3736	-2.E-02
集中不可の得点	等分散を仮定する	.418	.518	-1.756	493	.080	-.3615	2.0E-02
	等分散を仮定しない			-1.792	152.350	.075	-.3588	1.8E-02
胃腸不調の得点	等分散を仮定する	2.092	.149	-2.447	495	.015	-.5004	-5.E-02
	等分散を仮定しない			-2.635	166.142	.009	-.4855	-7.E-02
頭痛・胸痛・腹痛の得点	等分散を仮定する	1.932	.165	-2.285	494	.023	-.4643	-4.E-02
	等分散を仮定しない			-2.415	161.935	.017	-.4538	-5.E-02
喘息・過呼吸・息苦しさの得点	等分散を仮定する	42.782	.000	-3.259	494	.001	-.4111	-.1018
	等分散を仮定しない			-4.194	229.607	.000	-.3770	-.1360
歩行障害・失声の得点	等分散を仮定する	18.169	.000	-2.057	494	.040	-.1379	-3.E-03
	等分散を仮定しない			-4.122	396.000	.000	-.1042	-4.E-02
セックス不能の得点	等分散を仮定する	4.394	.037	-1.361	485	.174	-.3230	5.9E-02
	等分散を仮定しない			-1.439	156.147	.152	-.3135	4.9E-02
加害者に対する復讐専念の得点	等分散を仮定する	9.744	.002	-1.553	423	.121	-.2612	3.1E-02
	等分散を仮定しない			-1.906	94.731	.060	-.2353	4.8E-03
加害者の絶対視の得点	等分散を仮定する	30.300	.000	-2.488	419	.013	-.2256	-3.E-02
	等分散を仮定しない			-6.358	364.000	.000	-.1650	-9.E-02
親密な人間関係不可の得点	等分散を仮定する	32.862	.000	-2.981	486	.003	-.4413	-9.E-02
	等分散を仮定しない			-3.785	208.868	.000	-.4045	-.1275
いじめの得点	等分散を仮定する	79.227	.000	-4.247	492	.000	-.4448	-.1634
	等分散を仮定しない			-5.738	258.252	.000	-.4084	-.1997
性的被害化の得点	等分散を仮定する	194.975	.000	-11.653	489	.000	-.8891	-.6325
	等分散を仮定しない			-23.353	392.000	.000	-.8249	-.6968
未来への希望不可の得点	等分散を仮定する	22.119	.000	-2.756	491	.006	-.4510	-8.E-02
	等分散を仮定しない			-3.214	179.815	.002	-.4250	-.1016
症状合計得点	等分散を仮定する	32.434	.000	-6.146	498	.000	-6.9845	-3.6005
	等分散を仮定しない			-8.749	297.286	.000	-6.4829	-4.1021

第2因子に所属する変数は、「希望喪失等」「親密な対人関係不可」「他人を犠牲にする」「性的不能」「記憶喪失感」「歩行障害等」。「自己・他者との関係障害」の因子と命名。

　第3因子に所属する変数は、「自傷行為」「自殺願望」「薬物・アルコール依存」「摂食障害」「反復的な自己防衛失敗」。「自己破壊・被破壊傾向」の因子と命名。

　第4因子に所属する変数は、「悪夢」「フラッシュバック」「強迫的性衝動」。「侵入的・強迫的な再体験化傾向」の因子と命名。

　第5因子に所属する変数は、「加害者に対する復讐への没頭」「加害者の理想化」。「加害者に対する認識障害」の因子と命名。

　なお、ヴァン・デア・コークによる7つの症状カテゴリーおよびジュディス・L.ハーマンによる6つの症状カテゴリーのそれぞれに所属する諸症状と、以上の5つの因子のそれぞれに所属する諸症状とは一致しておらず、かれらの医学的知見に基づく症状カテゴリー（実質的に因子に相当）の妥当性を、今回のデータについての因子分析から仮説検証的に確かめることはできなかった［表16］。

(4) T検定―被害経験が「1つでもある」と「全くない」との間の5つの因子得点の平均値の差の検定―

　性的被害経験が「1つでもある」グループと「全くない」グループとの間で、(3)の因子分析において抽出された5つの因子の得点（＝因子得点）の母平均に差があるかどうかを検定するために、T検定を行った。

　結果は次のようになった。

　「過敏的な覚醒亢進・身体化傾向」：両グループの間の因子得点の母平均は等しい。

　「自己・他者との関係障害」「自己破壊・被破壊傾向」「侵入的・強迫的な再体験化傾向」「加害者に対する認識障害」：両グループの間の母平均は等しくない。つまり、これらの4因子に関しては両グループの間に差がある。（p＜.01）

　グループ統計量の表は省略しているが、いずれの因子の場合も、因子得点の平均値は「1つでもある」グループにおいて高く、しかも、後者の4因子につ

表16 諸症状の因子分析（回転後の因子行列）

	因子				
	1	2	3	4	5
胃腸の調子が悪い	.816	.128	.183	.116	-1.103E-02
頭痛、胸痛、腹痛などが生じる	.694	.204	.160	.158	5.893E-02
眠りにくい、夜中に何度も目が覚める	.559	.258	.133	.181	7.455E-02
ものごとに集中できない	.535	.440	.141	7.175E-02	.176
喘息、過呼吸、息苦しさなどが生じる	.318	.300	.222	.247	.113
未来への希望がもてない	.231	.687	.276	5.536E-03	.169
親密な人間関係をもてない	.129	.570	.139	.179	1.358E-02
誰かをいじめてしまうことがある	.278	.488	.184	.155	4.961E-02
セックスができない	.144	.443	8.780E-02	.118	.151
何か重要な記憶を失っている気がする	.158	.380	.179	.344	2.059E-02
歩行障害、失声などを生じる	.152	.176	.149	.159	9.878E-02
手首を切るなど、自分を傷つけるようなことをしてしまう	.104	.134	.616	.226	.207
死んでしまいたいと思うことがある	.276	.370	.512	7.198E-02	.158
薬物・アルコールに依存する傾向がある	.183	.146	.499	.201	2.438E-02
摂食障害の傾向がある	.215	.288	.415	.173	6.944E-02
性的被害をよく受ける	6.044E-02	.250	.291	.282	.147
性的な被害経験のことについての夢をみる	.166	8.565E-02	.153	.674	.152
性的被害の経験が、自分の意志とは無関係に、生々しく甦ることがある	.118	.149	.241	.543	.197
性欲を抑えられない	.179	.172	.179	.243	5.140E-02
（性的被害の）加害者に対して復讐することばかりに気をとられる	3.331E-02	.101	.149	.115	.698
（性的被害の）加害者を、絶対的な存在であるかのように感じてしまう	.122	.182	.118	.376	.556

因子抽出法：主因子法
回転法：Kaiserの正規化を伴うバリマックス法

いてはそのグループの平均値は統計的に有意に高かったのである。

　こうして、「過敏的な覚醒亢進・身体化傾向」の因子についてのみ、両グループ間で得点差が認められなかったのだが、他の4因子については得点差が存在し、これら4因子については、性的被害経験によってもたらされた後遺症の意味合いをもつ症状因子（一群の症状に潜む共通因子）であることが、社会統計学的に確認されたのである［表17］。

表17　被害経験「あり」と「なし」との間の5つの因子得点の平均値の差の検定（独立サンプルの検定）

		等分散性のためのLeveneの検定		2つの母平均の差の検定			差の95%信頼区間	
		F値	有意確率	t値	自由度	有意確率(両側)	下限	上限
過敏的な覚醒亢進・身体化傾向	等分散を仮定する	1.098	.295	-1.055	399	.292	-.3983315	.1201700
	等分散を仮定しない			-1.128	68.654	.263	-.3851509	.1069894
自己・他者との関係障害	等分散を仮定する	16.713	.000	-3.069	399	.002	-.6112282	-.1339418
	等分散を仮定しない			-3.987	83.111	.000	-.5584560	-.1867140
自己破壊・被破壊傾向	等分散を仮定する	23.116	.000	-3.606	399	.000	-.6197561	-.1824386
	等分散を仮定しない			-7.373	235.910	.000	-.5082730	-.2939216
侵入的・強迫的な再体験化傾向	等分散を仮定する	21.922	.000	-3.622	399	.000	-.6460247	-.1914868
	等分散を仮定しない			-7.072	200.211	.000	-.5355094	-.3020021
加害者に対する認識障害	等分散を仮定する	21.157	.000	-1.749	399	.081	-.4286810	2.508E-02
	等分散を仮定しない			-4.312	398.811	.000	-.2937964	-.1098038

(5) T検定―症状が「1つでもある」グループと「全くない」グループとの間での「現在の状態」合計得点の平均値の差の検定―

　Q4の症状が「1つでもある」グループと「全くない」グループとの間で、Q1の「現在の状態」の合計得点の平均値に差があるかどうかを見るために、T検定を試みた。

　検定結果は、この両グループの間で「現在の状態」の合計得点の平均値には差がある、となった。すなわち、過去および／または現在において症状が「1つでもある」グループのほうが「全くない」グループよりも「現在の状態」の合計得点の平均値が有意に高いことが分かった。

　このことは、Q4の諸症状とQ1の「現在の状態」との有意な関連を示している。これは、諸症状と「現在の状態」が共に性的被害の結果もたらされたもので、それ故、諸症状のある／あった者に「現在の状態」の得点も高いという有意な関連が現れたものと解することができよう。さらに進んで、性的被害経験が「現在の状態」（＝心理的損傷）を生み出し、これが諸症状を生み出した、という因果の連関を想定することもできよう（過去の諸症状に関しては、「現在の状態」が過去から遷延している事態を推定できる）［表18］。

　　＊性的被害経験───→「現在の状態」（＝心理的損傷）───→諸症状
　　　　　　　　　　　　　　　　　　　　　　　　有意な関連

表18　症状が「1つでもある」グループと「全くない」グループとの間の「現在の状態」合計得点の平均値の差の検定（独立サンプルの検定）

		等分散性のためのLeveneの検定		2つの母平均の差の検定				差の95％信頼区間	
		F値	有意確率	t値	自由度	有意確率(両側)	平均値の差	下限	上限
「現在の状態」合計得点	等分散を仮定する	15.174	.000	-6.194	501	.000	-5.8908	-7.7593	-4.0223
	等分散を仮定しない			-8.284	87.682	.000	-5.8908	-7.3041	-4.4775

(6) T検定―「子ども時代に被害を1つ以上受けた」グループと「成人期のみに被害を受けた」グループとの間の、「現在の状態」合計得点およびPTSD症状合計得点の母平均の差の検定―

「子ども時代に被害を1つ以上受けた」グループと「成人期のみに被害を受けた」グループとの間で、「現在の状態」合計得点およびPTSD症状合計得点の母平均に差があるかどうかをみるために、T検定を行った。

検定の結果、「現在の状態」合計得点の母平均とPTSD症状合計得点の母平均との両方ともにおいて、両グループの間で差があることが分かった。

すでに、3－(2)において、被害経験の「1つでもある」者と「全くない」者との間で、「現在の状態」の合計得点の平均値に差があることが示され、また、5－(2)において、両者の間で、PTSD症状合計得点の平均値に差があることが示され、ともに、「1つでもある」者の場合で平均値が有意に高いことが明らかにされている。

しかし、この検定結果によって、性的被害経験が「1つでもある」グループの中でも、その被害を「子ども時代に1つでも受けている」か、「成人期だけに受けた」かの違いによって、それらの平均値には差異が生じることが分かったのである。

つまり、同じく性的被害を経験する場合でも、それを子ども時代に経験すると、成人期になってのみ経験する場合と比較して、有意に高い心理的損傷やPTSD症状を背負うのである。性的被害経験は、その被害者にトラウマ（心理的損傷・PTSD症状）を負わせるが、特に、その被害を子ども時代に受けた場合にはそのトラウマはより広くより深くなることが、社会統計学的に実証され

表19 「子ども時代に被害を1つ以上受けた」グループと「成人期のみに被害を受けた」グループとの間の、「現在の状態」合計得点およびPTSD症状合計得点の平均値の差の検定(独立サンプルの検定)

		等分散性のためのLeveneの検定		2つの母平均の差の検定				差の95%信頼区間	
		F値	有意確率	t値	自由度	有意確率(両側)	平均値の差	下限	上限
「現在の状態」合計得点	等分散を仮定する	3.706	.055	3.660	394	.000	2.8051	1.2982	4.3120
	等分散を仮定しない			3.929	241.685	.000	2.8051	1.3988	4.2115
PTSD症状合計得点	等分散を仮定する	6.853	.009	4.292	394	.000	3.9026	2.1151	5.6900
	等分散を仮定しない			4.755	260.516	.000	3.9026	2.2863	5.5189

たといえる［表19］。

(7) 1元配置の分散分析と多重比較—「子ども時代だけ」「成人期だけ」「両方の時期とも」の3つの時期の間でのPTSD症状合計得点の母平均の差の検定—

「子ども時代だけ」「成人期だけ」「両方の時期とも」という、性的被害を受けた3つの時期の間で、PTSD症状合計得点の母平均に差があるかどうかを、1元配置の分散分析によって検定した。

検定の結果、3つの時期の平均値には差があることが分かった。

次に、ではどの時期とどの時期との間に差があるのかを調べるために、テューキー法、シェフェ法、ボンフェローニ法による多重比較を試みた。テューキー法による場合、PTSD症状合計得点の平均値に差がある組合せは、

「子ども時代だけ」と「成人期だけ」、「両方の時期とも」と「成人期だけ」
の2組であった。

また、シェフェ法とボンフェローニ法による場合、差のある組合せは、

「両方の時期とも」と「成人期だけ」
の1組だけであった。

なお、平均値の大きさは、両方の時期とも＞子ども時代だけ＞成人期だけ、という順序になっている。

子ども時代にも被害を受け成人期にも受けたという「両方の時期とも」の被害者が「成人期だけ」の被害者と比べて有意に高いPTSD症状を負っていることが分かる。また、テューキー法によれば、「子ども時代だけ」の被害者も、

「成人期だけ」の被害者と比べて有意に高い PTSD 症状に苦しんでいることになる。「両方の時期とも」にも「子ども時代」は含まれているから、「子ども時代」の被害経験が PTSD 症状の発症・罹患に強く関わっていることが、社会統計学的に確認できたといえる［表20〜表21］。

表20　1元配置の分散分析—被害を受けた3つの時期の間のPTSD症状合計得点の母平均の差の検定

分散分析
PTSD合計得点

	平方和	自由度	平均平方	F値	有意確率
グループ間	1271.534	2	635.767	9.515	.000
グループ内	26259.039	393	66.817		
合計	27530.573	395			

表21　多重比較
—被害を受けた3つの時期の間の、PTSD症状の合計得点の母平均に差がある組合せの探索—

多重比較
従属変数：PTSD合計得点

	(I) 子ども時代のみ・成人期のみ・両方の時期あり（無回答は欠損値扱い）	(J) 子ども時代のみ・成人期のみ・両方の時期あり（無回答は欠損値扱い）	平均値の差 (I−J)	有意確率	95%信頼区間 下限	95%信頼区間 上限
Tukey HSD	子ども時代のみ	成人期のみ	3.1554*	.043	7.827E-02	6.2325
		両時期	-.9440	.710	-3.7474	1.8594
	成人期のみ	子ども時代のみ	-3.1554*	.043	-6.2325	-7.83E-02
		両時期	-4.0994*	.000	-6.3099	-1.8889
	両時期	子ども時代のみ	.9440	.710	-1.8594	3.7474
		成人期のみ	4.0994*	.000	1.8889	6.3099
Scheffe	子ども時代のみ	成人期のみ	3.1554	.057	-7.06E-02	6.3814
		両時期	-.9440	.733	-3.8831	1.9951
	成人期のみ	子ども時代のみ	-3.1554	.057	-6.3814	7.062E-02
		両時期	-4.0994*	.000	-6.4169	-1.7819
	両時期	子ども時代のみ	.9440	.733	-1.9951	3.8831
		成人期のみ	4.0994*	.000	1.7819	6.4169
Bonferroni	子ども時代のみ	成人期のみ	3.1554	.050	-1.25E-03	6.3120
		両時期	-.9440	1.000	-3.8199	1.9319
	成人期のみ	子ども時代のみ	-3.1554	.050	-6.3120	1.253E-03
		両時期	-4.0994*	.000	-6.3671	-1.8317
	両時期	子ども時代のみ	.9440	1.000	-1.9319	3.8199
		成人期のみ	4.0994*	.000	1.8317	6.3671

*平均の差は.05で有意

(8) ノンパラメトリック検定：クラスカル-ウォリスのH検定
―被害を受けた3つの時期の間のPTSD症状合計得点の母平均の差の検定―

前項(7)での分散分析ではルビーンの等分散性の検定で等分散の仮定が棄却されたので、「子ども時代だけ」「成人期だけ」「両方の時期とも」という、性的被害を受けた3つの時期の間で、PTSD症状合計得点の母平均に差があるかどうかの検定を、今一度、等分散性を前提としないノンパラメトリック検定法――クラスカル-ウォリス検定法――で試みた。

検定結果は、3つの時期別の被害者グループのPTSD症状平均合計得点はすべて同じではない、というものであった。

グループごとの平均順位は、両方の時期とも＞子ども時代だけ＞成人期だけ、となっているので、「両方の時期とも」と「成人期だけ」との間には明らかに差がある。また、順位平均の差の大きさから推して、また、テューキー法による多重比較の結果から推して、「子ども時代だけ」と「成人期だけ」との間にも差があることが推定される。いずれにしても、少なくとも、「子ども時代」を含む時期に被害を受けるか、成人して初めて被害を受けるかで、PTSD症状の発症・罹患の程度に有意な差を生じることが、社会学的・社会統計学的に立証されたのである［表22］。

表22 ノンパラメトリック検定：クラスカル-ウォリスのH検定
―被害を受けた3つの時期の間のPTSD症状合計得点の母平均の差の検定―

順位

	子ども時代のみ・成人期のみ・両方の時期あり	N	平均ランク
PTSD合計得点	子ども時代のみ	59	206.37
	成人期のみ	113	158.42
	両時期	224	216.65
	合計	396	

検定統計量[a,b]

	PTSD合計得点
カイ2乗	19.815
自由度	2
漸近有意確率	.000

a. Kruskal Wallis 検定
b. グループ化変数：子ども時代のみ・成人期のみ・両方の時期あり（無回答は欠損値扱い）

6　回答者自身の生活経験・状態

> Q5　回答者自身の生活経験・状態について、下記の項目それぞれにつき、「はい・いいえ」の2件法で尋ねた。
>
> A　私は、夫・パートナーから、おどしや暴力によって、意に反して性的な行為を強要されたことがある。
> B　私は、夫・パートナーから身体的暴力を受けたことがある。
> C　私は、18歳以下で出産した。
> D　私は、結婚の経験はないが、子どもを産んだことはある。
> E　私は、別居あるいは離婚の経験がある。
> F　私は、現在、非常に経済的に困っている。
> G　私は、自分の母親より、条件の悪い職業についている。
> H　私は、自分の母親より、低い教育歴しかもたない(もてそうにない)。

(1) 単純集計

Q5の調査項目は、ダイアナ・ラッセルのサンフランシスコ・コミュニティ調査において、性的虐待の長期的影響として生じる可能性のあることが検証された否定的生活経験の諸項目である(ただし、「否定的」は評価的な価値を含まない)。

「夫・パートナーからの脅しや暴力による性的行為の強要」9.7%、「夫・パートナーからの身体的暴力」14.3%(以上の2つは、「ドメスティック・バイオレンス」)、「現在、非常に経済的に困っている」10.8%、などの結果が出た。なお、8項目にわたる否定的生活経験が「1つでもある」者は、非該当・無回答を除く回答者中32.6%、「全くない」者は同67.4%であった［表23］。

表23　否定的生活経験が1つでもあるか、全くないか

		度数	パーセント	有効パーセント	累積パーセント
有　　効	否定的生活が1つでもある	160	31.6	32.6	32.6
	否定的生活経験は全くない	331	65.4	67.4	100.0
	合計	491	97.0	100.0	
欠損値	非該当および/または無回答	15	3.0		
合　　計		506	100.0		

表24 被害経験の有無と否定的生活経験の有無とのクロス表

	否定的生活経験が1つでもあるか、全くないか		合計
	否定的生活経験が1つでもある	否定的生活経験は全くない	
被害経験が1つもない	16 16.3% 10.0%	82 83.7% 24.8%	98 100.0% 20.0%
被害経験が1つでもある	144 36.6% 90.0%	249 63.4% 75.2%	393 100.0% 80.0%
合　　　計	160 32.6% 100.0%	331 67.4% 100.0%	491 100.0% 100.0%

$\chi^2=14.736$　正確有意確率＝0.000　$p<.01$

(2) クロス集計―被害経験の有無と否定的生活経験の有無との関係―

　$\alpha=0.01$で有意。被害経験の「ある」者において否定的生活経験「あり」が多く、被害経験の「ない」者において否定的生活経験「なし」が多いという関係が見られた［表24］。

(3) T検定―否定的生活経験が「1つでもある」グループと「全くない」グループとの間の心理的損傷合計得点およびPTSD症状合計得点の平均値の差の検定―

　否定的生活経験が「1つでもある」グループと「全くない」グループの間で、心理的損傷合計得点（「現在の状態」合計得点）およびPTSD症状合計得点の母平均に差があるかどうかを見るためにT検定を行った。

　検定結果は、両平均とも両グループの間で差があると判定された。つまり、

表25 否定的生活経験が「1つでもある」グループと「全くない」グループとの間の心理的損傷合計得点およびPTSD症状合計得点の平均値の差の検定（独立サンプルの検定）

		等分散性のためのLeveneの検定		2つの母平均の差の検定				
		F値	有意確率	t値	自由度	有意確率（両側）	平均値の差	差の95%信頼区間
								下限　上限
心理的損傷合計得点	等分散を仮定する	18.583	.000	5.864	487	.000	3.8074	2.5317　5.0832
	等分散を仮定しない			5.326	247.761	.000	3.8074	2.3994　5.2155
PTSD症状合計得点	等分散を仮定する	25.774	.000	6.224	487	.000	4.6443	3.1781　6.1104
	等分散を仮定しない			5.479	231.784	.000	4.6443	2.9743　6.3142

両平均とも否定的生活経験が「1つでもある」グループにおいて有意に高かったのである［表25］。

7 むすび

ここで、本稿の統計分析によって有意であることが検証された諸変数間の関連についての知見を整理しておこう。
(1) 心理的損傷（＝「現在の状態」）
　① 被害経験の有無と心理的損傷（12項目すべての得点および合計得点）との有意な関係。（T検定）［3－(2)］［表4］
　② 子ども時代の被害と心理的損傷との有意な関係。（分散分析・多重比較）［3－(3)］［表5］（T検定）［5－(6)］［表19］
　③ 被害経験の有無と「恥・自責・無力・異質感」因子・「怒り・悲哀・不安・恐れ・不信感」因子との有意な関係。（因子分析・分散分析・T検定）［3－(5)］［表6～8］
(2) 主観的トラウマ変数（動揺＋影響×2）
　④ 開始時期・加害者のタイプ（家族・親族、見知った人、複数の加害者）と主観的トラウマ変数との有意な関係。（重回帰分析）［4－(2)］［表11～13］
　(3) PTSD症状
　⑤ 被害経験の有無とPTSD症状（「集中困難」「性的不能」「加害者に対する復讐への没頭」を除く18得点および合計得点）との有意な関係。（T検定）［5－(2)］［表15］
　⑥ 被害経験の有無と「自己・他者との関係障害」「自己破壊・被破壊傾向」「侵入的・強迫的な再体験化傾向」「加害者に対する認識障害」の4因子との有意な関係。（因子分析・T検定）［5－(4)］［表16～17］
　⑦ 心理的損傷とPTSD症状との有意な関係。（T検定）［5－(5)］［表18］
　⑧ 子ども時代の被害とPTSD症状との有意な関係。（T検定）［5－(6)］［表20～21］（ノンパラメトリック検定）［表22］

(4) 否定的生活経験
  ⑨ 被害経験の有無と否定的生活経験（の有無）との有意な関係。（クロス集計）［6－(2)］［表24］
  ⑩ 否定的生活経験と心理的損傷（合計得点）およびPTSD症状（合計得点）との有意な関係。（T検定）［6－(3)］［表25］

以上の①～⑩の経験的諸命題に基づいて、諸変数間の関連を説明モデルにまとめると、図1のようになる。

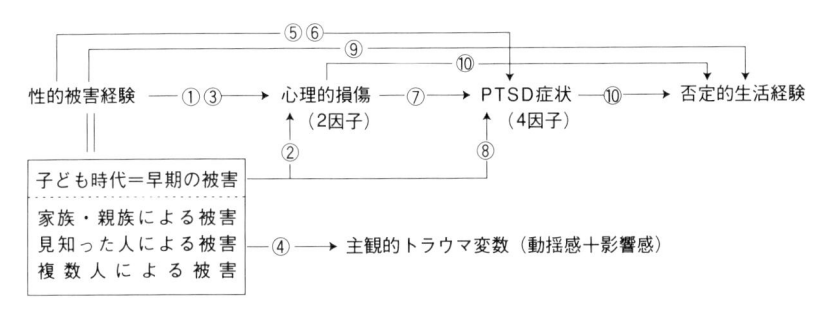

```
                    ⑤⑥
              ┌─────────────┐
              │      ⑨      │
              │      ┌──────┼──────────┐
              │      │      ⑩          │
              │      │   ┌─────────┐   │
性的被害経験 ──①③─→ 心理的損傷 ──⑦─→ PTSD症状 ──⑩─→ 否定的生活経験
  ‖                  ↑(2因子)         (4因子)
  ‖                  ②      ⑧
┌─────────────────┐
│子ども時代＝早期の被害│
│家族・親族による被害 │
│見知った人による被害 │──④──→ 主観的トラウマ変数（動揺感＋影響感）
│複 数 人 に よ る 被 害│
└─────────────────┘
```

図1　諸変数間の関連の説明モデル（Ⅰ）

この場合、性的被害経験は、心理的損傷を構成する諸要因に底在する「恥・自責・無力・異質感」因子・「怒り・悲哀・不安・恐れ・不信感」因子という2つの潜在的な共通因子を増幅させることにより、合計得点で示される全体としての心理的損傷を生み出す。また、性的被害経験は、複雑性（複合型）PTSDを構成する諸要因に底在する「自己・他者との関係障害」因子・「自己破壊・被破壊傾向」因子・「浸入的・強迫的な再体験化傾向」因子・「加害者に対する認識障害」因子という4つの潜在的な共通因子を増幅させることにより、合計得点で示される全体としての複雑性（複合型）PTSDを生み出す。因子分析とそれに基づく分散分析・T検定（3－(4)(5)、5－(3)(4)）の結果から、以上のようにいうことができよう。

なお、図1の説明モデルを、簡略化して、もっとすっきりした形に描き直すと、図2のようになるであろう。

214　第4部　女性と性的被害

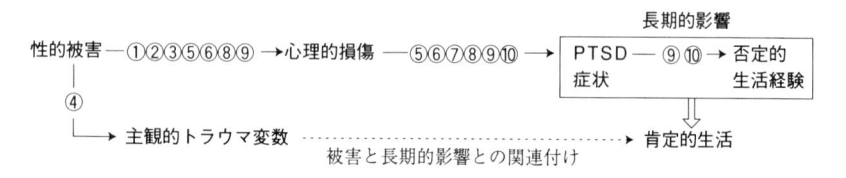

```
                                                  長期的影響
           ┌─────────────────────────────────┐
性的被害─①②③⑤⑥⑧⑨→心理的損傷──⑤⑥⑦⑧⑨⑩→│PTSD ── ⑨⑩ → 否定的│
  │④                                       │症状          生活経験│
  │                                         └─────────────────────────────────┘
  └→ 主観的トラウマ変数 ・・・・・・・・・・・・・・・・・・・・・・・・・→ 肯定的生活
                   被害と長期的影響との関連付け
```

図2　諸変数間の関連の説明モデル（Ⅱ）

　すなわち、性的被害経験の否定的生活経験への影響（関係）［⑨］は、心理的損傷・PTSD症状を介して及び、性的被害経験のPTSD症状への影響（関係）［⑤⑥⑧］は心理的損傷を介して及び、心理的損傷の否定的生活経験への影響（関係）［⑩］はPTSD症状を介して及ぶ、という構図である。なお、PTSD症状と否定的生活経験とは合わせて、性的被害の長期的影響として捉えることができるであろう（場合によっては、心理的損傷を長期的影響に含めることもできる）。

　性的被害経験が長期的影響を発症・創出するのを防ぐには、専門家の治療的介入によって図2の因果の鎖をどこかで断ち切ることが必要である。性的被害を受けても心理的損傷が生じないように、心理的損傷が生じても長期的影響が生じないように、矢印の方向への進行をくい止めることが肝要である。

　ただし、長期的影響が生じてしまった場合でも、被害者自身の回復への勇気と自己克服の努力、および、専門家や自助グループ等の支援による癒しの過程を経て、これは、肯定的生活へと転換されうる。この場合、主観的トラウマ変数が、被害時の動揺や被害のもたらした自身の人生への影響に対する自覚を媒介に、被害者自身、自らの長期的影響の現状を被害経験とリンクさせて捉えることを可能にし、そして、この自己の現状を被害の結果として認識できることこそが、被害者自身の勇気と努力、また、専門家等の支援を求め受け入れ癒しの過程に入る上での前提となることであろう。つまり、主観的トラウマ変数は、肯定的生活へと向かう場合の前提となるものを育てる働きをもちうるのである。

〔付記〕
　大阪コミュニティ調査への主たる参加者は、筆者以外では、村本邦子、窪田溶子、西順子、前村よう子（以上、女性ライフサイクル研究所）、前田真比子（大阪大学大学院）、横野まゆみ（京都教育大学大学院）である。

【参考文献】

Finkelhor, D., Sexually Victimized Children, The Free Press, 1979.

Finkelhor, David, & Browne, Angela, "Initial and Long-Term Effects: A Conceptual Framework," in Finkelhor, D. and Associates, A Soursebook on Child Sexual Abuse, SAGE, 1986, pp.180-198.

Herman, J. L., Trauma and Recovery, Harper Collins, 1992.（中井久夫訳『心的外傷と回復』みすず書房、1996）

Rodeghier Mark, Surveys with Confidence: A Practical Guide to Survey Research Using SPSS, SPSS INC., 1996.（西澤由隆・西澤浩美訳『誰にでもできる SPSS によるサーベイリサーチ』丸善、1997）

Russell, Diana E. H., The Secret Trauma: Incest in the Lives of Girls and Women, Basic Books, 1986.

Summit, Roland C., "The Child Sexual Abuse Accomodation Syndrome," Child Abuse & Neglect: The International Journal, Vol.7, 1983, pp.177-193.

van der Kolk, B. A. & Fisler, R. E., "Childhood Abuse and Neglect and Loss of Self-regulation," Bulletin of the Mininger Clinic, 58(2), 1994.

石村貞夫『分散分析のはなし』東京図書、1992。
石村貞夫『すぐわかる多変量解析』東京図書、1992。
石村貞夫『すぐわかる統計解析』東京図書、1993。
石村貞夫『すぐわかる統計処理』東京図書、1994。
石村貞夫『SPSS による分散分析と多重比較の手順』東京図書、1997。
石村貞夫・デズモンド・アレン『すぐわかる統計用語』東京図書、1997。
石村貞夫『SPSS による多変量データ解析の手順［第2版］』東京図書、1998。
石村貞夫『SPSS による統計処理の手順［第2版］』東京図書、1998a。
石村貞夫『SPSS による多変量データ解析の手順』東京図書、1998b。
内田治『すぐわかるSPSS によるアンケートの調査・集計・解析』東京図書、1997。
内田治『SPSS による回帰分析』（1999年12月SPSS トレーニングコース・テキスト）。
古谷野亘『多変量解析ガイド―調査データのまとめかた―』川島書店、1988。
斎藤学「トラウマ理論とアダルト・チルドレン」『現代のエスプリ』358、1997、pp.22-55。
柳井春夫・岩坪秀一『複雑さに挑む科学―多変量解析入門―』講談社、1976。
山内光哉『心理・教育のための統計学［第2版］』サイエンス社、1998。

第5部

インセストと性的虐待

第11章
親族による子どもへの性的虐待の本態と現状

1　1つの事例

　A子は、四国の某県の農村地帯で育った20代半ばの女性である。現在、ある専門学校の学生。5人きょうだいの一番目で、家族は、このきょうだいのほかに、実父、実母からなる。当人の家族についての階層帰属意識は「中の中」である。

　小学生の時から、実父によって、性器その他を触られたり、無理やり一緒に風呂に入ろうとされたり、着替えなどを覗かれたり、父親の性器を見せられたりといった性的虐待を受け、中学生になってA子が性的に成熟してくると、それが性交にまで進んだ。

　A子は、このような実父によるインセスト（近親姦）的虐待に対して、驚愕したり、憂鬱になったり、情けないと思ったり、嫌悪感を抱いたりしながらも、これを受け入れてきた。そして、この父親との性的関係は今も続いている。このような行為に及ぶ父親から離れたいと切望し、登校等で外出した時はもうこの父親の居る家には帰りたくないと幾度思ったかしれない。しかし、彼女は、「誰にもいえないことだから」とひたすら沈黙を守るばかりで、誰に相談するでもなく、また何の抵抗戦略もとることなく、この苛酷な逆境に耐えつづけている。近所付き合いの悪い孤立した家族の密室での出来事で、周囲の誰もこの事実に気づいていない。彼女の頑な沈黙の故に、当の家族の者すら事実を把握していない様子である。今、A子の心は人間不信感で溢れているという[1]。

2 インセスト的虐待の普及率

　性的虐待は、親やきょうだいなど親族が加害者となるインセスト的虐待と、親族以外の他人による家族外的な性的虐待とに区分される。A子の事例は前者のインセスト的虐待の例である。性的虐待、とりわけインセスト的虐待は、加害者が沈黙を強制する上に、被害者自身も、羞恥心や罪悪感などの心理的機制から、さらに性的被害は被害者自身の落ち度であるとして逆に犠牲者の側に責任を転嫁し責め苦を帰する社会的機制から、自ら沈黙を固守するが故に、社会の表面に露呈されにくく潜伏する傾向が強い。特に、子どもや女性への人権意識が未成熟で、家族や社会の集団的秩序を重視するわが国の社会ではこの傾向が顕著であるといわれる。

　そうした中で、アメリカなどでは、人権意識の高揚を背景に、潜伏した性的虐待やインセスト的虐待を明るみに出し、福祉的・医療的援助を与えようとする調査研究や取り組みが、特に1980年代以降精力的に遂行されてきた。これによってそれらの普及率（被虐待を経験した者の比率）も明らかにされてきている。たとえば、アメリカの場合、D. フィンケルホーによれば子ども（少女）への性的虐待19％、うちインセスト的虐待10％[2]、G. ワイアットによると子ども（少女）への性的虐待45％、インセスト的虐待21％、家族外的虐待32％[3]、D. ラッセルによればそれぞれ38％、16％、31％[4]という普及率になっている。ワイアットとラッセルの数値は、露出行為などの非接触的被害を含まない数値だが、それを含めると性的虐待の普及率は各62％、54％へと上昇する。

　わが国の場合、この種の調査を支える人権意識が未発達であることに加え、性のタブーが強固であることなどの理由で、類同の調査はようやく緒に就いたにすぎない。筆者による大学・専門学校の女子学生を対象にした調査[5]では、非接触的被害を含む性的被害の普及率約90％、うち65％が「高校生以前」の子ども時代に受けた被害である。ということは、「少女への性的虐待」の普及率は概ね6割に上ることを意味する。この数値は、上記のアメリカの実態に肉薄ないし凌駕する数値といえる。なお、親族によるインセスト的虐待は3.6％で、アメリカと比べると低率であるが、それでもこの数字をわが国の女性人口に単純に当てはめると、約227万人の女性がインセスト的虐待の犠牲者ないし

はその予備軍ということになるから、むしろ脅威の被害化率と見なければならない。従来、わが国でのインセスト的虐待の発生件数については、全国児童相談所長会調査による半年間の児相処遇ケース48件を基に、年間2,400件の発生といった推計がなされているようだが、虐待概念の規定の問題があるにせよ、これは氷山の一角と見なす必要がある。性的虐待、インセスト的虐待の問題は、決して欧米社会のみが抱えた対岸の火事ではなく、わが国の社会が直面する喫緊の社会病理でもある。現に、A子は、四国の一隅で、人知れずインセスト的虐待の凶逆に懊悩しつつあるのだ。

3　インセスト的虐待のトラウマ

　性的虐待は、「相手を殺すことによってその人間をモノに変えてしまう力」よりもはるかに強力な、「相手がまだ生きている間にその人間を利用しつくしてモノに変えてしまう力」（ヴェイユ）の行使である。犠牲者は、生きながらモノに変えられ魂を失う。つまり、それは「魂の殺人」（アリス・ミラー）の行為にほかならない。

　それゆえ、性的虐待の犠牲者の負うトラウマ（精神的外傷）は甚大であるが、なかでもインセスト的虐待は、基本的に逃れられない親族関係の絆によって結ばれた加害者による性的虐待であるので、その影響はいっそう深刻なものとなる。とりわけ依存－被依存の関係にある親からのそれは破壊的である。

　女性を対象にしたラッセルの調査によれば、インセスト的虐待の発生時に何らかの苦痛のあったことを報告した者92％、何らかの長期的影響を報告した者78％に上った。後者の長期的影響としては、「男性一般に対する拒否感情の増大」（38％）、「加害者に対する拒絶感情の増大」（20％）、「自己像低下・自己嫌悪・罪悪感など自己否定感情の増大」（20％）、「恐怖・不安・憂鬱など一般的な負の感情の増大」（17％）、「性感情一般・性的自己像への否定的影響」（14％）、「他者の安全についての心配の増大」（12％）、「暴行につながる行動の回避」（11％）、他に「漠然とした怒り・復讐心などの増大」「離婚や結婚生活の悪化」「身体的親密さへの拒否感情」「情緒的冷淡さの感覚」「悪夢その他睡眠障害」「身体的病への罹患」「不本意な妊娠・出産」などが報告された。

以上のほかにも、多くの研究者によってさまざまな長期的影響が指摘されている。たとえば、摂食障害、性的機能障害、薬物濫用・アルコール依存・自虐癖・売春・自殺などの自己破壊的行動、心身症と精神病、心的外傷後ストレス障害、多重人格性障害などである。その他、再被害化の危険の増大、被虐待者から虐待者への転化の可能性なども指摘されている。

子ども時代、実の兄から性的虐待を受けたインセスト・サバイバーの穂積純は、自身の後遺症として、①悲しみ・怒り・恐怖などの感情を感じる能力の欠損、②体の感覚と自分を分断して、体のメッセージを受け取れなくなるという体感覚の麻痺、③「本当の自分」と「本当の自分ではない自分」とへの現実の分裂、そして「本当の自分」を共に生きてくれる人をもちえない孤絶感、④自分の傷ついた「内なる子ども」の面倒をみることで精一杯、そのため妊娠して子どもをもつことを拒否するという母性の発達障害、⑤子ども時代に奪われ裏切られた絆を求めて、人を愛したいと思えど、沈黙の壁がそれを阻むというジレンマなどを挙げている[6]。

穂積は、子どもへの虐待とは、子ども時代という絶対の信頼の必要な時にその絶対の信頼を裏切る行為であり、「この世に存在することの脅威」のインプットにほかならない、という。インセスト的虐待は、まさに絶対の信頼の対象そのものから受ける、それだけに最大の信頼の裏切り行為であり、「存在の安全」のインプットの必要な時期に、安全の源泉であるべき親などが逆にそれ故に絶大な「存在の脅威」を植えつける行為である。この意味で、それはまさしく被害者の人生を全面的に破壊し尽くす残虐行為であるといえるであろう。（なお、被害者に以上のようなトラウマが現れる可能性があるからといって、被害者を差別的偏見で処遇すべきでないことはいうまでもない。）

4　父―娘インセスト

以上のようにインセスト的虐待のもたらすトラウマは破壊的であるが、それがとりわけ父―娘の間で営まれた場合は最高のトラウマ形態となる。ラッセルの研究によれば、彼女の開発したトラウマ尺度において加害者が継父・養父や実父などの父親である場合、「極度＼かなりのトラウマ」の報告が81～82％を

占め、2位の兄弟の場合の60％を大きく引き離した。フィンケルホーも父親による性的虐待は他の親族によるそれに比べて有意によりトラウマ的であることを見いだしている。

　この至上のトラウマ形態である父－娘インセストの普及率は、アメリカの場合、ラッセル調査で4.5％、ワイアット調査で8.1％である。わが国の場合、すでに筆者による女子学生調査におけるインセスト的虐待の普及率3.6％という数字を示したが、筆者による別の男子学生を含めた調査[7]の結果によると、「親族」によるインセスト的虐待の普及率9.9％、これを男女別に見ると男子7.6％、女子12.3％、そして、「父母」によるインセスト的虐待の普及率7.5％、うち「父親」による娘へのインセスト的虐待のそれは5.7％に上っている。この数値は、ラッセルによるアメリカの普及率を上回るもので、これをわが国の19歳以下の女子人口1,509.7万人（1992年）に当てはめると、86.1万人の少女が父親からインセスト的虐待を受けている、ないし受けつつあるということになる。驚嘆に値する数値と言わねばならない。なお、この調査で、1.4％と低率ながら母親から息子への性的虐待が確認されたことも注意しておく必要がある。

　ジャスティス夫妻によると、父－娘インセストを犯す父親のタイプは、共生的性格、精神病質人格、幼児愛タイプ、精神病者の4タイプに分かれるが、現在では共生タイプが圧倒的割合を占めるという[8]。共生的性格とは、子ども時代の育てられ方や両親のタイプの故に、愛情飢餓感にあり、温かみ、触れ合い、労りなどへの強い願望をもつが、その願望を日常の親密な人間関係を通して満たす能力をもたず、しかもそうした願望をセックス以外の手段で満足させる仕方を知らない性格類型のことである。

　このような共生タイプの父親が娘とのインセストに踏み込む場合、次のような諸条件間の相互作用のダイナミズムが働く。(1)父親は、子ども時代に親に愛されたという感情の経験がないため、慈母幻想に固執し、妻に母的な期待をかけるが、妻のほうも依存欲求が強く彼の母となることを欲していないと分かり、失望した父親は母親的な愛を求めて娘に志向する。しかも、その愛への願望を性的欲求と混同してセックスによって満たそうとする。(2)父親が、上のような傾向を顕在化させる働きをもつストレスに砲撃される。(3)父親と母親との間に緊張と敵意が生まれセックスが中止される。(4)母親が、夜仕事を始

めたり、病気になったりで、父親と娘が2人だけになる機会ができる。(5)娘が、母親や仲間との関係の希薄さ・欠落から世話や愛情への飢餓状態にあり、また父親を不幸から救い出したいと思っている。つまり、娘の側に父親からつけ込まれやすい危険条件が生まれる。(6)家族の性文化がだらしなくルースであるか、逆に抑圧的である。また家族が世代境界の不鮮明化を特徴とする性文化をもつ場合も多い。(7)家族状況が孤立状態として刻印され、愛情飢餓はいよいよ家族内セックスへと内攻する。

　以上は個人的・家族的条件であるが、(8)社会的条件も重要である。すなわち、①共生タイプにおける日常的接触を通しての愛情飢餓の克服能力の不足をいっそう深刻にする現代社会の人間関係の希薄さ、②大人－子どものセックスに対する受容的態度を醸成する開放的な性的風潮、③とりわけ子どもとのセックスを禁止する内的禁制を掘り崩す子どもポルノの氾濫、④男女平等への反動として成人女性を忌避した男たちの子どもへの志向傾向、⑤家族間の孤立化の趨勢、⑥離婚率の増加に象徴される父母間の敵対関係の強化、⑦過剰な変化に伴う過剰なストレスなどである。

　以上の諸条件の力動的な相互作用の中で父－娘インセストが胚胎してくる。もっともすべてのそれがこのメカニズムに従うわけではないが、これこそ現代型の父－娘インセスト発生の基本メカニズムといえよう。なお、このメカニズムはインセスト的虐待全般の発生にとっても示唆的である。

　わが国の場合、従来の児童相談所等による事例報告では精神病質人格の父親の占める比率が高かったが、最近の報告では共生タイプによる性的虐待の比率が高まりつつある。A子の場合もこのタイプの父親による被害の例であろう。

5　インセスト的虐待への対応

　対応については、紙幅も尽きてきたので基本的な項目について若干の指摘を行うにとどめる。
(1) インセストについて「語ること」のタブーの打破。ルイス・アームストロングは、今日タブーとなっているのはインセストそのものではなくインセストについて「語ること」だと述べているが[9]、語ることを抜きにしては予防

も早期発見も処遇・治療にしても何も期待できない。語ることがすべての前提である。
(2) 親教育の実施。無垢への裏切りたる親による虐待を防止するためにこのことは特に重要である。この場合、先述のことから、人間欲求の充足の正しい方法とストレスの処理の仕方についての教育が中心となるであろう。
(3) 被虐待防止教育。権力を持つ加害者からの虐待に対して子どもは無力で、嫌々ながらも受け入れ、しかも沈黙する。これが虐待を継続させ拡大させる。はっきりノーといえるように、また果敢に抵抗戦略を展開できるよう、さらに沈黙せず相談や訴えを起こせるように、エンパワーメントを中核とした、子どもへの被害防止教育が必要である。
(4) 専門家の養成。専門家は、防止・早期発見・援助・治療等において重要な役割を担う。しかし、わが国の現状では、子どもや女性の立場に立って対応できる「専門家」は少数である。むしろ「専門家」の犯罪性ということすらいわれる。被害者に寄り添って援助できる専門家の養成が急務である。
(5) 法制度の整備。特に、通告義務、加害者たる親からの分離、親権の制限等に関わる規定においてわが国の法制度の不備が指摘されている。ただし、法制度の整備にあたっては刑罰的アプローチではなく、治療的アプローチが重視される必要がある[10]。
(6) より根本的には、子どもや女性をモノや所有物とみる発想から魂をもった権利主体とみる発想への根本的転換。これは、家父長制的価値観の止揚を迫るものである[11]。

【注】
1) 石川義之「『チャイルド・アビュースの実態』調査分析─『原義』からのアプローチ─」『社会分析』23、1996。本書第14章 児童虐待の実態─大学生・専門学校生等調査から─、274~297ページ。
2) Finkelhor, David, *Sexually Victimized Children*, The Free Press, 1979.
3) Wyatt, Gail E. & Peters, Stefanie D., "Issues in the Difinition of Child Sexual Abuse in Prevalence Research," *Child Abuse and Neglect: The International Journal*, 10, 1986.
4) Russell, Diana E. H., *The Secret Trauma: Incest in the Lives of Girls and Women*, Basic Books, 1986.
5) 石川義之『性的被害の実態─大学生・専門学校生調査の分析と考察─』島根大学法文

学部社会学研究室、1995。
6) 穂積純『甦える魂―性暴力の後遺症を生きぬいて―』高文研、1994。
7) 石川義之「大学生・専門学校生等調査にみる児童虐待の実態―性的虐待を中心として―」『地域社会論集』6、1997。
8) Justice, Blair & Rita, *The Broken Taboo: Sex in the Family*, Human Sciences Press, 1979.
9) Armstrong, Louise, *Kiss Daddy Goodnight*, Hawthorn Press, 1978.
10) Forward, Susan & Buck, Craig, *Betrayal of Innocence: Incest and Its Devastation*, Penguin Books, 1978.（佐藤亮一訳『近親相姦 ―症例とその分析―』河出書房新社、1981）
   なお、わが国の法制度の不備については、2000年5月24日公布の「児童虐待防止等に関する法律」によって部分的に改善された。
11) Griffin, Susan, *Rape: The Politics of Consciousness*, Harper & Row, 1986.（幾島幸子訳『性の神話を超えて―脱レイプ社会の論理―』講談社、1995）

第12章
インセストは的虐待の実情

1 アンケートに表れたインセスト的虐待の諸事例

　B子は現在高校3年生の17歳。家には実父と継母と祖父と一人の兄がいる。四国の某県の山間部で育った。小学生の時から中学時代にかけて、祖父と兄から、風呂に入っているところを覗かれたり、身体を触られたり、また彼らの身体を触るように強要されたりした。被害時、B子は、驚愕し、恐怖を覚え、怒りと悔しさと嫌悪感に襲われ、悲鳴をあげ泣き叫んだ。その場から逃げようとし、やめてくれるよう嘆願もした。近くの人に助けを求めたが、こうしたこと以外これといった抵抗はできず、そのような無力な自分に「腹が立った」。その都度親に相談もしたが、最初の経験以来、男性への恐怖心が募り、一時は恐怖症と呼ぶべき状態に陥った。しかし、高校に入り加害行為が収まり、最近になって多少恐怖心も軽減したという。

　C子は19歳の専門学校生。高校生の時、ある日親族の一人（おじ？）に、買い物に行った帰りに遠くのラブホテルに連れ込まれ、アダルトビデオを見せられ、後ろから抱きつかれて性交を迫られた。経験時、嫌悪感、悔しさ、怒りを抱き、悲鳴をあげ泣き叫び、強く拒絶・抗議した。身近な人に相談したが、その後、男への身構え、加害者への怒り、ノイローゼ症状が現れ、「中年男性を見ると気持ち悪くなり、今も治らない」。「時が経つにつれますます腹が立ってき、早く忘れたいが、忘れられない」。被害者役割を内面化したのか、他にも多くの被害経験を持つ。また被害の後遺症か、C子には現在も憂鬱、自罰傾向、

男性不信、罪悪感、性関係＝支配関係の信念等が認められる。「性的被害を受けた者は、私だけでなく他にも沢山いると思う。このことを皆に知って欲しい。被害者だけが嫌な思いをするのではなく、男も含めて皆がこの嫌な思いを味わって欲しい」。彼女はこのように訴えているのである。

2　インセスト的虐待の定義

　インセスト的虐待（incestuous abuse）は、子どもに対する性的虐待の一形態であり、この性的虐待は児童虐待の一形態である。児童虐待（child abuse）とは、「子どもの心の健全な発達に対して不都合、歪み、障害を結果する可能性を相当程度に持つ一切の行為」〔Bagly: 2〕をいう。子どもに対する性的虐待（child sexual abuse）とは、そうした行為のうち、加害者によって子どもに対してなされる性的行為を指す。第1に、この性的行為は、加害者ないしその他の者の性的興奮のために子どもを利用する行為として、「搾取的な」意味を持つ〔Burkhardt: 2〕。したがって、また子どもにとって「不本意」なものである。第2に、性器接触、性交などの接触的行為のみならず、露出行為、性的言い寄り・誘いなどの非接触的行為も含む。第3に、この性的行為には、腕力、力の行使の脅迫などを随伴する「力ずく」の行為——麻酔状態等合意能力欠如時における暴行もこれに属す——だけでなく、上記の虐待概念に該当し搾取的で不本意である場合には「力ずくでない」行為も含まれる。したがって、猥談を聞かせる、ポルノ写真を見せる、わいせつ電話をかける、下着の色を聞く、下着を盗むなどのいわゆる「軽微な」行為も性的虐待でありうる。第4に、被害者である子どもは概ね18歳未満とされ、加害者はその被害者よりも5歳以上年長の者であるとされる〔たとえばRussell: 59〕。ただし、年齢差が5歳未満であっても、被害者との間に性別、人種、その他場面場面の事情等で権力や支配力の格差が存在する場合には加害者たりうる。第5に、加害者は「親族」である場合と「非親族」である場合とがある。親族による性的虐待を「インセスト的虐待」、非親族によるそれを「家族外的性的虐待（extrafamilial child sexual abuse）」と呼ぶ。なお、親族の範囲はそれぞれの社会の文化によって定まる。この範囲内の親族による性的虐待であれば、「家族内」の性的虐待でなくても、

インセスト的虐待である。

3　インセスト的虐待の普及率

　以上のように規定されるインセスト的虐待はどのくらいの広がりをもって社会に浸透しているのか。この広がりは、子ども時代にインセスト的虐待の被害を経験した者の比率を表す「普及率」によって示される。性的虐待が他者によって報告されることはほとんどないので、この普及率の測定は、通常、被害者の自己報告に基づいて行われる。この自己報告も、被害者の沈黙の傾向や記憶の心理的抑圧のために障壁をもつが、研究者たちはこの障壁を破り自己報告を促す方策を開発してきた。この開発が最も促進され、実態把握が最も進んでいるのはアメリカである。

　アメリカ社会での普及率について、少女の場合を中心に見ると、1953年のキンゼイ調査では、14歳未満での性的虐待の普及率24％、インセスト的虐待の普及率3％、うち父親による虐待0.5％となっている（非接触的経験を含む）。フィンケルホーによる1979年の大学生調査では、17歳未満での性的虐待の普及率19％、インセスト的虐待の普及率10％、父親による虐待1.3％である（同上）。ラッセルによる1983年のコミュニティ標本調査では18歳未満の性的虐待38％、インセスト的虐待16％（18歳以上での経験を含めると19％）、父親による虐待4.5％、またワイアットによる1985年のコミュニティ標本調査では、それぞれ45％、21％、8.1％となっている。この両調査の以上の数値は、非接触的被害を除外しているが、それを含める場合には18歳未満での性的虐待の普及率は各54％、62％に上昇する。以上、各調査によって普及率にかなりの開きが見られるが、方法論の堅実さからしてラッセルとワイアットの調査が最も信頼が置ける。この両者によると、接触的経験に限定しても、インセスト的虐待の普及率が2割前後となり、現代アメリカにおけるインセスト問題が極めて深刻な事態を迎えていることが窺われる〔Russell／Kinsey／Finkelhor, 1979／Wyatt〕。

　わが国の場合は、子どもや女性に対する人権意識の未成熟、特に彼／彼女らに対する人権侵害よりも集団的秩序の維持のほうを重視する家制度的風潮の名

残などによって、当該問題への関心は薄く、したがって実態把握も著しく立ち遅れている。しかしもちろん、性的虐待やインセストが発生していないというわけではない。筆者が1992年に実施した大学等の女子学生を対象にした調査では、非接触的被害を含む性的被害の普及率約90％、うち65％が「高校以前」の子ども時代に受けた被害であった〔石川、1995a〕。ということは、高校以前の「少女への性的虐待」の普及率が概ね6割に上ることを意味する。この数値は上述のアメリカの普及率に肉薄ないし凌駕する。うちインセスト的虐待は3.6％であった（うち父親による虐待1.2％）。

また、筆者が1993年に実施した大学・専門学校等の男女学生を対象にした調査では、非接触的経験を含むインセスト的虐待の普及率が男女込みで9.9％、男女別では女子12.3％、男子7.6％に上った〔石川、1995b／石川、1997〕。父親による娘への虐待は5.7％を占め、うち2件は性交にまで至っている。女性に限って、上記の数値を1995年のわが国の人口に単純に当てはめれば、787万人の女性がインセスト的虐待の犠牲者ないしその予備軍、365万人が父親による虐待の犠牲者ないしその予備軍ということになる。インセストの問題は決して対岸の火事ではない。

なお、フィンケルホーの1979年調査で女性19％、男性9％、同84年調査で女性15％、男性6％、バドグレイ等の84年調査（カナダ）で各34％、13％、ルイスの85年調査で各27％、16％、石川の93年調査で各34.0％、27.8％というように、性的虐待の普及率は女性の場合が男性に比して有意に高い〔Peters, Wyatt & Finkelhor: 20-21〕。性的虐待の主たる標的は女性であるといえよう。

4 インセスト的虐待の影響

インセスト的虐待は、その被害者に、発生時に激しい動揺＝苦痛を引き起こすという意味で直接的・短期的影響を及ぼすのみならず、その後何年にもわたる有害な長期的影響をもたらす。被害者たちは、虐待経験の結果、1）レイプその他の深刻な性的被害をその後繰り返し受けることになるかもしれず、2）早期の出産や別居・離婚などの結婚・再生産生活上の不安定に悩むことになるかもしれない＊。3）心的外傷後ストレス障害、摂食障害、多重人格性障害など

のメンタル・ヘルス上の問題で苦しむこともある。4) 強迫的な性行動、早熟な性活動、無差別的性行動、売春、性的機能障害などの性的問題を抱える場合もある。5) 心身症・身体的病気に罹患し、それが高じて死に至ることすらある。6) 社会的ひきこもり、職業継続困難など社会・職業生活上の問題、また怠学、学業不振などの学校問題、家出、非行などの逸脱行動に陥ることもある。7) 親となって虐待者に転化したり、自身の子どもの被害化を放置したりという親子関係上の問題が生起する場合もある。8) 薬物・アルコール濫用、自傷行為、自殺といった自己破壊行動に走ることすらある。さらに、9) 下降社会移動によって経済的貧困にあえぐことすら起こりうるのである。

* この言辞は、早期の出産や別居・離婚がつねに不安定を随伴する望ましからざる行為であるという評価的の意味を内包しない。

以上に例示されたような長期的影響が生ずる根因は、インセスト的虐待の経験の結果、「トラウマ的な性的特色付与」「裏切り」「無力状態」「スティグマ付与」が生み出され、かつ強化されるところにある。トラウマ的な性的特色付与とは、「子どものセクシュアリティ（性的感情・態度）が、性的虐待の結果、発達上不適切な仕方で、また対人関係上逆機能的な仕方で形作られるプロセスのこと」をいう。裏切りとは、「子どもたちが、全面的に依存している人間から危害を加えられてきたことを発見する場合に働く動的な力」として作用する過程を指す。無力状態——あるいは力を奪うこと——とは、「子どもの意思、願望、効能感が絶えず犯される過程のこと」である。スティグマ付与とは、「それとなく暗示される否定的な意味——たとえば、悪いことだ、恥ずかしいことだ、罪深いことだといった暗示的意味——が、その経験をめぐって子どもに伝えられ、しかも次に、これがその子どもの自己イメージの中に組み入れられていくこと」をいう。フィンケルホーとブラウンは、以上の4つの要因を「トラウマを生成する原動力」と呼び、これらの原動力は、「世界に対する子どもの認知的・情動的志向を作り替え、そして、子どもの自己概念、世界観、感情能力を歪めることによってトラウマを生み出す」ことを示唆した〔Finkelhor & Browne: 185-195〕。たとえば、スティグマ付与の原動力は、子どもたちにおける自らの有用性や価値についての感覚を歪めるし、無力状態の原動力は、子

どもたちにおける自分自身の自らの人生に対する統制能力についての感覚を歪めるのである。

ちなみに、ジャノフ－ブルマンとフリーズは、同様の現象を、「被害者たちが自分自身とその世界について抱いてきた極めて基本的な仮定が粉砕される」現象として言及する。この仮定には、①人格的に傷つけられないことが価値あると信じる信念、②世界を有意味で理解可能なものとして知覚する認識、③我々自身を肯定的な存在として見る見方、が含まれる。被害経験は、こうした基本公準に対して疑義を呼び起こし、人々が抱いてきたこの仮定を破壊していくのである。そして、このことは被害者たちを往々にして機能不全の不安定状態に貶める〔Janoff-Bulman & Frieze: 3〕。ここでの仮定破壊は、フィンケルホーらにおけるトラウマ生成の原動力による「志向の作り替え」と「概念・観念・能力の歪み」に類似の現象に論及しているものといえよう。

それはともかく、被害者たちが、上記の原動力に基づく歪みを抱えながら世界に対処していく中で、この歪みに直接的には起因する諸々の心理的損傷が現れてくる。否定的な自己イメージ、自己への特異感、罪悪感、羞恥心、不安・恐れ、不信感、怒り・敵意、効能感の低下、犠牲者としての自己認知、攻撃者との同一化などである。そしてさらに、こうした心理的損傷の直接の影響下で、前述のような長期的影響＝否定的生活経験が現出してくるのである。しかも、この否定的生活の諸要素は、たとえば家出が再被害化を誘発し、経済的貧困が離婚・別居を促進し、性的機能障害が夫婦間の諸問題を生み出すなど、相互に作用し合いながらこの否定的生活を自己増殖させていくのである。

この否定的生活は、被害者自身の自己克服の努力と、専門家や自助グループ等の支援による癒しの過程を経て、肯定的生活へと転換される。このような転換が成し遂げられる時、被害者の自我と生活は強化され、より高次の次元へと統合されうる。この転換への道のりは苦渋に満ちたものであるが、艱難は人を玉としうるのである（ただし、もちろん、この可能性は虐待を正当化しえない）。

なお、被害発生時に生じる動揺＝苦痛と、この動揺その他の要因によって生まれる主観的な長期的影響感も、直接・間接的に否定的生活の形成に寄与するであろう。以上に述べてきた諸変数の関連は、図1の説明モデルに示されている。図における心理的損傷と否定的生活は、被害者がそれらと虐待経験との関

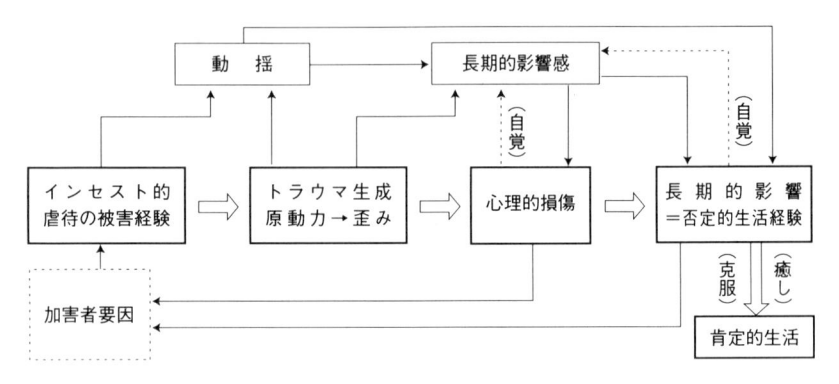

232　第5部　インセストと性的虐待

図1　インセスト的虐待の影響の説明モデル

係に必ずしも気づいていず、その関係が客観的にのみ把握できる客観変数をなす。これらを、被害との関係に気づかせ、主観的変数に転ずることが、癒し過程の要点となる。こうした被害経験との関係の自覚は、単に無意識の意識化という精神分析学的含意のみならず、長期的影響感を良い意味で強め影響からの脱却の意欲を刺激するという含意からも重要であろう。

　インセスト的虐待が長期的影響を生じる場合の根因となる先述の4つの原動力は家族外的性的虐待からも帰結するが、うち裏切り、無力状態、スティグマ付与の3つはインセスト的虐待においてことに強力となる傾向がある。それだけインセスト的虐待の影響はしばしばより深刻なものとなりがちである。インセスト的虐待の予防、発見、癒しには特段の注意が払われるべきなのである。

5　インセスト的虐待の要因・条件と対応

　既述のとおり、インセストを含む性的虐待の主たる標的は女性で、しかもインセストの大部分は被害者の子ども時代に発生している（ラッセル調査で、全インセストの普及率19％中16％を子ども時代が占めている）。加えて、加害者の大多数は男性である（同上調査で、インセスト的虐待の加害者に占める女性の比率は5％にすぎない）。このようにインセストが男性によって女性——しかも子ども——を主たる標的として営まれる原因となる基本的な構造要因は、第1に、現代社会で男たちのセクシュアリティが社会化される仕方であり、第2

に、彼らがこうして身に付けたセクシュアリティをその中で行動化する現代社会の権力構造である。わが国を含め現代社会において、男たちは、社会化によって、性的充足を求めて略奪的に接近するという態度を身に付けている。しかも、このような態度は、男性－女性、大人－子どもの不均衡な権力関係を利用して構造的弱者たる女性＝子どもに向けて行動化される。略奪は弱者を対象にしてこそ可能ないし容易だからである。男性を主たる主体として女性＝子どもに向けられた略奪的セクシュアリティの行動化にほかならない性的虐待は、家父長制的な現代社会に内在する構造的な病理現象だといえよう。

　このような略奪的行動化としてのインセスト的虐待が実際に生起するためには、フィンケルホーに引き寄せていえば、さらに加害者の側における①女性＝子どもに対する性的欲望の喚起・増進、②その欲望を行動に移すことを内側から抑制する内面化したインセスト・タブーなどの内的抑止力の麻痺、および③被害者の母親を含めた周囲の監視・防止能力に代表される外的抑止力の低下、併せて、④女性＝子どもの側における回避・抵抗能力の弱体化すなわち無防備性、が必要条件となる〔Finkelhor, 1984:53-68〕。加えて、⑤構造要因を含め以上・以下の諸条件を支えるイデオロギー（＝神話）要因が虐待発生に重要な役割を演じる。たとえば、犠牲者の側に責任を帰する神話や性的暴行の影響を否定する神話は内的抑止力の麻痺に、また犠牲者を自発的な関与者と見なす神話は性的欲望の喚起に作用する。他に、⑥以上の諸要因・諸条件を前提に性的虐待の標的を特に加害者の親族、とりわけ家族内親族へと向ける上で作用する、加害者に嚮導された家族力学もインセスト発生の条件となりうる〔Justice, B. & Justice, R.／石川、1991／石川、1996〕。加害者の精神障害、子どもポルノに象徴される開放的性風潮などの諸他の個人心理的、社会・文化的要因は以上の諸要因・条件中の特定項を介して間接的に性的虐待・インセストの発生に作用するであろう。その場合、以前の被害経験による心理的損傷・否定的生活経験が被害再発という形でインセストの発生に寄与する点に注目する必要がある（この点は図1で加害者要因として言及）。なお、以上の関連は図2に示されている。

　以上から、インセスト的虐待に対する対応としては、①ヒューマン・セクシュアリティの立場からの男子の社会化のあり方の根本的改善、②男性－女性、

234 第5部 インセストと性的虐待

```
                    ┌─────────────────────────────────────┐
                    │ 独立変数：構造要因                    │
                    │   男子のセクシュアリティの社会化パターン │
                    │   男性—女性、大人—子どもの不均衡な権力関係│
                    └─────────────────────────────────────┘
                              ┌──────────────────┐
                              │ 媒介変数1：加害者要因│
                              │   性的欲望の喚起・増進│
                              │   内的抑止力の麻痺  │
                              │   外的抑止力の低下  │
                              └──────────────────┘
   ┌──────────────┐          ┌──────────────────┐
   │付加的独立変数1：│          │ 媒介変数2：        │
   │ イデオロギー＝神話要因│    │   被害者の無防備性  │
   └──────────────┘          └──────────────────┘
                              ┌──────────────────┐
                              │ 媒介変数3：        │
                              │   加害者に主導された │
                              │   家族力学         │
                              └──────────────────┘
                              ┌──────────────────┐
                              │ 従属変数：インセスト的虐待の発生│
                              └──────────────────┘
                                         ‖
                              ┌──────────────────┐
                              │付加的独立変数2：インセスト的虐待の被害経験│
                              └──────────────────┘
```

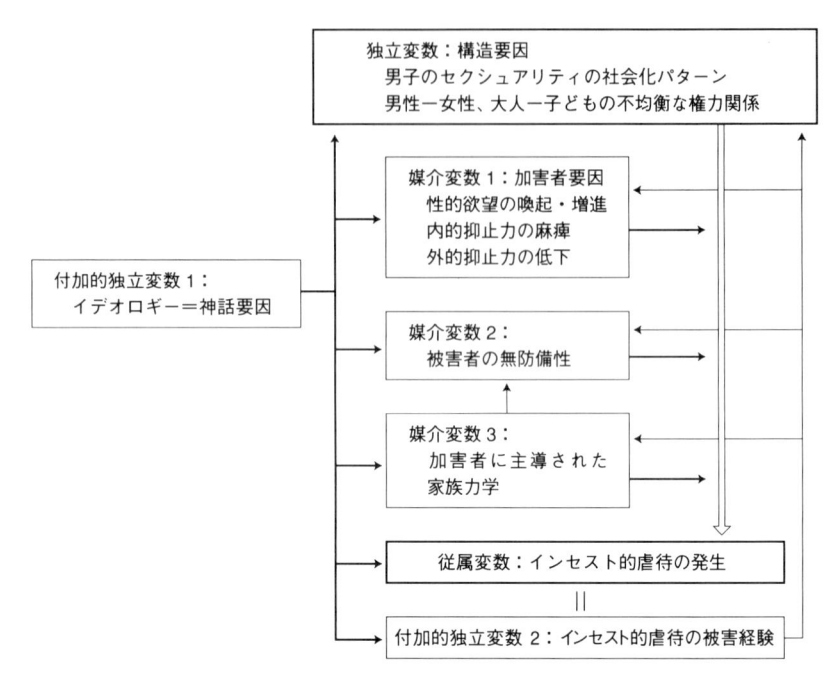

図2　インセスト的虐待の発生の説明モデル

子ども－大人の権力格差の解消を中核に、③女性＝子どもに向かう性的欲望の抑制と刺激除去、④たとえば親教育を通じての内的抑止力の強化、⑤たとえば社会的ネットワークの強化による外的抑止力の補強、⑥女性・子どもを対象にした被害防止教育を通じてのエンパワーメントによるその無防備性の克服、⑦家父長制的神話＝イデオロギーの虚偽性暴露を通じての超克、⑧とりわけ父権的な父親に主導された、インセストに向かう家族力学の抑止、などが肝要となろう。そして、なによりも、男性自身が自ら被害者の立場を思いやる心を育てることが大切なのである。

【参考文献】

Bagly, C., *Child Sexual Abuse and Mental Health in Adolescents and Adults*, Avebury, 1995.

Burkhardt, S. A., & Rotatori, A. F., *Treatment and Prevention of Childhood Sexual Abuse: A Child-Generated Model*, Taylor & Francis, 1995.

Russell, D. E. H., *The Secret Trauma: Incest in the Lives of Girls and Women*, Basic Books, 1986.

Kinsey, A. C. et al., *Sexual Behavior in the Human Female*, W.B. Saunders, 1953.
Finkelhor, D., *Sexually Victimized Children*, The Free Press, 1979.
Wyatt, G. E., The Sexual Abuse of Afro-American and White American Women in Childhood, *Child Abuse and Neglect*, 9, 1985, pp.507-519.
石川義之『性的被害の実態―大学生・専門学校生調査の分析と考察―』島根大学法文学部社会学研究室、1995a。
石川義之「『チャイルド・アビュースの実態』調査分析―『原義』からのアプローチ―」、『社会分析』23、1995b、pp.91-107。
石川義之「大学生・専門学校生等調査にみる児童虐待の実態―性的虐待を中心として―」、『地域社会教室論集』6、1997、pp.99-138。
Peters, S. D., Wyatt, G. E., & Finkelhor, D., Prevalence, in Finkelhor, D. *et al.*, *A Sourcebook on Child Sexual Abuse*, Sage, 1986, pp.15-59.
Finkelhor, D., & Browne, A., Initial and Long-Term Effects: A Conceptual Framework, in Finkelhor, D. *et al.*, *A Sourcebook on Child Sexual Abuse*, Sage, 1986, pp.180-198.
Janoff-Bulman, R., & Frieze, I. H., A Theoretical Perspective for Understanding Reactions to Victimization, *Journal of Social Issues*, 39(2), 1987, pp.1-17.
Finkelhor, D., *Child Sexual Abuse: New Theory and Research*, The Free Press, 1984.
Justice, B., & Justice, R., *The Broken Taboo: Sex in the Family*, Human Sciences Press, 1979.
石川義之「性的虐待としてのインセスト―アメリカおよび日本の実態―」、『島根大学法文学部文学科紀要』15（Ⅰ）、1991、pp.43-73。
石川義之「親族による子どもへの性的虐待の本態と現状」、『青少年問題』43(9)、1996、pp.16-21。

第6部

児童虐待と体罰

第13章
児童虐待の実態
高校生調査から

　はじめに

　わが国では、ずっと親子関係の面では、親の養育態度の過保護・溺愛に基づく家族病理が問題の中心に置かれ、親による子の虐待は問題とされてこなかった。しかし、欧米ではアメリカの小児科医 Kempe, C. H. が「被虐待児症候群」(The Battered Child Symdrome) を提唱[1]して以来、この問題は大きな社会問題を構成してきた。わが国でもこれに刺激されて、1973〜74年に厚生省による被虐待児全国調査が行われ、以後、1977年の厚生省児童家庭局「養護児童等実態調査」（以降5年ごとに実施）、1983年の児童虐待調査研究会調査、同年開始の小児医療施設の調査、1984年開始の全国児童相談所長会調査、1993年の大阪乳幼児虐待調査などが継続実施されてきた[2]。しかし、上述のようにわが国社会の関心は母子癒着などの過保護・溺愛現象にあったため、虐待問題は一部のアドボケーターによるクレイム申し立てにようやく支えられた形で、大きな社会的関心を呼ばなかったこともあり、従来の調査はいずれも施設入所児童やクリニック・ケースを対象としたもので、サンプルの代表性が乏しく、それらがもたらした知見は必ずしも被虐待現象の全体像を示していない。

　しかし、これらの調査やその他数々の研究者による努力が功を奏し、また「子どもの権利条約」の批准も完了し、マスコミなどでもこの問題がしばしば取り上げられるようになって、社会の関心も強まる傾向にある。こうした状況のもとで今最も重要なことは、無作為抽出による全国調査に基づく実態把握で

あろう。我々は、この必要を痛感し、そのためのプレ調査として、今回、高校生・大学生・専門学校生を対象とした調査を実施した。本稿で報告するのは、うち高校生を対象とした調査であり、しかも紙幅の関係で7つの質問項目があった中の2項目（Q2、Q3）の分析だけである。全項目にわたる分析・報告については別稿を期したい。

プレ調査とはいえ今回の我々の調査は多くの問題を孕んでいる。ここで報告する高校生調査について2点だけ指摘すれば以下のとおりである。

第1は、児童虐待の定義に関してである。今日の一般的な定義では児童虐待とは、①親またはそれに代わる保護者により、②非偶発的に（単なる事故でない）、③長期にわたり反復的・継続的に児童に加えられた行為であり、④その結果児童に治療を要する身体的・精神的な損傷・症状が生じ、かつ、⑤親子関係が治療的対応を要する状態であることを要件としている。したがって、⑥通常のしつけ・体罰の程度を超えるもので、⑦これには身体的虐待、保護の怠慢・拒否、性的虐待、心理的虐待の4類型が含まれる[3]。

これに対して今回の我々の調査では、質問紙法という限界の中で、できるだけ漏れなく事例を汲み上げるという観点から、abuseの原義に立ち戻り、「権力の不均衡を媒介とした権力の濫用による児童の搾取」という最広義の定義を採用している。また、児童虐待は単に親や保護者からだけでなく児童に対して権力を行使できるあらゆる他者によって加えられる行為であるとの立場に立っている。したがって、いずれ汲み上げた事実の中から児童虐待の一般的定義に該当する事実を絞り込むという作業も必要とされるかもしれない。けだしこのことは無用のラベリングを回避するという点からも必要となろう。

第2に、サンプリングの方法についてである。上述のように無作為抽出法による全国調査の必要性の認識に立った今回のプレ調査ではあったが、このたびのサンプリングの方法はこの理念に忠実に沿ったものではない。特に高校生調査はことごとく調査拒否されたため、この理念からほど遠いものとなってしまった。しかし、調査対象者の属性を見ると、たとえば、階層帰属について、全国調査[4]が上0.7、中の上8.2、中の中53.1、中の下27.7、下7.2、不明3.1であるのに対して、本調査の対象者の場合、それぞれ1.0、12.3、50.8、22.6、4.1、9.2で極めて近似した分布を示している（単位は％）。このことから、サンプ

数の問題もあるが、本調査の結果はある程度全体の推定のためのデータベースとしての意味をもちうるものと考えられるのである。

1 調査実施の概要と調査対象者の諸属性

1－1 調査実施の概要
1－1－1 調査の目的　児童虐待が社会問題化しつつある状況下で、実態把握を通じて当問題の解決に資すること。

1－1－2 調査項目
Q1　両親から受けたしつけとそれへの反応
Q2　両親および両親以外の人との間の被虐待経験
Q3　最も傷つき、最もショックを受けた被虐待経験
Q4　身近で聞いた被虐待経験
Q5　「親子関係・しつけ」についての意見
Q6　被調査者の家庭状況、行動・感情傾性、認知状況
Q7　「しつけ過誤」・「体罰」についての感想・意見〔自由回答〕
　　＊本稿では、紙幅の関係でうちQ2およびQ3のみについて分析し、他は別稿に譲る。

1－1－3　調査対象　K県K高等学校（私立）生徒　195名
1－1－4　調査方法　質問紙による集合調査法
1－1－5　調査時期　1994年1月
1－1－6　回収結果　100％

1－2 調査対象者の諸属性／単位：人（％）
1－2－1　性別　男子83(42.6)　女子112(57.4)　計195(100.0)
1－2－2　学年　1年生69(35.4)　2年生27(13.8)　3年生99(50.8)
1－2－3　課程　普通科95(49.0)　進学科12(6.2)　看護科87(44.8)
1－2－4　きょうだい数

1人	2人	3人	4人	5人以上	無答
18 (9.2)	98 (50.3)	63 (32.3)	9 (4.6)	6 (3.1)	1 (0.5)

1−2−5　出生順位

1番上	2番目	3番目	4番目	5番目以下	無答
95 (48.7)	71 (36.4)	24 (12.3)	3 (1.5)	1 (0.5)	1 (0.5)

1−2−6　居住地域

商業地域	工業地域	住宅地域	団地	農村	漁村	山間地域	その他	無答
8 (4.1)	1 (0.5)	78 (40.0)	15 (7.7)	33 (16.9)	7 (3.6)	38 (19.5)	12 (6.2)	3 (1.5)

1−2−7　階層帰属

上	中の上	中の中	中の下	下	無答	計
2 (1.0) (1.1)	24 (12.3) (13.6)	99 (50.8) (55.9)	44 (22.6) (24.9)	8 (4.1) (4.5)	18 (9.2) —	195 (100) 177 (100)

2　両親および両親以外の人との間の被虐待経験

2−1　両親との間の被虐待経験

> Q2　あなたとお父さん・お母さんなどとの間の経験についてお聞きします。
> (1) あなたは、お父さんやお母さんとの間に以下のI〜IVのような経験がありますか。I〜IVそれぞれについて答えてください。
> ※保護者の人がお父さん・お母さん以外の人は、(2) で答えてください。
> ①お父さんについて　1　毎日（のように）あった　2　ときどきあった
> 　　　　　　　　　　3　1回だけあった　　　　　　4　お父さんからはない
> ②お母さんについて　1　毎日（のように）あった　2　ときどきあった
> 　　　　　　　　　　3　1回だけあった　　　　　　4　お母さんからはない

2−1−1　身体的被虐待経験

> I　たたかれる、なぐられるなど
> 　ア：平手で（ひどく）たたかれる　　イ：こぶしで（ひどく）なぐられる
> 　ウ：押し入れなどに閉じこめられる　エ：家の外に閉め出される
> 　オ：（ひどく）けられる　　　　　　カ：ぼうなどで（ひどく）なぐられる
> 　キ：そのほか、何かのぼうりょくを受ける　内容（　　　　　　　　　　）

「ある」＝「毎日(のように)あった」「ときどきあった」「1回だけあった」の合計
「ない」＝「お父さんからはない」「お母さんからはない」

(1) 身体的被虐待経験の普及率—単純集計

　①全体として見た場合、「(被害経験が)ある」が最も多かったのは「平手」で63.3％、以下「家の外」47.0％、「こぶし」24.6％、「蹴られる」22.4％、「押入れ」22.0％とつづく。加害者別に見ると、父母両方から、および父親からの被害経験で最も多かったのは「平手」で、それぞれ25.3％、21.3％、母親からの被害経験で最も多かったのは「家の外」で23.2％であった［表2-1］。

　②「そのほか」；「キ：そのほか」の記載内容は以下のとおりである。

　〔　〕内は回答者の学年、性別、経験の回数を示す。

父親から

1．扇風機、アイロンを投げ付けられた〔1年女子、時々〕
2．いろいろ〔1年男子、時々〕
3．裏の木にくくり付けられた〔1年男子、時々〕
4．叩かれる〔1年女子、1回〕
5．ひどくは叩かれないが、物などで叩かれた（小学校低学年まで）〔3年女子、時々〕
6．柱や壁に頭をぶつける〔3年女子、時々〕
7．床に叩きつけられた（酒乱）〔3年女子、1回〕
8．自分ごと投げられる〔3年女子、1回〕
9．動かなくなるまで暴力をふるう〔3年女子、毎日〕
10．2段ベッドから引きずり落とされた〔3年女子、1回〕
11．髪の毛を引っ張る〔3年女子、時々〕
12．投げられる〔1年男子、時々〕

母親から

1．軽く叩く〔1年男子、時々〕
2．いろいろ〔1年男子、時々〕
3．幼い頃は裸にして門に出された〔1年女子〕
4．物を投げてくる〔3年女子、時々〕
5．自分の思う通りに動かないと、すぐ殴ったり、叩いたりした〔3年女

表2-1 両親との間の被虐待経験・被虐待種類別集計

被害あり	（縦％）
（内訳）父親・母親両方から	（縦％）
父親からのみ	（縦％）
母親からのみ	（縦％）
どちらからも被害なし	（縦％）
計	（縦％）

〔複数回答〕

	平手	こぶし	押入	家の外	蹴る	殴る	その他
身体的	95 (63.3)	37 (24.6)	33 (22.0)	71 (47.0)	34 (22.4)	25 (16.4)	17 (11.8)
	38 (25.3)	6 (4.0)	7 (4.7)	16 (10.6)	2 (1.3)	0 (0.0)	0 (0.0)
	32 (21.3)	23 (15.3)	11 (7.3)	20 (13.2)	24 (15.8)	16 (10.5)	12 (8.3)
	25 (16.7)	8 (5.3)	15 (10.0)	35 (23.2)	8 (5.3)	9 (5.9)	5 (3.5)
	55 (36.7)	113 (75.3)	117 (78.0)	80 (53.0)	118 (77.6)	127 (83.6)	127 (88.2)
	150 (100.0)	150 (100.0)	150 (100.0)	151 (100.0)	152 (100.0)	152 (100.0)	144 (100.0)

	日用品	学用品	食事	登校	病院	その他
拒否	15 (10.2)	8 (5.4)	6 (4.1)	6 (4.0)	6 (3.9)	5 (3.5)
	6 (4.1)	3 (2.0)	4 (2.7)	1 (0.7)	4 (2.6)	3 (2.1)
	2 (1.4)	1 (0.7)	1 (0.7)	3 (2.0)	0 (0.0)	2 (1.4)
	7 (4.8)	4 (2.7)	1 (0.7)	2 (1.3)	2 (1.3)	0 (0.0)
	132 (89.8)	141 (94.6)	143 (96.0)	146 (96.1)	146 (96.1)	138 (96.5)
	147 (100.0)	149 (100.0)	149 (100.0)	152 (100.0)	152 (100.0)	143 (100.0)

	話	感じ	写真	風呂	着替え	触る	その他
性的	15 (10.0)	3 (2.0)	5 (3.4)	3 (2.0)	5 (3.3)	4 (2.6)	1 (0.7)
	2 (1.4)	1 (0.7)	0 (0.0)	1 (0.7)	2 (1.3)	0 (0.0)	0 (0.0)
	8 (5.4)	2 (1.3)	5 (3.4)	0 (0.0)	1 (0.7)	2 (1.3)	1 (0.7)
	5 (3.4)	0 (0.0)	2 (1.3)	2 (1.3)	2 (1.3)	2 (1.3)	0 (0.0)
	132 (89.8)	146 (98.0)	144 (96.6)	146 (98.0)	146 (96.7)	147 (97.4)	145 (99.3)
	147 (100.0)	149 (100.0)	149 (100.0)	149 (100.0)	151 (100.0)	151 (100.0)	146 (100.0)

	小言	欠点	怒鳴る	おどす	男女	他人	傷つく
心理的	96 (65.3)	45 (30.6)	63 (42.2)	33 (22.3)	25 (21.9)	31 (20.8)	18 (12.0)
	41 (27.9)	20 (13.6)	30 (20.1)	14 (9.5)	7 (4.8)	11 (7.4)	2 (1.3)
	15 (10.2)	11 (7.5)	16 (10.7)	12 (8.1)	12 (8.2)	4 (2.7)	7 (4.7)
	40 (27.2)	14 (9.5)	17 (11.4)	7 (4.7)	13 (8.9)	16 (10.7)	9 (6.0)
	51 (34.7)	102 (69.4)	86 (57.7)	115 (77.7)	114 (78.1)	118 (79.2)	131 (87.9)
	147 (100.0)	147 (100.0)	149 (100.0)	148 (100.0)	146 (100.0)	149 (100.0)	149 (100.0)

	無視	その他
	24 (16.1)	11 (7.7)
	7 (4.7)	4 (2.8)
	6 (6.0)	3 (2.1)
	11 (7.4)	4 (2.8)
	125 (83.9)	132 (92.3)
	149 (100.0)	143 (100.0)

被害なし	被害総件数	回答者総数
19	718	182

子、毎日〕

6．髪の毛を引っ張る〔3年女子、時々〕

(2)「ア：平手で（ひどく）たたかれる」—男女別集計

「平手で（ひどく）たたかれる」を男女別に見ると、「ある」は、父親からは男子61.5％、女子35.9％、母親からは男子34.8％、女子48.0％となっていて、父親・母親の両方とも、異性の子どもよりも同性の子どもに対して厳しい態度を見せている。なお、父親からについては有意な相関が見られた（p＜.02, Tau-c＝.27）［表2-1-1-1、表2-1-1-2］。

表2-1-1-1
平手（父親から）（横%）

	毎日	時々	1回	ない	計
男子	1 (1.5)	23 (35.4)	16 (24.6)	25 (38.5)	65 (100.0)
女子	1 (1.1)	16 (17.4)	16 (17.4)	59 (64.1)	92 (100.0)

（p＜.02, Tau-c＝.27）

表2-1-1-2
平手（母親から）（横%）

	毎日	時々	1回	ない	計
男子	3 (4.3)	12 (17.4)	9 (13.0)	45 (65.2)	69 (100.0)
女子	1 (1.0)	30 (30.6)	16 (16.3)	51 (52.0)	98 (100.0)

2－1－2　保護の怠慢・拒否経験

> Ⅱ　必要なものを買ってもらえないなど
> 　ア：同じ服をいつも着せられる、日用品を買ってもらえない
> 　イ：学校で必要なものを買ってもらえない
> 　ウ：食事をあたえてもらえない
> 　エ：学校に登校させてもらえない
> 　オ：けがや病気をしても病院につれて行ってもらえない
> 　カ：そのほか、せわをしてもらえない　内容（　　　　　　　　　　）

◆保護の怠慢・拒否経験の普及率―単純集計

①全体として見た場合、「ある」が最も多かったのは「日用品」で10.2％、以下「学用品」5.4％、「食事」4.1％、「登校」4.0％、「病院」3.9％とつづいている。加害者別に見ると、父母両方からの被害経験で最も多かったのは「日用品」で4.1％、父親からの経験で最も多かったのは「登校」で2.0％、母親からの経験で最も多かったのは「日用品」で4.8％であった［表2-1］。

②「そのほか」；「カ：そのほか」の記載内容は以下のとおりである。

父親から

1．お風呂の準備など〔3年女子、時々〕

2．仕事で外国に行っているのが長いから〔3年女子、毎日〕

2－1－3　性的被虐待経験

> Ⅲ　エッチな話を聞かされるなど（そうされようとした場合をふくむ）
> 　ア：エッチな話をむりやり聞かされる
> 　イ：体つきや顔つきなどのことを、エッチな感じでいわれる
> 　ウ：アダルトビデオや、エッチな写真などをむりやり見せられる
> 　エ：むりやりいっしょに風呂に入ろうとされる
> 　オ：きがえなどをのぞかれる
> 　カ：（エッチな感じで）むりやりからだにさわられる
> 　キ：そのほか、何かエッチなことをむりやりされる、
> 　　　または、エッチなことへの誘いを受ける　内容（　　　　　　　　　　）

(1) 性的被虐待経験の普及率―単純集計

　全体として見た場合、「ある」が最も多かったのは「エッチな話」で10.0％、以下「アダルトビデオ・エッチな写真」3.4％、「着替え」3.3％、「触られる」2.6％、「エッチな感じ」「風呂」2.0％とつづいている。加害者別に見ると、父母両方からの場合も父親からの場合も母親からの場合も、いずれにおいても被害経験で最も多かったのは「エッチな話」で、それぞれ1.4％、5.4％、3.4％であった［表2-1］。

　性的被虐待経験は相対的に少数であるが、この場合インセスト的虐待であるから、存在すること自体注目に値する。

(2)「ア：エッチな話をむりやり聞かされる」―男女別集計

　「エッチな話」を男女別に見ると、「ある」は、父親からは男子13.1％、女子2.2％、母親からは男子3.0％、女子5.2％となっていて、男子・女子とも異性の親からよりも同性の親からの方が被害が多い。つまり父親・母親の両方とも、異性の子どもよりも同性の子どもに対して多く被害を与えている［表2-1-3-1、表2-1-3-2］。

表2-1-3-1
エッチな話（父親から）（横％）

	毎日	時々	1回	ない	計
男子	1 (1.6)	5 (8.2)	2 (3.3)	53 (86.9)	61 (100.0)
女子	0 (0.0)	1 (1.1)	1 (1.1)	90 (97.8)	92 (100.0)

表2-1-3-2
エッチな話（母親から）（横％）

	毎日	時々	1回	ない	計
男子	0 (0.0)	1 (1.5)	1 (1.5)	65 (97.0)	67 (100.0)
女子	0 (0.0)	5 (5.2)	0 (0.0)	92 (94.8)	97 (100.0)

2−1−4　心理的被虐待経験

```
Ⅳ　こごとをいわれるなど
　ア：口うるさくこごとをいわれる（しつこくいわれる）
　イ：体や顔の欠点についていわれる
　ウ：大きな声でどなりちらされる
　エ：（言葉で）おどされる
　オ：男女を差別するようなあつかいを受けたり、いわれたりする
　カ：きょうだいや他人などと（ひどく）差別される
　キ：「おまえを産むんじゃなかった」など、ふかくきずつくようなことをいわれる
　ク：（てってい的に）無視される
　ケ：そのほか、何か心をきずつけられるようなことをされる
　　内容（　　　　　　　　　　　　　　　　　　　　　　　　　　　）
```

◆心理的被虐待経験の普及率―単純集計

　①「ある」が最も多かったのは「小言」で65.3％、以下「怒鳴りちらされる」42.2％、「欠点」30.6％、「脅される」22.3％、「男女差別」21.9％、「きょうだい・他人と差別」20.8％、「無視」16.1％、「傷つくようなこと」12.0％とつづく。加害者別に見ると、父母両方からの被害経験で最も多かったのは「小言」で27.9％、父親からの経験で最も多かったのは「怒鳴りちらされる」で10.7％、母親からの経験で最も多かったのは「小言」で27.2％であった［表2-1］。

　②「そのほか」；「ケ：そのほか」の記載内容は以下のとおりである。
父親から
　1．機嫌が悪いと子どもにあたる〔1年女子、時々〕
　2．お前なんか知らんぞ、この家から出ていけば、など〔3年女子、1回〕
母親から
　1．機嫌が悪いと子どもにあたる〔1年女子、時々〕
　2．友達の学歴や、住んでいる所をこっそり調べる。中退などがあると、遊ぶな、などという〔1年女子、1回〕
　3．傷つくことをいう〔3年女子、時々〕
　4．友達のことを悪くいう〔3年女子、時々〕
　5．自分の意見をいおうとすると、すぐ怒鳴られた〔3年女子、毎日〕

2−1−5 両親との間の被虐待経験の有無（全体的普及率）

両親の双方または一方から、何らかの虐待を受けた経験のある者は163人で、「無答」を含めた全調査対象者に占める比率は83.6％、「無答」を除く全回答者に占める比率は89.6％と、極めて高い比率となっている。他方、被虐待経験のない者は19人で、それぞれ9.7％、10.4％を占めるにすぎない。「無答」の場合も、被虐待の外傷経験から答えられなかった者がいたことが考えられ、両親による児童虐待の普及率は極めて高率であるといえる［表2-1-5］。

表2-1-5 両親との間の被虐待経験の有無　　　　単位：人（％）

被害あり	被害なし	無答	計	回答者総数
163	19	13	195	182
(83.6)	(9.7)	(6.7)	(100.0)	—
(89.6)	(10.4)	—	—	(100.0)

2−2 両親以外の人との間の被虐待経験

> (2) あなたは、お父さん・お母さん以外の人（例：おじいさん、部活のせんぱい、ともだちのお父さん、など）との間に、(1)のⅠ〜Ⅳのような経験がありますか。
> おもな経験について、Ⅰ〜Ⅳごとに、回数、相手の性別を○でかこんでください。
> また、その相手はどのような人かをそれぞれ（　）の中へ記入してください。
>
> （回数）　　　1　毎日（のように）あった　　2　ときどきあった
> 　　　　　　　3　1回だけあった　　　　　　4　経験はない
> （相手の性別）　1　男　　2　女
>
> Ⅰの経験（たたかれるなど）について　　　　　回数　　1　2　3　4
> 　　　　　　　　　　　　　　　　　　　　　　相手　（　　　　　　　）
> 　　　　　　　　　　　　　　　　　　　　　　相手の性別　1　2
>
> Ⅱの経験（必要なものを買ってもらえないなど）について
> 　　　　　　　　　　　　　　　　　　　　　　回数　　1　2　3　4
> 　　　　　　　　　　　　　　　　　　　　　　相手　（　　　　　　　）
> 　　　　　　　　　　　　　　　　　　　　　　相手の性別　1　2
>
> Ⅲの経験（エッチな話を聞かされるなど）について
> 　　　　　　　　　　　　　　　　　　　　　　回数　　1　2　3　4
> 　　　　　　　　　　　　　　　　　　　　　　相手　（　　　　　　　）
> 　　　　　　　　　　　　　　　　　　　　　　相手の性別　1　2
>
> Ⅳの経験（こごとをいわれるなど）について　　回数　　1　2　3　4
> 　　　　　　　　　　　　　　　　　　　　　　相手　（　　　　　　　）
> 　　　　　　　　　　　　　　　　　　　　　　相手の性別　1　2

Ⅰの経験(たたかれるなど)＝「身体的被虐待経験」
Ⅱの経験(必要なものを買ってもらえないなど)＝「保護の怠慢・拒否経験」
Ⅲの経験(エッチな話を聞かされるなど)＝「性的被虐待経験」
Ⅳの経験(こごとをいわれるなど)＝「心理的被虐待経験」

(1) 被虐待経験の種類別普及率―単純集計

　被害総件数（同種の被害を複数回受けた場合は1件として算定）を100％として種類別普及率を見ると、「心理的」38.5％、「身体的」33.3％、「性的」21.4％、「拒否」6.8％であった。回答者総数を100％とすると、「被害なし」42.7％、「心理的」34.4％、「身体的」29.8％、「性的」19.1％、「拒否」6.1％であった〔表2-2〕。

表2-2　両親以外との間の被虐待経験・被虐待種類別集計　　単位：件(％)〔複数回答〕

身体的	拒否	性的	心理的	被害なし	被害総件数	回答者総数
39	8	25	45	56	117	131
(33.3)	(6.8)	(21.4)	(38.5)	―	(100.0)	―
(29.8)	(6.1)	(19.1)	(34.4)	(42.7)	―	(100.0)

(2) 被害回数―被害種類別集計

　被害の回数については、全体としては、「時々」が最も多く61.5％、以下「1回だけ」23.1％、「毎日」15.4％となっている。被害種類別に見ると、いずれの種類も「時々」が最も多いが、「毎日」が「拒否」で25.0％、「身体的」で17.9％、「性的」で16.0％あることが注目される〔表2-2-1〕。

表2-2-1　両親以外との間の経験・回数　　単位：人(横％)

	毎日	時々	1回	計
身体的	7 (17.9)	20 (51.3)	12 (30.8)	39 (100.0)
拒　否	2 (25.0)	5 (62.5)	1 (12.5)	8 (100.0)
性　的	4 (16.0)	14 (56.0)	7 (28.0)	25 (100.0)
心理的	5 (11.1)	33 (73.3)	7 (15.6)	45 (100.0)
計	18 (15.4)	72 (61.5)	27 (23.1)	117 (100.0)

(3) 相手の性別―被害種類別集計

　加害者の性別については、「男性」55.8％、「女性」44.2％で「男性」のほうが多い。被害種類別に見ると、「性的」「身体的」「拒否」の場合は「男性」が多いが、「心理的」の場合は「女性」のほうが多い〔表2-2-2〕。

第13章　児童虐待の実態　249

表2-2-2　両親以外との間の経験・相手の性別　　単位：人（横％）

	男性	女性	計
身体的	25（67.6）	12（32.4）	37（100.0）
拒　否	4（57.1）	3（42.9）	7（100.0）
性　的	16（76.2）	5（23.8）	21（100.0）
心理的	13（33.3）	26（66.7）	39（100.0）
計	58（55.8）	46（44.2）	104（100.0）

（4）相手＝加害者のタイプ―被害種類別集計

　　加害者のタイプについては、全体としては、「部活・クラブの先輩」が最も多く25.8％、以下「祖母」15.7％、「学校の先生」12.4％などとなっている。被害種類別に見ると、「身体的」では「先生」と「先輩」、「性的」では「先輩」、「心理的」では「祖母」が最も多かった〔表2-2-3〕。

表2-2-3　両親以外との間の経験・相手のタイプ　　単位：人（横％）

	祖父	祖母	おじ	おば	姉	妹	見知らぬ人	先生	顧問
身体的	2（5.7）	3（8.6）	0（0.0）	0（0.0）	1（2.9）	1（2.9）	0（0.0）	10（28.6）	1（2.9）
拒　否	1（50.0）	1（50.0）	0（0.0）	0（0.0）	0（0.0）	0（0.0）	0（0.0）	0（0.0）	0（0.0）
性　的	0（0.0）	1（5.3）	1（5.3）	2（10.5）	0（0.0）	0（0.0）	2（10.5）	0（0.0）	0（0.0）
心理的	4（12.1）	9（27.3）	2（6.1）	1（3.0）	0（0.0）	0（0.0）	1（3.0）	1（3.0）	0（0.0）
計	7（7.9）	14（15.7）	3（3.4）	3（3.4）	1（1.1）	1（1.1）	3（3.4）	11（12.4）	1（1.1）

	先輩	上司	友達	他の知人	その他	計
身体的	10（28.6）	1（2.9）	2（5.7）	1（2.9）	3（8.6）	35（100.0）
拒　否	0（0.0）	0（0.0）	0（0.0）	0（0.0）	0（0.0）	2（100.0）
性　的	6（31.6）	1（5.3）	3（15.8）	2（10.5）	1（5.3）	19（100.0）
心理的	7（21.2）	0（0.0）	2（6.1）	2（6.1）	4（12.1）	33（100.0）
計	23（25.8）	2（2.2）	7（7.9）	5（5.6）	8（9.0）	89（100.0）

（5）身体的被虐待経験―男女別集計

　　身体的被虐待経験について、加害者の性別に関して男子と女子とを比べると、男子は男性加害者から、女子は女性加害者から相対的に多く被害を受け

表2-2-4 身体的被虐待経験・相手の性別 (横%)

	男性	女性	計
男子	14 (87.5)	2 (12.5)	16 (100.0)
女子	11 (52.4)	10 (47.6)	21 (100.0)

($p<.03$, Tau-b$=.37$)

ていた。この関係は統計的に有意である（$p<.03$, Tau-b$=.37$）[表2-2-4]。

(6) 両親以外の人との間の被虐待経験の有無（全体的普及率）

両親以外の人から虐待を受けた経験のあるものは、回答者総数中57.3％と過半を占める。両親以外による虐待もかなり高率であるといえる [表2-2-5]。

表2-2-5 両親以外との間の被虐待経験の有無　　単位：人(%)

被害あり	被害なし	無答	計	回答者総数
75 (38.5) (57.3)	56 (28.7) (42.7)	64 (32.8) —	195 (100.0) —	131 — (100.0)

3　最も傷つき、最もショックを受けた被虐待経験

3-1　最も傷ついた・ショックを受けた経験の種類・相手・時期・回数・内容

> Q3　Q2の(1)、(2)で、Ⅰ～Ⅳのうちどれか1つでも「1 毎日（のように）ある」
> または「2 ときどきある」、「3 1回だけある」と答えた人にお聞きします。
> それらの経験の中で、いちばんきずついたり、いちばんショックを受けたりした経験をひとつ思いうかべてください。ここでは、そのことについてお聞きします。
> (1) その経験とはどういったものですか。種類、時期、回数を○でかこんでください。また、その経験の相手はどのような人かを（　）の中へ記入し、さらに、その経験の内容を（　）の中へ、できるだけくわしく書いてください。

3-1-1　経験の種類

①種類	1　Ⅰの経験（たたかれるなど） 2　Ⅱの経験（必要なものを買ってもらえないなど） 3　Ⅲの経験（エッチな話を聞かされるなど） 4　Ⅳの経験（こごとをいわれるなど）

第13章 児童虐待の実態　*251*

◆最も傷ついた経験の種類別普及率─単純集計

　親による被害経験および／または親以外による被害経験をもつ被害者総数172名中、最も傷ついた経験を回答しなかった「無答」は71名、41.3％であった。この「無答」を除いた回答者総数101名を100％とすると、「身体的」50.5％、「心理的」40.6％、「性的」4.9％、「拒否」4.0％であった。「身体的」と「心理的」で大半を占めていることになる［表3-1-1］。

表3-1-1　最も傷ついた経験の種類別普及率　　　単位：人(％)

身体的	拒否	性的	心理的	無答	回答者総数	被害者総数
51	4	5	41	71	101	172
(29.7)	(2.3)	(2.9)	(23.8)	(41.3)	─	(100.0)
(50.5)	(4.0)	(4.9)	(40.6)	─	(100.0)	─

3－1－2　経験の相手

>②経験の相手（例：お父さん、おじいさん、部活のせんぱい、ともだちのお父さん、など）
>　（　　　　　　　　　　　　　　　　　　　　　　　　　　　　　　　　）

(1) 相手＝加害者の内訳─単純集計

　最も多かったのは「父親」の30.1％で、以下「母親」25.8％、「先輩」10.8％、「先生」7.5％、「祖母」6.5％とつづく［表3-1-2-1］。

表3-1-2-1　最も傷ついた経験の相手　　　単位：人(％)

父親	母親	祖父	祖母	兄弟	他の親族	見知らぬ人
28	24	1	6	2	4	2
(30.1)	(25.8)	(1.1)	(6.5)	(2.2)	(4.3)	(2.2)
先生	顧問	先輩	友達	他の知人	その他	計
7	1	10	3	2	3	93
(7.5)	(1.1)	(10.8)	(3.2)	(2.2)	(3.2)	(100.0)

(2) 相手＝加害者の内訳─経験の種類別集計

　「身体的」は「父親」ついで「母親」に多く、「心理的」は「母親」ついで「父親」に多い。「性的」と「拒否」の報告数はいずれも少数だが、前者は非親族に拡散し、後者は親族にばらついている。これらの関係は統計的に有意である（$p<.005$, Tau-c $=.08$）［表3-1-2-2］。

表3-1-2-2 経験の相手・経験種類別集計　　　（上段：人数、中段：横%、下段：縦%）

	父親	母親	祖父	祖母	兄弟	他の親族	見知らぬ人
身体的	18 (40.9) (64.3)	10 (22.7) (45.5)	0 (0.0) (0.0)	0 (0.0) (0.0)	1 (2.3) (50.0)	7 (15.9) (33.3)	0 (0.0) (0.0)
拒否	1 (33.3) (3.6)	1 (33.3) (4.5)	0 (0.0) (0.0)	1 (33.3) (16.7)	0 (0.0) (0.0)	0 (0.0) (0.0)	0 (0.0) (0.0)
性的	0 (0.0) (0.0)	0 (0.0) (0.0)	0 (0.0) (0.0)	0 (0.0) (0.0)	0 (0.0) (0.0)	0 (0.0) (0.0)	2 (40.0) (100.0)
心理的	9 (24.3) (32.1)	11 (29.7) (50.0)	1 (2.7) (100.0)	5 (13.5) (83.3)	1 (2.7) (50.0)	2 (5.4) (66.7)	0 (0.0) (0.0)
合計	28 (31.5)	22 (24.7)	1 (1.1)	6 (6.7)	2 (2.2)	3 (3.4)	2 (2.2)

	先生	顧問	先輩	友達	他の知人	その他	合計
身体的	7 (15.9) (100.0)	0 (0.0) (0.0)	5 (11.4) (55.6)	0 (0.0) (0.0)	1 (2.3) (50.0)	1 (2.3) (33.3)	44 (100.0) (49.4)
拒否	0 (0.0) (0.0)	0 (0.0) (0.0)	0 (0.0) (0.0)	0 (0.0) (0.0)	0 (0.0) (0.0)	0 (0.0) (0.0)	3 (100.0) (3.4)
性的	0 (0.0) (0.0)	0 (0.0) (0.0)	1 (20.0) (11.1)	1 (20.0) (11.1)	0 (0.0) (0.0)	1 (20.0) (33.3)	5 (100.0) (5.6)
心理的	0 (0.0) (0.0)	1 (2.7) (100.0)	3 (8.1) (33.3)	2 (5.4) (66.7)	1 (2.7) (50.0)	1 (2.7) (33.3)	37 (100.0) (41.6)
合計	7 (7.9)	1 (1.1)	9 (10.1)	3 (3.4)	2 (2.1)	3 (3.4)	89 (100.0)

3－1－3　経験した時期

> ③時期　1　小学校に入学するまえ　2　小学生のとき　3　中学生のとき
> 　　　　4　高校生のとき　　　　　5　いまも続いている

（1）経験した時期―単純集計

　　最も多かったのは「中学生のとき」で37.2％、以下「小学生」21.3％、「高校生」19.1％、「継続中」18.1％とつづく。「入学前」が最も少なく、4.3％であった［表3-1-3-1］。

表3-1-3-1　最も傷ついた経験をした時期　　　単位：人（％）

入学前	小学生	中学生	高校生	継続中	計
4 (4.3)	20 (21.3)	35 (37.2)	18 (19.1)	17 (18.1)	94 (100.0)

(2) 経験した時期―経験の種類別集計

「身体的」および「拒否」は「中学生」、「性的」は「小学生」、「心理的」は「継続中」が最も多かった。これらの関係は統計的に有意であった（p.＜.0001, Tau-c＝.39）［表3-1-3-2］。

表3-1-3-2　経験をした時期・経験種類別集計　（上段：人数、中段：横％、下段：縦％）

	入学前	小学生	中学生	高校生	継続中	合計
身体的	4 (9.1) (100.0)	12 (27.3) (66.7)	21 (47.7) (63.6)	5 (11.4) (29.4)	2 (4.5) (12.5)	44 (100.0) (50.0)
拒否	0 (0.0) (0.0)	0 (0.0) (0.0)	3 (100.0) (9.1)	0 (0.0) (0.0)	0 (0.0) (0.0)	3 (100.0) (3.4)
性的	0 (0.0) (0.0)	3 (75.0) (16.7)	0 (0.0) (0.0)	1 (25.0) (5.9)	0 (0.0) (0.0)	4 (100.0) (4.5)
心理的	0 (0.0) (0.0)	3 (8.1) (16.7)	9 (24.3) (27.3)	11 (29.7) (64.7)	14 (37.8) (87.5)	37 (100.0) (42.0)
合計	4 (4.5)	18 (20.5)	33 (37.5)	17 (19.3)	16 (18.2)	88 (100.0)

（p＜.0001, Tau-c＝.39）

3−1−4　経験の回数

④回数　1　毎日（のように）ある　2　ときどきある　3　一回だけある

◆経験の回数―単純集計

最も多かったのは「時々」で55.1％、以下「1回」36.7％、「毎日」8.2％とつづく［表3-1-4］。

表3-1-4　最も傷ついた経験の回数　　単位：人(％)

毎日	時々	1回	計
8 (8.2)	54 (55.1)	36 (36.7)	98 (100.0)

3−1−5　経験の内容

⑤内容　（　　　　　　　　　　　　　　　　　　　　　　）

最も傷ついた・ショックを受けた経験の内容として記載されたものを、被害種類別、加害者別に整理して示せば以下のとおりである。〔　〕内には被害者

の性別、時期、回数が示されている。
Ⅰ　身体的被虐待経験について
父親から
 1. 扇風機を頭に投げたり、横になったところを上からズンズンと蹴って、頭から足まで関係なく蹴って、髪の毛をつかんで顔を何発も殴られる〔女子、中・高・継続中、時々〕
 2. 遊びに行って帰ってくるのが1時間ほど遅くなったので叩かれた〔男子、小・中、時々〕
 3. しつけなどで殴られた〔男子、入学前、時々〕
 4. 大切なライターを勝手に使ったから。夏休みの宿題をやってなかったから〔男子、小・中、1回〕
 5. 親子げんかをした時〔男子、小、1回〕
 6. 成績について〔男子、小、時々〕
 7. 自分のことが気に食わないから〔女子、小・中、毎日・時々〕
 8. 部屋が散らかっていたから、お金を取ったから、火遊びをしたから〔女子、入学前、時々〕
 9. 叩かれた〔女子、中、1回〕
10. 妹とけんかをした時、お姉さんだから我慢しなさいといわれ、叩かれた〔女子、小、1回〕
11. お酒を飲んで帰ってきた時、機嫌が悪かったらしく、一言何かいうと殴られた〔女子、中、時々〕
12. 兄弟げんかで妹を泣かすと理由も聞かず、数回叩かれた〔女子、中、時々〕
13. 自分が親を裏切るようなことをしたため、叩かれた〔女子、高、1回〕
14. 父親が大切にしていたものを壊して、ひどく怒られて蔵に閉じ込められた〔女子、入学前、1回〕

母親から
 1. 平手打ちされた〔男子、高、1回〕
 2. 思いっきり刃物で叩かれた〔女子、小、1回〕
 3. 家の外に出された〔女子、小、1回〕

4．母親の機嫌が悪かった時にけんかして〔女子、高、時々〕
  5．兄妹げんかの時に〔女子、小、時々〕
  6．私がわがままだったため〔女子、入学前・中、1回〕
  7．気分によって怒鳴り散らされ、自分がしろと命令したことに逆らうと叩いたり、怒鳴ったりしていうことをきかせた。だから、自分の意見をもったりできなかった〔女子、小、毎日〕
  8．門限に遅れて帰ると風呂場へ連れて行かれ、殴られた〔女子、小、1回〕
  9．よく遊びに行きすぎて怒られた〔女子、小、1回〕
  10．お尻を叩かれた〔女子、小、1回〕
その他の親族から
  1．親戚の人に、平手で思いっきり叩かれた〔男子、中、1回〕
  2．兄に、キャッチボールをしていてボールを抜かすと叩かれた。だから、キャッチボールをするのは嫌だったけれど、断ると叩かれるのでいつも嫌々やっていた〔男子、小、時々〕
  3．祖母に、布団たたきなどで叩かれた〔女子、中、時々〕
先輩から
  1．いきなり偉そうなことをいうなといって叩かれたりした〔男子、中、時々〕
  2．しばかれた〔男子、中、時々〕
  3．上下関係などについて〔女子、中、時々〕
  4．自分のことが気に食わないから〔女子、小・中、毎日・時々〕
先生から
  1．クラブでもめ事があって殴られた〔女子、中〕
  2．頭を叩かれた〔女子、中、時々〕
  3．プール掃除の時、十分に説明を聞いてもらえず一方的に叩かれた〔女子、中、1回〕
  4．授業が始まる前に騒いでいたので平手で叩かれた。宿題を忘れていった時叩かれた〔女子、中、時々〕
  5．クラブの中で〔女子、入学前・中、1回〕
  6．棒のようなもので耳の部分を思いっきり叩かれた〔女子、小、1回〕
  7．何人かの友人と一人の人を差別するような行動をしたら、した人全員を

並べて顔をものすごい平手打ちにされた〔女子、小、1回〕
その他の知人から
　1．1つ上の男子3人に、一時期学校の帰りに待ち伏せされて押されたり、こかされたりした〔女子、小、毎日〕
　2．彼氏に、顔を平手で叩かれた〔女子、継続中、時々〕
Ⅱ　保護の怠慢・拒否経験について
　1．父親に、辞書を買ってもらえなかった〔女子、中、1回〕
Ⅲ　性的被虐待経験について
　1．父親に、セックスのやり方、マスターベーションのやり方について〔男子、小、時々〕
　2．高校生くらいのお兄さんに、キスされて、服脱いでと頼まれたので、泣いて嫌というと帰してくれた〔女子、小、1回〕
　3．見知らぬ人に、スカートをめくられた。パンティーの中を見せてくれたら100円やるといわれた〔女子、小、1回〕
　4．近所のおじさんに、ボディータッチをされた〔女子、小、1回〕
　5．近所のおじさんとお兄さんとおじいさんに、お風呂を覗かれる。身体を触られる〔女子、小・中、時々〕
Ⅳ　心理的被虐待経験について
両方の親から
　1．ありすぎて何を書いたらいいか分からない。もう今は無視している〔女子、継続中、毎日〕
　2．勉強のことなどについて〔女子、高、時々〕
　3．勉強のことや、お姉さんだからやってはいけない、だとかいわれる〔女子、小・中、時々〕
　4．勉強、服装、友達などについて〔女子、中、時々〕
　5．仕事で疲れていた時など、八つ当たりをするかのように、気に入らないことがあると不機嫌で、時には大きな声で怒鳴ったり、嫌味をいったり、小言をいう〔女子、継続中、時々〕
父親から
　1．被差別部落の人と付き合ってはいけないとかいわれた（女の人とはいい

けど男の人とはいけないなど）〔女子、高、時々〕
2．生意気になったとか、自分は偉いと思っているのかといわれる〔女子、継続中、毎日〕

母親から
1．うるさいといわれた〔男子、中、時々〕
2．勉強から遊びにいたるまでいわれた〔男子、継続中、毎日〕
3．コンサートで知り合った友達（女性、当時17歳）について、いろいろ調べられた。その人は高校を中退していたので、ろくな人じゃないからやめなさい、というようになった〔女子、中、1回〕
4．就職したらといわれた〔男子、継続中、時々〕
5．父親に似ているから嫌い、3人姉妹のうちでも嫌いといわれた〔女子、高、時々〕
6．せっかく学校へ行こうと思ったら、早く学校へ行けといわれた。学校をやめたいといった時〔男子、小・中・高・継続中、時々〕
7．悪いいたずらをしたり、学校の成績などでいわれた〔男子、小〕
8．よく覚えていないけれど、傷つくようなことをいろいろいわれた〔女子、中、時々〕
9．勉強のことについて〔女子、継続中、時々〕
10．祖母に対する悪口を聞かされた〔女子、入学前・小・中、時々〕
11．お風呂に入るのが遅いとか、帰宅時間が遅いとかいわれる〔女子、継続中、時々〕

祖父から
1．長電話、長風呂、階段の足音、ステレオの音などについていわれた〔女子、継続中、時々〕

祖母から
1．母親がこういうことをきちんとしないなどと、しつこく何回も繰り返していわれた〔女子、継続中、時々〕
2．家の手伝いを少しはしろとしつこくいわれる。していても言われる。電話が長いとか小言をいう〔女子、時々〕
3．勉強についていわれる〔女子、継続中、時々〕

4．私が父親に似ているから嫌いといわれた〔女子、高、1回〕
5．母親の悪口を聞かされた〔女子、入学前・小・中、時々〕

おじから
1．高校のことや就職のことなど〔男子、高、1回〕
2．私は母親似の顔をしていることで、姉ちゃんにそっくりやけどまだ姉ちゃんの方がましや、あいつはブスや、などと人づてにいわれた〔女子、高、1回〕

その他の知人から
1．友達に、無視された〔女子、小、時々〕
2．友達のお父さんに、友達と一緒にいて帰りが遅くなった時に怒られた〔女子、高、1回〕
3．友達の母親に、あなたの家はみんな仲が良くていいわね、といわれたことで、私の家だってそれくらいの問題はあるぞ、と思った〔女子、高、1回〕
4．先生に、お前は人間じゃない、お前の人間性を疑うぞ、お前のような奴は生きてる価値がない、バカ、アホ、など〔男子、高、時々〕
5．先輩に、偉そうなとか、気が利かないとかいわれた〔女子、中・高、時々〕
6．先輩に、私への妬みをいわれた〔女子、高、時々〕

3－2　最も傷ついた・ショックを受けた経験をした時の感想

> (2) その経験をしたとき、あなたはどんなふうに感じましたか。あてはまるものをぜんぶ○でかこんでください。
> 　1　こわかった　　　2　ゆううつになった　　　3　くやしかった
> 　4　頭にきた　　　　5　なさけなかった　　　　6　いやな気持ちになった
> 　7　びっくりした　　8　死にたい気持ちになった
> 　9　自分が悪いからだと思った　　10　何も考えられなかった
> 　11　そのほか（　　　　　　　　）　12　とくに何も感じなかった

◆経験時に感じたこと―単純集計

　①回答者総数を100％とすると、最も多かったのは「頭にきた」で61.7％、以下「嫌な気持ち」49.5％、「悔しかった」48.6％、「怖かった」26.2％、「自分が悪い」25.2％、「情けなかった」21.5％、「憂鬱」「びっくり」各17.8％と

つづく。「死にたい気持ち」も11.2％を占める。反面、「特に何も感じなかった」は6.5％にすぎず、最下位である。経験時のショックの大きさが窺える〔表3-2〕。

表3-2　最も傷ついた経験をした時の感想　　　　　　単位：人(％)〔複数回答〕

怖い	憂鬱	悔しい	頭にきた	情けない	嫌な気持ち	びっくり
28	19	52	66	23	53	19
(26.2)	(17.8)	(48.6)	(61.7)	(21.5)	(49.5)	(17.8)
(8.6)	(5.8)	(15.9)	(20.2)	(7.1)	(16.3)	(5.8)

死にたい	自己責任	何も考えられない	その他	特になし	回答者総数	回答総数
12	27	8	12	7	107	326
(11.2)	(25.2)	(7.5)	(11.2)	(6.5)	(100.0)	―
(3.7)	(8.3)	(2.5)	(3.7)	(2.1)	―	(100.0)

②「そのほか」；「11：そのほか」の記載内容は以下のとおりである。

Ⅰ　身体的被虐待について
 1．一人ずつしばいていこうと思った〔1年男子、中、時々〕
 2．いつか殺してやると思った〔1年女子、中・高・継続中、時々〕
 3．母親に殺された、と遺書を書いて死のうと思った〔3年女子、小、毎日〕
 4．もっと自分が大きかったら仕返しするのにと思った〔3年女子、小、1回〕

Ⅲ　性的被虐待について
 1．安い（パンティーの中を見せてくれたら100円やるといわれたことに対して）〔3年女子、小、1回〕
 2．何も反抗できなくて腹が立った〔3年女子、小・中、時々〕

Ⅳ　心理的被虐待について
 1．あきれた〔1年女子、継続中、毎日〕
 2．殺してやりたいと思った〔1年男子、高、時々〕
 3．その相手は、最低な人間だと思った〔1年女子、中、1回〕
 4．嬉しかった〔3年男子、高、1回〕
 5．人にあんな風に思われていると知って、人の目が気になった〔3年女子、高、1回〕
 6．その人が馬鹿なように思えた〔3年女子、高、時々〕
 7．祖母をしばこうと思った〔3年女子、高、1回〕

3-3 最も傷ついた・ショックを受けた経験をした時の行動

> (3) その経験をしたとき、あなたはどうしましたか。したことをぜんぶ○でかこんでください。
>   1　力ずくで相手にさからった
>   2　その場からにげた、にげようとした
>   3　はげしくもんくをいった
>   4　やめてくれるようにたのみこんだ
>   5　ひめいをあげた、泣きさけんだ
>   6　「やめないとだれかに話す」など、何かをするといった
>   7　近くにいる人（家族・近所の人など）に助けをもとめた
>   8　いやいやながらも、しかたなく受け入れた
>   9　そのほか（　　　　　　　　　　　　　　　　　　　）
>   10　とくに何もしなかった

◆経験時の行動—単純集計

　①回答者総数を100％とすると、最も多かったのは「特に何もせず」で32.4％、以下「文句」28.6％、「逃亡」19.0％、「受入」18.1％、「抵抗」16.2％、「悲鳴」14.3％、「その他」11.4％、「懇願」8.6％、「助け」3.8％とつづく。「特に何もせず」が最も多かったことは、児童における経験時の行動の困難を示唆している［表3-3］。

表3-3　最も傷ついた経験をした時の行動　　　　単位：人（％）〔複数回答〕

抵抗	逃走	文句	懇願	悲鳴	行動
17	20	30	9	15	0
(16.2)	(19.0)	(28.6)	(8.6)	(14.3)	(0.0)
(10.6)	(12.5)	(18.8)	(5.6)	(9.4)	(0.0)
助け	受入	その他	特にせず	回答者総数	回答総数
4	19	12	34	105	160
(3.8)	(18.1)	(11.4)	(32.4)	(100.0)	—
(2.5)	(11.9)	(7.5)	(21.3)	—	(100.0)

　②「そのほか」；「9：そのほか」の記載内容は以下のとおりである。
Ⅰ　身体的被虐待に対して
　1．立ちすくんだ〔2年男子、高、1回〕
　2．我慢した〔3年女子、入学前・中、1回〕
　3．泣いたら余計に叱られるので、母親に見つからないところで一人で泣い

た〔3年女子、小、毎日〕
　4．近くの人（家族）が助けてくれるまで抵抗する〔3年女子、中、時々〕
Ⅲ　性的被虐待に対して
　1．ただ泣いて、帰りたいといった〔3年女子、小、毎日〕
Ⅳ　心理的被虐待に対して
　1．親に話した〔3年女子、高、1回〕
　2．しくしくと泣いた〔3年女子、小・中、時々〕
　3．静かに黙って聞いていた〔3年女子、継続中、時々〕
　4．祖母や母親に当たり散らした（物を投げるなど）〔3年女子、高、1回〕
　5．相手にしなかった〔3年女子、高、時々〕
　6．しばらく口をきかなかった〔1年女子、中、1回〕

3－4　最も傷ついた・ショックを受けた経験をした後の行動

> （4）その経験をしたとき、あなたはどうしましたか。したことをぜんぶ〇でかこんでください。
> 　1　みじかな人にそうだんした（もう一方の親、きょうだい、ともだち、など）
> 　2　電話そうだんに電話をした（「ヤングテレフォン」、「いのちの電話」など）
> 　3　じどうそうだん所などに行った
> 　4　病院でけがをちりょうしてもらった
> 　5　けいさつに訴えた
> 　6　そういうことをされないように、自分の行動やたいどを変えた
> 　7　家出をした、しようとした
> 　8　死のうと思った
> 　9　相手にしかえしした、しようとした
> 　10　ムシャクシャして人や物にやつあたりした
> 　11　そのほか（　　　　　　　　　　　　　　　　　　　　　）
> 　12　とくに何もしなかった

◆経験後の行動―単純集計

　①回答者総数を100％とすると、最も多かったのは「特に何もせず」で38.8％、以下「身近な人に相談」「八つ当たり」各21.4％、「行動や態度を変えた」「家出」16.5％、「仕返し」8.7％、「その他」7.8％、「死のうと思った」6.8％とつづく。「病院で治療」は3.9％、「児相」「警察」は各1.0％にすぎず、

「病院」「児相」「警察」などの把握した児童虐待のケースは氷山の一角にすぎないことが示唆される。したがって、病院・施設・法廷の事例を対象にした調査は事象のごく一部（特殊ケース）に関する調査にすぎず、全体的把握からはほど遠いことが分かる［表3-4］。

表3-4　最も傷ついた経験をした後の行動　　　　　単位：人(%)〔複数回答〕

身近	電話相談	児相	病院	警察	行動	家出
22	0	1	4	1	17	17
(21.4)	(0.0)	(1.0)	(3.9)	(1.0)	(16.5)	(16.5)
(14.9)	(0.0)	(0.7)	(2.7)	(0.7)	(11.5)	(11.5)
死ぬ	仕返し	八つ当たり	その他	特にせず	回答者総数	回答総数
7	9	22	8	40	103	148
(6.8)	(8.7)	(21.4)	(7.8)	(38.8)	(100.0)	―
(4.7)	(6.1)	(14.9)	(5.4)	(27.0)	―	(100.0)

②「そのほか」；「11：そのほか」の記載内容は以下のとおり。

I　身体的被虐待に対して
1．我慢した〔3年女子、入学前・中、1回〕
2．家族なので次の日は仲直りした〔3年女子、中、時々〕

III　性的被虐待に対して
1．その時は誰にもいえなかったけれど、友達に（中学になって聞いたことだが）同じ人らしい人に同じことをされた人がいて、高校に入ってから笑い話としてその友達と話し合った〔3年女子、小、1回〕

IV　心理的被虐待に対して
1．その経験の相手が、嫌いになった〔1年女子、高、時々〕
2．殺そうと思った〔2年男子、小・中・高・継続中、時々〕
3．我慢した〔3年女子、小、時々〕
4．一人で泣いた〔3年女子、小、時々〕
5．その後悔しくて自分の部屋で泣いた〔3年女子、継続中、時々〕
6．その人に謝らせた〔3年女子、高、1回〕

3−5　最も傷ついた・ショックを受けた経験をした後の心や身体の変化

> (5) その経験をしたあと、あなたの心やからだに何か変わったことがありましたか。あてはまるものをぜんぶ○でかこんでください。
> 1　食欲がなくなった　　　　　　　　2　ひっこみじあんになった
> 3　おちつきがなくなった　　　　　　4　らんぼうになった
> 5　どんなことにも自信が持てなくなった
> 6　ウソをよくつくようになった
> 7　学校をよくサボるようになった　　8　人が信じられなくなった
> 9　人をおそれるようになった　　　　10　自分がいやになった
> 11　家へ帰りたくなくなった、帰らなくなった
> 12　相手にしかえしをしたいと思うようになった
> 13　助けてくれなかったもう一方の親へいかり・にくしみの気持ちを持つようになった
> 14　そのほか（　　　　　　　　　　　　　　　　　　　　　　　）
> 15　とくに変わったことはなかった

◆経験後の変化―単純集計

①回答者総数を100％とすると、最も多かったのは「特に変わったことはなし」で48.5％、以下「自己嫌悪」「帰宅嫌悪・家出」各17.8％、「ウソをつく」16.8％、「人間不信」14.9％、「仕返し志向」「その他」各9.9％、「対人恐怖」7.9％、「引っ込み思案」「乱暴」「自信喪失」各6.9％、「落ち着き喪失」「怠学」5.9％とつづく。「食欲低下」と「他方の親への怒り・憎しみ」とは3.0％と少数にとどまった。最も傷ついた経験を報告した者の過半がトラウマを背負ったことが示されている［表3-5］。

表3-5　最も傷ついた経験をした後の変化　　　　　単位：人（％）〔複数回答〕

拒食	引っ込み思案	落ち着き	乱暴	自信喪失	ウソ
3	7	6	7	7	17
(3.0)	(6.9)	(5.9)	(6.9)	(6.9)	(16.8)
(1.6)	(3.8)	(3.3)	(3.8)	(9.2)	(9.2)
怠学	人間不信	対人恐怖	自己嫌悪	家出	仕返し
6	15	8	18	18	10
(5.9)	(14.9)	(7.9)	(17.8)	(17.8)	(9.9)
(3.3)	(8.2)	(4.3)	(9.8)	(9.8)	(5.4)
他の親への怒り	その他	特になし	回答者総数	回答総数	
3	10	49	101	184	
(3.0)	(9.9)	(48.5)	(100.0)	―	
(1.6)	(5.4)	(26.6)	―	(100.0)	

なお、被害種類別に多いものを指摘すれば（「特に変化なし」を除く）、「身体的」では「人間不信」「自己嫌悪」「家出」15.9％、「引っ込み思案」「乱暴」「仕返し」13.6％、「拒否」では「ウソ」「自己嫌悪」「家出」66.7％、「性的」では「対人恐怖」「その他」20.0％、「心理的」では「自己嫌悪」18.9％、「人間不信」16.2％、「ウソ」13.5％という具合になっている〔表省略〕。

②「そのほか」；「14：そのほか」の記載内容は以下のとおり。

Ⅰ　身体的被虐待の場合
1．教育委員会に訴えようと思った〔3年女子、中、時々〕
2．絶対に親の前では泣かなくなった〔3年女子、中、時々〕
3．親のことが嫌になった〔3年女子、小、1回〕
4．絶対にウソはつかないと思った〔3年女子、小、1回〕

Ⅲ　性的被虐待の場合
1．最初は男性恐怖症になりかけたが、今はだいぶ大丈夫になった〔3年女子、小・中、時々〕

Ⅳ　心理的被虐待の場合
1．親と思わないから、子供とも思ってほしくないと思った〔1年女子、高、時々〕
2．グレた〔2年男子、小・中・高・継続中、時々〕
3．見返してやると思った〔3年女子、高、1回〕
4．祖母としゃべらなかった〔3年女子、高、1回〕

経験の種類不明
1．教育委員会に訴えたかった〔3年女子〕

4　考　察

4－1　両親との間の被虐待経験について

4－1－1　両親との間の被虐待経験の全体的普及率について

表2-1によれば、両親との間の被虐待経験の全体的普及率は89.6％に上り、本調査における被虐待経験の認定がやや厳格にすぎる点を配慮しても、親によ

る虐待の普及率は極めて高率に上ることが推定できる。一説では、児童1,500人に1人の被虐待児という推定が示されているが[5]、この推定は実態から掛け離れているといえる。1990年の18歳未満人口は約2,850万人であるから[6]、89.6％という数値を単純に当てはめれば、約2,554万人の子どもが親による虐待を経験している、ないし経験しつつあることになる。また、この数値を単純にわが国の総人口12,310万人（1991年）に当てはめれば、11,030万人が虐待の経験者ないしその予備軍ということになる。

4−1−2　身体的被虐待経験について

　回答者の63.3％が「平手で（ひどく）叩かれる」経験をしており、47.0％が「家の外に閉め出される」経験をしている。平均約150人の回答者が受けた身体的虐待の総件数は312件で、1人当たり約2件を経験していることになる。うち「毎日（のように）」被害を受けた者は、「平手」6人、「こぶし」6人、「押入れ」5人、「家の外」3人、「蹴られる」3人、「棒などで殴られる」3人、「その他の暴力」3人を数える。「平手」については、異性の親からよりは同性の親からより多く被害を受けるという関係が有意であった。

　父親から「こぶしで殴られ」「蹴られ」「棒などで殴られ」「動かなくなるまで暴力を振るわれた」経験をもつ3年生の女子生徒は次のように述べている。「私は、今は一人で暮らしているけど、中学生までは両親と暮らしていた。独り暮らしは決して楽なものではないけれど父の暴力から逃れるためにはそうするしかなかった。決して自分の子どもには、自分のような目に遭わせたくないと思っている」。この生徒は、中の上の階層に属し、子どもは「一個の独立した人間」であり、親が子どもをしつける時「体罰は絶対にあってはならない」と回答している。

　また、両親から「平手で叩かれ」「家の外に閉め出され」「ひどく蹴られ」、特に母親からは「棒などで殴られ」「裸にして外に出された」経験をもつ1年生の女子生徒は次のように述べている。「私の家では、私が小学生の頃はよく叩かれました。テストの点や洗い物に洗剤が付いていたなどで、こっぴどく殴られました。愛の鞭などといって、棒で水膨れができるほどやられたし、ある時は裸にして外に出されたこともあります。母の方にも父の方にも逃げること

ができず、兄にもよく殴られて、そのうちストレスとなって中学の時爆発しました。中学になって、母は私にこてんぱんに引きずり回され、10kg痩せ、それから叩くことはなくなりました。でも、今でもよく小言をいいます」。この生徒も中の上の階層に属し、子どもは「どちらかといえば独立した人間」であると回答している。また、「母親はやはり好き」だと述べ、しつけの上で「少々の体罰は必要」とし、自分に子どもができたら「体罰は与える」としている。ここでは母親に対するアンビバレントな感情が認められ、親をモデルとした体罰の社会化も認められる。

以上、身体的虐待は予想以上に拡がっており、その内容も深刻なものであることが知られる。

4－1－3　保護の怠慢・拒否経験について

現在のわが国は豊かな社会であるから、過保護・過干渉の養育態度が瀰漫し、ネグレクトは皆無のように見られがちであるが、本調査によると、「同じ服をいつも着せられる、日用品を買ってもらえない」が10.2％にのぼり、「学用品を買ってもらえない」も4.1％を数える。回答者の中には「同じ服・日用品」「学用品」「食事を与えてもらえない」「病院に連れて行ってもらえない」「そのほか、世話をしてもらえない」と多項目にわたりネグレクトを訴えた者もおり、保護の怠慢・拒否も無視するべきではないことが示唆される。この際、保健所のデータにネグレクトのケースが多いことが考慮されるべきである[7]。

4－1－4　性的被虐待経験について

性的虐待特にインセスト的虐待については、この種の質問紙法ではなかなか真実が聞き出せないものだが、それでも回答者の10.0％が「エッチな話を無理やり聞かされた」ことを報告し、3.4％が「エッチな写真などを無理やり見せられた」ことを報告している。合計36件のインセスト的虐待の報告があり、うち4件は「性的接触」である。単純平均で3.4％のインセスト的虐待の普及率であるが、この数値を18歳未満人口に適応すれば約97万人の子どもがインセスト的虐待の犠牲者となる／なっていることになるから、これは決して無視できない数値である。この際、性的虐待の場合に経験の見かけ上の厳しさ

（severity）は、犠牲者に与える精神的打撃の判断基準になりえないことに留意すべきである[8]）。

なお、性的虐待については、両方の親によるもの6件（16.6％）、父親よるもの19件（52.8％）、母親によるもの11件（30.6％）であり、加害者がつねに父親であるとは限らないことが注目される。母親による事例の中には2件の「性的接触」も含まれている。「エッチな話」の場合女子は父親からよりは母親からより多く被害を受けている。母親による性的虐待の発生基盤がなにであれ——男性社会の抑圧が作用しているのであれ——、このことは一応事実として押さえておく必要があるだろう。

4－1－5　心理的被虐待経験について

心理的被虐待経験については、平均147人の回答者に対して346件の被害経験が報告されているから、回答者1人について2.35件の被害を経験していることになる。もっとも、本調査で心理的虐待としたものが果たして虐待といえるかという問題はあるであろうが、abuseの原義が「権力の濫用」であるかぎり、やはり虐待として認定すべきであろう。身体的虐待の場合回答者1人当たりの件数は正確には2.08件であるから、親による虐待の4類型の中で心理的虐待が最も多く発生していることになる。

母親から身体的虐待、拒否、性的虐待（エッチな話）に加えて、全項目にわたって毎日ないし時々心理的虐待を受けた3年生女子の被害者は、「自分の意見をいおうとするとすぐ怒鳴られ」「自分の意見をもつことを許してくれなかった」と訴え、「お母さんは嫌い」、「親は子どもに大きな影響をもつ」と述べている。また、父親から身体的虐待、拒否、性的虐待（エッチな写真、無理やり風呂、性的接触）に加えて、全項目にわたって毎日・時々・1回心理的虐待を受けた3年生女子の被害者は、経験時「死にたい気持ちになり」、その後「家出をし」「死のうと思い」、また「すべてに自信がもてなくなり」「ウソをよくつくようになった」と回答している。

このように心理的虐待は多発し、その子どもに対する影響も無視できないものがあるので、繊細な問題を含み、虐待と非虐待との線引きも微妙であるが、格別の注意を払う必要がある。

4−2　両親以外の人との間の被虐待経験について

　児童虐待の定義は、「親または親に代わる保護者」[9] あるいは「親または親に代わる養育者」[10] により非偶発的に児童に加えられた行為であるから、ここで把握されたほとんどの被害は「児童虐待」には属さないことになる。しかし、abuseの原義が権力の不均衡を利用した「権力の濫用」による「搾取」であるとすれば、ここでの親以外による経験も広い意味で児童虐待に属すると見ることができよう。

　広義の概念に立って、親以外による被害経験を見ると、被害率は57.3％にのぼり、「心理的」と「身体的」が多く普及率で各34.4％、29.8％を占め、被害回数は「時々」が多く（61.5％）、加害者は「部活・クラブの先輩」「祖母」「学校の先生」などが多く、加害者の性別では「男性」（55.8％）のほうが多い、という結果になっている。

　親以外による場合は、学校における「いじめ」、教師による「体罰」、男性による「レイプ」などの問題も絡むので、より多角的な調査・分析が必要なことはいうまでもない。本調査における被害率の高さはこうした必要を再確認させる意義をもつだろう。

4−3　最も傷ついた・ショックを受けた被虐待経験
4−3−1　種類・相手・時期・回数について

　最も傷ついた・ショックを受けた被虐待経験の種類別普及率は、「身体的」50.5％、「心理的」40.6％、「性的」4.9％、「拒否」4.0％となっていて、「身体的」と「心理的」で大半を占める。相手＝加害者は「父親」と「母親」が最も多く、それぞれ30.1％、25.8％を占める。時期は「中学生」（37.2％）が最も多く、回数は「時々」（55.1％）が最も多い。「父親」によって「中学生の時」「時々」行われた「身体的虐待」が大きな心の傷を残したというパターンを読み取ることができる。

4−3−2　経験時の感想・行動、経験後の行動・変化について

　経験時の感想では「頭にきた」「嫌な気持ち」「悔しかった」が多く、経験時の行動では「何もせず」「激しく文句」「逃走」「嫌々ながら受け入れ」「抵抗」

などが多かった。経験後の行動では「何もせず」「身近な人に相談」「八つ当たり」「行動・態度を変えた」「家出」が多く、経験後の変化では「特になし」を除くと「自己嫌悪」「家出志向」「ウソをつくようになった」「人間不信」「仕返し」「その他」が多かった。

　トラウマを意味すると思われる経験後の変化では「特に変化なし」が48.5％を占めたが、反面、「対人恐怖」「乱暴になった」「怠学」「拒食になった」と訴えた者もおり、中には「殺そうと思った」と述べた者もいて、事態の深刻さを窺わせる。電話相談の利用が皆無であったことは、K県の事情もあろうが、電話相談事業に課題を提起していると見ることもできる。

4－3－3　最も傷ついた・ショックを受けた被虐待経験の内容
4－3－3－1　父母による身体的被虐待経験

　父親から中学時以来今に至るまで時々「扇風機やアイロンを投げつけられたり、横になっているところを頭から足まで蹴られ、髪を摑んで顔を何発も殴られる」といった身体的虐待を受けている1年生女子の被害者は、「いつか殺してやると思い」、「病院で怪我の治療を受け」「家出しようとし」「死のうと思い」、また「仕返してやろうと思っている」。「学校をサボるようになり」「人間不信に陥り」「助けてくれない母親に怒り・憎しみを抱いている」。彼女は次のように述べている。「暴力を振るっても解決する問題なんか1つもないので、そのことを親も分かって欲しい。『子のため』とかよくいうけど、子から見ると、親を憎む気持ちが増すだけだと思う」。この少女の家庭の経済状況は中の中で、近所付き合いも多いほうという。この少女は、父親からポルノ写真を見せられたり、着替えなどを覗かれたりした経験もある。子どもは「一個の独立した人間」であり、体罰は「絶対あってはならない」と回答している。

　母親から小学生の時毎日のように「気分によって怒鳴りちらし、命令に逆らうと叩いたり怒鳴ったりしてその命令に従わせ、自分の意見などもてなかった」という虐待を受けた3年女子の被害者は、「お母さんに殺されたと遺書を書いて死のうと思った」と述べ、「泣いたら余計に叱られるのでお母さんに見つからない所で一人で泣いた」と告白している。彼女はその後「家出をして」「死のうと思い」、また「引っ込み思案」「乱暴」「自信喪失」「ウソ」「人間不信」

「対人恐怖」「自己嫌悪」と多くのトラウマを背負い込むに至っている。自分は「親の顔色をうかがいながら行動する」と答え、「子は一個の独立した人間」「体罰は必要ない」と回答している。

4−3−3−2　父母による性的被虐待経験

　小学生のとき時々、父親から「エッチな話を無理やり聞かされ」「顔つきなどのことをエッチな感じでいわれ」「アダルトビデオを無理やり見せられ」、母親からは「無理やり一緒に風呂に入ろうとされ」「着替えなどを覗かれ」「無理やり身体を触られ」、また「セックスのやり方、マスターベーションのやり方」について教示された経験をもつ2年男子は、その経験時に「情けなかった」と訴えている。この家庭は中の上階層に所属し、父母の夫婦仲は良く、しつけの厳しい家庭だという。こうした家庭に性的虐待の芽があることは、アメリカ型インセストの兆候を暗示するといえる[11]。

4−3−3−3　父母による心理的被虐待経験

　両親から現在進行中で毎日のように「しつこくいわれる」「欠点についていわれる」「怒鳴りちらされる」「差別される」「深く傷つくことをいわれる」「無視される」「機嫌が悪いと当たり散らされる」被害を受けており、「平手」「閉め出し」の被害も時々受けている1年女子生徒は、「ありすぎて何を書いたらいいか分からない。もう今は無視している」と述べ、両親から叱られても「無視して聞いていないから」「傷つくことは全くない」と皮肉を込めた回答をしている。この被害者は、経験時「頭にき」「あきれ」、「文句をいって」「その場から逃げた」とも述べ、経験後「自信喪失となり」「家に帰りたくなくなった」ともいっている。子どもは「どちらかといえば独立した人間である」と回答している。

　母親から高校生のとき時々「父に似ているから嫌いといわれ、3人姉妹のうちでも嫌いといわれた」1年女子生徒は、経験時「悔しく」「嫌な気持ちになり」、その後「ウソをよくつくようになり」「人が信じられなくなり」「母親が嫌いになり」「家に帰りたくなくなり」「家出をしようと思い」、「親と思わないから子とも思って欲しくないと思うようになった」。この生徒は今は祖父、祖母、姉妹と同居していて、親とは同居していない。

4−3−3−4 両親以外による性的被虐待経験

　祖父・兄・近所のおじさんに、小・中学生のとき時々「お風呂を覗かれ」「身体を触られる、また触らされた」被害を経験した3年女子の生徒は、経験時「怖く」「悔しく」「頭にき」「嫌な気持ちになり」「びっくりした」。また「何も反抗できなくて腹が立った」。「悲鳴をあげ、泣き叫んで」「止めてくれるように嘆願し」「その場から逃げ」「近くにいる人に助けを求めた」。その後「人を恐れるようになった」。「初めは男性恐怖症になったが、今は回復している」。祖父・兄によるケースはインセスト的虐待に該当し、本調査がトラウマを刺激したらしく、「過去のことを探られたようで少し嫌だった」と述べている。

　見知らぬおじさんに小学生のとき1度「スカートをめくられ、パンティーの中を見せてくれたら100円やると言われた」被害経験をもつ3年女子生徒は、その時「安い」と思い（精一杯のシニシズムであろう）、「力ずくで抵抗した」。その後「相手に仕返ししてやろうと思った」。この経験は辛い思い出になったようで、本調査で「すごく嫌な経験を思い出させられ、とても嫌だった」と述べている。

4−4　親子関係・しつけ・体罰についての意見

　今回は紙数の関係で分析しなかったが、親子関係・しつけ・体罰についての意見・感想を求めた質問（Q7）に多くの回答が寄せられた。アトランダムに若干を拾い出すと以下のようであった。

　「子どもは知らないうちに成長していく。だけど親をきちんと見ている。親の汚いところは、子どもの心に焼きついて離れない。だから親は親できちんと生きて欲しい」（3年女子）

　「親の勝手な判断を子どもに押しつけるべきではないと思う。体罰を与えれば子どもの考えが変わるわけではない」（3年女子）

　「子どものしつけは大事だけど、手を出す必要はないと思う。口で優しくいったら、子どもはちゃんと聞き入れると思うし、暴力を振るったりすれば、却って親に対する気持ちは変わり、性格も引っ込み思案になったり、あまり話さなくなったりすることがあると思う。親がわかるように詳しく口でいってくれ

ると、子どもは素直に聞くと思うし、素直な性格に育っていくと思う」（3年女子）

「ある程度のしつけはしていかなければと思うけど、それは基本的な事についてであって、子どもは大人になるにつれて、だんだん自分なりに自己形成していくと思うから、あまり体罰などで身体的・精神的に子どもを圧迫するのはよくないと思う」（3年女子）

「親が叩くことについては、叩いたからどうなるんだ、と思う。悪いことをしたからといって、ほっぺを叩いても何にもならないと私は思う。それは子どもに恐怖心を抱かせるだけで、反省の気持ちをもたせることにはならない。体罰を加える親は親とは絶対にいえない。子どもは親が生んだものであっても、一人の人間であるから、一個の人間として尊重すべきである」（3年女子）

これらの意見は、現に子どもである高校生たちの率直な感想であり、子どもこそ子どものことが最もよく分かるのであるから、親もその他の大人たちもこれらの主張に虚心坦懐に耳を傾けるべきであろう。

【参考文献】
1 ）Kempe, C. H., The Battered Child Syndrome, *J. A. M. A.*, 181, 1962, pp.17-24.
2 ）厚生省児童家庭局『児童の虐待、遺棄、殺害事件に関する調査結果について』厚生省児童家庭局、1974。
　　日本総合愛育研究所編『日本子ども資料年鑑』KTC中央出版、1992。
　　児童虐待調査研究会『児童虐待―昭和58年度・全国児童相談所における家庭内児童虐待調査を中心として―』日本児童問題調査会、1985。
　　『日本医師会雑誌』（特集・児童虐待）103(9)、1990。
　　岩田泰子「被虐待児への援助」『子ども医療センター医学誌』19、1990、pp.185-189。
　　大阪児童虐待研究会『大阪の乳幼児虐待―被虐待児の予防・早期発見・援助に関する調査報告―』大阪児童虐待研究会、1993。
3 ）池田由子『児童虐待―ゆがんだ親子関係―』中央公論社、1987、p.8。
　　石川知子「現代社会と幼児虐待」『精神医学』35(4)、1993、p.381。
4 ）ライフデザイン研究所『中流意識と生活レベル―日米比較調査―』ライフデザイン研究所、1992、p.1。
5 ）石川知子、前掲論文、p.382。
6 ）総務庁統計局編『日本の統計・平成3年』大蔵省印刷局、1993、p.14。
7 ）大阪府環境保健部保健衛生問題研究事業・児童虐待研究班『保健所における被虐待児の早期発見と援助―Q＆A―』Child Abuse 研究会配布資料。

8）cf. 森田ゆり『沈黙をやぶって』築地書館、1992。
9）池田由子、前掲書、p.8。
10）大阪児童虐待研究会、前掲書、p.1。
11）石川義之「現代日本のインセスト」『社会分析』21、1993、pp.267-268。

【その他の参考文献】

津崎哲郎『子どもの虐待』朱鷺書房、1995。

Russell, D. E. H., *The Secret Trauma: Incest in the Lives of Girls and Women*, Basic Books, 1986.

石川義之「インセスト的虐待の実相―現代アメリカに関する一断面―」『島根大学法文学部文学科紀要』18-Ⅰ、1992、pp.67-104。

第14章 「チャイルド・アビュースの実態」調査分析

「原義」からのアプローチ

I　はじめに

　欧米では19世紀の後半から徐々に児童虐待への認知と取り組みが進み、特に1961年小児科医のケンペが全米小児科学会で行った「被虐待児症候群」に関する研究報告以降は急速に、この問題への法整備などの対応と調査研究が進展を見せ、今やこの問題は、欧米社会を取り巻く最大の社会問題の1つとして構築されるに至っている（Kempe 1962）。

　それにひきかえ、わが国の場合は、従来親子関係の病理については親の養育態度の過保護・溺愛・子との癒着といった面に関心が集中し、親による子の虐待は少数の例外を除いて無視されてきた感がある。それもあって最初の調査が行われたのはようやく1973年になってからのことであった（昭和48年厚生省調査）。以後、わが国で実施された児童虐待に関する主な調査としては、1983年の児童虐待調査研究会調査、1984年開始の全国児童相談所長会調査、1993年の大阪乳幼児虐待調査などがある（厚生省児童家庭局1974；児童虐待調査研究会1985；『日本医師会雑誌』1990；大阪児童虐待研究会1993；石川知子1993）。

　こうした実態調査に基づき児童虐待の防止や被虐待児の救済のための取り組みもなされるようになり、1990年には大阪に児童虐待防止協会が設立されて、「子どもの虐待ホットライン」が敷設され、翌1991年には東京で「子どもの虐待防止センター」が発足、「児童虐待110番」による電話相談が開始された。

また、同年以降「児童虐待」をめぐるシンポジウムも幾度か開催され、特に1994年9月にはISPCAN（国際児童虐待・拒否防止協会）主催の国際シンポジウム&セミナー「児童虐待への挑戦－アメリカ・イギリス・日本の経験－」が開かれ、内外の専門家・サバイバーたちが一同に会した。そして、これを承けて1996年には児童虐待の全国学会および全国ネットワークが、「日本子ども虐待防止研究会（JaSPCAN）」の名の下に発足している。こうしてわが国においても児童虐待の調査研究や取り組みがようやく本格化しつつある現況にある。

　こうしてわが国における児童虐待問題への研究・取り組みもやっと本格化しつつある動向にあるが、調査研究の面だけに限定してみても、まだ多くの課題・問題が山積している。たとえば、(1)これまでの調査は全て施設収容児等を対象としたものに限られ、一般人口を対象とした調査が行われていないこと、そのため、児相が受理したり施設に収容されたりした重篤な被害児のすそ野に広がる暗数としての児童虐待の実状が全く把握されていないこと、つまり児童虐待の普及率（prevalence）や発生率（incidence）の測定がなされえていないこと[1]、(2)調査主体が児相のケースワーカーなどの実務家である関係から、危機介入の基準としての虐待概念が採用され、子どもの観点に立った「間違った取り扱いを受けた」（abused）子どもの心の傷を基準にした虐待概念が無視されてきていること、そのためabused chidrenの多く、否、大多数が調査の網の目からこぼれ落ちていること、そしてこのことがいよいよ虐待の事実上の普及率の把握を不可能にしていること、等々の問題がある。今回の我々の調査はこうした問題を解決する一歩を踏み出すことに意義を求めて実施されたものである。

　(1)について、しばしば暗数の推計の根拠にされる調査は、1988年4月から9月までの半年間に全国の167ヶ所の児相で新規に受理された虐待ケースを対象にした全国児童相談所長会調査である。この調査結果に基づいて、日本全国で年間に発生している児童虐待件数は約5万件との推定がなされている（泉薫1993）[2]。ただし、この数値はあくまで推計に推計を重ねた結果得られたもので、いわば憶測にすぎない。児童虐待の正確な普及率の把握のためには全国調査が必要である。そのためのプレ調査としての意味も含めて実施したのが、今回の我々の調査である（Kercher & McShanne 1984; Kilpatrick & Amick 1984;

Kinsey, Pomeroy & Martin 1948; Kinsey, Pomeroy, Martin & Gebhard 1953; Peters, Wyatt & Finkelhor 1986; Sapp & Carter 1978; Wyatt & Peters 1986; 石川義之1990)。

　(2)について、従来、わが国では、国際児童虐待常任委員会（ISCCA）の定義などを参考にして、概ね「児童虐待」（child abuse）について次のような定義を与えてきた。すなわち、「児童虐待」とは、「①親または親に代わる保護者によって、②非偶発的に（単なる事故でなく）、③反復的・継続的に、④通常のしつけ・体罰の程度を越えて児童に加えられた行為・状態であり、⑤その結果児童に治療的対応を要する損傷・症状を生じ、かつ⑥親子関係が治療的・福祉的対応を要する状態であることを要件とする。そして、⑦これには身体的虐待、保護の怠慢・拒否、性的虐待、心理的虐待の4類型が含まれる。」という定義である（池田由子1987；松井一郎ほか1992）。このように児童虐待を外形的にシビアーなものに限定する定義は、権力の介入基準として用いられる限り、被虐待児や虐待親の救済・援助を名目に国家や行政などが安易かつ不当に家庭に介入することを回避する上で有効性を発揮しうる。

　けれども、abuseの原義は、ab（離れて，逸脱して）＋use（使用する）、つまりuse wronglyというほどの意味である。それゆえ、child abuseを原義に則して定義すれば、「子どもに対する間違った取り扱い」ということになり、①親または親に代わる保護者以外によって、③反復的・継続的にではなく一度だけ、④通常のしつけ・体罰の枠内で児童に加えられた行為・状態であり、かつ⑤その結果児童に治療的対応を要するほどの損傷・症状を生じず、⑥親子関係が治療的・福祉的対応を要する状態でなくても、その行為・状態を被った子どもの観点からみて「間違った取り扱い」であればchild abuseなのである。その意味で、abuseの訳語に、「残酷な待遇、酷い取り扱い」を表す「虐待」の語を当てるのは必ずしも妥当ではないといえよう。

　我々の今回の調査は、こうしたchild abuseの原義に立ち戻り、分析者・観察者の見地とは異なる行為者＝子どもの見地に立って「児童虐待」の概念を捉え、上述のわが国の一般的定義の要件に該当しないケースであっても、子どもの観点から見て「間違った取り扱い」でありうるケースは全て拾い上げようという立場に立っている。被害者たる子どもにとって深い心の傷を残したかもしれな

い行為を、こうした要件を充たしていないからという理由でchild abuseの範疇から除外することは、abuseをabuseでないといいくるめるラベリング行為に他ならないからである。abuse、とくにsexual abuseの場合、その痛みは被害者でなければ分からない側面が強く、男性社会や役人や大人の価値観に従って「取るに足らない軽微なもの」と見なされる行為が、被害者にとってはその人生を破壊し尽くすほどの重大な意味をもつ場合もある。子どもにとって原義どおりのabuseでありうるものを、分析者・観察者の見地から上の要件を満たしていないからという理由で、また些細・軽微だとしてabuseの範疇から排除してしまうことなく、網羅的に拾い上げてみよう、そこからabuseの普及率についてのおおよその推計値も浮かんでくるであろう——このような期待を込めて実施したのが今回の調査なのである。子どもから見て原義どおりのabuse（子どもの受ける心の傷を基準にした「間違った取り扱い」）であるものこそ、大人や男性や官僚の価値観から見ていかに軽微なものであれ、また既定の概念的要件を満たしていなかろうと、子どもにとって只ひとつの真実であり、かれの人生を左右するリアリティそのものなのであるから。なお、本報告におけるこうしたabuseの概念把握は、デビッド・ジルやアリス・ミラーの透徹した見解に符合するものであることを付け加えておきたい（Gil 1979; アリス・ミラー 1983; 1985）。

II 調査結果の概要

A．調査実施の概要

調査方法：質問紙法による配票調査法・集合調査法

調査対象者：山陰、四国、関西の大学・短大・専門学校・工専・高校専攻科　計11校の学生

有効回答数　456（男子226　女子228　不明2）　回収率　約90％

調査期間　1993年11月〜94年1月

B．調査結果の概要

筆者がもっか性的虐待の研究を進めている関係から、紙幅の制約もあるので、性的被虐待経験を中心にデータを紹介する。詳細は別に譲る（石川義之

1995b／1995c)。

1. 両親との間の被虐待経験

　身体的虐待（こぶしで殴られる、戸外に閉め出されるなど）、保護の怠慢・拒否（食事を与えてもらえない、怪我・病気をしても病院に連れて行ってもらえないなど）、性的虐待（無理やり身体を触られる、性的行為を強要されるなど）、心理的虐待（差別される、無視されるなど）の4類型に分けて経験を尋ねた。

1－1　両親との間の被虐待経験の有無・全体的普及率：表1

　両親の双方または一方から、何らかの虐待（の可能性のある行為）を受けたことのある者は、「無答」を除く回答者数を基数とすれば、90.6％に上る。

表1　両親との間の被虐待経験の有無・全体的普及率

単位：人（横％）

被害あり	被害なし	無答	計	回答者総数
405	42	9	456	447
(88.8)	(9.2)	(2.0)	(100.0)	—
(90.6)	(9.4)	—	—	(100.0)

1－2　両親との間の被虐待経験の虐待類型別普及率：表省略

　両親との間の被虐待経験の普及率を虐待類型別に見ると、各回答者数を基数にすれば、普及率の高いものから順に、「身体的被虐待経験」79.0％、「心理的被虐待経験」78.5％、「保護の怠慢・拒否経験」15.1％、「性的被虐待経験」7.5％となっている。

　父母による「性的虐待」（＝インセスト）の普及率は最も低率であるが、それでも7.5％の数値を単純にわが国の19歳以下の人口3098.8万人（1992年）に当てはめると（総務庁統計局　1993）、232.4万人の子どもたちが両親によってインセスト的虐待を受けた、ないし受けつつあることになるから、むしろ驚嘆に値する数字といわねばならない。

1－3　父親・母親別の被虐待経験の普及率—男女別集計：表省略

　父親と母親を比べると、男子・女子とも「父親」よりも「母親」から多く被害を受けている。したがって、男女を込みにした場合も、「母親から」81.8％、「父親から」75.6％で「母親から」のほうが多い。

2．両親以外の親族との間の被虐待経験

2－1　両親以外の親族との間の被虐待経験の有無・全体的普及率：表2

　両親以外の親族（祖父母、おじ・おば、兄弟姉妹、その他の親族）から何らかの虐待（の可能性のある行為）を受けた経験のある者は、「主な」経験という条件付きでも、回答者数を基数とすれば、31.5％に達する。

表2　両親以外の親族との間の被虐待経験の有無・全体普及率

単位：上段；人数、中段・下段；横％

被害あり	被害なし	無　答	計	回答者総数
132	287	37	456	419
(28.9)	(62.9)	(8.1)	(100.0)	—
(31.5)	(68.5)	—	—	(100.0)

2－2　両親以外の親族との間の被虐待経験の虐待類型別普及率：表省略

　虐待類型別に普及率を見ると、回答者数を基数とすれば、多いものから順に、「心理的」25.3％、「身体的」16.5％、「性的」1.9％、「怠慢・拒否」1.4％となっている。

2－3　相手＝加害者のタイプ（続柄別）－虐待類型別集計：表省略

　加害者のタイプを続柄別に見ると、全体としては、「祖母」（35.0％）が飛び抜けて多く、以下「祖父」（16.1％）、「おば」（15.7％）と続く〔基数は被害総件数〕。

　虐待類型別では、「身体的」では「兄」、「怠慢・拒否」では「おば」、「性的」では「おば」、「心理的」では「祖母」が最も多い。

　なお、2－2は頻度に関する質問への回答を基にしているが、この加害者の続柄についての質問では、両親以外の親族による「性的虐待」（＝インセスト）の被害者率は4.6％に及び、そして、この数値を子ども人口に当てはめると、

142.5万人が被害経験者ないし予備軍ということになる。

2－4　相手＝加害者のタイプ（男性・女性別）－虐待類型別集計：表省略

　加害者のタイプを男性・女性別に見ると、「身体的」以外の全類型で「女性」が多い。「性的虐待」でも「女性親族」が「男性親族」を大きく上回っていることが注目される。

2－5　加害者と被害者との性別関係：表省略

　「性的」において、「男子」の場合全被害が「女性」加害者からのもので、「女子」の場合も「女性」加害者によるもののほうが多いことが注目される。

3．親族以外＝他人との間の被虐待経験

　子ども時代に受けた親族関係のない他人からの加害行為も、子どもの立場から見てwrong, bad, or excessive useである限り、やはり言葉の本来の意味におけるchild abuseである。ただし、他人による「保護の怠慢・拒否」は成り立たないので、ここではこの項目は除外される。

3－1　親族以外＝他人との間の被虐待経験の有無・全体的普及率：表3

　親族以外＝他人から「身体的」「性的」「心理的」のどれか１つでも被害を受けたことのある者は、回答者数を基数とすれば、58.1％と過半に達する。

表3　親族以外＝他人との間の被虐待経験の有無・全体的普及率

単位：上段；人数、中段・下段；横％

被害あり	被害なし	無答	計・対象数	回答者数
250	180	26	456	430
(54.8)	(39.5)	(5.7)	(100.0)	―
(58.1)	(41.9)	―	―	(100.0)

3－2　親族以外＝他人との間の被虐待経験の虐待類型別普及率：表省略

　どの経験類型にも回答した回答者の数を基数とすれば、「身体的」44.7％、「心理的」35.1％、「性的」24.9％という類型別普及率となる。回答者の４分の１が他人からの「性的被害」の経験をもっていることが注意を引く。

3-3　相手＝加害者のタイプー虐待類型別集計：表省略

相手＝加害者のタイプを虐待類型別に見ると、「身体的」では「学校の先生」(41.3％)、「性的」では「友達」(43.8％)、「心理的」ではやはり「学校の先生」(27.7％) が最も多い。「性的」では「友達」につづいて「見知らぬ人」(20.5％)、「部活・クラブの先輩」(14.3％)、「先生」(10.7％) という順である〔基数は類型別被害件数〕。全体として「先生」(29.4％) が最も多いことは深刻である〔基数は被害総件数〕。

3-4　相手＝加害者の性別－虐待類型別集計：表省略

相手＝加害者の性別については、男性・女性の内訳比で「身体的」89.1％、「性的」78.0％、「心理的」65.2％と、いずれの類型においても「男性」が多数を占める。なお、「性的」で「女性」加害者が22.0％を占めていることは、他人による性的被害経験の加害者＝男性という通念があるだけに注目される。

4．両親／両親以外の親族との間の被虐待経験

4-1　両親／両親以外の親族との間の被虐待経験の有無・全体的普及率：表4

加害者が両親の場合と両親以外の親族の場合とを合算して、両親／両親以外の親族のいずれかまたは両方から被害を受けた経験の有無を算出したところ、回答者数を基数とすると、「被害経験あり」が92.4％に上った。

表4　両親／両親以外の親族との間の被虐待経験の有無・全体的普及率

単位：上段；人数、中段・下段；横％

被害あり	被害なし	無答	計・対象数	回答者数
390	32	34	456	422
(85.5)	(7.0)	(7.5)	(100.0)	―
(92.4)	(7.6)	―	―	(100.0)

4-2　両親／両親以外の親族との間の被虐待経験の有無・虐待類型別普及率：表省略

有無を虐待類型別に見ると、「心理的」(82.2％)、「身体的」(81.2％)、「怠慢・拒否」(16.3％)、「性的」(9.9％) の順で「あり」が多かった〔基数は類型別回答者数〕。両親／両親以外の親族による「性的虐待」は「インセスト的

虐待」(incestuous abuse) であるが、これは類型別では一番少ないものの9.9%を数えている。この数字は、19歳以下の人口3098.8万人に当てはめると、インセスト的虐待の犠牲者およびその予備軍306.8万人という推計値になるので、極めて大きな数値といわねばならない。なお、男女別では「男子」7.6%、「女子」12.3%であった。これを、1992年の19歳以下の男子人口1589.2万人、女子人口1509.7万人にそれぞれ当てはめると（総務庁統計局 1993）、男子のインセスト的虐待経験者およびその予備軍120.8万人、女子のそれ185.7万人ということになる。女子の場合、アメリカのインセスト的虐待の普及率がラッセル調査で16%（ただし、18歳未満での接触的被害の経験者率。我々の調査対象者に近い18～29歳コーホートの場合は17.7%）であるので、アメリカに肉薄しているといえる（Russell 1986, p.79）。

5．両親／両親以外の親族／他人との間の被虐待経験

5-1　両親／両親以外の親族／他人との間の被虐待経験の有無・全体的普及率：表5

両親／両親以外の親族／他人の一者以上から被害を受けた経験の有無を算出したところ、回答者数を基数とすると、「被害経験あり」が94.9%に上った。

表5　両親／両親以外の親族／他人との間の被虐待経験の有無・全体的普及率

単位：上段；人数、中段・下段；横%

被害あり	被害なし	無答	計・対象数	回答者数
413	22	21	456	435
(90.6)	(4.8)	(4.6)	(100.0)	—
(94.9)	(5.1)	—	—	(100.0)

5-2　両親／両親以外の親族／他人との間の被虐待経験の有無・
　　虐待類型別普及率：表省略

両親／両親以外の親族／他人からの被害経験の有無を虐待類型別に見ると、「身体的」（342人、87.0%）、「心理的」（331人、84.7%）、「性的」（119人、30.9%）、「怠慢・拒否」（64人、16.3%）の順で「あり」が多かった〔基数は類型別回答者数〕。「身体的」と「心理的」で「あり」が8割を超えていること、「性的」が30.9%と3割に達していることが注目される。なお、男女別に見ると、「性的」では男子27.8%、女子34.0%という普及率になっている。女子の

場合、アメリカの調査では59％あるいは62％の普及率となっているので、アメリカと比べると低率といえるが、3分の1の女性が性的被害経験をもっていることは深刻である（Russell 1986; Wyatt 1985; 石川義之 1991; 1991; 1992）。また、男子の4分の1強が性的被害経験をもっていることは、わが国の場合でもこの問題の究明を女性に限定することなく男性まで拡げて行うことの必要を示唆しているといえよう。

6．最も不快な・傷ついた・動揺した被虐待経験

両親／両親以外の親族／他人から被害を受けた経験のある者に対して、それらの経験の中で最も不快な・傷ついた・動揺した被害経験を1つだけ想起してもらい、それについて種々の設問を行った。

6－1　最も傷ついた被虐待経験の種類別分布・単純集計：表6

最も傷ついた被虐待経験の種類別分布は「心理的」158人、「身体的」151人、「性的」33人、「怠慢・拒否」4人であった。

「被害経験あり」は「身体的」342人、「怠慢・拒否」64人、「性的」119人、「心理的」331人であったから〔5-2参照〕、最も傷ついた経験として選ばれた比率は、「身体的」44.2％、「怠慢・拒否」6.3％、「性的」27.7％、「心理的」47.7％となる。

ここで、言葉の暴力や無視の非接触的な「心理的虐待」が物理的暴力による接触的な「身体的虐待」を上回っていることが刮目されるべきである。伝統的な大人の価値観からすれば言葉の暴力や無視は物理的・身体的暴力に比して「軽微・些細な」行為と評価されるが、子どもの心の傷を基準にすれば、「軽微・些細」とされる前者が後者よりも一層abuseであることがこれによって分かる。このことは、大人としての分析者・観察者の視点ではなく子どもの心を基準としたabuseの概念の重要性を示唆している。つまり、本調査の概念的立場の妥当性を表している。援助者の福祉的サービスはこうした概念に立脚してなされるべきである。

さらに、「小言」をいったり、「怒鳴った」り、無視したりする「心理的虐待」は、通常のしつけの枠内で日常的に行われている。そうした「心理的虐待」が、

最も傷ついた経験として最も高率で選ばれていることは、通常のしつけ・体罰を越えた行為のみを「虐待」と見なし、その枠内の行為を「虐待」の範疇から排除する既定の概念的立場の失当性を物語っている。被害者たる子ども自身が最も傷ついた経験としているものを、通常のしつけ・体罰の枠内の経験だからとして「虐待」のカテゴリーから放逐することになるからである。この点においても、わが国の既定の概念にこだわらない我々の概念定義の妥当性が示されているのである。なお、ここでアリス・ミラーが、通常のしつけ・体罰の枠内の行為こそを「虐待」としている見地が参酌されるべきである（アリス・ミラー 1985）。

表6　経験の種類別分布・単純集計　　　　　単位：上段；人数、中段・下段；横％

身体的	拒否	性的	心理的	無答	計	回答者数
151	4	33	158	110	456	346
(33.1)	(0.9)	(7.2)	(34.6)	(24.1)	(100.0)	—
(43.6)	(1.2)	(9.5)	(45.7)	—	—	(100.0)

6-2　最も傷ついた被虐待経験の相手・単純集計：表7

　最も傷ついた被虐待経験の相手＝加害者については、回答者数を基数にすれば、「実母」27.2％、「実父」24.9％、「先生」9.3％、「先輩」9.0％、「友達」7.2％、「見知らぬ人」5.8％などとなっている。

　「実母」「実父」「養父・継父」「養母・継母」の合計は53.3％である。つまり、「親または親に代わる保護者」によるabuseはようやく半数に達しているにすぎず、残りの半数はそれ以外の加害者によっている。この場合、「親または親に代わる保護者」による行為のみを「虐待」とする既定の概念的立場では、被害者自身が事実上傷ついた被害経験の約半数を、「親・保護者」以外の加害者によるものという理由でabuseの概念枠から除外していることになる。これはabuseの原義にもとることになるし、福祉的援助の対象からabuseを受け傷ついた子どもたちを排除することにも繋がる。この点からも我々の概念把握の妥当性が検証されよう。（ただし、「親に代わる保護者」として「祖父」「祖母」「兄」「姉」「その他の親族」「その他」を挙げた者が、本調査の対象者の中には含まれているので〔合計89人〕、「親または親に代わる保護者」によるabuseの比率

は上記の比率を幾分上回ることが想定される。)

表7 経験の相手・単純集計　　　単位：上段；人数、中段・下段；横%

実父	実母	養父継父	養母継母	祖父	祖母	兄弟	姉妹	その他の親族	見知らぬ人
86	94	2	2	1	10	4	1	2	20
(18.9)	(20.6)	(0.4)	(0.4)	(0.2)	(2.2)	(0.9)	(0.2)	(0.4)	(4.4)
(24.9)	(27.2)	(0.6)	(0.6)	(0.3)	(2.9)	(1.2)	(0.3)	(0.6)	(5.8)

学校の先生	部活等の顧問	部活等の先輩	バイト先の上司	友達	その他の知人	その他	無答	計	回答者数
32	16	31	3	25	7	9	111	456	345
(7.0)	(3.5)	(6.8)	(0.7)	(5.5)	(1.5)	(2.0)	(24.3)	(100.0)	—
(9.3)	(4.6)	(9.0)	(0.9)	(7.2)	(2.0)	(2.6)	—	—	(100.0)

6-3　最も傷ついた被虐待経験の時期・単純集計：表省略

　最も傷ついた被虐待経験を受けた時期については、「小学生時」が最も多く32.5％、以下「中学生時」(26.7％)、「高校生時」(17.1％)、「現在も継続中」(11.6％)、「高卒後」(5.8％)、「小学入学前」(4.1％)とつづく。「小学入学前」が少数であるのは記憶が抑圧されていることも理由の1つであろう。

6-4　最も傷ついた被虐待経験の頻度・単純集計：表8

　最も傷ついた被虐待経験の頻度については、回答者数（被害件数）を基数とすれば、「時々」が最も多く55.6％、以下「1度だけ」33.3％、「毎日（のように）」11.1％となっている。

表8　経験の頻度・単純集計　単位：上段；人数、中段・下段；横%

毎日(のように)	時々ある	1度だけある	無答	計	回答者数
38	190	114	114	456	342
(8.3)	(41.7)	(25.0)	(25.0)	(100.0)	—
(11.1)	(55.6)	(33.3)	—	—	(100.0)

　「1度だけ」は、被害件数を基数とすれば、両親以外の親族からの被害経験の場合10.6％〔表省略〕、親族以外＝他人からの被害経験の場合24.0％〔表省略〕である。また、両親からの被害経験の場合、被害総件数2527件、「1度だけ」

573件、「1度だけ」が被害件数に占める比率は22.7％となる〔表省略〕。

したがって、「1度だけ」が最も傷ついた経験として選ばれる割合はその実際の生起率を上回っていることになる。この場合、既定の概念における「児童虐待」を「反復的・継続的に加えられた行為」に限定する見解は、被害者自身が最も傷ついた経験としている3割強の経験を、分析者・観察者の見地からabuseの概念枠から排除することになる。被害者の見地に立てば、「1度だけ」の経験であるから「取るに足らない」経験であるとはならないのであり、むしろ「1度だけ」の経験であるからこそ、大きな心の傷を残すことがありうることを上の数値は物語っている。abuseであるか否かは、当該加害行為によって被害者自身が負う心の負荷によって決まる。そのことを無視して「1度だけ」の行為であるからという理由でabuseの範疇から外すことは、大人＝分析者の傲慢であろう。この意味においても、我々の調査が、既定の概念的立場に拘泥せず、原義に立ち戻りつつ子ども自身の心の傷を専らの判断基準とするabuse概念を採用したことの妥当性が証明されるのである。我々は、こうした概念的立場に立つことによって、3分の1に及ぶ子どもの最も傷ついた経験を、かれら自身が傷ついているのにabuseではないと判断する愚を犯すことなく、abuseの枠の中に汲み上げることに成功したのだから。

6-5　最も傷ついた被虐待経験時の感想・単純集計：表9

　経験時の感想・動揺について質問したところ、「特に何も感じなかった」者は4.9％にすぎず、他はすべて恐怖感、怒り、憂鬱感、嫌悪感、自責感、死にたい気持ち、精神的麻痺などの動揺をきたしている。そして、こうした経験時の動揺は、被害のもたらした直接的・短期的トラウマを意味している。そして、このようなトラウマをもたらす加害行為は、被害者＝子どもの立場に立つ限り、「間違った取り扱い」であり、abuseである。このように考えると、回答者の95.1％、調査対象者の72.8％がabuseの犠牲者であることになる。年間5万人と推定された被虐待児の背後にさらに巨大な暗数が潜んでいることを窺わせる。潜伏したabused childrnの発見と援助のシステムの改善と構築の必要が示唆されているといえる。

表9　経験した時の感想・単純集計　　　単位：上段；件数、中段・下段；横%　　[複数回答]

怖かった	憂鬱になった	悔しかった	頭にきた	情けなかった	嫌な気持ちになった	びっくりした
111	99	172	210	81	198	61
(9.9)	(8.8)	(15.3)	(18.7)	(7.2)	(17.7)	(5.4)
(31.8)	(28.4)	(49.3)	(60.2)	(23.2)	(56.7)	(17.5)

死にたい気持ち	自分が悪いからだ	何も考えられなかった	その他	何も感じなかった	合計	回答者数
28	91	17	36	17	1121	349
(2.5)	(8.1)	(1.5)	(3.2)	(1.5)	(100.0)	—
(8.0)	(26.1)	(4.9)	(10.3)	(4.9)	(321.2)	(100.0)

6－6　最も傷ついた被虐待経験時の行動・単純集計：表省略

　経験時の子どもの行動については、「嫌々ながらも表面的に受け入れた」が最も多く35.9％を占めた。こうした消極的対応と「腕力で抵抗」「強く抗議」などの積極的対応とを比較すれば、内訳比で前者44.3％、後者38.4％となり、消極的対応が上回る。また「何もせず」も22.4％（回答総件数の内訳比では13.7％）と多く、消極的対応と「何もせず」とを合わせると、内訳比で58.0％と過半に達する。つまり、経験時子どもは何もできないか、できても消極的な対応しかできないことが多いのである。そして、このような場合その経験は長く尾を引くトラウマを残しがちである。すなわち、abuseを一層abuseらしくするのである。この点からして、暗数の中には何もできず、あるいは消極的対応しかできないままに、心の傷を深めている多くの子ども（abused children）の存在が推測されるのである。

6－7　最も傷ついた被虐待経験後の行動・単純集計：表省略

　経験後の行動については、第１に、「病院で治療」（５人）、「警察へ告訴」（２人）、「家出」（23人）、「自殺企図」（18人）などの行動をとった者がのべ48人、13.8％に上った反面、「電話相談」「児童相談所等機関・施設」の利用者はのべ４人、1.2％にとどまり、「電話相談」「児童相談所等機関・施設」等の相談事例等を基にした従来の普及率・暗数推計がいかに当てにならないかが示唆されている。第２に、「何もせず」が43.2％（基数は回答者数、回答総件数に

占める比率は29.1%）に上ったが、これは、経験時・経験後のトラウマ状況から見て、何もする必要がなかったからというよりも、行動の術を知らなかったからというケースを多く含んでいると解され、むしろ被害者の行動のための啓蒙（被害者教育）とかれらへの援助の必要性とを痛感させるものである。

6－8　最も傷ついた被虐待経験後の心や身体の変化・単純集計：表10
　被害経験のもたらすトラウマは、6－5で述べた直接的・短期的トラウマと長期的トラウマから構成されるが、ここで分析する経験後の心や身体の変化は、その経験のもたらした長期的トラウマを意味する。また、ここでの心や身体の変化の項目の中には、心的外傷後ストレス障害（post-traumatic stress disorders：PTSD）と呼ばれるものも含まれている（『DSM-Ⅲ-R　精神障害の診断・統計マニュアル』1988）。そして、報告された心身の変化528件のうち、心的外傷後ストレス障害と見なされる心身の変化は合計で292件、総変化件数に占める比率は55.3%に達する。被害の深刻さを窺わせる数値といえよう。
　一方、回答者数339人、うち「特に変化なし」と回答した者181人、差し引き158人が経験後に心的外傷後ストレス障害を含む「心身の変化」つまり長期的トラウマを負ったことになる。これは、回答者数を基数とすれば46.6%、調査対象者数456人を基数とすれば34.6%の者が、長期的トラウマを背負う被害経験をもっていることを意味する。
　6－5で分析したように、短期的トラウマを負った被害経験をもつ者が回答者の95.1%、調査対象者の72.8%を占めており、そして子どもの受けた心の傷ということを基準にすればかれらはまがうことなくabuseの犠牲者なのであるが、最も厳格に解釈して、長期的トラウマを背負った被害の経験者のみをabuseの犠牲者と見なし、かつ「無答」者の全員を長期的トラウマをもたらす「被害経験なし」の者と捉えて調査対象者数を基数に選んでも、34.6%のchild abuseの犠牲者がいるということになる。子どもの受ける心の傷を基準にした「間違った取り扱い」という子どもから見て、原義どおりのabuseの概念において「心の傷」を長期的トラウマという最も厳格な意味において解釈しても、これだけのabused childrenがいるということである。
　この34.6%という数値をわが国の19歳以下の人口3098.8万人（1992年）に単

純に当てはめれば、1072.2万人の子どもたちが何らかの加害者によってchild abuseを受けた、ないし受けつつあることになる。わが国の児相の相談事例からの推計値は全国で年間約5万件の児童虐待事件の発生ということであったから、ここでの19歳以下人口という基準に従ってこれを19倍すれば95万件ということになる。これはまさに氷山の一角を表しているにすぎない。

　なお、ここでの34.6％という普及率の算定においては、「無答」者の全員を長期的トラウマをもたらす「被害経験なし」の者と把握する操作が行われたが、事実上この「無答」者の中に深刻な被害を受けた犠牲者が潜んでいる可能性を想定しなければならない。深刻な被害の犠牲者は、その苛酷な経験ゆえにその傷の記憶を抑圧したり、また、被害の再体験の恐怖から回答を拒否したりするケースが多いからである。さらに、「変化なし」と回答した者の場合も、調査時点では「変化なし」であっても、後年になって心身の変化が発現する者の存在の可能性を想定すべきである。特に、性的虐待の場合には後遺症の発症が遅滞することが多いのである。こうしたことを考慮すれば、child abuseの普及率はもっと高率であることも推測される。ただし、これらの点も含めて、普及率については、一層本格的な全国的サーベィによって追調査される必要がある。

表10　経験後の心や身体の変化・単純集計

単位：上段；件数、中段・下段；横％　　［複数回答］

拒食過食	ふさぎ込む	無口、口数が減る	引っ込み思案	落ち着きがない	乱暴になった	何事にも自信がもてない	ウソをつくようになった
11	25	53	43	10	13	31	33
(1.6)	(3.5)	(7.5)	(6.1)	(1.4)	(1.8)	(4.4)	(4.7)
(3.2)	(7.4)	(15.6)	(12.7)	(2.9)	(3.8)	(9.1)	(9.7)

学校をよくサボる	相手への不信	相手への身構え(恐怖)	自責感自己嫌悪	体への疎ましい感じ	家へ帰りたくない	家出	男性不信女性不信
7	45	44	40	13	43	3	11
(1.0)	(6.3)	(6.2)	(5.6)	(1.8)	(6.1)	(0.4)	(1.6)
(2.1)	(13.3)	(13.0)	(11.8)	(3.8)	(12.7)	(0.9)	(3.3)

人間不信	対人恐怖	相手への報復心	もう一方の親へ怒り・憎悪	身体上の病気	その他	特に変化なし	合計	回答者数
23	17	33	4	9	17	181	709	339
(3.2)	(2.4)	(4.7)	(0.6)	(1.3)	(2.4)	(25.5)	(100.0)	—
(6.8)	(5.0)	(9.7)	(1.2)	(2.7)	(5.0)	(53.4)	(209.1)	(100.0)

6−9　最も傷ついた被虐待経験の内容のあらまし

　一部の調査対象者に、最も傷ついた被虐待経験の内容のあらましを記してもらうよう求めたところ、多くの報告が寄せられた。ここでは紙幅の関係でそのうちの１ケースのみを紹介する。

　そのケースとは、「実父」によって、「時々」、「小学生の時」から「性器を触られ」たりし、「中学生の時」から「性交」されている、「現在も継続中」の性的被虐待の経験の事例である。

　被害者の女性は、四国の某県の農村地帯で育った22歳以上の女性で、４人以上の兄弟姉妹の１番目。家族構成は実父・実母・兄弟姉妹である。

　彼女によると、実父によって「小学生の時から性器を触られたりした。中学生の時より性的関係を持たされた」という。さらに、彼女は、この「性器接触」「性交」の他に、同じく「実父」によって「無理やり一緒に風呂に入ろうとされる」「着替えなどを覗かれる」「無理やり身体を触られる」「性器を無理やり見せられる」といった性的虐待を受けている。

　彼女は、経験時「驚愕」「憂鬱」「情けない」「嫌な気持ち」を抱き、「父親から離れたいと思った」。しかし「嫌々ながらも表面的には受け入れた」。経験後「特に何もしなかった」。なぜなら「誰にもいえない」ことだから。経験後「人間不信に陥った」「家に帰りたくない」というトラウマ状態に置かれたという。

　彼女によると、家庭の近所付き合いは「あまり多くなかった」という。父親は「専制君主（ワンマン）的な存在」、父親のしつけは「厳しかった」が、インセストが始まったと思われる「小学校高学年の頃よりあまり叱らなくなった」。母親のしつけは「やや厳しい」面もあるが「やや甘い」面もあった。インセストが始まるまでの父親の叱り方は「大声で怒鳴る」、母親のそれは「くどくど小言をいう」。そして彼女は、自分の育った家庭を全体として「厳しい家庭」だと思っている。自分が「母親役割」を担うことが「よくあった」。両親の仲は「あまり良くなかった」という。父親から１度だけ「戸外に閉め出された」ことがあったが、他には父親からも母親からも「身体的虐待」「ネグレクト」は受けていない。「心理的虐待」についても母親から「しつこく小言をいわれる」、「きょうだい・他人と差別される」と父親から「大声で怒鳴りちらされる」経験があるのみ。なお、定位家族のある地域社会の教育機能は「あま

り機能していなかった」。階層帰属意識は「中の中」である。

　この犠牲者は沈黙している。これはインセスト的虐待の犠牲者の共通の反応である。これは、緊急に危機介入を要する事例である。しかし、彼女は誰にもいわず、誰も気づいていない。実母やきょうだいたちは何をしているのであろうか。近所付き合いの悪い孤立した家族の中の出来事で周囲の人も気付いていない。地域社会は無関心ときている。彼女自身、「いのちの電話」など電話相談機関の存在を知らないといっている。また彼女自身、「子ども虐待」問題への対応として「治療」が必要と回答している。長期的トラウマとして多くを回答していないけれども「治療」を要する状態にあるのかもしれない。

　児相などに上がってくる顕在化するケースの背後に、密かにこの事例のような事件が、いま現在進行しているのである。家族という密室の中で。統計に出ている虐待ケースは氷山の一角にも満たないものと見なす必要があろう。

III　おわりに

　以上、今回我々が実施した調査の結果を、「性的虐待」に力点を置きつつ、(1)暗数の推計、(2)abuseの概念を原義に立ち戻って検討しなおすことの意義、という2点に焦点を合わせて分析してきた。以下、この2点についてまとめを行っておく。

　まず(2)については、要するにabuseを、従来のように分析者・観察者・大人の価値観や弁護士・医師・ケースワーカーなどのいわゆる「専門家」・実務家の見地から捉えるか、それとも被害者たる子どもの見地に立ってかれの受ける「心の傷」を基準にその原義に立ち戻って捉えるか、という問題である。前者の立場に立てば、「子ども差別」を内包した大人の価値観から見て「些細・軽微」とされる行為は、いかに甚大な影響を子どもに与えていてもabuseの範疇から排除されるし、また、「通常のしつけ・体罰の程度を越える」などの概念要件を欠けば、同じく子どもにいかに有害な心の傷をもたらす行為であっても、abuseの概念枠から外されることになる。

　けれども、①大人の価値観から判断して「軽微・些細」とされる行為であっても、また②「専門家」によって設定された既定の概念要件を欠く、「親・保

護者以外による行為」であっても、「反復的・継続的ではなく一回限りの行為」であっても、「通常のしつけ・体罰の枠内で加えられる行為」であっても、否、そうした行為であるが故に、深刻で苛酷な「心の傷」を被害者たる子どもに負わせることがあるという事実を、今回の調査結果は明らかにしている。

　子ども時代に受けた「心の傷」が人間の発達に決定的な意味をもつことを発見したのはフロイトの偉大な功績であるが（フロイド1969）、被害者たる子どもにとって、その受けた加害行為が、大人の価値観からはいかに「軽微」であろうとも、「専門家」の設定した概念要件を充足していなかろうとも、それによって負荷された「心の傷」は、まさにかれの人生を決定付けるリアリティそのものであり、かれにとってのまぎれもない真実なのである。子ども時代に受けた「心の傷」は、犠牲者をして、「自己像の低下」「怒り」「罪悪感」「孤独感と無気力」「自己卑下と憂鬱」「特異感」「性的機能障害と乱交」「異性への不信感」へと導き、場合によっては「薬物乱用」「売春」「自虐癖」「アルコール依存」「家出」「自殺」等の自己破壊的行動、さらには「非行」「いじめ」「不登校」等の問題行動、また「摂食障害」「心身症」「神経症」「多重人格性障害」「精神病」「心的外傷後ストレス障害」等の精神障害を発症・発現させる（Armstrong 1978; Butler 1978; Finkelhor 1979; Forward & Buck 1978; Herman 1981; Justice 1979; Russell 1986; 石川義之1995; エレン・バス他1991; 穂積純1994; 森田ゆり1992）。転移・反復強迫のメカニズムを通じて、「再被害化」や「虐待者への転化」に結びつくことも多い（斉藤学1992; 1994）。こうして被害者の人生を決定的に左右する「心の傷」こそが、abuseの概念の依拠すべき唯一の実在でなければならない。そして、この「心の傷」は、大人の価値観や「専門家」の設定基準では判断できない「心の不思議」に属する現象である。そうした価値観や基準からすれば「虐待」とはいえない行為によって深い「心の傷」を負うこともあれば——そのことを調査結果は示している——、その価値観や基準から判断すればシビアーな「虐待」と見なされる行為によって無傷にみえる場合もある。加害行為が、この価値観・基準からどのように判断されようとも、被害者自身が受けた「心の傷」のみが、被害者にとってかれの生涯を決定するリアリティであり、かれにとってのただ1つの真実であるに他ならない。そして、abuseの概念の拠点は、未だ「私物化思想」をも内包した大人の価値観やそこ

から導出された「専門家」の設定基準ではなく、子どもにとっての「真実」たる「心の傷」に求められねばならないのである。

　こうしてabuseの概念は、子ども＝被害者の見地から「心の傷」を唯一の基準としてその原義に立ち戻りながら「当該被害者＝子どもの心の傷という点から見て間違った取り扱いと見なされる一切の行為」と定義されるべきであろう。

　次に(1)については、この概念的立場に立脚し、しかも厳格に解釈して、「心の傷」を長期的トラウマに絞り、かつ「無答」者を子ども時代に他者から長期的トラウマを負う加害を受けた経験の皆無の者と見なして、調査結果を分析すると、既述のとおり、child abuseの普及率34.6％という数値になる。本調査の標本抽出法はランダム・サンプリングではないので、ここから全国推計を行うことはできないが、とりあえずこの数値をわが国の19歳以下の人口3098.8万人（1992年）に単純に当てはめれば、先述のように、1072.2万人の子どもたちが何らかの加害者によってchild abuseを受けた、ないし受けつつあることになる。これは、既存調査の結果から推定された暗数を大きく上回る。厳密な普及率の推計のためには今後の本格的な全国調査を待たなければならないが、事態の深刻さを予感させるに十分である。しかも、その暗数の中には、今現在「実父」から「性的虐待」を受け続けている女性被害者も含まれているのである。

　アリス・ミラーは、ユダヤ＝キリスト教的宗教に支えられた欧米の文化が、親への子の服従の価値を強調する文化であることを力説し、そこでは子どもは、自らを犠牲にして親に仕え、好奇心を抑え込み、酷い目に遇わされても忠実・従順を行為によって証明することを求められ、親の言動に矛盾があっても問いただすことなく受けとめなければならない存在であると主張する。そして、このような両親による従順・自己奉献・自己犠牲など子どもの魂・感情の圧殺の伝統は、モーセの十戒「父母を敬うこと」に淵源するという（アリス・ミラー1985, pp.138-147）。儒教的「孝」の観念の伝統をもち、子に対する「私物化思想」が強固に残り、「子どもの人権」意識の未成熟な、しかもかつて「堕胎」「間引き」「嬰児殺」「捨て子」「人身売買」「身売り奉公」「貰い子殺し」など「社会病理としての児童虐待」（池田由子1979; 1981; 1984; 1987; 1990）が常態化していたわが国の場合も事情は同じである。さらに、近年の「共生タイプの父親の増加」「母親におけるマザリングの苦行と自分意識との相剋」「教育過熱」

「学校病理」「社会の管理化」等々の状況は、子どもへの抑圧の傾向を、新しい装いで強化しているともいえる。原義的な意味でのabuseを受けた・受けつつある子どもの数についての上の推計値は決して絵空事ではないと見なければならない。

すでに「児童の権利に関する条約」も発効して、わが国においても一方では、子どもを「権利の客体」と捉える子ども観から「権利の主体」と認識するそれへの実質的移行が胎動しつつある（許斐有1993）。「児童虐待」を、子どもの立場から「心の傷」を基準にabuseの原義に則して把握できるかどうかも、要は子どもに対する権利意識の成熟いかんにかかっている。こうした権利意識の芽生えの見られる今こそ、子どもの見地からする「児童虐待」問題の構築の好機であると同時に、その必要な時期であるともいえる。こうした見地からの当問題の構築は、他面では、子どもの権利への意識の向上・強化にも繋がっていくからである。アリス・ミラーに見られるような「子どもに寄り添う」立場に徹底的に立脚した、各方面からのチャイルド・アビュースとしての「児童虐待」への真摯なアプローチが現在まさに求められている、といえよう。

【注】
1）ただし、本稿の最初の発表（1996年）後の1998年に、「子どもと家族の心と健康」調査委員会によって、層化2段無作為抽出法による児童虐待の調査が行われている（『子どもと家族の心と健康』調査報告書、日本性科学情報センター、1999）。
2）1999（平成11）年に発表された平成10年度厚生省報告例（児童福祉関係）によれば、1998（平成10）年度における、全国児童相談所での虐待に関する相談処理は6,932件。これを基に推計すると、全国での児童虐待の発生件数は約175,000件ということになる。

【引用・参照文献】
Armstrong, L., *Kiss Daddy Goodnight*, Hawthorn Press, 1978.
Butler, S., *Conspiracy of Silence: The Trauma of Incest*, New Glide Publications, 1978.
Finkelhor, D., *Sexually Victimized Children*, Free Press, 1979.
Forward, S. & Buck, C., *Betrayal of Innocence: Incest and Its Devastation*, J. P. Tarcher, 1978.
　（佐藤亮一訳『近親相姦 ―症例とその分析―』河出書房新社、1981）
Gil, G. David, ed., *Child Abuse and Violence*, AMS Press, 1979.
Herman, J. L., *Father-Daughter Incest*, Harvard University Press, 1981.

Justice, B. & R., *The Brdken Taboo: Sex in the Family*, Human Science Press, 1979.（山田和夫・高塚雄介訳『ブロークン・タブー ―親子相愛の家族病理―』新泉社、1980）
Kempe, C. H., The Battered Child Syndrome, *J. A. M. A.*, 181, 1962, pp.17-24.
Kercher, G. & McShanne, M., "The Prevalence of Child Sexual Abuse Victimization in an Adult Sample of Texas Residents," *Child Abuse and Neglect: The International Journal*, 8, 1984.
Kilpatrick, D. G. & Amick, A. E., "Intrafamilial and Extrafamilial Sexual Assault: Results of a Random Community Survey," Paper presented at the Second National Family Violence Research Conference, Durham, New Hampshire, 1984.
Kinsey, A. C., Pomeroy, W. B. & Martin, C. E., *Sexual Behavior in the Human Male*, W. B. Saunders, 1948.
Kinsey, A. C., Pomeroy W. B., Martin, C. E. & Gebhard, P. H., S*exual Behavior in the Human Female*, W. B. Saunders, 1953.
Peters, S. D., Wyatt, G. E. & Finkelhor, D., "Prevalence," in Finkelhor, D., ed., *A Sourcebook on Child Sexual Abuse*, Sage, 1986, pp.15-59.
Russell. D. E. H., *The Secret Trauma: Incest in the Lives of Girls and Women*, Basic Books, 1986.
Sapp, A. D. & Carter, D. L., *Child Abuse in Texas: A Descriptive Study of Texas Residents' Attitudes*, University Graphic Arts Dept., 1978.
Wyatt, G. E., "The Sexual Abuse of Afro-American and White Women in Childhood," *Child Abuse and Neglect: The International Journal*, 9, 1985.
Wyatt, G. E. & Peters, S., "Methodological Considerations in Research on the Prevalence of Child Sexual Abuse," *Child Abuse and Neglect: The International Journal*, 10, 1986.

アリス・ミラー『魂の殺人―親は子どもに何をしたか―』山下公子訳、新曜社、1983。
アリス・ミラー『禁じられた知―精神分析と子どもの真実―』山下公子訳、新曜社、1985。
池田由子『児童虐待の病理と臨床』金剛出版、1979。
池田由子「親の暴力―児童虐待―」『臨床精神医学』10-9、1981。
池田由子「概説・被虐待児症候群」『現代のエスプリ』206、1984。
池田由子『児童虐待―ゆがんだ親子関係―』中央公論社、1987。
池田由子「児童虐待の病理」『日本医師会雑誌』103-9、1990。
石川知子「現代社会と幼児虐待」『精神医学』35(4)、1993。
石川義之「インセスト研究の方法について」『鳴門教育大学研究紀要（人文・社会科学編）』5、1990。
石川義之「性的虐待としてのインセスト―アメリカおよび日本の実態―」『島根大学法文学部文学科紀要』15－Ⅰ、1991。
石川義之「インセストと性的虐待―アメリカおよびわが国の実状―」『島根大学法文学部文学科紀要』15－Ⅰ、1991。

石川義之「インセスト的虐待の実相―現代アメリカに関する一断面―」『島根大学法文学部文学科紀要』18－Ⅰ、1992。
石川義之「現代日本のインセスト」『社会分析』21、1993。
石川義之「児童虐待の実態（Ⅰ）―高校生調査から―」『島根大学法文学部文学科紀要』21、1994。
石川義之『性的被害の実態―大学生・専門学校生調査の分析と考察―』島根大学法文学部社会学研究室、1995a。
石川義之「現代日本における児童虐待の実状〔Ⅰ〕―大学生・専門学校生等調査から―」『島根大学法文学部文学科紀要』23、1995b。
石川義之「現代日本における児童虐待の実状〔Ⅱ〕―大学生・専門学校生等調査から―」『島根大学法文学部文学科紀要』24、1995c。
泉薫「児童虐待の概要」児童虐待防止制度研究会編『子どもの虐待防止―最前線からの報告―』朱鷺書房、第1章、1993。
エレン・バス、ルイーズ・ソーントン共編『誰にも言えなかった』森田ゆり訳、築地書館、1991。
大阪児童虐待研究会『大阪の乳幼児虐待―被虐待児の予防・早期発見・援助に関する調査報告―』大阪児童虐待調査研究会、1993。
厚生省児童家庭局『児童の虐待、遺棄、殺害事件に関する調査結果について』厚生省児童家庭局、1974。
斉藤学『子供の愛し方がわからない親たち』講談社、1992。
斉藤学編『児童虐待―危機介入編―』金剛出版、1994。
児童虐待調査研究会『児童虐待―昭和58年度・全国児童相談所における家庭内児童虐待調査を中心として―』日本児童問題調査会、1985。
総務庁統計局編『日本の統計1992／93』大蔵省印刷局、1993。
『DSM－Ⅲ－R　精神障害の診断・統計マニュアル』高橋三郎訳，医学書院，1988。
『日本医師会雑誌』（特集・児童虐待）103(9)、1990。
フロイド,S.『ヒステリー研究』懸田克躬訳、改訂版フロイド選集・第9巻、日本文教社、1969。
穂積純『甦える魂―性暴力の後遺症を生きぬいて―』高文研、1994。
松井一郎・谷村雅子・小林登「小児虐待の早期発見・予防のための虐待背景の解析――時代推移――」『平成3年度厚生省心身障害研究―地域・家庭環境の小児に対する影響等に関する研究―』厚生省、1992。
許斐有「子どもの権利保障の視点」児童虐待防止制度研究会編『子どもの虐待防止―最前線からの報告―』朱鷺書房、1993、pp.229-244。
森田ゆり『沈黙をやぶって』築地書館、1992。

【調査票作成上の参照文献】

石川義之『徳島県における家庭教育（しつけ）の実態と意識』鳴門教育大学社会学研究室、1988。

小山隆編『現代家族の親子関係』培風館、1973。

働くことと性差別を考える三多摩の会編『働く女の胸のうち―女6500人の証言―』学陽書房、1991。

姫岡勤・上子武次・増田光吉編著『現代のしつけと親子関係』川島書店、1974。

【参考文献】

大阪児童虐待調査研究会『大阪府委託調査研究報告・被虐待児のケアに関する調査報告書』大阪府、1989。

大阪府環境保健部保健衛生問題研究事業・児童虐待研究班『保健所における被虐待児の早期発見と援助 ―Ｑ＆Ａ―』〔Child Abuse 研究会〕配布資料。

虐待ケース研究部会「虐待をうけた児童とその家族の調査研究」児童相談所紀要、Ⅱ、1976。

久保摂二「近親相姦に関する研究」『広島医学』5-12、1957。

桑原洋子「児童に対する性的虐待とその制度的対応」酒井敏郎編『明山和夫先生追悼論集：福祉と家族の接点』法律文化社、1992、pp.259-278。

児童虐待防止制度研究会編『子どもの虐待防止―最前線からの報告―』朱鷺書房、1993。

ジョーンズ, D. N. 編『児童虐待防止ハンドブック』鈴木敦子・小林美知子・納屋保子訳、医学書院、1995。

全国社会福祉協議会養護施設協議会（全養協）編『親権と子どもの人権』全社協，1980。

津崎哲郎『子どもの虐待』朱鷺書房、1995。

西澤哲『子どもの虐待―子どもと家族への治療的アプローチ―』誠信書房、1994。

松井一郎ほか「小児医療の場における被虐待児の実態」『昭和63年度厚生省心身障害研究―家庭保健と小児の成長・発達に関する総合的研究―』厚生省、1989。

南博『家族内性愛』朝日出版社、1984。

吉田恒雄「児童虐待に関する法制度」斉藤学編『児童虐待―危機介入編―』金剛出版、第9章、1994。

ロジャース, W. S. ほか編著『児童虐待への挑戦』福知栄子ほか訳、法律文化社、1993。

我妻洋『家族の崩壊』文芸春秋、1985。

第15章
親・教師による体罰の実態
大学生・専門学校生等調査結果をめぐる考察

序

　本稿では、大学生・専門学校生等を対象に実施した「家庭および学校における体罰に関する調査」結果の分析および考察を行う。調査実施および調査対象者の属性の概要は以下のとおりである。

① 調査対象者：関東、関西、中国、四国、九州の4年制大学・短期大学・専門学校に在学する男女学生。

② 標本抽出法：上記5地区に所在する大学等に依頼、特定の講義に出席する学生を標本として抽出。

③ 回収結果：有効回答数　1,034人　　回収率　約90％

④ 調査時期：1995年5月～9月

⑤ 調査対象者の諸属性：

　性別；「男子」26.8％、「女子」73.2％

　年齢；「19歳」32.2％、「18歳」28.0％、「20歳」22.9％、「21歳」8.7％、「22歳以上」8.2％

　きょうだい数；「2人」52.7％、「3人」36.2％、「4人以上」6.8％、「1人」4.3％

　家族構成；「両親のいる家庭」91.9％、「母子家庭」4.4％、「父子家庭」2.1％等

　子ども時代の主なしつけ担当者；「実母」50.4％、「実父」38.4％、「祖母」

7.7％等。組合せで見ると、「実父と実母」68.6％、「実母のみ」11.5％、「実母と祖母」10.9％、「実父と祖母」1.4％等。

0．親・教師による体罰の全体的普及率

親および／あるいは教師による体罰を経験した者の比率は、75.1％に上る。体罰種目ごとの有無の回答に基づけば75.5％を数える。罰としての性的仕置きを加えると75.7％となる。加害者別では、教師60.5％、父親44.9％、母親42.8％である（体罰種目ごとの有無の回答に基づく数値）［表0-1、表0-2、表0-3、表0-4］。

回答者が体罰にあたると思うことの経験率が75.1％に上るという現状は、わが国における子どもに対する人権意識の未成熟とそれに基づく子どもへの抑圧の瀰漫を物語る。わけても、「教育」に名を借りた子どもの抑圧・虐待、いわゆる「闇教育」[1]の横行を推定させる。

体罰は、言葉の本来の意味におけるチャイルド・アビュース（child abuse）の一種である。アビュースにほかならない体罰を、愛情の表現として許容する態度を多くの回答者が示している。子どもに対する体罰を排除しようとする思想を人権意識の横溢として弾劾し体罰を擁護する姿勢を示す者すらいる［Q7の自由回答］。闇教育の効果が多くの日本青年に侵潤し、加害者は擁護され、そのことがますます闇教育を横行させるという構図が垣間見えるのである。同

表0-1　Q2-1において1つでも「ある」とした者
上段：人数　中段：人数／合計(%)　下段：人数／回答者数(%)

経験あり	経験なし	無回答	合計	回答者数
772	256	6	1,034	1,028
(74.7)	(24.8)	(0.6)	(100.0)	(99.4)
(75.1)	(24.9)	―	―	(100.0)

表0-2　Q2-4において1つでも「ある」とした者
上段：人数　中段：人数／合計(%)　下段：人数／回答者数(%)

経験あり	経験なし	無回答	合計	回答者数
775	251	8	1,034	1,026
(75.0)	(24.3)	(0.8)	(100.0)	(99.2)
(75.5)	(24.5)	―	―	(100.0)

表0-3 Q2-4における相手別体罰経験の有無

上段：人数　中段：人数／合計(%)　下段：人数／回答者数(%)

	経験あり	経験なし	無回答	合計	回答者数
先生	617 (59.7) (60.5)	402 (38.9) (39.5)	15 (1.5) —	1,034 (100.0) —	1,019 (98.5) (100.0)
父親	455 (44.0) (44.9)	559 (54.1) (55.1)	20 (1.9) —	1,034 (100.0) —	1,014 (98.1) (100.0)
母親	432 (41.8) (42.8)	577 (55.8) (57.2)	25 (2.4) —	1,034 (100.0) —	1,009 (97.6) (100.0)
合計	1,504 (48.5) (49.4)	1,538 (49.6) (50.6)	60 (1.9) —	3,102 (100.0) —	3,042 (98.1) (100.0)

表0-4 性的仕置きを含めた体罰経験の有無

上段：人数　中段：人数／合計(%)　下段：人数／回答者数(%)

経験あり	経験なし	無回答	合計	回答者数
777 (75.1) (75.7)	249 (24.1) (24.3)	8 (0.8) —	1,034 (100.0) —	1,026 (99.2) (100.0)

時に、他方に、体罰のもつ不合理に目覚め、体罰者に対する寛容を拒否する姿勢を示す青年も数多く存在する。かれらの存在が、今後、上記の悪循環を断ち切る上で重要な役割を果たすことであろう。

1．親・教師による体罰についての考え方

1－1．体罰に対する寛容度

> Q1-1　以前から、親や先生による体罰が問題とされていますが、あなたは、親や先生の体罰をどう思いますか。親・先生それぞれについて、次の中から1つだけ選んで下さい。
> ＊ここでいう先生とは、幼稚園・小学校・中学校・高校の先生を指す。
>
> ①しつけのために必要なので、多少のケガを恐れず大いにやるべき
> ②ケガをしない程度ならよい
> ③場合によってはやむをえないこともある

④絶対にいけない
⑤愛情に裏打ちされているかどうかによるので、一律に良い悪いとはいえない

　　　　　　　　　　　　　　　　　　　先生　□　　　　親　□

　体罰を「絶対いけない」とする者は、教師に対しては32.3％、親に対しては10.7％にすぎない。他方、「場合によってはやむをえない」が、親に対しては38.9％、教師に対しては42.7％に上る。特に、男子の場合、「絶対いけない」が教師に対して22.2％、親に対しては9.1％と少数にとどまる（女子の場合はそれぞれ35.9％、11.2％）［表1-1、男女別クロス集計表は省略］。

　第1に、教師の体罰に対しては絶対否定の考えがそれなりに普及しているとはいえ、親の体罰に対しては寛容度が依然として高いといえる。ひとつには、「親のひどい仕打ちは愛情の表現であるという確信は、生後まもなくから植えつけられる」[2] ことの効果が、この寛容度の高さに表れている、といえよう。
　第2に、特に男子の場合体罰に対する肯定意識が高いことは、基本的には、暴力肯定の男性文化が社会化の過程で男子により内面化されている実情を物語っている、といえよう。

表1-1　Q1-1 体罰をどう思うか
上段：人数　中段：人数／対象者数(%)　下段：人数／回答者数(%)

体罰する人	必要	ケガしない程度	場合による	絶対にいけない	判断できない	無回答	対象者数	回答者数
先　生	7 (0.7) (0.7)	78 (7.5) (7.6)	440 (42.6) (42.7)	333 (32.2) (32.3)	172 (16.6) (16.7)	4 (0.4) −	1,034 (100.0) −	1,030 (99.6) (100.0)
両　親	43 (4.2) (4.2)	120 (11.6) (11.7)	401 (38.8) (38.9)	110 (10.6) (10.7)	356 (34.4) (34.6)	4 (0.4) −	1,034 (100.0) −	1,030 (99.6) (100.0)

1−2．体罰が肯定・許容される理由

　Q1-2　「④絶対にいけない」以外を選ばれた方にお尋ねします。
　　あなたはどのような理由がある場合に**親**や**先生**が体罰をしてもよい（やむをえない）と思いますか。親・先生それぞれについて、次の中から5つ**以内**で選んで下さい。

①学校の宿題をやっていかないとき、学校に忘れ物をしたとき、学校に禁止されているものをもっていったときなど
②成績が下がったとき、テストの点が悪かったときなど
③部活動をサボったり、親や先生に無断で止めたとき
④手伝いをしなかったり、掃除態度が悪かったとき
⑤朝、起こしても起きず、学校を遅刻したとき
⑥登校を拒否したとき
⑦学校をサボったとき
⑧学校で授業の妨害をしたとき
⑨学校で禁止されている髪型や服装をしたとき
⑩登下校時に禁止されていることをしたとき
⑪学校その他で、他の生徒をいじめたり、他の生徒に暴力をふるったとき
⑫親や教師の注意に従わず、反抗したとき
⑬親や教師に暴力をふるったとき
⑭意図的に、窓ガラスを破ったり、家や学校の器物を破損したとき
⑮門限を守らなかったり、無断外泊したとき
⑯塾をサボったとき
⑰飲酒や喫煙などの行為があったとき
⑱万引き・暴走行為・薬物濫用などの非行があったとき
⑲家庭・学校の内外で、わいせつな行為、性的加害行為があったとき
⑳風俗産業で働くなど、家庭や学校が禁じているアルバイトに従事していることが発覚したとき
㉑売春などの性的非行があったとき
㉒その他（具体的に記入して下さい）
＊以上、いずれも常習を含むものとする。

　　　　　　　　　　　　　　先生　□□□□□　　　親　□□□□□

　回答者が体罰を肯定ないし許容する理由としては、教師の場合は「他の生徒へのいじめ・暴力」「親・教師への暴力」「万引き等の非行」「授業妨害」など、親の場合は「万引き等の非行」「性的非行」「親・教師への暴力」「他の生徒へのいじめ・暴力」「わいせつ行為・性的加害行為」「禁止されたアルバイト」などが高率に挙げられている。男女間の開きが特に大きい理由は、親による体罰の場合で「風俗産業で働くなど禁止されたアルバイト」と「売春など性的非行」だけであり、いずれも女子のほうの比率が高い［表1-2、男女別クロス集計表は省略］。

学校教育法11条は、国公私立学校において、「校長及び教員は、教育上必要があると認めるときは、監督庁の定めるところにより、学生、生徒及び児童に懲戒を加えることができる。ただし、体罰を加えることはできない」と定めている。こうして、教師は懲戒権は認められているが、体罰を加えることは禁止されている。しかも、「懲戒は、叱ること、説得することなどとは異なって、義務違反に対して罰を与える制裁行為であるから、その行為の根拠に十分な合理性がなくてはならない。他人の身体的自由を拘束する、危害を加える、学習権を明白に侵害するなど、もっぱら他者の権利侵害を事由として行われるものでなくてはならない。」[3] したがって、法的に見ても、教師については、Q1－2の事項の多くは、「禁止されたアルバイト」や「売春など性的非行」を含めて、懲戒の事由にすらなりえない。

　また、親については、民法822条で「親権を行う者は、必要な範囲内で自らその子を懲戒し、又は家庭裁判所の許可を得て、これを懲戒場に入れることができる」と定められているが、「児童の権利に関する条約」の第19条では、「締約国は、児童が父母、法定保護者又は児童を監護する他の者による監護を受けている間において、あらゆる形態の身体的若しくは精神的な暴力、傷害若しくは虐待、放置若しくは怠慢な取扱い、不当な取扱い又は搾取（性的虐待を含む。）からその児童を保護するためすべての適当な立法上、行政上、社会上及び教育上の措置をとる」[4] と定められている。体罰は、前述のとおり、言葉の本来の意味におけるアビュース＝虐待に含まれるから、この条文では、体罰からの児童の保護がうたわれていると見るべきである。

　第1に、以上のように教師・親による体罰は、国内法上ないし国際法上禁止ないし否定されているにもかかわらず、体罰を理由によっては肯定・許容しようとする意識状況がある。第2に、肯定・許容の理由として高率を占めているのは、他者の権利侵害行為であるとしても、権利侵害に体罰という人権侵害で報いることの不合理性に気づいていない。第3に、女子の場合男子に比して「風俗産業など禁止されたバイトに従事」と「売春など性的非行」の2つの理由において、親による体罰を肯定・許容する比率が高いが、これは、それらにおいて女子が被害者となることが多いという実感からと推定できるが、風俗産業に従事したり売春に走ったりするのは、それ以前に性的虐待などトラウマを

表1-2 Q1-2 体罰をしてもよい場合

左段：件数　中段：件数／合計(%)　右段：件数／回答者数(%)

体罰してもよい場合	体罰する人					
	先　生			両　親		
1．宿題忘れ等	49	(1.9)	(8.5)	2	(0.1)	(0.3)
2．成績低下	4	(0.2)	(0.7)	8	(0.3)	(1.1)
3．部活動サボリ等	14	(0.5)	(2.4)	7	(0.2)	(1.0)
4．手伝いしない等	9	(0.4)	(1.6)	20	(0.6)	(2.7)
5．学校遅刻	3	(0.1)	(0.5)	19	(0.6)	(2.6)
6．登校拒否	4	(0.2)	(0.7)	19	(0.6)	(2.6)
7．学校サボリ	45	(1.8)	(7.8)	76	(2.4)	(10.4)
8．授業妨害	206	(8.1)	(35.6)	22	(0.7)	(3.0)
9．服装違反等	50	(2.0)	(8.6)	14	(0.4)	(1.9)
10．登下校禁止行為	32	(1.3)	(5.5)	11	(0.3)	(1.5)
11．他生徒いじめ等	364	(14.3)	(62.9)	323	(10.1)	(44.2)
12．親・教師への反抗	69	(2.7)	(11.9)	83	(2.6)	(11.4)
13．親・教師への暴力	286	(11.2)	(49.4)	347	(10.9)	(47.5)
14．意図的器物破損	178	(7.0)	(30.7)	150	(4.7)	(20.5)
15．門限を破る等	2	(0.1)	(0.3)	113	(3.5)	(15.5)
16．塾サボリ	0	(0.0)	(0.0)	8	(0.3)	(1.1)
17．飲酒・喫煙行為	82	(3.2)	(14.2)	122	(3.8)	(16.7)
18．万引き等の非行	277	(10.9)	(47.8)	531	(16.6)	(72.7)
19．性的加害行為等	139	(5.4)	(24.0)	280	(8.8)	(38.4)
20．禁止バイト従事	107	(4.2)	(18.5)	273	(8.5)	(37.4)
21．性的非行	143	(5.6)	(24.7)	421	(13.2)	(57.7)
22．その他	34	(1.3)	(5.9)	40	(1.3)	(5.5)
無回答	455	(17.8)	─	304	(9.5)	─
合　　計	2,552	(100.0)	─	3,193	(100.0)	─
回答者数	579	─	(100.0)	730	─	(100.0)

受けていることも多く、体罰で対応するのは適切でない。ここでは、以上のような問題点を指摘できるであろう。

2．体罰の被害経験

2－1．子ども時代の体罰経験の有無

> Q2-1　あなたは、子ども時代（小学入学以前・小・中・高校の時）に、学校の先生や父親、母親からたたかれたり、けられたり、痛い目にあったり、性的な意味あいをもつ仕置きを受けたりしたことがありますか。(10分以上の正座等どんなささいなことでも、あなたが体罰にあたると思うことを想定して下さい)

先生、父親、母親ごとに、「ある」「ない」を次の番号でお答えください。
＊父親、母親は、養父・継父、養母・継母を含む。また、その他の父親・母親代わりの保護者も含む。

① ある　　　　② ない

　　　　　　　　　　　先生 □　　　父親 □　　　母親 □

　回答者が体罰にあたると思うものを受けた経験の有無は、「教師から」59.8％、「父親から」44.0％、「母親から」43.1％である。男女別に見ると、教師・父親からは男子が多く（教師からの場合有意）、母親からは女子のほうが多い［表2-1、男女別クロス集計表は省略］。

表2-1　Q2-1 体罰の被害経験
上段：人数　中段：人数／横合計(%)　下段：人数／回答者数(%)

	ある	ない	無回答	横合計	回答者数
先生から	613 (59.3) (59.8)	412 (39.8) (40.2)	9 (0.9) —	1,034 (100.0) —	1,025 — (100.0)
父 か ら	448 (43.3) (44.0)	571 (55.2) (56.0)	15 (1.5) —	1,034 (100.0) —	1,019 — (100.0)
母 か ら	441 (42.6) (43.1)	583 (56.4) (56.9)	10 (1.0) —	1,034 (100.0) —	1,024 — (100.0)
縦合計	1,502 (48.4) (49.0)	1,566 (50.5) (51.0)	34 (1.1) —	3,102 (100.0) —	3,068 — (100.0)

2－2．体罰の頻度

Q2-2　体罰を受けたのは、大雑把にみて、およそ何回くらいですか。

①１度だけ　　②時々　　③頻繁に　　④毎日（のように）
⑤受けたことはない（Q2-1で「ない」と答えた場合）

　　　　　　　　　　　先生 □　　　父親 □　　　母親 □

表2-2 Q2-2 体罰を受けた回数
上段：人数　中段：人数／横合計(%)　下段：人数／回答者数(%)

	1度だけ	時々	頻繁に	毎日	受けたことない	無回答	横合計	回答者数
先生から	161 (15.6) (16.0)	416 (40.2) (41.3)	35 (3.4) (3.5)	3 (0.3) (0.3)	393 (38.0) (39.0)	26 (2.5) —	1,034 (100.0) —	1,008 — (100.0)
父から	126 (12.2) (12.6)	302 (29.2) (30.2)	24 (2.3) (2.4)	5 (0.5) (0.5)	544 (52.6) (54.3)	33 (3.2) —	1,034 (100.0) —	1,001 — (100.0)
母から	76 (7.4) (7.6)	341 (33.0) (33.9)	31 (3.0) (3.1)	0 (0.0) (0.0)	558 (54.0) (55.5)	28 (2.7) —	1,034 (100.0) —	1,006 — (100.0)
縦合計	363 (11.7) (12.0)	1,059 (34.1) (35.1)	90 (2.9) (3.0)	8 (0.3) (0.3)	1,495 (48.2) (49.6)	87 (2.8) —	3,102 (100.0) —	3,015 — (100.0)

　体罰の頻度については、いずれの加害者からも「時々」が多い。頻度について男女別の有意差はないが、男子の場合、「教師から」「頻繁に」が6.6％に上ることが注目される。また、動揺の程度とのクロスにおいて、「1度だけ」で「動揺した」者の比率が、「動揺しなかった」に対して「教師から」91.8％、「父親から」95.1％、「母親から」90.7％に上ることが注意されるべきである。「教師から」の場合、「動揺した」の比率は「時々」88.9％、「頻繁に」72.7％と、回数の増えるほど低下しているので、「教師から」の体罰は頻度の高まるにつれ「反応性の麻痺」（PTSDの一種）を生み出していることも想定できる［表2-2、男女別・動揺の有無別クロス集計表は省略］。

2－3．体罰を受けた時期

Q2-3　体罰を受けたのは、いつごろのことですか。先生、父親、母親ごとに該当する番号を全てご記入下さい。

①小学校に入学する前
②小学校低学年
③小学校高学年
④中学校
⑤高校

⑥受けたことはない（Q2-1で「ない」と答えた場合）

　　　　　先生　□□□□　　父親　□□□□　　母親　□□□□

　体罰を受けた時期については、「教師から」は「中学校」、次いで「小学校高学年」、「父親から」と「母親から」は「小学校低学年」、次いで「小学校高学年」が相対的に多い。男女間に顕著な差は見られない。動揺の程度についても、いずれの時期も9割前後が動揺しており、時期別の差は認められない［表2-3、男女別・動揺の有無別クロス集計表は省略］。

　子どもたちは、総体として見ると、「小学校低学年」においては「両親から」、「小学校高学年」では「教師と両親から」、「中学校」では「教師から」とのべつ幕なしに体罰を受けていることになる。このような絶え間ない体罰経験のトラウマが、反復強迫によって、他者や器物に向かうとき、対教師暴力、家庭内暴力、生徒間暴力、いじめ、器物破損等となり、それによる怒りが内向するとき、不登校や閉じこもりや摂食障害等となることも想定できるであろう。

表2-3　Q2-3 体罰を受けた時期
上段：人数　中段：件数／横合計(%)　下段：件数／回答者数(%)

	小学以前	小学低学	小学高学	中学	高校	受けたことない	無回答	横合計	回答者数
先生から	30 (2.0) (3.0)	212 (14.1) (21.1)	322 (21.4) (32.0)	344 (22.9) (34.2)	173 (11.5) (17.2)	396 (26.3) (39.4)	28 (1.9) —	1,505 (100.0) —	1,006 — (100.0)
父から	147 (9.9) (14.7)	281 (18.9) (28.1)	234 (15.7) (23.4)	161 (10.8) (16.1)	80 (5.4) (8.0)	548 (36.9) (54.9)	35 (2.4) —	1,486 (100.0) —	999 — (100.0)
母から	199 (12.9) (20.1)	305 (19.8) (30.7)	220 (14.2) (22.2)	147 (9.5) (14.8)	72 (4.7) (7.3)	559 (36.2) (56.4)	42 (2.7) —	1,544 (100.0) —	992 — (100.0)
縦合計	376 (8.3) (12.5)	798 (17.6) (26.6)	776 (17.1) (25.9)	652 (14.4) (21.8)	325 (7.2) (10.8)	1,503 (33.1) (50.2)	105 (2.3) —	4,535 (100.0) —	2,997 — (100.0)

2−4．受けた体罰の内容

> Q2-4 受けた体罰は、どのような内容のものが多かったですか。先生、父親、母親ごとに、3つ以内で選んで下さい。
> Q2-1で「ない」と答えた欄には×を記入して下さい。
>
> ①10分以上の正座　②10分以上の起立　③平手でたたく　④ゲンコツでなぐる
> ⑤足でける　⑥ものや道具でたたく　⑦つねる　⑧噛みつく　⑨投げ飛ばす
> ⑩プロレスの技をかける　⑪生徒・兄弟同士で頭をぶつけあう
> ⑫髪の毛を引っ張る　⑬押入などにとじ込める　⑭戸外に出す
> ⑮用便に行かせない　⑯食事を食べさせない
> ⑰教室に入れず、あるいは教室から出して、授業を受けさせない
> ⑱掃除当番・家事手伝いの回数を不当に多くする
> ⑲その他、小遣いを与えない、授業で指名しないなど、不当な差別待遇をする
> ⑳掃除や家事などの役を割り当て、酷使する
> ㉑盗みの場合などに、自白や供述を強制する
> ㉒包丁・はさみなど凶器をふるう
> ㉓人前で、スカートをめくる
> ㉔人前で、ズボン・スカートを脱がす
> ㉕その他、性的な意味あいをもつ仕置きをする
> ㉖その他（具体的に書いて下さい）　先生：（　　）父親：（　　）母親：（　　）
>
> 　　　　　　　　　　先生　□□□　　父親　□□□　　母親　□□□

　受けた体罰の内容については、全体としては、「平手で叩く」28.2％、「ゲンコツで殴る」13.8％、「10分以上の正座」10.3％、「ものや道具で叩く」9.5％、「戸外に出す」8.8％などとなっている。教師による体罰の内容は、「平手で叩く」29.9％、「10分以上の正座」25.6％、「ゲンコツで殴る」20.5％、「ものや道具で叩く」16.9％、「10分以上の起立」8.7％、「教室に入れず、あるいは教室から出して授業を受けさせない」5.7％、父親による体罰の内容は、「平手で叩く」26.3％、「ゲンコツで殴る」15.5％、「戸外に出す」11.3％、「足で蹴る」6.5％、「ものや道具で叩く」5.0％、母親による体罰の内容は、「平手で叩く」28.3％、「戸外に出す」14.7％、「ものや道具で叩く」6.6％、「つねる」6.0％、「押入れなどに閉じ込める」5.8％などである。教師の場合は、「10分以上の正座」「10分以上の起立」「教室に入れず、あるいは教室から出して授業を受け

させない」、父親の場合は、「足で蹴る」、母親の場合は、「つねる」「押入れなどに閉じ込める」がそれぞれ相対的に多く、それぞれかれらに特徴的な体罰内容であるといえる。なお、「人前で、ズボン・スカートを脱がす」が教師によって3名、「その他、性的な意味合いをもつ仕置きをする」が教師によって4名、父親によって2名を数えている。

男女別では、教師からの場合、「平手で叩く」と「ゲンコツで殴る」において男子の被害化率が高く、父親からの場合、「ゲンコツで殴る」と「食事を食べさせない」において男子の被害化率が高く、母親からの場合、「10分以上の正座」と「食事を食べさせない」において男子の被害化率が高い。また、「体罰を受けたことがない」は、教師と父親からは女子に多く、母親からは男子に多い。特に、「教師から体罰を受けたことがない」は、男女の開きが大きい（男子29.6％に対して女子43.0％、Q 2-1 による場合男子31.5％に対して女子43.3％）。

なお、体罰の種別と動揺の程度とのクロスにおいては、ほぼすべての種目において80～100％の者が「動揺」しており、種目間に顕著な動揺の程度の差は認められなかった。ちなみに、「人前で、ズボン・スカートを脱がす」および「その他、性的な意味合いをもつ仕置きをする」においては、加害者が教師であると父親であるとを問わず、被害者の全員が「動揺した」と回答した。[表2-4、男女別・動揺の有無別クロス集計表は省略]

第1に、教師の体罰において「10分以上の正座」「10分以上の起立」が高率を占めることに関連して、1948年12月22日付けの法務省の見解は次のように指摘している。「体罰とは、懲戒の内容が身体的性質のものである場合を意味する。すなわち、①身体に対する侵害を内容とする懲戒—なぐる・ける類—がこれに該当することはいうまでもないが、さらに②被罰者に肉体的苦痛を与えるような懲戒もまたこれに該当する。たとえば端座・直立等、指定の姿勢を長時間にわたって保持させるというような懲戒は体罰の一種と解さなければならない。」[5] もっとも、こうした正座・起立は機械的に体罰と判断できない部分があるが、教師による正座・起立の被害を受けた者の88.8％、88.6％が「動揺した」と回答し、肉体的苦痛が随伴したことが推定できるところから、我々の回答者が受けたそれらはやはり概ね体罰と解すべきものである。

310　第6部　児童虐待と体罰

表2-4　Q2-4 体罰の内容　　上段：件数　中段：件数／横合計(%)　下段：件数／回答数(%)

	1. 10分正座	2. 10分起立	3. 平手で叩く	4. げんこつ	5. 足で蹴る	6. 道具で叩く	7. つねる	8. 噛みつく	9. 投げ飛ばす	10. プロレス技
先生	261 (15.2) (25.6)	89 (5.2) (8.7)	306 (17.8) (29.9)	209 (12.2) (20.5)	41 (2.4) (4.0)	172 (10.0) (16.9)	31 (1.8) (3.0)	1 (0.1) (0.1)	8 (0.5) (0.8)	5 (0.3) (0.5)
父	27 (2.0) (2.7)	5 (0.4) (0.5)	267 (19.4) (26.3)	157 (11.4) (15.5)	66 (4.8) (6.5)	51 (3.7) (5.0)	10 (0.7) (1.0)	0 (0.0) (0.0)	19 (1.4) (1.9)	0 (0.0) (0.0)
母	25 (1.8) (2.5)	3 (0.2) (0.3)	286 (20.3) (28.3)	55 (3.9) (5.5)	24 (1.7) (2.4)	67 (4.8) (6.6)	61 (4.3) (6.0)	0 (0.0) (0.0)	2 (0.1) (0.2)	1 (0.1) (0.1)
計	313 (7.0) (10.3)	97 (2.2) (3.2)	858 (19.1) (28.2)	421 (9.4) (13.8)	131 (2.9) (4.3)	290 (6.4) (9.5)	102 (2.3) (3.4)	1 (0.0) (0.0)	29 (0.6) (1.0)	6 (0.1) (0.2)

	11. 頭ぶつけあう	12. 髪ひっぱる	13. 閉じ込める	14. 戸外に出す	15. 用便に行かせない	16. 食事抜き	17. 授業受けさせず	18. 当番増やす	19. 差別待遇	20. 掃除等で酷使
先生	19 (1.1) (1.9)	18 (1.0) (1.8)	5 (0.3) (0.5)	6 (0.3) (0.6)	1 (0.1) (0.1)	3 (0.2) (0.3)	58 (3.4) (5.7)	9 (0.5) (0.9)	5 (0.3) (0.5)	5 (0.3) (0.5)
父	4 (0.3) (0.4)	11 (0.8) (1.1)	32 (2.3) (3.2)	115 (8.3) (11.3)	1 (0.1) (0.1)	11 (0.8) (1.1)	0 (0.0) (0.0)	3 (0.2) (0.3)	2 (0.1) (0.2)	2 (0.1) (0.2)
母	3 (0.2) (0.3)	21 (1.5) (2.1)	59 (4.2) (5.8)	148 (10.5) (14.7)	0 (0.0) (0.0)	22 (1.6) (2.2)	0 (0.0) (0.0)	1 (0.1) (0.1)	7 (0.5) (0.7)	4 (0.3) (0.4)
計	26 (0.6) (0.9)	50 (1.1) (1.6)	96 (2.1) (3.2)	269 (6.0) (8.8)	2 (0.0) (0.1)	36 (0.8) (1.2)	58 (1.3) (1.9)	13 (0.3) (0.4)	14 (0.3) (0.5)	11 (0.2) (0.4)

	21. 自白の強要	22. 凶器をふるう	23. スカートめくる	24. スカート等脱がす	25. 性的仕置き	26. その他	受けたことない	無回答	計	回答者数
先生	3 (0.2) (0.3)	0 (0.0) (0.0)	0 (0.0) (0.0)	3 (0.2) (0.3)	4 (0.2) (0.4)	37 (2.2) (3.6)	402 (23.4) (39.5)	15 (0.9) —	1,715 (100.0) —	1,019 — (100.0)
父	1 (0.1) (0.1)	4 (0.3) (0.4)	0 (0.0) (0.0)	0 (0.0) (0.0)	2 (0.1) (0.2)	9 (0.7) (0.9)	559 (40.6) (55.1)	20 (1.5) —	1,378 (100.0) —	1,014 — (100.0)
母	2 (0.1) (0.2)	3 (0.2) (0.3)	0 (0.0) (0.0)	0 (0.0) (0.0)	0 (0.0) (0.0)	12 (0.9) (1.2)	577 (41.0) (57.2)	25 (1.8) —	1,408 (100.0) —	1,009 — (100.0)
計	6 (0.1) (0.2)	7 (0.2) (0.2)	0 (0.0) (0.0)	3 (0.1) (0.1)	6 (0.1) (0.2)	58 (1.3) (1.9)	1,538 (34.2) (50.6)	60 (1.3) —	4,501 (100.0) —	3,042 — (100.0)

第2に、同じく教師による懲戒の特徴をなす「教室に入れず、あるいは教室から出して授業を受けさせない」に関しては、1949年8月2日付けの法務省の「生徒に対する体罰禁止に関する教師の心得」に「授業時間中怠けたり、騒いだからといって生徒を教室外に出すことは許されない」[6]とあるように、生徒の学習権、人格権・名誉権、教育における自主性の剥奪であり、子どもの身体的自由を束縛するものとして、肉体的苦痛が僅少であるとしても、子どもの人権保障を狙いとする学校教育法の体罰禁止条項の趣旨からしてやはり体罰の範疇に属するものと見るべきである[7]。ちなみに、教師からこの種目の体罰を受けて「動揺した」者は96.6％に上り、「動揺しなかった」者は3.4％にすぎなかった。

　第3に、父親による体罰の場合、総じて、「足で蹴る」に代表されるような暴力的なものが多い。前述の体罰のほかに「投げ飛ばす」も19件、1.9％に上る。いわば身体的虐待に近い体罰が支配的である。

　これに対して、第4に、母親の場合は、「つねる」「押入れなどに閉じ込める」、さらには「食事を食べさせない」「髪の毛を引っ張る」のような、どちらかといえば精神的虐待やネグレクトに近い体罰が支配的である。「小遣いを与えないなど不当な差別待遇」も母親において最も多い。

　第5に、以上の父親による身体的虐待に近い体罰、母親による精神的虐待やネグレクトに近い体罰が、「学校と家庭連続性」（親代わり論）[8]によって学校体罰に持ち込まれ、前者は、教師による「平手で叩く」「ゲンコツで殴る」「ものや道具で叩く」などとして表れ、後者は教師による「10分以上の正座」「10分以上の起立」「教室に入れず、あるいは教室から出して授業を受けさせない」などとして表れている、といえよう。「その他」の体罰についての自由記述の中に、「口の中に食塩を入れられた。墨汁を入れられた」「『君は他の人よりも脳みその量が少ない。できれば私（先生）の脳みそを分けてやりたい』といわれた」「職員室の鏡の前で、鏡に向かって立たされた」「クラス全員の前で日記を読まれた」「丸刈りにされた」「セミの真似を5、6人でやらされ、屈辱を感じた」などという、陰湿ないじめに似た体罰（？）経験が記されているが、これらも後者の表れと見るべきである。しかも、家族機能の分化の動向の中で、家庭の「しつけ」機能（「しつけ」に名を借りた子どもの抑圧・虐待）が学校

の教師－生徒の特別権力関係[9]）に委譲され、その結果、現在の学校は家庭以上に「体罰による子どもの抑圧装置」と化しているのである（父親・母親からの体罰がそれぞれ44.0％、43.1％であるのに対して教師による体罰は59.8％）。

　第6に、「人前で、ズボン・スカートを脱がす」が教師によって3名、「その他、性的意味合いをもつ仕置きをする」が教師によって4名、父親によって2名を数えている点に関して、数は少ないが、これらは、肉体的苦痛は小さいとしても、深刻な精神的苦痛を伴うもので、明らかに性的虐待である。しかも、父親による2件のインセスト的虐待を除く77.8％の性的虐待は教師によるものである。教師－生徒の権威関係は、学校が公的機関として一般的にもつ権威性[10]）に支えられつつも家父長的な親子間の権威関係のアナロジーとしての側面をもつ。しかし、教師－生徒の関係は、学校制度の権威性に支えられ、かつ疑似親子関係として家父長の権威を併せもつ絶対的な権力関係であると同時に、それは、あくまで血のつながりをもたない他人の関係にすぎない。つまり、教師－生徒関係は、インセスト・タブーの働かない他者関係でありながら、疑似親子関係であることから密室性を構成しやすい。管理化した現在の学校社会の中でストレスに包囲された教師たちは、継父－娘関係にも似た疑似親子的な他者関係の中で内的抑止力を麻痺させて、外的抑止力の低下した学校という密室の中で――学校は独自に校則を作りうることにも示されるように相対的な独立王国であることからも密室性を構成しやすい――、情緒的な満足を求めて、内申書・選別・偏差値教育において無力化し無防備となった子どもたち――特に少女たち――を標的に性的虐待行為に走りがちなのである。現在の学校に性的虐待の条件は整っていると見るべきである。なお、上記の7名の性的虐待の被害者のうち6名は女子であった。しかも、男子の1名を含め被害者の全員が直接的トラウマである「動揺」を訴えている。ちなみに、体罰に肯定的意見をもつ本調査の回答者たちも、すべて、性的仕置きに対しては否定的な意見を表明している［Q7の自由回答］。

2−5. 体罰を受けたときに感じたこと

> Q2-5 体罰を受けたとき、どのように感じたことが多かったでしょうか。先生、父親、母親それぞれについて、3つ以内で答えて下さい。
> Q2-1で「ない」と答えた欄には×を記入して下さい。
>
> ①自分が悪いのだから当然だと思った
> ②自分のしたことを反省した
> ③自分のことを考えてくれる先生、父親、母親に感謝した
> ④先生、父親、母親の熱意を感じた
> ⑤先生、父親、母親への信頼感が生れた
> ⑥いつものことだからなんとも思わなかった
> ⑦やりすぎだと感じた　　　　　⑧憂鬱になった
> ⑨悔しかった　　　　　　　　　⑩恥ずかしかった
> ⑪怖かった、恐ろしかった　　　⑫死にたい気持ちになった
> ⑬いつか仕返ししてやろうと思った　⑭殺してやろうと思った
> ⑮恨みは生涯忘れまいと思った　⑯先生、父親、母親が嫌いになった
> ⑰学校が嫌いになった、行きたくなくなった
> ⑱家が嫌いになった、居たくなくなった
> ⑲おぼえていない
> ⑳その他（具体的にお書き下さい）　先生：（　　）父親：（　　）母親：（　　）
>
> 　　　先生　□□□□□　　父親　□□□□□　　母親　□□□□□

　体罰を受けたときに感じたことについては、全体としては、「反省した」「当然だと思った」「悔しかった」「やりすぎだと感じた」「先生、父親、母親が嫌いになった」などが多く、教師からの場合は「当然だと思った」「反省した」「悔しかった」「やりすぎだと感じた」「恥ずかしかった」「先生が嫌いになった」「いつか仕返ししてやろうと思った」などが多く、父親からの場合は「反省した」「当然だと思った」「悔しかった」「怖かった、恐ろしかった」「やりすぎだと感じた」などが多く、母親からの場合は「反省した」「当然だと思った」「悔しかった」「怖かった、恐ろしかった」などが多かった。教師からの場合は「やりすぎだと感じた」および「恥ずかしかった」が相対的に多く、父親からの場合は「怖かった、恐ろしかった」が相対的に多く、母親からの場合は「覚えていない」が相対的にやや多かった。「殺してやろうと思った」「恨みは生涯

忘れまいと思った」という強い感情は、教師からの場合に相対的に多かった（各2.0％、3.8％）［表2-5］。

　男女別のクロスでは、教師・父親・母親を問わず、「当然だと思った」と「反省した」は男子に多く、「悔しかった」と「怖かった、恐ろしかった」は女子に多かった。教師に対しては、「いつか仕返ししてやろうと思った」「殺してやろうと思った」「恨みは生涯忘れまいと思った」は男子に多く、「先生が嫌いになった」は女子に多かった。父親に対しては、「恨みは生涯忘れまい」は男子に多く、「父親が嫌いになった」と「家が嫌いになった、居たくなくなった」は女子に多かった。母親に対しては、「覚えていない」は男子に多く、「母親が嫌いになった」と「家が嫌いになった、居たくなくなった」は女子に多かった［男女別クロス集計表は省略］。

　動揺の程度とのクロスでは、教師からの場合において「自分のことを考えてくれる先生に感謝した」と「先生への信頼感が生まれた」において「動揺した」の比率がやや低かった（それぞれ63.6％、66.7％）ほかは、教師・父親・母親を通じてすべて「動揺した」の比率が7割を越えていた。父親からの場合は、「いつものことだから何とも思わなかった」「仕返ししてやろうと思った」「覚えていない」「その他」が8割台だったほかは、すべて「動揺した」の比率が9割を越えた。母親からの場合は、「いつものことだから何とも思わなかった」86.7％、「覚えていない」89.4％を除いて、他はすべて「動揺した」の比率が9割を越えた。動揺の程度に関しては、ほぼ全項目にわたって、教師からよりも両親からの場合において「動揺した」の比率が高かった［動揺の有無別クロス集計表は省略］。

　第1に、「反省した」「当然だと思った」がいずれの加害者からの場合も最も高率を占めているが、一方、これらには「動揺」が随伴している。「反省した」「当然だと思った」ということは、体罰に効果があったことを意味しているかに見えるが、その「効果」は、「動揺」によって子どもにトラウマを負わせることに基づく「効果」であり、効果の反面に必ず「逆効果」が付随している。体罰は、「効果」をもたらす最も手っとり早い方法であるとともに、「動揺」におけるトラウマは、何らかの形で障害を生み出す。体罰を受けた本人が、「当然だと思い」「反省し」「感謝している」場合においても、体罰が「動揺」を伴

表2-5　Q2-5 体罰を受けた時感じたこと　　上段：件数　中段：件数／横合計(%)　下段：件数／回答者数(%)

	1.当然	2.反省	3.感謝	4.熱意感じた	5.信頼感	6.何とも思わない	7.やりすぎ	8.憂鬱
先生	180 (10.8) (17.8)	179 (10.7) (17.7)	12 (0.7) (1.2)	12 (0.7) (1.2)	7 (0.4) (0.7)	43 (2.6) (4.2)	142 (8.5) (14.0)	42 (2.5) (4.1)
父	157 (10.9) (15.5)	168 (11.6) (16.6)	15 (1.0) (1.5)	13 (0.9) (1.3)	4 (0.3) (0.4)	18 (1.2) (1.8)	47 (3.3) (4.6)	27 (1.9) (2.7)
母	167 (12.0) (16.5)	174 (12.6) (17.2)	17 (1.2) (1.7)	15 (1.1) (1.5)	6 (0.4) (0.6)	30 (2.2) (3.0)	34 (2.5) (3.4)	31 (2.2) (3.1)
縦合計	504 (11.2) (16.6)	521 (11.6) (17.1)	44 (1.0) (1.4)	40 (0.9) (1.3)	17 (0.4) (0.6)	91 (2.0) (3.0)	223 (5.0) (7.3)	100 (2.2) (3.3)

	9.悔しい	10.恥ずかしい	11.怖い、恐ろしい	12.死にたくなる	13.仕返ししたい	14.殺したい	15.恨みは忘れない	16.嫌いになる
先生	176 (10.6) (17.4)	117 (7.0) (11.5)	45 (2.7) (4.4)	8 (0.5) (0.8)	65 (3.9) (6.4)	20 (1.2) (2.0)	39 (2.3) (3.8)	70 (4.2) (6.9)
父	104 (7.2) (10.3)	7 (0.5) (0.7)	64 (4.4) (6.3)	10 (0.7) (1.0)	48 (3.3) (4.7)	16 (1.1) (1.6)	27 (1.9) (2.7)	50 (3.5) (4.9)
母	84 (6.1) (8.3)	5 (0.4) (0.5)	46 (3.3) (4.5)	10 (0.7) (1.0)	20 (1.4) (2.0)	11 (0.8) (1.1)	13 (0.9) (1.3)	34 (2.5) (3.4)
縦合計	364 (8.1) (12.0)	129 (2.9) (4.2)	155 (3.4) (5.1)	28 (0.6) (0.9)	133 (3.0) (4.4)	47 (1.0) (1.5)	79 (1.8) (2.6)	154 (3.4) (5.1)

	17.学校嫌い	18.家が嫌い	19.覚えていない	20.その他	横合計	無回答	回答者数
先生	27 (1.6) (2.7)	2 (0.1) (0.2)	34 (2.0) (3.4)	23 (1.4) (2.3)	1,667 (100.0)	21 (1.3)	1,013 (100.0)
父	1 (0.1) (0.1)	47 (3.3) (4.6)	38 (2.6) (3.7)	5 (0.3) (0.5)	1,444 (100.0)	20 (1.4)	1,014 (100.0)
母	1 (0.1) (0.1)	36 (2.6) (3.6)	48 (3.5) (4.7)	9 (0.6) (0.9)	1,386 (100.0)	21 (1.5)	1,013 (100.0)
縦合計	29 (0.6) (1.0)	85 (1.9) (2.8)	120 (2.7) (3.9)	37 (0.8) (1.2)	4,497 (100.0)	62 (1.4)	3,040 (100.0)

った限りはそうである。そして、しばしばこの「逆効果」は「効果」を相殺して余りあるものなのである。しかも、本調査の結果に見られるとおり、被体罰者が「当然だと思い」「反省し」「感謝し」「体罰者の熱意を感じ」「体罰者への信頼感が生まれた」場合においてすら、あるいは「何とも思わなかった」場合でも、体罰は「動揺」を生み出しており、ということは、被体罰者が意識世界で上のような認識をもっていても、否それゆえに、無意識世界に抑圧されたトラウマは、かれらに何らかの形で逆機能を生み出していくことが想定できるのである。被体罰者は、そうした逆機能が意識化できないがゆえに、ひたすら「当然だと思い」「反省し」「感謝している」にすぎない。

　第2に、上記と関連して、全体として「反省した」「当然だと思った」「感謝した」「熱意を感じた」「体罰者への信頼感が生まれた」という体罰への肯定的反応が全反応中38.8％を占める。「何とも思わなかった」を含めると42.0％に上る。「動揺」が随伴しているにもかかわらずこのように肯定的反応がかなり高率を占めていることは、わが国において「体罰肯定文化」が根強く、それによって被罰者の反応までが水路づけられていることを示している。併せて、「優しさは害になる」「厳しさと冷やかさは世に出るために役に立つ」「従順は人を強くする」といった闇教育によって教え込まれた偽りの情報・見解[11]が、被罰者の反応を規定し、体罰を受けたことを「当然」と受けとめ、むしろ「感謝」すらしたりしてそれを肯定的に受け入れる反応をかれらに生み出していることが考えられる。なお、こうした肯定的反応（「何とも思わなかった」を除く）は、教師の体罰に対して31.4％、父親のそれに対して41.2％、母親のそれに対して47.9％となっており、したがって体罰肯定文化や闇教育の影響は教師の体罰に対してよりも、両親特に母親のそれに対して強いといえよう。しかも、こうした肯定的反応は、総じて男子に多く見られ、社会の支配的地位を予定された男子に対して体罰肯定文化の教え込みや闇教育がより積極的になされ、それだけ彼らにおいてそれらの受容が旺盛であることが推定できるのである。

2－6．体罰を受けたときの動揺の程度

> Q2-6 全体的に見て、あなたは、体罰を受けたとき、どの程度動揺しましたか。
> 先生、父親、母親ごとに、お答え下さい。
>
> ①とても動揺した　　　　　　②やや動揺した
> ③あまり動揺しなかった　　　④全く動揺しなかった
>
> 　　　　　　　　　　先生　□　　　父親　□　　　母親　□

　体罰を受けたときの動揺の程度については、教師からの場合は「とても動揺」と「やや動揺」の合計が61.8％、父親からの場合はそれが68.8％、母親からの場合はそれが60.7％、「全く動揺しなかった」は、教師からの場合13.0％、父親からの場合12.2％、母親からの場合13.9％であった。

　男女別に見ると、教師からの場合、「とても動揺」と「やや動揺」の合計が男子52.5％、女子66.0％、父親からの場合それが男子61.7％、女子71.7％、母親からの場合それが男子48.5％、女子65.2％であった。また、「全く動揺しなかった」は、教師・父親・母親を通じて男子の比率が高かった。この関係は統計的に有意であった。［表2-6、男女別クロス集計表は省略］

　第1に、加害者別では、「父親」による体罰が、もたらす動揺の程度において最も高く、次いで「教師」による体罰、僅差で「母親」による体罰はもたらす動揺の程度において最も低くなっている。これは、すでに述べたように、父親

表2-6　Q2-6 体罰を受けたときの動揺の程度
上段：人数　中段：人数／横合計(％)　下段：人数／回答者数(％)

	とても動揺	ある程度動揺	あまり動揺しない	全く動揺しない	無回答	横合計	回答者数
先生	161 (15.6) (25.2)	234 (22.6) (36.6)	161 (15.6) (25.2)	83 (8.0) (13.0)	395 (38.2) ―	1,034 (100.0) ―	639 ― (100.0)
父	167 (16.2) (32.8)	183 (17.7) (36.0)	97 (9.4) (19.1)	62 (6.0) (12.2)	525 (50.8) ―	1,034 (100.0) ―	509 ― (100.0)
母	115 (11.1) (22.9)	190 (18.4) (37.8)	127 (12.3) (25.3)	70 (6.8) (13.9)	532 (51.5) ―	1,034 (100.0) ―	502 ― (100.0)
縦合計	443 (14.3) (26.8)	607 (19.6) (36.8)	385 (12.4) (23.3)	215 (6.9) (13.0)	1,452 (46.8) ―	3,102 (100.0) ―	1,650 ― (100.0)

による体罰が身体的虐待に近い体罰、母親によるそれが精神的虐待やネグレクトに近い体罰、教師による体罰がその両者の併用であることに関連していよう。

第2に、加害者のタイプの如何を問わず、有意に男子において動揺の程度が低く、女子において動揺の程度が高かった。これは、2－1に指摘したとおり、男子は父親と教師の体罰に晒される程度が高く、それ故暴力的な身体的虐待に近い体罰を受ける度合いが高く、それだけ日常的に暴力的な体罰に慣れっこになっているということが関連していよう。また、それ以上に、男子の生きている世界は、男らしさを強調する暴力肯定的文化の世界であり、彼らは、基本的に、暴力を振るったり受けたりすることを是とする価値観を社会化されており、それだけ暴力的体罰を受けることを肯定的に受けとめられるからである。反面、女子の場合は母親の体罰に晒される程度が高く、それゆえ精神的虐待やネグレクトに近い体罰を受ける度合いが高く、ことに暴力的体罰に対しては免疫ができていないのみならず、男女の役割分化の中で女らしさを強調する非暴力的文化を内面化され、それだけ特に暴力的体罰を受けたときの動揺は激しいのであろう。

2－7．体罰を受けたときの行動

> Q2-7　体罰を受けたとき、あなたはどうしましたか。多かったものを、先生、父親、母親ごとに、3つ以内で答えて下さい。
> Q2-1で「ない」と答えた欄には×を記入して下さい。
>
> ①率直に謝った
> ②納得できないが、とりあえず謝った
> ③無視した
> ④その場から逃げた
> ⑤冗談でごまかそうとした、うまくかわそうとした
> ⑥やめてくれるように懇願した
> ⑦悲鳴をあげた
> ⑧泣き叫んだ
> ⑨ふてくされた態度をとった
> ⑩ヒステリー状態になった
> ⑪腕力で相手に抵抗した
> ⑫冷静に自分の気持ちや考えを説明した
> ⑬自分の正当性を主張した、強く抗議した

⑭「教育委員会に訴える」など、なんらかの行動を取るといった
⑮他の先生に助けを求めた
⑯家族に助けを求めた
⑰じっと耐えて我慢した
⑱特に何もしなかった
⑲その他（具体的にお書き下さい）　先生：（　　）父親：（　　）母親：（　　）

　　　　　　　　　先生　□□□　　父親　□□□　　母親　□□□

　体罰を受けたときの被罰者の対応＝行動としては、教師からの場合は「納得できないが、とりあえず謝った」「じっと耐えて我慢した」「率直に謝った」「特に何もしなかった」「ふてくされた態度をとった」「無視した」が多く、父親からの場合は「ふてくされた態度」「率直に謝った」「特に何もしなかった」が多く、母親からの場合は「ふてくされた態度」「率直に謝った」が多かった（各10％以上）。

　「率直に謝った」「とりあえず謝った」「じっと耐えて我慢した」「特に何もしなかった」を「消極的」対応、「無視した」「その場から逃げた」「冗談でごまかそうとした、うまくかわそうとした」「やめてくれるように懇願した」「悲鳴をあげた」「泣き叫んだ」「ふてくされた態度をとった」「ヒステリー状態になった」を「半積極的」対応、「腕力で相手に抵抗した」「冷静に自分の気持ちや考えを説明した」「自分の正当性を主張した、強く抗議した」「『教育委員会に訴える』など、なんらかの行動を取るといった」「他の先生に助けを求めた」「家族に助けを求めた」を「積極的」対応だと見なすと、全体として、「消極的」対応が51.0％、「半積極的」対応が38.8％、「積極的」対応が10.2％で、「消極的」対応が多く、「積極的」対応は極めて少ない。

　教師からの場合は「消極的」対応67.8％、「半積極的」対応24.8％、「積極的」対応7.4％、父親からの場合は「消極的」対応41.3％、「半積極的」対応46.7％、「積極的」12.0％、母親からの場合は「消極的」対応39.6％、「半積極的」対応48.5％、「積極的」対応12.0％となっている。教師からの場合は「消極的」対応が最も多く、父親と母親とからの場合は「半積極的」対応が最も多い［表2-7］。

表2-7　Q2-7 体罰を受けた時どうしたか　　上段：人数　中段：人数／横合計(%)　下段：人数／回答者数(%)

	1. 率直に謝る	2. とりあえず謝る	3. 無視	4. 逃げた	5. ごまかす	6. やめるよう懇願	7. 悲鳴をあげる	8. 泣き叫ぶ
先生	160 (11.0) (15.8)	219 (15.0) (21.6)	93 (6.4) (9.2)	10 (0.7) (1.0)	10 (0.7) (1.0)	8 (0.5) (0.8)	7 (0.5) (0.7)	17 (1.2) (1.7)
父	131 (9.4) (12.9)	91 (6.5) (9.0)	46 (3.3) (4.5)	32 (2.3) (3.2)	3 (0.2) (0.3)	18 (1.3) (1.8)	8 (0.6) (0.8)	110 (7.9) (10.8)
母	142 (10.1) (14.0)	79 (5.6) (7.8)	56 (4.0) (5.5)	27 (1.9) (2.7)	7 (0.5) (0.7)	18 (1.3) (1.8)	5 (0.4) (0.5)	95 (6.8) (9.4)
総合計	433 (10.2) (14.2)	389 (9.1) (12.8)	195 (4.6) (6.4)	69 (1.6) (2.3)	20 (0.5) (0.7)	44 (1.0) (1.4)	20 (0.5) (0.7)	222 (5.2) (7.3)

	9. ふてくされる	10. ヒステリー	11. 腕力で抵抗	12. 考えを説明	13. 強く抗議	14. 行動を取ろうと言う	15. 先生に助け求める	16. 家族に助け求める
先生	101 (6.9) (10.0)	7 (0.5) (0.7)	8 (0.5) (0.8)	20 (1.4) (2.0)	33 (2.3) (3.3)	6 (0.4) (0.6)	2 (0.1) (0.2)	6 (0.4) (0.6)
父	145 (10.4) (14.3)	19 (1.4) (1.9)	28 (2.0) (2.8)	14 (1.0) (1.4)	45 (3.2) (4.4)	0 (0.0) (0.0)	0 (0.0) (0.0)	11 (0.8) (1.1)
母	157 (11.2) (15.5)	27 (1.9) (2.7)	38 (2.7) (3.8)	13 (0.9) (1.3)	40 (2.8) (3.9)	0 (0.0) (0.0)	0 (0.0) (0.0)	6 (0.4) (0.6)
総合計	403 (9.5) (13.2)	53 (1.2) (1.7)	74 (1.7) (2.4)	47 (1.1) (1.5)	118 (2.8) (3.9)	6 (0.1) (0.2)	2 (0.0) (0.1)	23 (0.5) (0.8)

	17. 我慢する	18. 特に何もしない	19. その他	受けていない	横合計	無回答	回答者数
先生	165 (11.3) (16.3)	147 (10.1) (14.5)	16 (1.1) (1.6)	402 (27.6) (39.6)	1,456 (100.0)	19 (1.3) —	1,015 — (100.0)
父	71 (5.1) (7.0)	44 (3.2) (4.3)	2 (0.1) (0.2)	556 (39.9) (54.8)	1,394 (100.0)	20 (1.4) —	1,014 — (100.0)
母	49 (3.5) (4.8)	50 (3.6) (4.9)	6 (0.4) (0.6)	571 (40.6) (56.4)	1,407 (100.0)	21 (1.5) —	1,013 — (100.0)
総合計	285 (6.7) (9.4)	241 (5.7) (7.9)	24 (0.6) (0.8)	1,529 (35.9) (50.3)	4,257 (100.0)	60 (1.4) —	3,042 — (100.0)

男女別のクロスでは、教師からの場合男子では「消極的」対応66.3％、「半積極的」対応23.9％、「積極的」対応9.8％、女子では「消極的」対応68.5％、「半積極的」対応25.3％、「積極的」対応6.2％、父親からの場合男子では「消極的」対応58.7％、「半積極的」対応27.4％、「積極的」対応13.9％、女子では「消極的」対応35.4％、「半積極的」対応53.3％、「積極的」対応11.3％、母親からの場合男子では「消極的」対応58.2％、「半積極的」対応31.5％、「積極的」対応10.3％、女子では「消極的」対応34.8％、「半積極的」対応52.8％、「積極的」対応12.4％となっている。父親・母親からの場合、男子では「消極的」対応が多く、女子では「半積極的」対応が多い［男女別クロス集計表は省略］。

動揺の程度とのクロスでは、教師からの場合「動揺した」では「消極的」対応69.1％、「半積極的」対応24.0％、「積極的」対応6.9％、「動揺しなかった」では「消極的」対応58.4％、「半積極的」対応30.7％、「積極的」対応10.9％、父親からの場合「動揺した」では「消極的」対応40.8％、「半積極的」対応47.2％、「積極的」対応12.0％、「動揺しなかった」では「消極的」対応57.6％、「半積極的」対応36.4％、「積極的」対応6.1％、母親からの場合「動揺した」では「消極的」対応39.3％、「半積極的」対応48.8％、「積極的」対応12.0％、「動揺しなかった」では「消極的」対応47.6％、「半積極的」対応40.5％、「積極的」対応11.9％となっている。教師からの場合「動揺」「動揺なし」を問わず「消極的」対応が最も多いが、相対的に見ると「動揺」で「消極的」対応が多く、「動揺なし」で「積極的」対応が多い。父親および母親からの場合は「動揺」では「半積極的」対応が最も多く、「動揺なし」では「消極的」対応が最も多い［動揺の有無別クロス集計表は省略］。

第1に、体罰を受けたときの反応において、全体として、「消極的」対応が多く、「積極的」対応は極めて少なかったことについては、体罰者と被罰者との間には権力の格差があるので「我慢する」などの「消極的」対応をとらざるをえないという側面があると同時に、「従順は人を強くする」「口先だけであれ感謝してみせる方が正直にして有り難がらないよりましである」といった闇教育の偽りの教訓[12]が、「率直に謝る」「納得できないが、とりあえず謝る」などの「消極的」対応を促進しているという面があるであろう。

第2に、加害者のタイプ別に見ると、教師からの場合は「消極的」対応が最

も多く、父親と母親とからの場合は「半積極的」対応が最も多いことについては、基本的には、社会化装置としての学校と家庭の置かれた立場、また、主としてそれに起因する集団的性格の違いに由来していよう。「近代公教育の『場』たる学校とはまさにそれ自体、制度的権威を帯びた公の機関であり社会化装置である。特にわが国では、学校が絶対主義的な臣民教育を下賜する国家機関として強い権威性を持って君臨してきた歴史があり、戦後も学校信仰が継続したこともあってその権威性が現在まで継続している。」[13] 学校内の教師－生徒の関係は、この学校の権威性の中心的発現地点ともいうべき関係であり、そこには制度的権威に裏打ちされた支配関係が見られる。最近、この制度的権威にゆらぎが見えるとはいえ、基本的には依然としてそうである。しかも、学校という公的機関における教師と生徒の関係は、「感情的中立性」(affective neutrality) の関係である[14]。闇教育も公教育の名の許に強力に推進される。このような学校現場で教師による体罰がふるわれた場合、生徒のそれへの対応は「消極的」なものにならざるをえない。加えて、感情的中立的な教師－生徒関係の中で、「ふてくされた態度をとる」「泣き叫ぶ」などの「感情的」(affective) な「半積極的」対応は後退し、その分「消極的」対応が圧倒的となるのである。

　一方、わが国の家族は、戦後核家族化傾向の中で、親－子間の普遍的な権威性、および男性優位の家父長制的権威を温存させつつも、「家」制度の衰退に伴い制度的権威の支えを失い、「公」に対する「私」的領域としての意味合いを強めていった。それだけ「感情性」(affectivity) の関係性を横溢させていると言える。「感情的」な「半積極的」対応が半数近くを占め高率なのはそのためであろう。しかし、親－子間の普遍的な権威性のゆえに、特に家父長制的な父親の権威の残存のゆえに、親特に父親による体罰に対して「消極的」対応が依然として目立つ（父親からの場合41.3％、母親からの場合39.6％）。学校体罰の場合に比して相対的に高率であるとはいえ、親の体罰に対する「積極的」対応は、いずれの親の体罰に対しても12％にすぎないのである。

　第3に、男女別クロスにおいて、父親・母親からの場合、男子では「消極的」対応が多く、女子では「半積極的」対応が多いことについて、それは、わが国の家族における両親－娘の関係は、両親－息子の関係よりもいっそう「感情性」の関係であることを示唆していよう。このことは、わが国の現代家族の「私」

性が親－娘関係においてドミナントであることの証でもある。こうした親－娘の情緒的関係は、女性を家族の「感情性」の関係の中に封じ込めてきた歴史的事情に淵源するとともに、現下、女性の自立の障壁としても働いていることであろう。

　第4に、教師からの場合「動揺」「動揺なし」を問わず「消極的」対応が最も多いものの、相対的に見ると「動揺」で「消極的」対応が多く、「動揺なし」で「積極的」対応が多いことは、疑似家族的とはいえ、公的機関である学校における感情的中立的な教師－生徒関係の中では、「積極的」対応を果敢に遂行すれば動揺を生ぜずにすませる可能性を示唆している。そこでは、「消極的」対応によって相手に屈従することがむしろ「動揺」をもたらす。

　他方、父親および母親からの場合は「動揺」では「半積極的」対応が最も多く、「動揺なし」では「消極的」対応が最も多いことは、家族という「私的」空間の「感情性」の関係の中では、「消極的」対応によって相手の「感情」に順応することがむしろ「動揺」の防止に役立つことを示唆している。そこでは、「泣き叫んだり」「ふてくされた態度をとったり」「悲鳴をあげたり」して相手の「感情」を逆撫ですることは、逆に本人の「動揺」を増幅することになるのである。家族という場におけるかぎり、果断な「積極的」対応すらも、親の「感情」に歯向かう行為として、子に「動揺」をもたらすことが相対的に多い（父親・母親からの両方において「積極的」対応は「動揺した」場合の12.0％を占めている）。

2−8．体罰を受けた後の行動

> Q2-8　体罰を受けた後、あなたはどうしましたか。したことを、先生、父親、母親ごとに、3つ以内で選んで下さい。
> Q2-1で「ない」と答えた欄には×を記入して下さい。
>
> ①もう一方の親に相談した
> ②親族（きょうだいなど）に相談した
> ③友達に相談した
> ④先生に相談した　　　　　⑤知人に相談した
> ⑥校長に訴えた　　　　　　⑦学級懇談会やPTAで問題にしてもらった

⑧電話相談（「ヤングテレフォン」・「いのちの電話」など）を利用した
⑨児童相談所などの機関・施設を利用した
⑩教育委員会に訴えた
⑪人権擁護機関や弁護士（会）に訴えた
⑫新聞社に事実を知らせた
⑬警察に訴えた
⑭怪我をして病院で治療を受けた
⑮相手に無言電話をかけた　　⑯相手に仕返しをした
⑰ムシャクシャして人や物にやつあたりした
⑱２度と体罰を受けることのないように自分の行動や態度を改めた
⑲何もできなかった
⑳何もする必要を感じなかったから、特に何もしなかった
㉑その他（具体的にお書き下さい）　先生：（　　）父親：（　　）母親：（　　）

SQ「⑯相手に仕返しをした」を選ばれた方は、その仕返しの内容をお書き下さい。
先生：（　　　　　　　　　　　　　　　　　　　　　　　　　　　　）
父親：（　　　　　　　　　　　　　　　　　　　　　　　　　　　　）
母親：（　　　　　　　　　　　　　　　　　　　　　　　　　　　　）

　　　　　　　　　先生　□□□　　　父親　□□□　　　母親　□□□

　体罰を受けた後の対応＝行動としては、全体では、「何もする必要を感じなかったから、特に何もしなかった」が最も多く26.0％、友人に相談、電話相談の利用などの「相談」が10.2％、以下、「何もできなかった」7.9％、「人や物に八つ当たりした」7.4％、「自分の行動や態度を改めた」5.5％などとなっている。「校長に訴える」「児童相談所など機関・施設を利用」など諸機関・公的人物への「訴え」や諸機関の「利用」は6件、0.2％にすぎなかった。教師からの場合は、「特に何もしなかった」31.6％、「何もできなかった」11.2％、「相談」10.6％、「態度を改めた」6.6％、「八つ当たり」5.0％などとなっている。「訴え・利用」はすべて教師からの場合で、0.6％であった。以上の中には、「校長に訴え」（0.2％）、「電話相談の利用」（0.2％）、「教育委員会に訴え」（0.2％）、「警察に訴え」（0.1％）などが含まれている。父親からの場合は、「特に何もしなかった」22.4％、「相談」8.7％、「八つ当たり」8.5％、「何もできなかった」7.3％、「態度を改めた」4.7％などとなっている。母親からの場

合は、「特に何もしなかった」24.1％、「八つ当たり」8.8％、「相談」6.0％、「態度を改めた」「何もできなかった」各5.1％などとなっている［表2-8］。

　男女別のクロスでは、教師からの場合、「何もできなかった」で女子が多く、また、僅差であるが「友達に相談」でも女子が多かった。「相談」全体では、男子17.9％、女子15.3％で男子が多かった。父親からの場合、「特に何もしなかった」と「何もできなかった」で男子が多く、「親に相談」「親族（きょうだいなど）に相談」「八つ当たり」で女子が多かった。「相談」全体でも、男子6.9％、女子9.0％で女子が多かった。母親からの場合、「特に何もしなかった」と「何もできなかった」で男子が多く、「友達に相談」と「八つ当たり」で女子が多かった。「相談」全体でも、男子3.6％、女子6.6％で女子が多かった［男女別クロス集計表は省略］。

　動揺の程度別のクロスでは、教師からの場合、「友達に相談」「八つ当たり」「態度を改めた」「何もできなかった」で「動揺あり」が多く、「相手に仕返しした」「特に何もしなかった」で「動揺なし」が多かった。父親からの場合、「親に相談」「友達に相談」「八つ当たり」「態度を改めた」「何もできなかった」で「動揺あり」が多く、「相手に仕返しした」「特に何もしなかった」で「動揺なし」が多かった。母親からの場合、「親族に相談」「友達に相談」「相手に仕返しした」「態度を改めた」「何もできなかった」で「動揺あり」が多く、「特に何もしなかった」で「動揺なし」が多かった。「相談」全体については、教師・父親・母親を通じて「動揺あり」のほうが多かった［動揺の有無別クロス集計表は省略］。

　第1に、「何もする必要を感じなかったから、特に何もしなかった」が、教師・父親・母親からの場合のすべてで最も高い比率を占めていることに関しては、一方、そのように回答した者の9割前後が被害時に「動揺」していることが注目されるべきである。すなわち、教師からの場合は、「特に何もしなかった」と回答した者の87.0％、父親からの場合は同回答者の92.8％、母親からの場合は同回答者の91.2％が被害時に「動揺した」と回答している。しかも、教師からの場合は「動揺した」と回答した者の53.5％、父親からの場合は「動揺した」と回答した者の65.7％、母親からの場合は「動揺した」と回答した者の61.2％が、体罰経験がその後の自分の人生に「影響を及ぼした」と回答してい

表2-8 Q2-8 体罰を受けた後どうしたか　上段：件数　中段：件数／横合計(%)　下段：件数／回答者数(%)

	1.親に相談	2.親族に相談	3.友達に相談	4.先生に相談	5.知人に相談	6.校長に相談	7.問屋にしてもらう	8.電話相談	9.児相など利用
先生	10 (0.9) (1.0)	45 (3.8) (4.5)	91 (7.7) (9.1)	3 (0.3) (0.3)	9 (0.8) (0.9)	2 (0.2) (0.2)	1 (0.1) (0.1)	2 (0.2) (0.2)	0 (0.0) (0.0)
父	横31 (2.7) (3.1)	26 (2.3) (2.6)	24 (2.1) (2.4)	1 (0.1) (0.1)	5 (0.4) (0.5)	0 (0.0) (0.0)	0 (0.0) (0.0)	0 (0.0) (0.0)	0 (0.0) (0.0)
母	4 (0.4) (0.4)	24 (2.1) (2.4)	24 (2.1) (2.4)	1 (0.1) (0.1)	7 (0.6) (0.7)	0 (0.0) (0.0)	0 (0.0) (0.0)	0 (0.0) (0.0)	0 (0.0) (0.0)
総合計	45 (1.3) (1.5)	95 (2.8) (3.2)	139 (4.1) (4.6)	5 (0.1) (0.2)	21 (0.6) (0.7)	2 (0.1) (0.1)	1 (0.0) (0.0)	2 (0.1) (0.1)	0 (0.0) (0.0)

	10.教育委員会に訴え	11.弁護士等相談	12.新聞社に知らせる	13.警察に訴え	14.治療を受ける	15.無言電話かける	16.仕返し	17.八つ当たり	18.態度改める
先生	2 (0.2) (0.2)	0 (0.0) (0.0)	0 (0.0) (0.0)	1 (0.1) (0.1)	4 (0.3) (0.4)	0 (0.0) (0.0)	8 (0.7) (0.8)	50 (4.3) (5.0)	66 (5.6) (6.6)
父	0 (0.0) (0.0)	0 (0.0) (0.0)	0 (0.0) (0.0)	0 (0.0) (0.0)	1 (0.1) (0.1)	0 (0.0) (0.0)	14 (1.2) (1.4)	85 (7.5) (8.5)	47 (4.1) (4.7)
母	0 (0.0) (0.0)	0 (0.0) (0.0)	0 (0.0) (0.0)	0 (0.0) (0.0)	1 (0.1) (0.1)	0 (0.0) (0.0)	8 (0.7) (0.8)	88 (7.9) (8.8)	51 (4.6) (5.1)
総合計	2 (0.1) (0.1)	0 (0.0) (0.0)	0 (0.0) (0.0)	1 (0.0) (0.0)	6 (0.2) (0.2)	0 (0.0) (0.0)	30 (0.9) (1.0)	223 (6.5) (7.4)	164 (4.8) (5.5)

	19.何もできず	20.特に何もしない	21.その他	受けたことない	無回答	横合計	回答者数
先生	112 (9.5) (11.2)	317 (27.0) (31.6)	17 (1.4) (1.7)	403 (34.3) (40.2)	32 (2.7) —	1,175 (100.0)	1,002 — (100.0)
父	73 (6.4) (7.3)	224 (19.7) (22.4)	13 (1.1) (1.3)	558 (49.2) (55.7)	33 (2.9) —	1,135 (100.0)	1,001 — (100.0)
母	51 (4.6) (5.1)	241 (21.5) (24.1)	13 (1.2) (1.3)	573 (51.2) (57.3)	34 (3.0) —	1,120 (100.0)	1,000 — (100.0)
総合計	236 (6.9) (7.9)	782 (22.8) (26.0)	43 (1.3) (1.4)	1,534 (44.7) (51.1)	99 (2.9) —	3,430 (100.0)	3,003 — (100.0)

るのである［表2-10-3、表2-10-4、表2-10-5］。さらに、「特に何もしなかった」と回答した者のうち、教師からの場合は43.2％、父親からの場合は53.2％、母親からの場合は51.3％が「体罰経験からその後の人生に影響を受けた」と回答しているのである［表省略］。このように「動揺」という形での直接的影響のみならず、長期的影響もかなりに見られることが想定されるにもかかわらず、体罰を受けたことについて「何もする必要を感じなかった」としていることは、学校における教師－生徒間の特別権力関係的関係（法などの外部の社会規範とは関わりをもたない、もしくはそれらに優先する、管理者と被管理者との関係[15]）および家庭における親子間の家父長制的な権力関係の中で、子どもたちが、無意識のうちに自らに対して「何もする必要がないから、特に何もしなくてよい」と思い込ませていることを推定させる。そのように自らに思い込ませることは、無力な子どもたちにとってむしろ、権力の反作用を免れるための無意識のうちの防衛的な自衛作用であった側面が強い。併せて、「（子どもたちからの）侮辱に耐え得ない」[16] 教師や親の側からの予めの闇教育によって、子どもたちは「何かをする必要を感じる」能力を剥奪されていたのかもしれない。事実、「何もする必要を感じなかったから、特に何もしなかった」と回答した者の中には、「用便に行かせない」「授業を受けさせない」「盗みなどの自白や供述を強制する」「包丁・はさみなどの凶器をふるう」「スカートを脱がす」「性的仕置きをする」などの残酷な体罰を受けた者が含まれているのである［表省略］。このような酷い仕打ちを受けながらも「何もする必要を感じなかった」ということは、権力関係の中での子どもたちの無意識的な自己防衛と闇教育の効果を想定しなければ説明がつかないであろう。全体として見ると、「特に何もしなかった」に次いで「何もできなかった」が高率を占め、特に教師からの場合それが11.2％に上っているが、以上からして、「何もする必要を感じなかったから、特に何もしなかった」というのは、実質的に、「何もできなかった」から敢えて無意識的に「何もする必要がない」と自分に理由づけて「何もしなかった」ということにほかならず、両者は裏腹の関係にあると見るべきなのである。なお、「自分の行動や態度を改めた」という反応も、「何もする必要を感じなかったから、特に何もしなかった」という対応と同じ文脈に属するものと解すべきであろう。そのような回答を得たからといって、体罰は子ど

の行動や態度を改めさせる効果があるなどと、体罰を正当化すべきものではない。

　第2に、上記のように「特に何もしなかった」が高率を占めているのとは対照的に、「相談」は「電話相談」を含めて全体として10％強にすぎなかったことが問題である。「虐待を受けた子どものその後の癒しにとって重要な決め手となるのは、虐待が起こった後なるべく早いうちに、その子の話を聞いてくれる人、援助をしてくれる人がまわりにいたかいないかです。大半の被虐待児たちはそのような人に出会うことがないまま、深い心的後遺症をかかえて大人になってしまいます。多くの被虐待児は自分から虐待を訴えることをしないので気がついてくれる人もいないのです。……自分の話を聞いてくれた大人、自分の話を信じてくれた大人、どうしたらいいかいっしょに考えてくれた大人、被虐待児にとってその存在はとてつもなく大切です。」[17] 体罰も虐待の一形態であるから、この記述はそのまま体罰についても当てはまる。しかるに、「相談」の中で比較的件数の多い、父親からの体罰の場合の「母親への相談」ですら31件、3.1％にすぎない。「親への相談」の合計件数は45件、1.5％しかないのである。「先生への相談」に至っては合計5件、0.2％にすぎない。「相談」の中で最も比率が高いのは「友達に相談」で4.6％、次いで「きょうだいなどに相談」の3.2％であり、つまり水平の関係における「相談」が多く、「親」や「教師」など「大人への相談」は、総体として少ない「相談」の中でもさらに少数なのである。親や教師は、体罰者たりえても、被体罰者の相談相手や援助者にはなりえていないという構図さえ浮かび上がってくる。このことは、わが国の現代の家族や学校における大人－子どもの関係が、その外形にもかかわらず、その実体において依然として権力関係的性格を濃厚に残していることを物語るであろう。

　第3に、諸機関・公的人物への「訴え」や諸機関の「利用」は全体として6件、0.2％にすぎず、かつ、教師からの場合に限られていたことに注意すべきである。「校長に訴えた」のは2名で、この2名は、「平手打ち」「足で蹴る」「物や道具で叩く」「つねる」「髪の毛を引っ張る」という体罰を受け、これらの1以上の理由で校長に訴えている。「PTA等で問題としてもらった」のは1名で、この者は、「投げ飛ばす」という体罰を受けている。「教育委員会に訴え

た」のは2名で、かれらは、「平手打ち」「ゲンコツで殴る」「投げ飛ばす」「掃除当番の回数を不当に多くする」という体罰を受けていた。「警察に訴えた」のは1名で、この者は、「10分以上の正座」「平手打ち」「ゲンコツで殴る」という体罰を受けている［表省略］。公的機関や人物へ問題をもちだしたのは衝撃が大きかったからであろうが、その理由となった体罰が以上のように外形的に「軽微」とされるものであったことは注目されるところである。

　それはともかく、こうした諸機関・公的人物への「訴え」や諸機関の「利用」が極めて少数にとどまることは、筆者による別の「性的被害の実態調査」[18]や「児童虐待の実態調査」[19]でも確認されたところである。前者では回答者の2.6％、後者では回答者の0.9％がそのような「訴え・利用」を行ったにすぎないことが明らかにされた。同様の知見は、筆者以外による諸他の調査によっても明らかにされている[20]。こうした本調査以外からのファインディングをも併せ考慮する場合、とりわけ公的機関の利用は、被害が多発しているにもかかわらず僅少であることが確認される。もとより、公的機関とりわけ警察が家庭に安易に介入することは慎むべきであるし、学校の場合も教育委員会などによるケースを除けば教師－生徒間の信頼関係を損なう恐れのある介入は厳に慎むべきであろう。けれども、家庭や学校が密室化して、その中で権力をもつ者の暴威が罷り通っている現状があるとすれば、その密室に風穴を開けて、その暴威の犠牲者が密室の外側に救いを求め、その求めに応じて外界の専門機関が適宜介入していくことはむしろ必要なことであろう。「お役所仕事はダメ」というジンクスを打破して、犠牲者たちの救いを求める悲痛な叫びを汲み取る回路を拡げ、そうした叫びをより多く受けとめ、介入を含め適切な対処をしていけるような体制を整備していくことに、とりわけ公的機関は一層努力をしていくべきであろう。現状では犠牲者たちの悲痛な叫びは、まさに叫びすら、全くといってよいほどそうした機関に届いていないのである。

　第4に、以上のように「相談」や「訴え・利用」が少ないことと表裏の関係として、「八つ当たり」が高率を占めることになる。「八つ当たり」は、父親・母親からの場合2番目、教師からの場合においても5番目の比率を占めている。特に、父親・母親からの場合女子においては18％前後の高率を占めている。「八つ当たり」とは、アビュースを受けたことに伴う怒りを、無関係の第三者

に向ける行為にほかならない。その第三者は、器物であったり猫であったり、文字どおり無関係の他者であったりする。そして、そのように怒りを無関係の第三者に向けたことの結果は、浄化（カタルシス）であるよりはむしろ、激しい後悔と自責の念と、自分自身への怒りであることが多い。この自分自身への怒りは、無意識界に内向してやがては精神障害として表出されることすらある。体罰というアビュースに随伴する怒りは、適切な相談者や理解者の手助け、場合によっては専門家の援助を得て、当の体罰者へと向けなおされ、その体罰者の心からの謝罪、典型的には跪いての謝罪を手にすることによってしか基本的には癒されない。それは決して「仕返し」ということではない。「仕返し」は、怒りというより憎悪の発現であり、そして、「仕返し」はさらなる「仕返し」を呼び、憎悪はさらなる憎悪を喚起するのである。「仕返し」は体罰者との関係を切断することはあっても、彼との人間的関係を深め直すことにはつながらない。憎悪に憎悪をもって報いられた被罰者は、やり場のなくなった増幅した憎悪を人間関係それ自体に向け換えることにもなる。一切の人間関係の切断である。癒しは、必ずしも加害者との関係修復を不可欠とするものではないが、しかし、それは常に他者とのつながりの中でのみ手にすることができるものなのである。

　被虐待者にとっては、何よりも良き相談者、良き理解者・援助者、場合によっては良き専門家が必要である。親や教師は、本来、虐待者たるよりはそうした相談者、理解者、援助者たるべきであろうし、また、専門家たちは、被虐待者たちが彼らの専門的援助に容易にアプローチできるよう、常にそのための通路を開いておくべきなのである。

2－9. 体罰を受けた後の心や身体・行動の変化

> Q2-9　体罰の経験をした後、あなたの心や身体・行動にどういった変化がありましたか。当てはまるものを全て答えて下さい。
>
> ①やる気がなくなり、ミスやトラブルが多くなった
> ②ふさぎこむことが多くなった　　③無口になった、口数が減った
> ④落ち着きがなくなった　　　　　⑤ウソをよくつくようになった
> ⑥乱暴になった　　　　　　　　　⑦学校や家庭で暴力をふるうようになった

```
⑧反発心から非行に走った        ⑨自罰・自虐行為に走った
⑩自殺を考えた
⑪家へ帰りたくなくなった        ⑫家出をよくするようになった
⑬成績不振となった              ⑭遅刻・早退が多くなった
⑮学校をよくサボるようになった  ⑯不登校状態になった
⑰イライラ、不眠などノイローゼ状態になった
⑱拒食・過食・頭痛など心身症状が現れた
⑲胃潰瘍・脱毛症などストレス性の病気になった
⑳薬物やアルコールに依存するようになった
㉑相手のことが信じられなくなった    ㉒何事にも自信がもてなくなった
㉓自分自身を責めたり嫌悪したりする気持ちが生じた（強まった）
㉔罪悪感ないし羞恥心が生まれた      ㉕対人恐怖になった
㉖人間不信に陥った                  ㉗相手に対して報復心を抱くようになった
㉘傍観者・助けてくれなかった人への怒り・憎悪を抱くようになった
㉙特に変化はなかった
㉚その他（具体的にお書き下さい）  先生：(　　)　父親：(　　)　母親：(　　)

先生　□□□□□□□□□□□□□□□□□□□
父親　□□□□□□□□□□□□□□□□□□□
母親　□□□□□□□□□□□□□□□□□□□
```

　体罰を受けた後の心や身体・行動の変化としては、全体では、「特に変化はなかった」が最も多く、次いで「無口になった、口数が減った」、以下、「ウソをつくようになった」「相手のことが信じられなくなった」「家へ帰りたくなくなった」「自分自身を責めたり嫌悪したりする気持ちが生じた（強まった）」「やる気がなくなり、ミスやトラブルが多くなった」「ふさぎこむことが多くなった」「相手に対して報復心を抱くようになった」「何事にも自信がもてなくなった」「罪悪感ないし羞恥心が生まれた」などとなっている。教師からの場合は、「特に変化はなかった」に次いで「相手のことが信じられなくなった」、父親と母親からの場合は、「特に変化はなかった」に次いで「家へ帰りたくなくなった」であった［表2-9］。

　男女別クロスでは、教師からの場合、「相手のことが信じられなくなった」「何事にも自信がもてなくなった」「自分自身を責めたり嫌悪したりする気持ちが生じた（強まった）」「罪悪感ないし羞恥心が生まれた」「人間不信に陥った」

332 第6部 児童虐待と体罰

表2-9 Q2-9 体罰を受けた後の変化　　上段：件数　中段：件数／横合計(%)　下段：件数／回答者数(%)

	1.やる気なくす	2.ふさぎこむ	3.無口になる	4.落ち着きなくす	5.ウソをつく	6.乱暴になる	7.暴力ふるう	8.非行に走る	9.自虐行為
先生	51 (3.6) (8.7)	29 (2.0) (4.9)	48 (3.4) (8.2)	18 (1.1) (3.1)	32 (2.3) (5.4)	9 (0.6) (1.5)	6 (0.4) (1.0)	6 (0.4) (1.0)	2 (0.1) (0.3)
父	20 (1.5) (4.4)	23 (1.8) (5.1)	57 (4.4) (12.6)	11 (0.8) (2.4)	46 (3.5) (10.2)	11 (0.8) (2.4)	5 (0.4) (1.1)	5 (0.4) (1.1)	4 (0.3) (0.9)
母	23 (1.7) (5.2)	25 (1.9) (5.6)	43 (3.3) (9.7)	15 (1.1) (3.4)	52 (3.9) (11.7)	18 (1.4) (4.1)	2 (0.2) (0.5)	6 (0.5) (1.4)	2 (0.2) (0.5)
総合計	94 (2.3) (6.3)	77 (1.9) (5.2)	148 (3.7) (10.0)	44 (1.1) (3.0)	130 (3.2) (8.8)	38 (0.9) (2.6)	13 (0.3) (0.9)	17 (0.4) (1.1)	8 (0.2) (0.5)

	10.自殺を考える	11.帰宅拒否	12.家出	13.成績不振	14.遅刻・早退	15.学校サボり	16.不登校	17.ノイローゼ	18.心身症状
先生	11 (0.8) (1.9)	14 (1.0) (2.4)	3 (0.2) (0.5)	13 (0.9) (2.2)	19 (1.3) (3.2)	25 (1.8) (4.3)	3 (0.2) (0.5)	16 (1.1) (2.7)	7 (0.5) (1.2)
父	15 (1.2) (3.3)	60 (4.6) (13.2)	7 (0.5) (1.5)	1 (0.1) (0.2)	4 (0.3) (0.9)	2 (0.2) (0.4)	1 (0.1) (0.2)	8 (0.6) (1.8)	5 (0.4) (1.1)
母	15 (1.1) (3.4)	54 (4.1) (12.2)	13 (1.0) (2.9)	5 (0.4) (1.1)	6 (0.5) (1.4)	2 (0.2) (0.5)	1 (0.1) (0.2)	5 (0.4) (1.1)	7 (0.5) (1.6)
総合計	41 (1.0) (2.8)	128 (3.2) (8.6)	23 (0.6) (1.5)	19 (0.5) (1.3)	29 (0.7) (2.0)	29 (0.7) (2.0)	5 (0.1) (0.3)	29 (0.7) (2.0)	19 (0.5) (1.3)

	19.ストレス性の病気	20.薬物等依存	21.相手信じられず	22.自信喪失	23.嫌悪感	24.罪悪感・羞恥心	25.対人恐怖	26.人間不信	27.報復心
先生	5 (0.4) (0.9)	5 (0.4) (0.9)	67 (4.7) (11.4)	36 (2.5) (6.1)	43 (3.0) (7.3)	37 (2.6) (6.3)	12 (0.8) (2.0)	32 (2.3) (5.4)	37 (2.6) (6.3)
父	2 (0.2) (0.4)	5 (0.4) (1.1)	38 (2.9) (8.4)	16 (1.2) (3.5)	30 (2.3) (6.6)	17 (1.3) (3.8)	7 (0.5) (1.5)	12 (0.9) (2.6)	22 (1.7) (4.9)
母	3 (0.2) (0.7)	3 (0.2) (0.7)	25 (1.9) (5.6)	18 (1.4) (4.1)	36 (2.7) (8.1)	16 (1.2) (3.6)	8 (0.6) (1.8)	5 (0.4) (1.1)	15 (1.1) (3.4)
総合計	10 (0.2) (0.7)	13 (0.3) (0.9)	130 (3.2) (8.8)	70 (1.7) (4.7)	109 (2.7) (7.3)	70 (1.7) (4.7)	27 (0.7) (1.8)	49 (1.2) (3.3)	74 (1.8) (5.0)

(次ページに続く)

(前ページから続く)

	28. 傍観者等へ怒り	29. 変化なし	30. その他	無回答	横合計	回答者数
先生	13 (0.9) (2.2)	354 (24.9) (60.2)	23 (1.6) (3.9)	446 (31.4) —	1,422 (100.0) —	588 — (100.0)
父	4 (0.3) (0.9)	275 (21.1) (60.7)	8 (0.6) (1.8)	581 (44.6) —	1,302 (100.0) —	453 — (100.0)
母	6 (0.5) (1.4)	290 (22.0) (65.3)	10 (0.8) (2.3)	590 (44.7) —	1,319 (100.0) —	444 — (100.0)
縦合計	23 (0.6) (1.5)	919 (22.7) (61.9)	41 (1.0) (2.8)	1,617 (40.0) —	4,043 (100.0) —	1,485 — (100.0)

で女子の比率が高かった。父親からの場合、「無口になった、口数が減った」「ウソをつくようになった」「家へ帰りたくなくなった」「相手のことが信じられなくなった」で女子の比率が高く、「罪悪感ないし羞恥心が生まれた」で男子の比率が高かった。母親からの場合、「ウソをつくようになった」「家へ帰りたくなくなった」「相手のことが信じられなくなった」で女子の比率が高く、「やる気がなくなり、ミスやトラブルが多くなった」「罪悪感ないし羞恥心が生まれた」で男子の比率が高かった［男女別クロス集計表は省略］。

動揺の程度別クロスでは、教師・父親・母親を通じて、変化の各項目ごとに「動揺」と「動揺なし」の比率を算出すると、すべての項目において「動揺」の比率が高かった［動揺の有無別クロス集計表は省略］。

第1に、「特に変化はなかった」が、教師・父親・母親からの場合のすべてにおいて最も高率になっていることについては、体罰経験とその後遺症との意識的な「関連づけ」の問題を考慮しなければならない。「特に変化はなかった」と回答した者の84～89％が体罰経験時に「動揺した」と回答している。また、「特に変化はなかった」と回答した者の36.5％（教師からの場合）、48.9％（父親からの場合）、48.2％（母親からの場合）が、体罰経験から「その後の人生に影響を受けた」と回答している［表省略］。さらに、「特に変化はなかった」と回答した者の中には、教師から「人前でズボン・スカートを脱がす」「性的仕置きをする」という行為を受けた者も含まれているし、父

親や母親から「包丁・はさみなど凶器をふるう」「盗みなどの自白や供述を強制する」という行為を受けた者も含まれる。にもかかわらず、「変化なし」としていることは、文字どおり変化がなかったというよりも、トラウマ体験とその後遺症との間の意識的な「関連づけ」ができていないという可能性が強い。本調査のこの設問で列挙された変化の項目は、大部分、単純性PTSD[21]ないし複合型PTSD[22]あるいは複雑性外傷後ストレス障害[23]に含まれる。これらとトラウマ経験との間の関連はむしろ意識化されていないのが普通であり、また、本調査の対象となった大学生段階の年齢層の場合未だこうしたPTSDが発症していない場合も多い。したがって、「変化なし」との回答は、体罰経験との関連が意識化されていないがゆえのかかる回答である可能性が大きいし、さらに、現段階では、「変化」が発症していないがゆえのかかる回答である可能性も想定できるのである。このように考えるなら、「変化なし」という回答の比率が高かったことをもって、本調査の回答者たちの被った体罰経験の多くを、長期的影響を伴わない「軽微な」それであったと軽視してかかることは、大きな誤りを犯しかねないのである。

　第2に、体罰経験との関連性が意識化されている範囲においてすら、複合型PTSDのカテゴリーに属する多くの症状が報告されていることが重要である。たとえば、ヴァン・デア・コーク[24]の複合型PTSDの『自己認識に関する障害』のカテゴリーに属する「罪悪感」「羞恥感」「自己卑下」（＝「自責感・自己嫌悪感」）「無力感」（＝「自信喪失」）、『情動・衝動の調節に関する障害』のカテゴリーに属する「情動の統制障害」（＝「やる気喪失」「ふさぎ込み」「無口・口数減少」「落ち着き喪失」「ノイローゼ状態」など）「怒りの調整障害」（＝「乱暴」「暴力」「非行」「家出」など）「自己破壊性」（＝「自罰・自虐行為」「拒食・過食」「薬物・アルコール依存」など）「自殺願望」、『身体化』のカテゴリーに属する「消化器系」（＝「胃潰瘍などのストレス性疾患」）「慢性痛」（＝「頭痛などの心身症状」）、『加害者についての認識に関する障害』のカテゴリーに属する「加害者を傷つける願望」（＝「相手に対する不信」「相手に対する報復心」）、『他者との関係における障害』のカテゴリーに属する「他人を信頼することの不能」（＝「ウソをつく」「対人恐怖」「人間不信」「傍観者・助けてくれなかった人への怒り・憎悪」）、『意味システム（世界観）における障害』

のカテゴリーに属する「自暴自棄、絶望感」（＝「帰宅拒否」「成績不振」「遅刻・早退」「怠学」「不登校状態」など）が、表2-9に見られるとおり、トラウマ後遺症として、障害の種類によってはかなりの数値をもって報告されている。体罰は、このようなPTSDを生じるトラウマをなすものであり、「愛の鞭」とか「しつけ」の名において正当化できるものではない。とりわけ、学校体罰は、被害者が意識できた範囲に限っても、相対的に多くのPTSDを生じており、「『躾』とか『愛の鞭』とかというよりは、それらに名を借りた、単なる暴力または困難さを増す学校秩序維持のための強圧的な手段」[25]としての意味合いを濃厚にもつものである。この学校体罰をはじめ体罰は、以上の意味においてもチャイルド・アビューズの一典型であり、これに寛容なわが国の伝統的風土[26]は是正されなければならないであろう。

2－10. 体罰経験のその後の人生への影響

> Q2-10　今振返って見て、体罰を受けた経験があなたのその後の人生にどの程度の影響を及ぼしたと思いますか。大体のところを、先生、父親、母親ごとにお答え下さい。
>
> ①とても影響した　　②いくぶん影響した　　③わずかに影響した
> ④影響はなかった
>
> 　　　　　　　　　　　　　先生　□　　父親　□　　母親　□

　今振り返って体罰経験が自分の人生にどの程度の影響を及ぼしたと思うかという質問に対しては、教師・父親・母親を通じて、「影響なし」とした者が最も多く、教師からの場合51.9％、父親からの場合41.8％、母親からの場合46.6％に上った。したがって、何らかの程度の「影響を受けた」とした者は、父親からが最も多く58.3％、次いで母親からで53.3％、教師からは48.1％となっている。「とても影響」は母親からが最も多く13.0％、次いで父親からで11.8％、教師からは7.6％であった。「とても影響」と「いくぶん影響」との合計では、父親からが最も多く37.9％、次いで母親からで31.7％、教師からは27.0％であった［表2-10-1］。
　男女別のクロスでは、教師・父親・母親を通じて、男子のほうに影響を受け

たという感覚の度合いが高かった。すなわち、教師・父親・母親を通じて、「とても影響」および「とても影響」と「いくぶん影響」との合計は男子において比率が高く、「影響なし」および「影響なし」と「わずかに影響」との合計では女子のほうの比率が高かった。なお、教師からの場合は、上記の関係は1％の危険率で統計的に有意であった［表2-10-2、父親・母親からの場合の影響と性別とのクロス集計表は省略］。

動揺の程度とのクロスでは、教師・父親・母親を通じて、「動揺」と「影響」との関係に統計的に明確な有意差が認められた。すなわち、「とても影響」「いくぶん影響」「わずかに影響」のすべての項目において「動揺あり」の比率が高く、逆に、「影響なし」においては「動揺なし」の比率が高かった。この関

表2-10-1　Q2-10 体罰体験の人生影響
上段：人数　中段：人数／横合計(%)　下段：人数／回答者数(%)

	とても影響	いくぶん影響	わずかに影響	影響はない	無回答	横合計	回答者数
先生	49 (4.7) (7.6)	126 (12.2) (19.4)	137 (13.2) (21.1)	336 (32.5) (51.9)	386 (37.3) —	1,034 (100.0) —	648 — (100.0)
父	60 (5.8) (11.8)	133 (12.9) (26.1)	104 (10.1) (20.4)	213 (20.6) (41.8)	524 (50.7) —	1,034 (100.0) —	510 — (100.0)
母	66 (6.4) (13.0)	95 (9.2) (18.7)	111 (10.7) (21.8)	237 (22.9) (46.6)	525 (50.8) —	1,034 (100.0) —	509 — (100.0)
縦合計	175 (5.6) (10.5)	354 (11.4) (21.2)	352 (11.3) (21.1)	786 (25.3) (47.2)	1,435 (46.3) —	3,102 (100.0) —	1,667 — (100.0)

表2-10-2　Q2-10（先生からの体罰体験の人生影響）と性別のクロス表
上段：人数　中段：人数／対象者数(%)　下段：人数／回答者数(%)

	とても影響	いくぶん影響	わずかに影響	影響はない	無回答	対象者数	回答者数
男	21 (7.6) (10.4)	49 (17.7) (24.4)	31 (11.2) (15.4)	100 (36.1) (49.8)	76 (27.4) —	277 (100.0) —	201 — (100.0)
女	28 (3.7) (6.3)	77 (10.2) (17.2)	106 (14.0) (23.7)	236 (31.3) (52.8)	308 (40.8) —	755 (100.0) —	447 — (100.0)
合計	49 (4.7) (7.6)	126 (12.2) (19.4)	137 (13.3) (21.1)	336 (32.6) (51.9)	384 (37.2) —	1,032 (100.0) —	648 — (100.0)

$p<.01$　　$\chi^2=11.61300$

係は、教師・父親・母親からのすべてにおいて0.1％の危険率で統計的に有意であった［表2-10-3、表2-10-4、表2-10-5］。

　第1に、「影響なし」の比率がいずれの加害者からの場合においても最も高い比率を占めたことについては、前項で述べたことがそのまま妥当する。すなわち、単に影響の自覚がないというにすぎない可能性、および、回答者の年齢が若いために影響がまだ発現していない可能性が想定できるのである。特に、教師からの場合に「影響なし」の比率が高率となっていることについては、教師からの体罰は、「小学校高学年」「中学」「高校」段階、すなわち思春期に集中し、年齢別内訳比でこの段階が77.6％を占め、回答者の83.4％がこの段階で教師による体罰を経験していることに関連していよう。この段階で受けた体罰の直接的影響は思春期現象と混同され、また、それが遷延して長期的影響となった場合でも思春期現象の残存現象として知覚され、体罰による影響とは認識されにくい。影響が遅滞して思春期後の青年期になって発現した場合でも、思春期固有のさまざまな出来事に埋もれて体罰経験は影響源として意識的に顕在化しない可能性が強い。さらに、思春期という近過去の体罰経験の影響は未だ大学生段階では発症していない蓋然性も高いのである。教師－生徒間の権力関係が障壁となって、生徒の体罰に対する被体罰時およびその後の対応は不十分ないし不在の状態であっただけに、むしろその影響は危惧されるところである。回答者自身の長期的影響「感」を鵜呑みにして、学校体罰の影響を楽観視するのは危険である。

　第2に、男子と女子を比較した場合、教師、父親、母親からのすべての場合において、「とても影響」と「いくぶん影響」では男子の比率が高く、「わずかに影響」と「影響なし」では女子の比率が高かったこと、そして、特に教師からの場合にはこの関係が統計的に有意であったことについては、とりわけ女子における影響の「否認（denial）」と「解離（dissociation）」の問題を考えなければならない。わが国の社会における女性の地位は未だ低く、彼女たちは依然その権力構造の中で抑圧された地位に置かれている。学校でも未だ「隠れたカリキュラム」[27]によって女性たちは差別構造への順応を強いられている。抑圧された地位に押し込められた女性たちは、そうした立場にあるが故に日常的に襲う心理的苦痛を否認したり解離したりする防衛機制をより発達させている。

表2-10-3　Q2-10(先生からの体罰経験の人生影響)とQ2-6(動揺の程度)のクロス表
上段：人数　中段：人数／対象者数(%)　下段：人数／回答者数(%)

	とても影響	いくぶん影響	わずかに影響	影響はない	無回答	対象者数	回答者数
動揺した	47 (8.5) (8.7)	115 (20.7) (21.3)	127 (22.8) (23.5)	251 (45.1) (46.5)	16 (2.9) —	556 (100.0) —	540 — (100.0)
動揺しなかった	2 (2.4) (2.6)	9 (10.8) (11.8)	6 (7.2) (7.9)	59 (71.1) (77.6)	7 (8.4) —	83 (100.0) —	76 — (100.0)
合計	49 (7.7) (8.0)	124 (19.4) (20.1)	133 (20.8) (21.6)	310 (48.5) (50.3)	23 (3.6) —	639 (100.0) —	616 — (100.0)

$p < .001$　$\chi^2 = 26.42456$

表2-10-4　Q2-10(父親からの体罰経験の人生影響)とQ2-6(動揺の程度)のクロス表
上段：人数　中段：人数／対象者数(%)　下段：人数／回答者数(%)

	とても影響	いくぶん影響	わずかに影響	影響はない	無回答	対象者数	回答者数
動揺した	55 (12.3) (12.8)	125 (28.0) (29.1)	102 (22.8) (23.8)	147 (32.9) (34.3)	18 (4.0) —	447 (100.0) —	429 — (100.0)
動揺しなかった	3 (4.8) (6.0)	6 (9.7) (12.0)	2 (3.2) (4.0)	39 (62.9) (78.0)	12 (19.4) —	62 (100.0) —	50 — (100.0)
合計	58 (11.4) (12.1)	131 (25.7) (27.3)	104 (20.4) (21.7)	186 (36.5) (38.8)	30 (5.9) —	509 (100.0) —	479 — (100.0)

$p < .001$　$\chi^2 = 36.65339$

表2-10-5　Q2-10(母親からの体罰経験の人生影響)とQ2-6(動揺の程度)のクロス表
上段：人数　中段：人数／対象者数(%)　下段：人数／回答者数(%)

	とても影響	いくぶん影響	わずかに影響	影響はない	無回答	対象者数	回答者数
動揺した	61 (14.1) (14.9)	86 (19.9) (21.0)	104 (24.1) (25.4)	159 (36.8) (38.8)	22 (5.1) —	432 (100.0) —	410 — (100.0)
動揺しなかった	2 (2.9) (3.3)	7 (10.0) (11.5)	5 (7.1) (8.2)	47 (67.1) (77.0)	9 (12.9) —	70 (100.0) —	61 — (100.0)
合計	63 (12.5) (13.4)	93 (18.5) (19.7)	109 (21.7) (23.1)	206 (41.0) (43.7)	31 (6.2) —	502 (100.0) —	471 — (100.0)

$p < .001$　$\chi^2 = 32.31215$

教師や親による体罰の苦痛も、防衛機制によって否認され解離され、苦痛を苦痛として感じることが回避されがちである。体罰の長期的影響についても、それがあったと認めることに伴う心理的苦痛が否認や解離によって回避されるのである。女子において体罰の影響が相対的に少なく報告されていることは、事実として影響が少なかったというよりも、その影響を認めることに伴う苦痛が否認や解離によって回避されたことの結果と解すべきである。こうして回避された苦痛は、女性たちの「我」と意識されていない自分[28]によって引き受けられ、やがて、女性たちは、この苦痛を引き受けた無意識の内なるもう1つの自分の悲痛の叫びにおののき苦しむことになるのである。

　第3に、教師・父親・母親を通じて、「動揺」と「影響」との関係に統計的に有意な関係が認められたことについては、この両者は主観的トラウマ変数[29]の両側面をなすものであるから、当然といえば当然である。「動揺」は虐待の直接的・短期的影響をなし、「影響」は長期的影響をなす。「動揺」があって「影響」がないこともあるし、「動揺」がなくて「影響」がある場合もあるが、両者の相関は、「動揺」によって「影響」を予測させる。この意味で、体罰経験後の変化について「変化なし」との回答者が被害時に「動揺」を受けていることは、その回答にもかかわらず「影響あり」を推定させるのである。

　以下、紙幅の関係で、各項目ごとに、若干の要点のみ記すにとどめる。

3．教師からの体罰の被害経験

　教師からの体罰の被害経験者に対して、どのような理由で体罰を受けたのかを尋ね（Q3－1）、さらに、教師からの体罰経験のうち最も不快な・傷ついた経験を1つだけ選んでもらい、その経験の相手である体罰教師の〈性別〉〈年齢〉〈仕事内容〉、また、その経験における〈体罰理由〉〈体罰内容〉について尋ねた（Q3－2）。なお、回答法は、〈体罰内容〉のみ文字記入回答形式の自由回答法に依り、他はすべてプリコード回答法に依っている。

3－1．教師から体罰を受けた理由
　体罰の理由と想定される24項目を列挙し、それぞれが理由で体罰を受けた

表3-1　Q3-1　1〜24の理由で先生から体罰を受けたことがあるか

左段：件数　中段：件数／横合計(%)　右段：件数／回答者数(%)

先生から体罰を受けた理由	ある		ない		無回答		横合計		回答者数	
1. 宿題などせず	336	(32.5)	474	(45.8)	224	(21.7)	1,034	(100.0)	810	(78.3)
2. 質問に答えない	106	(10.3)	702	(67.9)	226	(21.9)	1,034	(100.0)	808	(78.1)
3. 部活態度悪い	172	(16.6)	636	(61.5)	226	(21.9)	1,034	(100.0)	808	(78.1)
4. 部活で鍛える	114	(11.0)	694	(67.1)	226	(21.9)	1,034	(100.0)	808	(78.1)
5. 遅刻した	133	(12.9)	674	(65.2)	227	(22.0)	1,034	(100.0)	807	(78.0)
6. 授業サボり	58	(5.6)	749	(72.4)	227	(22.0)	1,034	(100.0)	807	(78.0)
7. 掃除態度悪い	131	(12.7)	677	(65.5)	226	(21.9)	1,034	(100.0)	808	(78.1)
8. 授業妨害	92	(8.9)	716	(69.2)	226	(21.9)	1,034	(100.0)	808	(78.1)
9. 校則違反	104	(10.1)	703	(68.0)	227	(22.0)	1,034	(100.0)	807	(78.0)
10. 飲酒や喫煙行為	31	(3.0)	776	(75.0)	227	(22.0)	1,034	(100.0)	807	(78.0)
11. 他の生徒いじめ	65	(6.3)	742	(71.8)	227	(22.0)	1,034	(100.0)	807	(78.0)
12. 他の生徒に暴力	38	(3.7)	769	(74.4)	227	(22.0)	1,034	(100.0)	807	(78.0)
13. 生徒に危険行為	20	(1.9)	787	(76.1)	227	(22.0)	1,034	(100.0)	807	(78.0)
14. 教師に反抗	92	(8.9)	717	(69.3)	225	(21.8)	1,034	(100.0)	809	(78.2)
15. 教師に暴力	10	(1.0)	797	(77.1)	227	(22.0)	1,034	(100.0)	807	(78.0)
16. 器物破損	16	(1.5)	791	(76.5)	227	(22.0)	1,034	(100.0)	807	(78.0)
17. 禁止行為	44	(4.3)	763	(73.8)	227	(22.0)	1,034	(100.0)	807	(78.0)
18. 万引きなどの非行	18	(1.7)	789	(76.3)	227	(22.0)	1,034	(100.0)	807	(78.0)
19. わいせつ行為など	1	(0.1)	806	(77.9)	227	(22.0)	1,034	(100.0)	807	(78.0)
20. 禁止バイトする	2	(0.2)	805	(77.9)	227	(22.0)	1,034	(100.0)	807	(78.0)
21. 性的非行	1	(0.1)	806	(77.9)	227	(22.0)	1,034	(100.0)	807	(78.0)
22. 登校拒否	11	(1.1)	796	(77.0)	227	(22.0)	1,034	(100.0)	807	(78.0)
23. 理由なし	93	(9.0)	710	(68.7)	231	(22.3)	1,034	(100.0)	803	(77.7)
24. その他	107	(10.3)	676	(65.4)	251	(24.3)	1,034	(100.0)	783	(75.7)
総合計	1,795	(7.2)	17,555	(70.7)	5,466	(22.0)	24,816	(100.0)	18,542	(74.7)

ことの「ある・ない」を問うたところ、表3-1の結果を得た。

「宿題をやってこなかった、忘れ物をした、授業に必要のない禁止されているものをもってきたなど」の理由で体罰を受けた者の比率が41.5％に上る。「遅刻をした」という理由で体罰を受けた者の比率は16.5％である［表3-1］。体罰自体が法律違反であるにもかかわらず、そのうえ、このような些細なことで体罰がまかり通っているとすれば、学校は、もはや教育機関というよりは、暴力を教える社会化装置というほかはない。

3－2．教師からの体罰経験のうち最も不快な・傷ついた経験

3－2－1．体罰教師の性別
「男性」教師が77.6％を占める［表省略］。

3－2－2．体罰教師の年齢
30歳代が最も多く41.5％を占める［表省略］。

3－2－3．体罰教師の仕事内容
担任教師が52.9％で過半を占める［表3-2-1］。

表3-2-1　Q3-2-3 先生の仕事内容
左段：人数　中段：人数／合計(％)　右段：人数／回答者数(％)

担任の先生	290	(28.1)	(52.9)
生活指導の先生	32	(3.1)	(5.8)
部活顧問	88	(8.5)	(16.1)
体育の先生	47	(4.6)	(8.6)
体育以外の先生	63	(6.1)	(11.5)
校長教頭先生	3	(0.3)	(0.5)
その他の先生	25	(2.4)	(4.6)
無回答	484	(46.9)	—
合　計	1,032	(100.0)	—
回答者数	548	(53.1)	(100.0)

3－2－4．体罰の理由
3－1と同じ24項目の中から主たる理由を1つだけ選んでもらったところ、表3-2-2のような結果が得られた。

「宿題をやってこなかったなど」が最も多く24.2％、次いで「部活動の時の態度が悪かった」で9.7％、3番目に多かったのは「特に理由の思い浮かばないことのために」で8.9％であった［表3-2-2］。被罰者から見て理由の分からない体罰の効果は、行動・態度の是正ではなく、人生の不条理の学習である。

表3-2-2　Q3-2-4 体罰の理由
左段：人数　中段：人数／合計(%)　右段：人数／回答者数(%)

1. 宿題などせず	117	(11.3)	(24.2)
2. 質問に答えない	34	(3.3)	(7.0)
3. 部活態度悪い	47	(4.5)	(9.7)
4. 部活で鍛える	24	(2.3)	(5.0)
5. 遅刻した	18	(1.7)	(3.7)
6. 授業サボリ	7	(0.7)	(1.4)
7. 掃除態度悪い	20	(1.9)	(4.1)
8. 授業妨害	29	(2.8)	(6.0)
9. 校則違反	20	(1.9)	(4.1)
10. 飲酒や喫煙行為	1	(0.1)	(0.2)
11. 他の生徒いじめ	14	(1.4)	(2.9)
12. 他の生徒に暴力	4	(0.4)	(0.8)
13. 生徒に危険行為	2	(0.2)	(0.4)
14. 教師に反抗	19	(1.8)	(3.9)
15. 教師に暴力	1	(0.1)	(0.2)
16. 器物破損	3	(0.3)	(0.6)
17. 禁止行為	6	(0.6)	(1.2)
18. 万引きなどの非行	3	(0.3)	(0.6)
19. わいせつ行為など	0	(0.0)	(0.0)
20. 禁止バイトする	0	(0.0)	(0.0)
21. 性的非行	0	(0.0)	(0.0)
22. 登校拒否	0	(0.0)	(0.0)
23. 理由なし	42	(4.1)	(8.7)
24. その他	72	(7.0)	(14.9)
無回答	551	(53.3)	―
合　計	1,034	(100.0)	―
回答者数	483	(46.7)	(100.0)

そして、この不条理の学習の結果は、理由の了解困難な〈動機なき〉非行・犯罪でありうる。

3－2－5. 最も不快な・傷ついた体罰経験の内容

　教育の名において性的意味を帯びた仕置き＝性的虐待が行われることもある。

① 　放送室の横の先生方の休憩室に呼ばれ、叩かれたり蹴られたりした後、体中を触られ、体中にキスされた。(20歳・女性・中国地方A県・専門学校生)

② 　今までより少しだけテストの点が下がっただけなのに、それを口実として呼び出され、霊がついてるといわれ、その霊をとりはらうために、キスなどをされた。性行為をしないと死ぬといわれたけど、こわくなって逃げた。とても信頼していて大好きな先生だったので、ものすごいショックを

うけた。(20歳・女性・九州地方B県・大学生)

4．親からの体罰の被害経験

　親からの体罰の被害経験者に対して、どのような理由で体罰を受けたのかを尋ね（Q4−1）、さらに、親からの体罰経験のうち最も不快な・傷ついた経験を1つだけ選んでもらい、その経験の相手である体罰親の〈類別〉〈年齢〉、また、その経験における〈体罰理由〉〈体罰内容〉について尋ねた（Q4−2）。なお、回答法は、3［教師からの体罰の被害経験］の場合と同じく、〈体罰内容〉のみ文字記入回答形式の自由回答法に依り、他はすべてプリコード回答法に依っている。

4−1．親から体罰を受けた理由

　体罰の理由と想定される26項目を列挙し、それぞれが理由で体罰を受けたことの「ある・ない」を問うたところ、表4-1-1の結果を得た。

　親から体罰を受けた理由として最も多かったのは、「親の注意に従わず、反抗した」で39.3％、次が「門限を守らなかった」の16.5％、次いで「家の手伝いをしなかった」の13.1％となっている（「その他」を除く）［表4-1-1］。調査票に列挙された諸理由のどれかで体罰を受けた経験のある者は67％に上る［表4-1-2］。

　「大人は何が正しく何が不正であるかを神のごとく決める。」親の決めた門限を守らないのは罪である。「できるだけ早く『子どもの意志を奪ってしまう』ことが必要である。」子どもが意志をもち、親の注意に従わず、反抗することは罪である。「義務感によって愛情が生まれる。」家の手伝いをしないのは義務の不履行であり、義務の履行の中で育まれる親への愛情の放棄であり、罪である。「大人は、自分が面倒を見てやっている子どもの支配者である。」支配者は、子どもの罪は罰せねばならず、そのための手段として「拷問に終わる暴力」を用いることもできる[30]。すべては、アリス・ミラーの言う闇教育の鉄則に基づいて営まれているかのごとく見えるのである。

表4-1-1　Q4-1　1～26の理由で親から体罰を受けたことがあるか

左段：件数　中段：件数／横合計(%)　右段：件数／回答者数(%)

親から体罰を受けた理由	ある		ない		無回答		横合計		回答者数	
1. 宿題などをせず	58	(5.6)	743	(71.9)	233	(22.5)	1,034	(100.0)	801	(77.5)
2. 成績などが下がる	75	(7.3)	726	(70.2)	233	(22.5)	1,034	(100.0)	801	(77.5)
3. 部活をサボるなど	11	(1.1)	790	(76.4)	233	(22.5)	1,034	(100.0)	801	(77.5)
4. 学校遅刻	28	(2.7)	773	(74.8)	233	(22.5)	1,034	(100.0)	801	(77.5)
5. 登校拒否	21	(2.0)	782	(75.6)	231	(22.3)	1,034	(100.0)	803	(77.7)
6. 学校をサボる	24	(2.3)	777	(75.1)	233	(22.5)	1,034	(100.0)	801	(77.5)
7. 授業妨害	9	(0.9)	792	(76.6)	233	(22.5)	1,034	(100.0)	801	(77.5)
8. 禁止行為	20	(1.9)	781	(75.5)	233	(22.5)	1,034	(100.0)	801	(77.5)
9. 教師に反抗	7	(0.7)	794	(76.8)	233	(22.5)	1,034	(100.0)	801	(77.5)
10. 学校の器物破損	9	(0.9)	792	(76.6)	233	(22.5)	1,034	(100.0)	801	(77.5)
11. 登校時禁止行為	16	(1.5)	785	(75.9)	233	(22.5)	1,034	(100.0)	801	(77.5)
12. いじめや暴力	23	(2.2)	778	(75.2)	233	(22.5)	1,034	(100.0)	801	(77.5)
13. 家の手伝いせず	105	(10.2)	698	(67.5)	231	(22.3)	1,034	(100.0)	803	(77.7)
14. 門限守らず	132	(12.8)	670	(64.8)	232	(22.4)	1,034	(100.0)	802	(77.6)
15. 無断外泊	33	(3.2)	768	(74.3)	233	(22.5)	1,034	(100.0)	801	(77.5)
16. 親に反抗	317	(30.7)	489	(47.3)	228	(22.1)	1,034	(100.0)	806	(77.9)
17. 親に暴力	58	(5.6)	744	(72.0)	232	(22.4)	1,034	(100.0)	802	(77.6)
18. 親の器物損壊	35	(3.4)	766	(74.1)	233	(22.5)	1,034	(100.0)	801	(77.5)
19. 塾をサボる	32	(3.1)	769	(74.4)	233	(22.5)	1,034	(100.0)	801	(77.5)
20. 飲酒や喫煙行為	15	(1.5)	786	(76.0)	233	(22.5)	1,034	(100.0)	801	(77.5)
21. 万引きなどの非行	27	(2.6)	774	(74.9)	233	(22.5)	1,034	(100.0)	801	(77.5)
22. わいせつ行為など	5	(0.5)	796	(77.0)	233	(22.5)	1,034	(100.0)	801	(77.5)
23. 禁止バイト等する	5	(0.5)	796	(77.0)	233	(22.5)	1,034	(100.0)	801	(77.5)
24. 性的非行	6	(0.6)	795	(76.9)	233	(22.5)	1,034	(100.0)	801	(77.5)
25. 理由なし	89	(8.6)	706	(68.3)	239	(23.1)	1,034	(100.0)	795	(76.9)
26. その他	117	(11.3)	654	(63.2)	263	(25.4)	1,034	(100.0)	771	(74.6)
縦合計	1,277	(4.8)	19,524	(72.6)	6,083	(22.6)	26,884	(100.0)	20,801	(77.4)

表4-1-2 Q4-1において1項目でも「ある」と回答した者の数
上段：人数　中段：人数／回答者数(%)　下段：人数／対象者数(%)

一つでもある人	全くない人	回答者数	無回答者数	対象者数
541	267	808	226	1,034
(67.0)	(33.0)	(100.0)	—	—
(52.3)	(25.8)	(78.1)	(21.9)	(100.0)

4－2．親からの体罰経験のうち最も不快な・傷ついた経験

4－2－1．体罰親の種類

「実父」が54.0％、「実母」が42.4％を占める［表省略］。

4－2－2．体罰親の年齢

40歳代が最も多く48.5％、次いで30歳代の34.6％である［表省略］。

4－2－3．体罰の理由

4－1と同じ26項目の中から主たる理由を1つだけ選んでもらったところ、表4-2のような結果が得られた。

「親の注意に従わず、反抗した」が最も多く35.8％、次が「門限を守らなかった」の7.9％、次いで「学校の宿題をやっていかなかったなど」の6.3％であった（「その他」を除く）［表4-2］。

4－2－4．体罰の内容

わが国の現代家族では、泥沼の抗争が展開され、子どもは親に愛想をつかし、性的虐待が行われ、そして、子どもたちはアダルト・チルドレンとして育っている。

① 手伝いをしなかったことは悪いと思ってあやまったが、母は気げんが悪かったらしく、とても怒ったので口論となった。たたかれたので、たたいて返したらますます怒り「でてけー」といったので「くそばばあ」といって外へ逃げようとすると玄関でつかまりけられた。恐ろしくなって、お風呂場へ逃げ込んだら、「ドアをやぶる」といったのであけたら、シャワーをかけられ、なぐられて、メガネがわれた。なんとか外へ出て「家出してやる」と町まで歩いて行ったが行くところがなくて、バスターミナルで座っていたら、車で迎えに来てくれた。（女・21歳・関西地方C府・大学生）

② 私のワガママというのは、色々なケースがあるので省略するが、感情的な父親に対していい加減あいそがつきた。自分の感情まかせに声を荒げな

表4-2　Q4-2-3 体罰の理由

左段：人数　中段：人数／合計(%)　右段：人数／回答者数(%)

1. 宿題などせず	25	(2.4)	(6.3)
2. 成績など下がる	23	(2.2)	(5.8)
3. 部活をサボるなど	1	(0.1)	(0.3)
4. 学校遅刻	5	(0.5)	(1.3)
5. 登校拒否	5	(0.5)	(1.3)
6. 学校をサボる	5	(0.5)	(1.3)
7. 授業妨害	1	(0.1)	(0.3)
8. 禁止行為	2	(0.2)	(0.5)
9. 教師に反抗	1	(0.1)	(0.3)
10. 学校の器物破損	0	(0.0)	(0.0)
11. 登校時禁止行為	1	(0.1)	(0.3)
12. いじめや暴力	4	(0.4)	(1.0)
13. 家の手伝いせず	9	(0.9)	(2.3)
14. 門限守らず	31	(3.0)	(7.9)
15. 無断外泊	1	(0.1)	(0.3)
16. 親に反抗	141	(13.6)	(35.8)
17. 親に暴力	2	(0.2)	(0.5)
18. 家の器物損壊	4	(0.4)	(1.0)
19. 塾をサボる	3	(0.3)	(0.8)
20. 飲酒や喫煙行為	0	(0.0)	(0.0)
21. 万引きなどの非行	7	(0.7)	(1.8)
22. わいせつ行為など	2	(0.2)	(0.5)
23. 禁止バイトする	1	(0.1)	(0.3)
24. 性的非行	2	(0.2)	(0.5)
25. 理由なし	35	(3.4)	(8.9)
26. その他	83	(8.0)	(21.1)
無回答	640	(61.9)	—
合　　計	1,034	(100.0)	—
回答者数	394	(38.1)	(100.0)

がら向こうが気がすむまで殴ったり、腕をねじったりする。「最も不快な」という特定のものはないが、大人になるにつれて父親の感情的過ぎる面は見るに耐えず、幼稚に思え、普段は調子のいい男なのでそのギャップがよけい目立ち、彼のいいところも見えにくくなっている。（女・19歳・中国地方A県・短大生）

③　着ているものをみぐるみはがされて、パンツ一枚で表に出された。（女・19歳・中国地方D県・大学生）

④　下着の匂いをかがれる。または、下着を使ったマスターベーション。（女・19歳・四国地方E県・高校生）

⑤　父親に帰りがおそくなって、おこられた。その時の態度が気に入らなかったからといって動けなくなるくらい殴られた。母の家を追い出されて、

居場所がなくなり、離婚した父親の所で、生まれてはじめて暮らした。父親とはとくにいい思い出もないのに、私には、殴られた事しか思い出に残らないのがいやだ。もう誰にもたよらないと心から思った。(女・19歳・四国地方E県・高校生)

5．性的仕置きの被害経験

　性的な気味合いを含んだ仕置きについて、(1)その有無、(2)相手、(3)時期、(4)相手の年齢、(5)回数を尋ね (Q5-1)、さらに、こうした性的仕置きの被害経験者に、受けた性的仕置きの中から最も傷ついた経験を1つだけ選んでもらい、(2)相手、(3)時期、(4)相手の年齢、(5)回数のほか、その内容について答えてもらった。ここで、性的な気味合いを含んだ仕置きとして想定されたものは、以下の13項目である。加害者の視点からはしつけ・体罰の一環として捉えられているかもしれないが、実質的に性的虐待であるような諸項目が列挙されている。

1. 性的な意味あい含んで、お尻・太もも・脚をたたかれた
2. 性的な意味あい含んで、お尻・太もも・脚をつねられた
3. スカートをめくられた
4. ズボン、スカートを脱がされた
5. パンツを脱がされた
6. 口唇を吸われた
7. 服の上から胸・乳房を指・棒などでつつくなどされた
8. じかに胸・乳房を指・棒などでつつくなどされた
9. ズボン、スカートの上から性器を指などでつつくなどされた
10. ズボン、スカートの上から性器を棒などでつつくなどされた
11. じかに性器を指などでつつくなどされた
12. じかに性器を棒などでつつくなどされた
13. その他（具体的にお書きください）（　　　　　　　　　　）

5-1. 性的仕置きの被害経験の有無・相手・時期・年齢・回数
5-1-1. 性的仕置きの被害経験の有無

性的な意味合いを含んだ仕置きを受けた経験が「ある」者は55人、6.6％に

表5-1-1　Q5-1(1)有無　—種類別—
上段：件数(人)　中段：件数／合計(％)　下段：件数／回答者数(％)

仕置きの種類	ある	ない	無回答	合計	回答者数
1.お尻等を叩かれた	33 (3.2) (4.0)	802 (77.6) (96.0)	199 (19.2) —	1,034 (100.0) —	835 — (100.0)
2.お尻等をつねられた	10 (1.0) (1.3)	778 (75.2) (98.7)	246 (23.8) —	1,034 (100.0) —	788 — (100.0)
3.スカートをめくられた	9 (0.9) (1.1)	779 (75.3) (98.9)	246 (23.8) —	1,034 (100.0) —	788 — (100.0)
4.ズボン等を脱がされた	13 (1.3) (1.6)	777 (75.1) (98.4)	244 (23.6) —	1,034 (100.0) —	790 — (100.0)
5.パンツを脱がされた	8 (0.8) (1.0)	779 (75.3) (99.0)	247 (23.9) —	1,034 (100.0) —	787 — (100.0)
6.口唇を吸われた	6 (0.6) (0.8)	779 (75.3) (99.2)	249 (24.1) —	1,034 (100.0) —	785 — (100.0)
7.服の上から胸等を指等でつつかれた	11 (1.1) (1.4)	775 (75.0) (98.6)	248 (24.0) —	1,034 (100.0) —	786 — (100.0)
8.じかに胸等を指等でつつかれた	4 (0.4) (0.5)	782 (75.6) (99.5)	248 (24.0) —	1,034 (100.0) —	786 — (100.0)
9.服の上から性器を指等でつつかれた	4 (0.4) (0.5)	781 (75.5) (99.5)	249 (24.1) —	1,034 (100.0) —	785 — (100.0)
10.服の上から性器を棒等でつつかれた	3 (0.3) (0.4)	782 (75.6) (99.6)	249 (24.1) —	1,034 (100.0) —	785 — (100.0)
11.じかに性器を指等でつつかれた	5 (0.5) (0.6)	782 (75.6) (99.4)	247 (23.9) —	1,034 (100.0) —	787 — (100.0)
12.じかに性器を棒等でつつかれた	3 (0.3) (0.4)	782 (75.6) (99.6)	249 (24.1) —	1,034 (100.0) —	785 — (100.0)
13.その他	13 (1.3) (1.7)	731 (70.7) (98.3)	290 (28.0) —	1,034 (100.0) —	744 — (100.0)
合　計	122 (0.9) (1.2)	10,109 (75.2) (98.8)	3,211 (23.9) —	13,442 (100.0) —	10,231 — (100.0)

表5-1-2　Q5-1(1)有無 —全体—
上段：件数　中段：件数／回答者数(%)　下段：件数／対象者数(%)

受けたことがある	受けたことはない	無回答	回答者数	対象者数
55	784	195	839	1,034
(6.6)	(93.4)	—	(100.0)	—
(5.3)	(75.8)	(18.9)	—	(100.0)

表5-1-3　Q5-1(1)有無 —全体— (13項目すべてに回答)
上段：件数　中段：件数／回答者数(%)　下段：件数／対象者数(%)

受けたことがある	受けたことはない	無回答	回答者数	対象者数
37	738	259	775	1,034
(4.8)	(95.2)	—	(100.0)	—
(3.6)	(71.4)	(25.0)	—	(100.0)

上る［表5-1-2］。被害総件数は122件であった［表5-1-1］。なお、「無回答者」が195名を数えたが、この中には、防衛機制によって記憶を抑圧した者、意識的な回答拒否者などが含まれていることが推定できる。被害種類別の被害者数では、「性的な意味合いを含んでお尻・太もも・脚を叩かれた」が最も多く33名にのぼるが、「パンツを脱がされた」（8名）、「じかに性器を指などでつつかれた」（5名）、「じかに性器を棒などでつつかれた」（3名）などのヘビーな被害も報告された［表5-1-1］。「その他」で、「小学校のころ最後までされそうになり、中学校のころは何回か最後までされそうになった」、「抱きしめられ、お尻など触られた」、「耳の穴の中に舌を入れてくる」などが報告された。

5−1−1−1. 性的仕置きの被害者の帰属階級と性別

　性的仕置きの被害者の帰属階級は、「中層の中」61.8％、「中層の下」14.5％、「中層の上」12.7％であった［表省略］。被害者の性別は、「女子」72.7％、「男子」27.3％であった［表省略］。

5−1−2. 性的仕置きの被害経験の相手

　相手＝加害者別の被害経験の内訳は、「男性教師」によるもの76.1％、「実父」によるもの9.8％、「女性教師」によるもの6.5％であった。「じかに性器を指などでつつかれた」と「じかに性器を棒などでつつかれた」はすべて「男性教師」によるものであった［表5-1-4］。

5−1−2−1. 性的仕置きの加害者のタイプと被害者の性別との関係

　加害者のタイプと被害者の性別との関係については、教師による被害の場合、男子83.3％、女子71.4％であった。なお、男子で「教師および父親」による被

第6部　児童虐待と体罰

表5-1-4　Q5-1（2）相手
上段：件数（人）　中段：件数／被害件数（%）　下段：件数／回答者数（%）

仕置きの種類	男の先生	女の先生	実父	養父・継父	他の父代理	実母	養母・継母	他の母代理	被害件数	回答者数
1．お尻等を叩かれた	23 (69.7) (69.7)	3 (9.1) (9.1)	3 (9.1) (9.1)	0 (0.0) (0.0)	2 (6.1) (6.1)	2 (6.1) (6.1)	0 (0.0) (0.0)	0 (0.0) (0.0)	33 (100.0) —	33 — (100.0)
2．お尻等をつねられた	7 (87.5) (70.0)	0 (0.0) (0.0)	1 (12.5) (10.0)	0 (0.0) (0.0)	0 (0.0) (0.0)	0 (0.0) (0.0)	0 (0.0) (0.0)	0 (0.0) (0.0)	8 (100.0) —	10 — (100.0)
3．スカートをめくられた	5 (83.3) (55.6)	0 (0.0) (0.0)	1 (16.7) (11.1)	0 (0.0) (0.0)	0 (0.0) (0.0)	0 (0.0) (0.0)	0 (0.0) (0.0)	0 (0.0) (0.0)	6 (100.0) —	9 — (100.0)
4．ズボン等を脱がされた	8 (80.0) (61.5)	2 (20.0) (15.4)	0 (0.0) (0.0)	0 (0.0) (0.0)	0 (0.0) (0.0)	0 (0.0) (0.0)	0 (0.0) (0.0)	0 (0.0) (0.0)	10 (100.0) —	13 — (100.0)
5．パンツを脱がされた	4 (80.0) (50.0)	0 (0.0) (0.0)	0 (0.0) (0.0)	0 (0.0) (0.0)	0 (0.0) (0.0)	1 (20.0) (12.5)	0 (0.0) (0.0)	0 (0.0) (0.0)	5 (100.0) —	8 — (100.0)
6．口唇を吸われた	3 (75.0) (50.0)	0 (0.0) (0.0)	1 (25.0) (16.7)	0 (0.0) (0.0)	0 (0.0) (0.0)	0 (0.0) (0.0)	0 (0.0) (0.0)	0 (0.0) (0.0)	4 (100.0) —	6 — (100.0)
7．服の上から胸等を指等でつつかれた	5 (55.6) (45.5)	1 (11.1) (9.1)	2 (22.2) (18.2)	0 (0.0) (0.0)	1 (11.1) (9.1)	0 (0.0) (0.0)	0 (0.0) (0.0)	0 (0.0) (0.0)	9 (100.0) —	11 — (100.0)
8．じかに胸等を指等でつつかれた	1 (100.0) (25.0)	0 (0.0) (0.0)	0 (0.0) (0.0)	0 (0.0) (0.0)	0 (0.0) (0.0)	0 (0.0) (0.0)	0 (0.0) (0.0)	0 (0.0) (0.0)	1 (100.0) —	4 — (100.0)
9．服の上から性器を指等でつつかれた	2 (100.0) (50.0)	0 (0.0) (0.0)	0 (0.0) (0.0)	0 (0.0) (0.0)	0 (0.0) (0.0)	0 (0.0) (0.0)	0 (0.0) (0.0)	0 (0.0) (0.0)	2 (100.0) —	4 — (100.0)
10．服の上から性器を棒等でつつかれた	1 (100.0) (33.3)	0 (0.0) (0.0)	0 (0.0) (0.0)	0 (0.0) (0.0)	0 (0.0) (0.0)	0 (0.0) (0.0)	0 (0.0) (0.0)	0 (0.0) (0.0)	1 (100.0) —	3 — (100.0)
11．じかに性器を指等でつつかれた	2 (100.0) (40.0)	0 (0.0) (0.0)	0 (0.0) (0.0)	0 (0.0) (0.0)	0 (0.0) (0.0)	0 (0.0) (0.0)	0 (0.0) (0.0)	0 (0.0) (0.0)	2 (100.0) —	5 — (100.0)
12．じかに性器を棒等でつつかれた	1 (100.0) (33.3)	0 (0.0) (0.0)	0 (0.0) (0.0)	0 (0.0) (0.0)	0 (0.0) (0.0)	0 (0.0) (0.0)	0 (0.0) (0.0)	0 (0.0) (0.0)	1 (100.0) —	3 — (100.0)
13．その他	8 (80.0) (61.5)	0 (0.0) (0.0)	1 (10.0) (7.7)	1 (10.0) (7.7)	0 (0.0) (0.0)	0 (0.0) (0.0)	0 (0.0) (0.0)	0 (0.0) (0.0)	10 (100.0) —	13 — (100.0)
合　　計	70 (76.1) (57.4)	6 (6.5) (4.9)	9 (9.8) (7.4)	1 (1.1) (0.8)	3 (3.3) (2.5)	3 (3.3) (2.5)	0 (0.0) (0.0)	0 (0.0) (0.0)	92 (100.0) —	122 — (100.0)

表5-1-5　Q5-1　55名の被害経験（表5-1-2）における加害者のタイプと被害者の性別とのクロス表
上段：人数　中段：人数／合計(%)　下段：人数／回答者数(%)

被害者の性別	加害者のタイプ								
	先生	父親	母親	先生と父親	先生と母親	母親と父親	無回答	合計	回答者数
男	10 (66.7) (83.3)	1 (6.7) (8.3)	0 (0.0) (0.0)	1 (6.7) (8.3)	0 (0.0) (0.0)	0 (0.0) (0.0)	3 (20.0) —	15 (100.0) —	12 — (100.0)
女	25 (62.5) (71.4)	7 (17.5) (20.0)	0 (0.0) (0.0)	0 (0.0) (0.0)	2 (5.0) (5.7)	1 (2.5) (2.9)	5 (12.5) —	40 (100.0) —	35 — (100.0)
合計	35 (63.6) (74.5)	8 (14.5) (17.0)	0 (0.0) (0.0)	1 (1.8) (2.1)	2 (3.6) (4.3)	1 (1.8) (2.1)	8 (14.5) —	55 (100.0) —	47 — (100.0)

害8.3％、女子で「教師および母親」による被害5.7％、「母親および父親」による被害2.9％を数えている。「父親」による被害者8名、「教師および父親」による被害者1名、「教師および母親」による被害者2名、「母親および父親」による被害者1名、計12名（25.5％）はインセスト被害者に該当する［表5-1-5、表中、無回答とは相手＝加害者についての記載のないものをいう。なお、「教師および父親」による被害者とは、教師と父親とが一緒になって行った行為による被害者という意味ではなく、両者の別々の行為によって被害を受けた者をいう。「教師および母親」「母親および父親」についても同じ］。

5－1－3．性的仕置きの被害経験の時期

　性的仕置きを受けた時期別の被害経験の内訳は、「中学」38.7％、「小学高学年」32.1％、「高校」17.0％、「小学低学年」9.4％、「小学校入学前」2.8％であった。「じかに性器を指などでつつかれた」は「中学」と「高校」、「じかに性器を棒などでつつかれた」は「中学」であった［表省略］。

5－1－4．性的仕置きの被害経験の相手の年齢

　相手の年齢別の被害経験の内訳は、「30歳代」42.0％、「40歳代」26.0％、「20歳代」25.0％であった。「じかに性器を指などでつつかれた」は「20歳代」と「30歳代」の加害者によるものであり、「じかに性器を棒などでつつかれた」は「20歳代」の加害者によるものであった［表省略］。

5－1－5．性的仕置きの被害経験の回数

　回数別の被害経験の内訳は、「時々」41.8％、「1度だけ」35.7％、「頻繁に」22.4％となっている。「じかに性器を指などでつつかれた」については「時々」

50.0％、「1度だけ」「頻繁に」各25.0％、「じかに性器を棒などでつつかれた」については「頻繁に」100％となっている［表省略］。

5−2．性的仕置きの被害経験のうち最も不快な・傷ついた経験
5−2−1．最も不快な・傷ついた性的仕置き経験の相手
「男性教師」による経験が最も多く56.5％、次いで「女性教師」と「実父」と「父代理の保護者」による経験で各13.0％であった［表5-2］。

表5-2　Q5-2(2)相手
上段：人数　中の上段：人数／対象者数(%)　中の下段：人数／回答者数(%)　下段：人数／被害件数(%)

男の先生	女の先生	実父	養父・継父	他の父代理	実母	養母・継母	他の母代理	無回答	被害件数	回答者数	対象者数
13	3	3	1	3	0	0	0	32	23	28	55
(23.6)	(5.5)	(5.5)	(1.8)	(5.5)	(0.0)	(0.0)	(0.0)	(58.2)	—	—	(100.0)
(46.4)	(10.7)	(10.7)	(3.6)	(10.7)	(0.0)	(0.0)	(0.0)	—	—	(100.0)	—
(56.5)	(13.0)	(13.0)	(4.3)	(13.0)	—	—	—	—	(100.0)	—	—

5−2−2．最も不快な・傷ついた性的仕置き経験の時期
「小学高学年」での経験が最も多く39.1％であった［表省略］。

5−2−3．最も不快な・傷ついた性的仕置き経験の相手の年齢
「20歳代」と「40歳代」の加害者による経験が最も多く各28.6％であった［表省略］。

5−2−4．最も不快な・傷ついた性的仕置き経験の回数
「1度だけ」の経験を最も不快な・傷ついた経験としたケースが最も多く52.2％を占めた［表省略］。

5−2−5．最も不快な・傷ついた性的仕置き経験の内容
性的虐待は被害者に精神的死をもたらすことがある。その性的虐待が、最も安全であるべき家庭で、また、教育機関である学校で、罰として（あるいはその他で）加えられることがある。

① 「この制服は学校の規定のじゃない」といわれ、着替えさせられた。先生が私を裸にして最後までされチャイムがなったので制服を着せられ「授業に行きなさい」といわれた。（女・20歳・中国地方A県・専門学校生）

② おばの家にあそびに行った時、母とおばが他の部屋にいるとき、こたつの中で太股をおじがさわってきた。（女・18歳・中国地方A県・専門学校

③ 性器をさわられた。(女・22歳以上・関西地方C府・大学生)
④ 体育の時間、体そう服を忘れたため、上半身裸で体育の授業を受けさせられた。男子もいっしょの場所で体育をしてたので恥かしかった。(女・19歳・中国地方A県・専門学校生)
⑤ 寝ている時にむりやりキスをされきもち悪くて目がさめた。(女・18歳・中国地方A県・大学生)
⑥ 名札をつけ忘れると、人指しゆびで、乳首を服の上からつっつく。(女・20歳・東京都・大学生)
⑦ 下着のにおいをかがれる。または、下着を使ったマスターベーション。(女・19歳・四国地方E県・高校生)

6．回答者の目撃した他の生徒・自分のきょうだいへの体罰

　これまでに回答者が目撃した、教師による他の生徒に対する体罰・性的仕置き、父母による兄弟姉妹に対する体罰・性的仕置きについて情報の提供を求めた。まず、そのような体罰・性的仕置きについて目撃したことがあるかどうかを尋ね（Q6－1）、ある場合には、目撃した時期（Q6－2）、目撃した体罰・性的仕置きの種類（Q6－3）、目撃した時に思ったこと（Q6－4）、目撃した時やその後の回答者の行動（Q6－5）についても尋ねた。

6－1．他の生徒・兄弟姉妹への体罰・性的仕置きの目撃経験の有無

　「教師」による体罰を目撃したことのある者59.3％、「父親」によるそれ27.8％、「母親」によるそれ25.0％であった。全体としては、目撃経験ありの比率は37.5％である［表6-1］。
　全体として被害経験ありの比率は49.0％であったから［表2-1］、この37.5％という数字は、残りの11.5％の体罰は他者の目の触れないところで行われたことを意味しており、体罰の密室性を表している。特に、父母による体罰は、父親の場合被害経験あり44.0％に対して目撃されたもの27.8％、母親の場合被害経験あり43.1％に対して目撃されたもの25.0％にすぎず、密室性が高いといえ

354 第6部 児童虐待と体罰

表6-1 Q6-1 他の生徒、兄弟姉妹への体罰を目撃したことがありますか
上段：人数 中段：人数／横合計(%) 下段：人数／回答者数(%)

	ある	ない	無回答	横合計	回答者数
先生	559 (54.1) (59.3)	384 (37.1) (40.7)	91 (8.8) —	1,034 (100.0) —	943 — (100.0)
父	257 (24.9) (27.8)	669 (64.7) (72.2)	108 (10.4) —	1,034 (100.0) —	926 — (100.0)
母	232 (22.4) (25.0)	697 (67.4) (75.0)	105 (10.2) —	1,034 (100.0) —	929 — (100.0)
縦合計	1,048 (33.8) (37.5)	1,750 (56.4) (62.5)	304 (9.8) —	3,102 (100.0) —	2,798 — (100.0)

よう［表2-1］。

6－2．目撃した時期

「教師」の体罰については「中学」が最も多く34.6％、「父親」と「母親」の体罰については「小学高学年」が最も多く各16.5％、16.4％であった［表省略］。

6－3．目撃した体罰の種類

目撃した体罰の種類については、教師・父親・母親のいずれによる体罰の場合でも、「平手で叩く」が最も多かった［表6-2］。なお、「教師」による「性的仕置き」を目撃したケースが7件、「父親」によるそれを目撃したケースが1件あった。

「性的仕置き」は、報告された被害総件数122件［表5-1-1］に対して目撃総件数8件にすぎないから、密室性・秘匿性が極めて高いといえる。このことは、「性的仕置き」が「性的虐待」であり、そして、「性的虐待」の特性からして当然予測できたことである。反面、「性的仕置き」は、「体罰」の側面をももつことから、「見せしめ」効果を狙って、衆目の集まる場面で行われることもあり、これが8件の目撃情報として表れた、と解釈することができよう。

なお、回答者中「被害経験あり」が75.5％を占め体罰が瀰漫しているにもかかわらず［表0-2］、他者が体罰を受けているのを「見たことがない」というケースが総回答件数中25.8％に上り、特に、父親による体罰については「見たこ

第15章　親・教師による体罰の実態　355

表6-2　Q6-3 他の生徒、兄弟姉妹への体罰の内容
上段：件数　中段：件数／横合計(%)　下段：件数／回答件数(%)

	1. 正座	2. 起立	3. 平手打ち	4. げんこつ	5. 蹴る	6. 道具で叩く	7. つねる	8. 噛みつく	9. 投げ飛ばす	10. 頭ぶつけあう
先生	264 (14.2) (18.1)	89 (4.8) (6.1)	362 (19.4) (24.8)	256 (13.7) (17.6)	104 (5.6) (7.1)	165 (8.9) (11.3)	14 (0.8) (1.0)	0 (0.0) (0.0)	39 (2.1) (2.7)	18 (1.0) (1.2)
父	19 (1.5) (2.3)	6 (0.5) (0.7)	173 (13.9) (21.0)	94 (7.5) (11.4)	39 (3.1) (4.7)	28 (2.2) (3.4)	6 (0.5) (0.7)	0 (0.0) (0.0)	20 (1.6) (2.4)	3 (0.2) (0.4)
母	19 (1.5) (2.4)	4 (0.3) (0.5)	154 (12.5) (19.1)	41 (3.3) (5.1)	17 (1.4) (2.1)	42 (3.4) (5.2)	37 (3.0) (4.6)	1 (0.1) (0.1)	3 (0.2) (0.4)	2 (0.2) (0.2)
縦合計	302 (7.0) (9.8)	99 (2.3) (3.2)	689 (15.9) (22.3)	391 (9.0) (12.7)	160 (3.7) (5.2)	235 (5.4) (7.6)	57 (1.3) (1.8)	1 (0.0) (0.0)	62 (1.4) (2.0)	23 (0.5) (0.7)

	11. 髪引っぱる	12. 押入に閉じ込める	13. 戸外に出す	14. 性的仕置き	15. その他	見たことない	無回答	横合計	回答件数
先生	37 (2.0) (2.5)	0 (0.0) (0.0)	19 (1.0) (1.3)	7 (0.4) (0.5)	14 (0.8) (1.0)	69 (3.7) (4.7)	407 (21.8) —	1,864 (100.0) —	1,457 — (100.0)
父	6 (0.5) (0.7)	15 (1.2) (1.8)	58 (4.7) (7.0)	1 (0.1) (0.1)	5 (0.4) (0.6)	350 (28.1) (42.5)	423 (33.9) —	1,246 (100.0) —	823 — (100.0)
母	8 (0.7) (1.0)	24 (2.0) (3.0)	69 (5.6) (8.6)	0 (0.0) (0.0)	9 (0.7) (1.1)	377 (30.7) (46.7)	423 (34.4) —	1,230 (100.0) —	807 — (100.0)
縦合計	51 (1.2) (1.7)	39 (0.9) (1.3)	146 (3.4) (4.7)	8 (0.2) (0.3)	28 (0.6) (0.9)	796 (18.3) (25.8)	1,253 (28.9) —	4,340 (100.0) —	3,087 — (100.0)

とがない」が42.5％、母親による体罰についてはそれが46.7％を数えていることは、体罰の密室性・秘匿性を如実に物語る。回答者数を基数にすれば、父親の体罰を「見たことがない」は57.3％［＝350／(1034－423)×100］、母親によるそれは61.7％［＝377／(1034－423)×100］となる。

　一方、教師による体罰を「見たことがない」は、回答件数中4.7％、回答者数を基数とした場合も11.0％［＝69／(1034－407)×100］にすぎない。体罰の密室性は、親による体罰の場合家族の外と内との両方に対して閉ざされた密室性であるのに対して、教師による体罰の場合は、主として学校外に対して閉ざされた密室性であり、学校内に対してはむしろ「見せしめ」効果を期待して開かれている、と捉えることができよう。

表6-3 Q6-4 他の生徒、兄弟姉妹への体罰を見てどう思ったか
上段：件数　中段：件数／横合計(%)　下段：件数／回答件数(%)

	1.当然	2.しかたない	3.熱意感じた	4.やりすぎ	5.口で話せばいい	6.人権無視	7.許せない	8.嫌いになる	9.怖い、恐ろしい	10.制裁を加えたい
先生	39 (2.4) (3.2)	117 (7.2) (9.6)	19 (1.2) (1.6)	307 (18.8) (25.3)	204 (12.5) (16.8)	50 (3.1) (4.1)	87 (5.3) (7.2)	36 (2.2) (3.0)	93 (5.7) (7.7)	10 (0.6) (0.8)
父	17 (1.4) (2.1)	63 (5.2) (8.0)	13 (1.1) (1.6)	68 (5.6) (8.6)	59 (4.8) (7.4)	8 (0.7) (1.0)	21 (1.7) (2.7)	13 (1.1) (1.6)	54 (4.4) (6.8)	1 (0.1) (0.1)
母	19 (1.6) (2.6)	74 (6.4) (10.1)	12 (1.0) (1.6)	41 (3.5) (5.6)	38 (3.3) (5.2)	7 (0.6) (1.0)	9 (0.8) (1.2)	10 (0.9) (1.4)	24 (2.1) (3.3)	0 (0.0) (0.0)
縦合計	75 (1.9) (2.7)	254 (6.3) (9.3)	44 (1.1) (1.6)	416 (10.4) (15.2)	301 (7.5) (11.0)	65 (1.6) (2.4)	117 (2.9) (4.3)	59 (1.5) (2.2)	171 (4.3) (6.2)	11 (0.3) (0.4)

	11.かわいそう	12.自分がみじめ	13.覚えていない	14.何も思わない	15.その他	見たことない	無回答	横合計	回答件数
先生	80 (4.9) (6.6)	35 (2.1) (2.9)	22 (1.3) (1.8)	36 (2.2) (3.0)	9 (0.6) (0.7)	69 (4.2) (5.7)	418 (25.6) —	1,631 (100.0) —	1,213 — (100.0)
父	67 (5.5) (8.5)	14 (1.1) (1.8)	21 (1.7) (2.7)	18 (1.5) (2.3)	5 (0.4) (0.6)	350 (28.7) (44.2)	429 (35.1) —	1,221 (100.0) —	792 — (100.0)
母	60 (5.2) (8.2)	7 (0.6) (1.0)	24 (2.1) (3.3)	23 (2.0) (3.1)	7 (0.6) (1.0)	377 (32.5) (51.5)	429 (37.0) —	1,161 (100.0) —	732 — (100.0)
縦合計	207 (5.2) (7.6)	56 (1.4) (2.0)	67 (1.7) (2.4)	77 (1.9) (2.8)	21 (0.5) (0.8)	796 (19.8) (29.1)	1,276 (31.8) —	4,013 (100.0) —	2,737 — (100.0)

6－4．目撃した時に思ったこと

　目撃した時に思ったこととしては、「教師」および「父親」の体罰に対しては「やりすぎだと思った」が最も多く各25.3％、8.6％、「母親」の体罰に対しては「しかたないと思った」が最も多く10.1％であった。「何も思わなかった」は全体として2.8％にすぎなかった［表6-3］＊。

　　＊なお、「口で話せば分かるのにと思った」「人権無視だと思った」「許せないと思った」回答者は、後述の行動レベルの「仲裁者」の役割、また、「可哀相だと思った」回答者は同じく「同情者」の役割を分担する可能性を持っている、といえよう。

6－5．目撃した時やその後にしたこと

　目撃した時やその後の行動としては、「教師」「父親」「母親」の体罰のいずれの場合でも、「黙っていた」が最も多く、次いで「後で慰めた」が多かった。

表6-4　Q6-5 他の生徒、兄弟姉妹への体罰を見てどうしたか
上段：件数　中段：件数／横合計(%)　下段：件数／回答件数(%)

	1.その場で抗議	2.やめるよう頼む	3.後で抗議	4.後で相談	5.とめてもらう	6.被害者と話し合い	7.後で家族に話す	8.新聞社等に知らせる
先生	16 (1.3) (2.1)	7 (0.6) (0.9)	13 (1.1) (1.7)	13 (1.1) (1.7)	6 (0.5) (0.8)	83 (6.9) (10.8)	97 (8.1) (12.7)	1 (0.1) (0.1)
父	31 (2.8) (4.6)	41 (3.7) (6.0)	9 (0.8) (1.3)	6 (0.5) (0.9)	14 (1.2) (2.1)	20 (1.8) (2.9)	6 (0.5) (0.9)	0 (0.0) (0.0)
母	25 (2.3) (3.7)	22 (2.0) (3.3)	8 (0.7) (1.2)	5 (0.5) (0.7)	3 (0.3) (0.4)	28 (2.5) (4.2)	5 (0.5) (0.7)	0 (0.0) (0.0)
縦合計	72 (2.1) (3.4)	70 (2.0) (3.3)	30 (0.9) (1.4)	24 (0.7) (1.1)	23 (0.7) (1.1)	131 (3.8) (6.2)	108 (3.1) (5.1)	1 (0.0) (0.0)

	9.公的機関に知らせる	10.黙っていた	11.後で慰める	12.その他	見たことない	無回答	横合計	回答件数
先生	2 (0.2) (0.3)	329 (27.4) (43.0)	115 (9.6) (15.0)	15 (1.3) (2.0)	68 (5.7) (8.9)	434 (36.2) —	1,199 (100.0) —	765 — (100.0)
父	0 (0.0) (0.0)	120 (10.7) (17.6)	79 (7.0) (11.6)	5 (0.4) (0.7)	349 (31.1) (51.3)	442 (39.4) —	1,122 (100.0) —	680 — (100.0)
母	0 (0.0) (0.0)	120 (10.8) (17.9)	67 (6.0) (10.0)	11 (1.0) (1.6)	377 (34.0) (56.2)	438 (39.5) —	1,109 (100.0) —	671 — (100.0)
縦合計	2 (0.1) (0.1)	569 (16.6) (26.9)	261 (7.6) (12.3)	31 (0.9) (1.5)	794 (23.1) (37.5)	1,314 (38.3) —	3,430 (100.0) —	2,116 — (100.0)

　「黙っていた」という傍観者は、特に「教師」の体罰の場合には43.0％に上り、「父親」および「母親」の体罰の場合でも17％強を占めた。「その場で抗議」「その場でやめるように頼む」「その場で他の教師や親にとめてもらう」という仲裁者の役割を演じたのは、「父親」の体罰の場合で12.7％、「母親」の体罰の場合で7.4％、「教師」の体罰の場合には僅か3.8％にすぎなかった [表6-4]。

　本調査では、体罰をはやしたて面白がって見ている「観衆」は捉えられていないが、それでも、以上からして、「体罰者」「被罰者」「傍観者」を中軸に、「いじめ集団の四層構造」[31]にも似た、体罰の集団構造が読み取れるであろう。ただし、「いじめ集団」ではその集団の外側に立つ教師と親が、体罰集団ではその内側で体罰者＝加害者として役割を演じている。しかも、この体罰集団においては、大人－子どもの力の落差を規定する権力構造に支えられて、加害者＝大人、被害者＝子どもという役割関係が固定し、いじめ集団におけるよう

に加害者と被害者とが入れ替わることがない。さらに、この役割関係は、わが国の文化体系によって支えられてもいる。そうした中で、体罰の集団では、同じ被抑圧者たる子どもの中から、「いじめ集団の四層構造」には見られない、被害者を「慰める」同情者が登場している。その意味で、体罰集団の構造は、「体罰者」「被罰者」「傍観者」「同情者」という四層構造からなる、といえようか。現在の体罰集団には、いじめ集団の場合と同じく、仲裁者は僅少であるが、この「同情者」の存在が、この体罰集団の内なる矛盾を自覚できない即自的存在から、その矛盾を自覚できた対自的存在へと成熟していくことによって、体罰の集団構造にゆらぎをもたらすことになるであろう。そして、自由回答の記述などから、すでにこうした対自的存在へと成熟している青年たちが数々存在していることが窺われるのである。

　すでに後期青年期に達している（本調査に表れた大学生年齢の）対自グループは、体罰集団から脱してその外側に立っているのかもしれない。しかし、こうした対自グループの存在こそが、体罰集団の権力構造・役割関係を支える文化体系を揺り動かし、体罰集団の構造を根底から掘り崩す契機になるであろうことは間違いないように思われる。なお、この対自グループは、「同情者」のみならず、「被罰者」＝サバイバーからもリクルートされ、むしろ後者こそが対自グループの中核をなすものである。ちなみに、「同情者」＝「被罰者」のケースも十分ありえ、このように被罰経験があるが故に「同情者」となった者は、この対自グループの一層中核に位置することになろう。

7．体罰に関する自由意見

　今までの体験や見聞を振り返って、回答者が体罰について抱く思いを自由に記述してもらったところ、非常に多数の回答が寄せられた。まさにわが国の体罰肯定文化の直中に育ち、その過程で内面化した価値観のままに体罰を肯定的に語った記述も多く見受けられた。反面、とりわけ体罰の被害経験をもつ回答者の中から、その苦渋の体験を生き抜く過程で、自らに社会化され内在化した既存の価値観を批判的に精算して、サバイバーとしての目でこの体罰＝チャイルド・アビュースの問題を問い直し、新たな地平からこの問題を照射した見解

も少なからず提出された。次の一文は、体罰という暴力を生き抜いてきたサバイバーから見える体罰の風景を語ったものである。この一文の紹介をもってこの論考を締め括りたい。
○私は幼いころから親の体罰・暴力に耐えつづけていた。暴力を受けていたために自分は価値のない人間のように思えてきたこともあった。そして、わかったことは暴力は何も伝えることができないということでした。よく「親にたたかれて親がどんなに自分のことを思っているかよくわかった」という人もいるけれど、私には親の熱意よりむしろ恨みしか残らなかった。中学校のころは特に厳しい先生がそろっていて、学校全体がその教師達を黙認してるような雰囲気だった。みんないつ殴られるかとビクビクしながら生活していてまるで刑務所のようだった。私は暴力・体罰をする人は基本的に相手の事を人間だと思っていないと思う。だから当然人権も無視される。私の受けてきた暴力というのはほんの小さなことにすぎないと思う。それは私よりももっとひどい暴力を受けている人をたくさん知っているからです。(18歳・中国地方A県・短大生・女)

〔付記〕
(1) 本稿では、紙幅の関係から、多くの表が省略されている。詳しくは、次の報告書を参照されたい。
　石川義之編著『親・教師による体罰の実態—大学生・専門学校生等調査結果の分析と考察—』島根大学法文学部社会学研究室、1998。「教育アンケート調査年鑑」編集委員会編『教育アンケート調査年鑑・下・1998』創育社、1998、pp.331-390、へ転載。
(2) 本稿および上記報告書で分析・考察した調査における調査票の作成にあたっては下記の文献を参照した。
　牧柾名・今橋盛勝・林量俶・寺崎弘昭編著『懲戒・体罰の法制と実態』学陽書房、1992。

【文献】
1) アリス・ミラー、山下公子訳『禁じられた知』新曜社、1985、p.24。
　アリス・ミラー、山下公子訳『魂の殺人』新曜社、1983、pp.3-115。
2) アリス・ミラー、山下公子訳『魂の殺人』新曜社、1983、p.6。
3) 牧柾名「懲戒・体罰研究の理論的課題」牧柾名ほか編著『懲戒・体罰の法制と実態』序章、学陽書房、1992、p.12。

4) 文部省大臣官房『文部広報』936、1994、p.2。
5) 法務省人権擁護局「体罰をなくそう」『現代のエスプリ・体罰』231、至文堂、1986、p.222。
6) 牧柾名「懲戒・体罰研究の理論的課題」牧柾名ほか編著『懲戒・体罰の法制と実態』序章、学陽書房、1992、p.9。
7) 同上論文、p.11。
8) 馬場健一「体罰に関する規範意識の検討」牧柾名ほか編著『懲戒・体罰の法制と実態』5章、学陽書房、1992、p.141。
9) 同上論文、pp.139-141。
10) 同上論文、p.140。
11) アリス・ミラー、山下公子訳『魂の殺人』新曜社、1983、pp.74-75。
12) 同上書、pp.74-75。
13) 馬場健一「体罰に関する規範意識の検討」牧柾名ほか編著『懲戒・体罰の法制と実態』5章、学陽書房、1992、p.137。
14) Parsons,T., *The Social System*, The Free Press, 1951.（佐藤勉訳『現代社会学大系14：パーソンズ；社会体系論』青木書店、1974、pp.65-66）
15) 馬場健一「体罰に関する規範意識の検討」牧柾名ほか編著『懲戒・体罰の法制と実態』5章、学陽書房、1992、p.138。
16) アリス・ミラー、山下公子訳『魂の殺人』新曜社、1983、p.75。
17) 森田ゆり『子どもの虐待—その権利が侵されるとき—』岩波書店、1995、p.43。
18) 石川義之「性的被害の実態—大学生・専門学校生調査の分析と考察—」島根大学社会学研究室、1995、p.178。
19) 石川義之「大学生・専門学校生等調査にみる児童虐待の実態－性的虐待を中心として－」『地域社会教室論集』6、1997、p.121。
20) たとえば、働くことと性差別を考える三多摩の会編『働く女の胸のうち：女6500人の証言』学陽書房、1991。
21) The American Psychiatric Association『DSM-Ⅳ：精神疾患の診断・統計マニュアル』（高橋三郎ほか訳)、医学書院、1996、pp.431-436。
22) 斉藤学『アダルト・チルドレンと家族』学陽書房、1996、p.111。
23) Herman, J. L., *Trauma and Recovery*, Basic Books, 1992.（中井久夫訳『心的外傷と回復』みすず書房、1996、p.189）
24) van der Kolk, B. A. & Fisler, R. E., Child Abuse and Neglect and Loss of Self-Regulation, *Bulletin of the Menninger Clinic*, 58-2, 1994, pp.145-168.
　　斉藤学「トラウマ理論とアダルト・チルドレン」『現代のエスプリ・トラウマとアダルト・チルドレン』358、至文堂、1997、p.47。
25) 馬場健一「体罰に関する規範意識の検討」牧柾名ほか編著『懲戒・体罰の法制と実態』5章、学陽書房、1992、p.139。

26）石川松太郎「日本の児童観の中での体罰」『現代のエスプリ・体罰』231、至文堂、1986、pp.105-134。
27）Ilich, I. D., *Deschooling Society*, Penguin, 1973.（東洋・小沢周三訳『脱学校社会』東京創元社、1977）
28）女性ライフサイクル研究所『子どもの虐待の防止力を育てる―子どもの権利とエンパワメント―』法政出版、1997、pp.14-17。
29）Russell, D. E. H., *The Secret Trauma: Incest in the Lives of Girls and Woman*, Basic Books, 1986.
　　石川義之「インセスト的虐待のトラウマ（Ⅰ）」『社会システム論集』1、1996、pp.53-80。
30）アリス・ミラー、山下公子訳『魂の殺人』新曜社、1983、pp.73-75。
31）森田洋司・清永賢二『いじめ―教室の病い―』金子書房、1986、pp.26-32。

あ と が き

　本書は、筆者が、国立大学から大阪樟蔭女子大学に転じ、同大学人間科学部で社会学の講義を担当することになったのを機に、そのテキストとして使用することを想定して、併せて、多方面の学生や研究者によって広く研究書として利用されることにも配慮して、筆者の研究業績リストの中から、出来るだけ網羅的で多分野にわたるように論考をセレクトして、一巻にまとめたものである。
　したがって、本書は、統一的なテーマのもとに集められた論文集ではなく、個々のパートで特殊なテーマを追求しながらも、全体としては概説的意味合いを含む論集であると言える。しかも、本書に収録された論文の中には、多領域にわたることを意図した関係から、社会学の範域を越えたと思われるものも含まれていることを勘案して、書名を『社会学とその周辺』とした。
　収録した論文は、筆者が大学院の学生であった時代に書かれたものから、ごく最近に執筆したものにまでわたり、最も初期のものと一番新しいものとの間の時間的間隔は実に30余年に及ぶ。それゆえ、本書は、筆者自身にとってはまさに自分史という意味をもつが、このように執筆時期が広汎に及び、さらに、出来るだけ諸部分が相互に異質になるように配慮したことから、書物全体としての体系性・一貫性欠如のうらみなしとしない。しかし、本書は、元々、社会学という単一の学問領域を念頭に置きその体系化を企図したものではなく、むしろ社会学の境界にこだわらず可能な限り多次元的にパートを設定し、各パートごとのテーマを深めることに力点を置いている。『社会学とその周辺』という書名にはそのような含意もあるのである。ただし、本書を構成する6つのパートそれぞれの内部については、比較的近接して書かれた論考を集めており、また、同一テーマのもとに論考を集めているので、一貫性を保ちえているものと思われる。
　本書の各章の元となった論考の原題および初出掲載誌（書）を章の順序に従って記せば、次のようになる。なお、論考によっては加筆・修正ないし削除を行ったものもある。

第1章　「社会的行為」社会分析学会編『現代社会学講義』第3章、誠信書房、1967。
第2章　「社会学のインプット-アウトプット理論」社会学研究年報、2、1969。
第3章　「社会構造と社会成層―T. パーソンズを中心として―」社会学評論、61、1965。
第4章　「パーソンズ理論による集団類型論へのアプローチ」研究通信、19、1967。
第5章　「パーソンズ位相運動論の再検討」徳島大学学芸紀要、18〜20、1970〜1971。
第6章　「大衆社会における『原子化』のいみ」ソシオロジ、52、1970。
第7章　「古代エジプトの兄弟-姉妹婚と父-娘婚―ラッセル・ミドルトンの所論に基づいて―」石川義之著『社会学―基礎と応用―』第Ⅸ章、教育出版センター、1988。
第8章　「大学生・専門学校生が経験した女性の『性的被害』」現代性教育研究月報、14-2、1996。
第9章　「性的被害の実像―被害内容に関する経験的一般化―」島根大学法文学部紀要、22、1994。
第10章　「女性が受けた性的被害―大阪コミュニティ調査の統計分析―」社会システム論集、5、2000。
第11章　「親族による子どもへの性的虐待の本態と現状」青少年問題、43-9、1996。
第12章　「インセスト的虐待の実情」現代のエスプリ、366、1998。
第13章　「児童虐待の実態（Ⅰ）―高校生調査から―」島根大学法文学部紀要、19-Ⅰ、1994。
第14章　「『チャイルド・アビュースの実態』調査分析―『原義』からのアプローチ―」社会分析、23、1996。
第15章　「考察―現状と問題点―」石川義之編著『親・教師による体罰の実態―大学生・専門学校生等調査結果の分析と考察―』第3部、島根大学法文学部社会学研究室、1998（『教育アンケート調査年鑑・下・1998』創育社に転載）。

　本書の元となった一部の論文の作成段階で、もっと正確にいえば、第8章以下の論文の前提となった調査の実施段階で、多くの方々にご高配をいただいた。特に、児童虐待・性的被害・体罰の被害経験とその影響などを問う調査の回答者の皆さんには、最高度のプライバシーをあえて披瀝された勇気に衷心より敬意を表するとともに、ご協力に対して深甚なる謝意を表したい。また、これらの調査はすべて、前任校の島根大学において、法文学部社会学専攻の学生たちと一緒に行ったものであり、彼ら／彼女たちの協力なくしては成り立たなかったものであることから、この際、彼ら／彼女たちにも感謝の意を表明しておきたい。

なお、上記の初出一覧からも明らかなように、本書に収められた論考の中には相当旧稿に属するものも含まれているが、当時の社会状況が依然として今日の状況としても生き続けているという側面があるかぎり、また、当時の有力な理論が基本的に未だ理論的意義を失っていないという現状があるかぎり、その有効性は十全に保たれているものと確信して、さらに、できるだけ多岐にわたるよう論考を配列するという本書の基本姿勢から、躊躇なく再録に踏み切ったものである。

　末筆となったが、学生時代に学恩を受けた九州大学名誉教授の内藤莞爾先生および鈴木廣先生に感謝申し上げておきたい。また、校正の時期がちょうど勤務先の移動期と重なっていろいろご迷惑をおかけした大学教育出版の佐藤守氏にもお詫びかたがたお礼を申し上げておきたい。

　2002年1月20日

石　川　義　之

■著者略歴

石川　義之（いしかわ　よしゆき）
　1969年 3月　九州大学大学院文学研究科博士課程単位取得満
　　　　　　　期退学
　1969年 4月　徳島大学専任講師（教育学部）
　1971年11月　徳島大学助教授（教育学部）
　1984年 4月　鳴門教育大学助教授（大学院学校教育研究科／
　　　　　　　学校教育学部）
　1990年 5月　島根大学教授（法文学部）
　1997年 4月　島根大学教授（大学院人文社会科学研究科）
　2001年 4月　大阪樟蔭女子大学教授（人間科学部）

〔主な著書〕
『家族・福祉社会学の現在』（共著）ミネルヴァ書房、2001。『虐待と尊厳―子ども時代の呪縛から自らを解き放つ人々―』（共著／穂積純編）高文研、2001。『性的虐待の被害者についての調査研究』（研究代表者）平成10～12年度科学研究費補助金成果報告書、2001。『親・教師による体罰の実態―大学生・専門学校生等調査結果の分析と考察―』（編著）島根大学法文学部社会学研究室、1998。『性的被害の実態―大学生・専門学校生調査の分析と考察―』島根大学法文学部社会学研究室、1995。『徳島県における家庭教育（しつけ）の実態と意識』（編著）徳島印刷センター、1988。『社会学―基礎と応用―』徳島出版センター、1988。『現代社会の人間的状況』（共著）アカデミア出版会、1975。『現代社会学講義』（共著）誠信書房、1967。

社会学とその周辺
―パーソンズ理論から児童虐待まで―

2002年 4月10日　初版第 1 刷発行

■著　者――――石川　義之
■発行者――――佐藤　正男
■発行所――――株式会社 大学教育出版
　　　　　　　〒700-0951　岡山市田中124-101
　　　　　　　電話（086）244-1268　FAX（086）246-0294
■印刷所――――互恵印刷（株）
■製本所――――日宝綜合製本（株）
■装　丁――――ティー・ボーンデザイン事務所

© Yoshiyuki Ishikawa 2002 Printed in Japan
検印省略　　落丁・乱丁本はお取り替えいたします。
無断で本書の一部または全部を複写・複製することは禁じられています。

ISBN4-88730-474-9